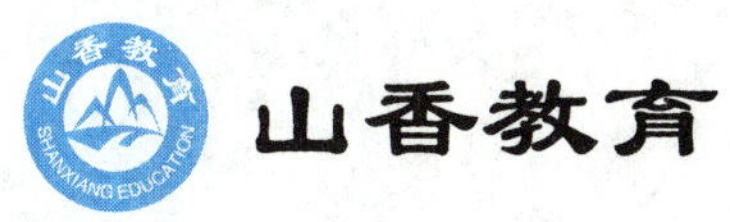

国家教师资格考试专用教材

综合素质

中 学

山香教育考试命题研究中心 主编

图书在版编目(CIP)数据

综合素质. 中学 / 山香教育考试命题研究中心主编. -- 北京 : 首都师范大学出版社, 2024.1
国家教师资格考试专用教材
ISBN 978-7-5656-7910-0

Ⅰ.①综… Ⅱ.①山… Ⅲ.①教师素质-中学教师-资格考试-教材 Ⅳ.①G451.1

中国国家版本馆 CIP 数据核字(2023)第 232862 号

国家教师资格考试专用教材
ZONGHE SUZHI ZHONGXUE
综合素质·中学
山香教育考试命题研究中心　主编

策划编辑　张文强
责任编辑　安晓东　曹亮亮　　封面设计　山香教育
首都师范大学出版社出版发行
地　　址　北京市海淀区西三环北路 105 号
邮　　编　100048
咨询电话　010-68418523(总编室)　010-68982468(发行部)
网　　址　http://cnupn.cnu.edu.cn
印　　刷　河南黎阳印务有限公司
经　　销　全国新华书店
版　　次　2024 年 1 月第 1 版
印　　次　2024 年 1 月第 1 次印刷
开　　本　787mm×1092mm　1/16
印　　张　30
字　　数　550 千
定　　价　69.00 元

版权所有　翻印必究

24年内容沉淀

将心注入，用双手把考生托上岸

24年

山香女孩

一段真实感人的故事

一个中国招教的传奇

一个大山中质朴的女孩

只为了能守候心中的爱情

执着地踏上教师招考之路

几经心酸、坎坷数载

终含泪圆梦

师者大爱无疆

回首仍在招教路上迷茫无助

痛苦挣扎的考生

她忍痛放弃来之不易的光辉事业

决然分享自己的招教秘籍

掇菁撷华、纳优去粕，无微不至、倾心辅导

只为复制精彩，再造成功

她圆了一批又一批考生的教师之梦

她让一批又一批的考生喜泪盈眶

她收到了一句又一句的致谢和感恩话语

她已经不是一个她了

而是更多的她，创造了中国招教奇迹！

她就是——山香教育！

前　言

国家教师资格考试作为从事教师行业的入门级考试，主要测查报考者应知应会的基本知识和所要具备的教师专业素养。通过分析近几年的考试情况，我们发现国家教师资格考试对考生的专业知识和文化素养提出了更高要求。主要有以下三个方面的表现：

表现1：难度增加，创新性强——命题方式更加灵活，结合教学实例考查的题目增多，更注重考查报考者的素养，增加了试题难度。

表现2：考查点更加细致，针对性强——契合报考学段学生特征的题目明显增多，题目更有针对性，考点更加细致。

表现3：主观题命题灵活，凸显综合能力——材料分析题和教学设计题灵活性更强，要求也更为具体。

基于以上考情变化，我们认为教师资格考试的难度有增无减，考生若想在较短的时间里通过考试，仍需披荆斩棘、百炼成钢。

为此，我们依据考试真题，重新梳理了内容，力求使考生备考更加高效。

3大特色　破解教师资格

特色1　精研考情　内容全面

本教材以考试大纲为“标尺”，通过对历年真题的分析，将考试涉及的知识点进行汇总，并依据命题方式、出现频次，对汇总的知识点进行“瘦身”，同时采取漫画（图示）助解、真题面对面、知识再拔高等多种呈现形式，使教材更加有趣、有颜、有内涵。

特色2　技巧点拨　方法实用

本教材摒除传统教材纯文字讲述、语句冗长，缺乏针对性的缺点，设计增加“思维导图”“考向分析”“小香课堂”“记忆有妙招”等多个模块，使教材更具实用性，减轻考生学习负担，提高学习效率。

特色3　学练结合　稳步提升

本教材在内文中有针对性地穿插真题，使考生知晓具体的考题形式。在每一章的最后特设“达标测评”模块，精选大量和真题同类型的考题并附详尽解析。考生可通过适当的训练，学练结合，稳步提升能力。

本教材所用真题，均来源于网络和考生回忆。殷切期待广大考生给我们提出宝贵意见，促进我们更快成长，让山香图书帮助更多的人。

山香教育考试命题研究中心

目　录

专家微课视频索引

扫描正文中下列知识点处的二维码,即可获取专家微课视频。

第一章　职业理念

内容概要

本章包括教育观、学生观、教师观三节。本章内容在真题试卷中所占分值约 22～26 分，主要以单项选择题、材料分析题的形式考查。本章各节 2015—2023 年考频汇总如下：

教育观 —— 总考频 20 次

学生观 —— 总考频 29 次

教师观 —— 总考频 41 次

编者注：本书“9 年 X 考”“考频分布”依据山香教材知识体系及统计标准编写，仅供参考。

第一节 教育观

思维导图

"国民两全一个一重点"
教育观
素质教育
内涵
以提高国民素质为根本宗旨
面向全体学生
促进学生全面发展
促进学生个性发展
以培养创新精神和实践能力为重点
重点
外延
贯穿幼儿教育、中小学教育、职业教育、成人教育、高等教育等各级各类教育，贯穿学校教育、家庭教育和社会教育等各个方面
必须把五育有机地统一在教育活动的各个环节中
素质教育倡导的观念
学习方式
自主学习、探究学习、合作学习
教学观
从以"教育者为中心"转向以"学习者为中心"
从"教会学生知识"转向"教会学生学习"
从"重结论轻过程"转向"重结论的同时更重过程"
从"关注学科"转向"关注人"
"学习过人"
评价观
重视发展、综合评价，强调质性评价、多主体评价，注重过程
实施素质教育的途径和方法
途径
改革学科教学
重视社会实践
谋求学校与家庭、社区教育的结合
方法
创建全新的课堂教学方法
提高思想品质、心理素质等的常用方法：自我教育法等
素质教育的理解与应用
素质教育与应试教育的区别
目的：提高国民素质 VS 着眼于分数
对象：全体学生 VS 高分学生
内容：适合学生发展 VS 考什么教什么
方法：启发诱导、因材施教 VS 死记硬背、机械训练
评价标准：多元评价 VS 分数
教育结果：学生潜能得到发挥 VS 学生厌学、片面发展
实施素质教育易出现的误区
不要"尖子生"
要学生什么都学、什么都学好
不要学生刻苦学习
使教师成为学生的合作者、帮助者和服务者
多开展课外活动，多上文体课
不要考试
会影响升学率

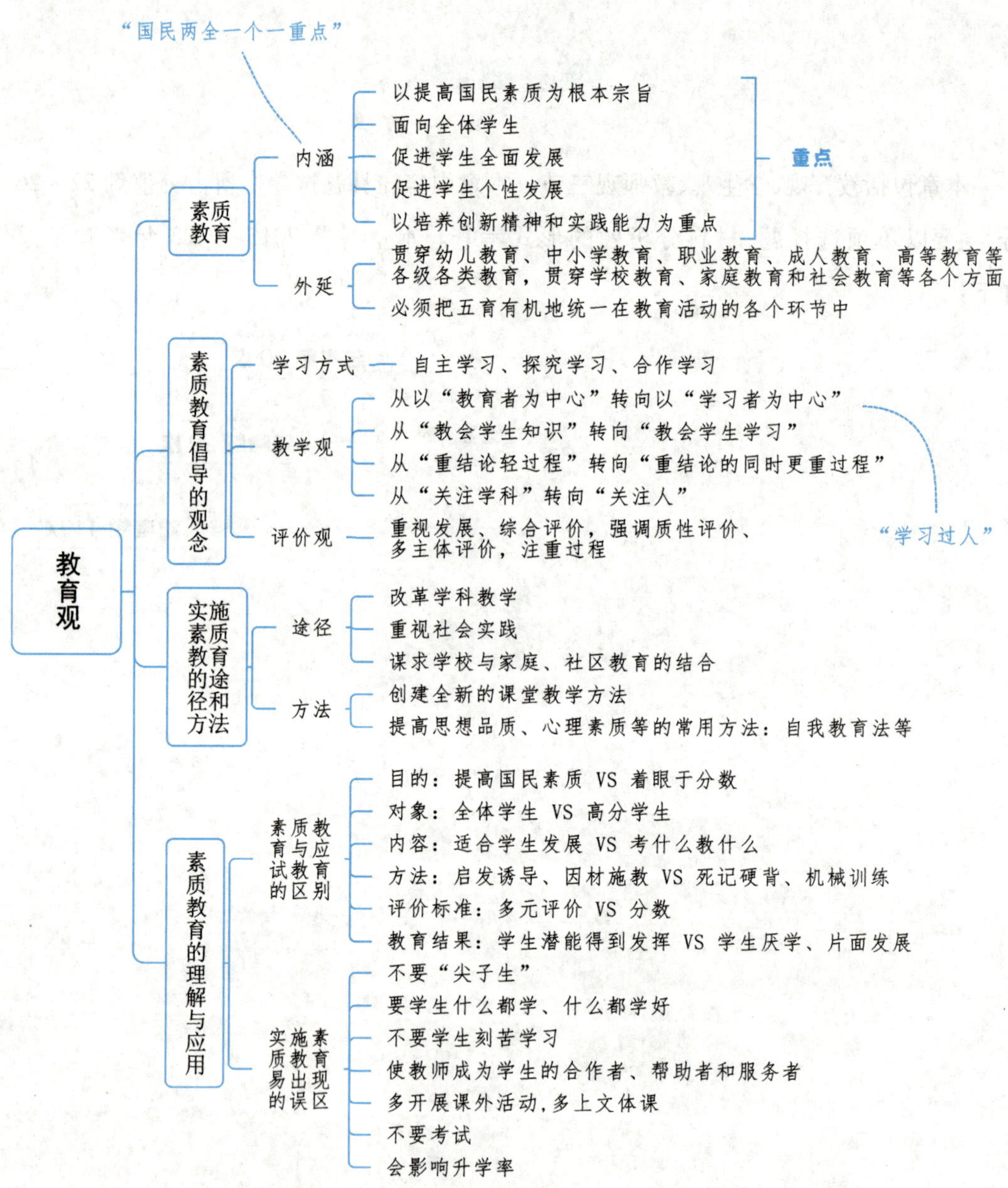

考向分析

本节主要介绍素质教育的相关内容，需要考生理解记忆。在考试中主要以单选题和材料分析题的形式考查。汇总分析2015年至2023年的真题试卷，本节知识考查情况见下表：

知识	考点	考频	题型
素质教育	素质教育的内涵	14	单选
	素质教育的外延	1	单选
素质教育的理解与运用	实施素质教育易出现的误区	2	单选
综合考查	内涵、教学观、途径和方法等	3	材料分析

编者注：综合考查的知识，其考频、题型在正文中不再统计。

核心考点

一、教育观的内涵

教育观是人们对教育所持有的看法，它既受社会政治经济制度的制约，又受人们对教育要素不同观点的影响。具体地说，**教育观**就是人们对教育者、教育对象、教育内容、教育方法等教育要素及其属性和相互关系的认识，还有人们对教育与其他事物相互关系的看法，以及由此派生出的对教育的作用、功能、目的等各方面的看法。

教育观的**核心**是“教育为了什么”，即教育目的。确立正确的教育观，需要正确认识教育的发展规律，正确认识教育活动的各种内部关系。

二、素质教育 【9年15考】

考频分布 2015—2023年，以单选题形式考查15次

素质教育是依据人的发展和社会发展的实际需要，以全面提高全体学生的基本素质为根本目的，以尊重学生主体性和主动精神，注重开发人的智慧潜能，形成人的健全个性为根本特征的教育。

素质教育的内涵

考点1 素质教育的内涵

1. 素质教育是以提高国民素质为根本宗旨的教育

实施素质教育，就是要全面贯彻党的教育方针，以提高国民素质为根本宗旨。我国

把教育、科技摆在优先发展的战略地位。因为发展教育，对提高中华民族的整体素质、促进经济和社会发展具有战略性、先导性、全局性的作用。

2. 素质教育是面向全体学生的教育

素质教育倡导人人有受教育的权利，强调在教育中每个人都得到发展，而不是只注重一部分人，更不是只注重少数人的发展。每一位学生都能得到发展，是每一位学生的基本权利。我们应该尊重这种权利，保护这种权利，创造条件实现这种权利。因此，素质教育不同于应试教育，因为应试教育搞选拔性、淘汰性，只能照顾到一部分人，甚至是很少一部分人的发展。

3. 素质教育是促进学生全面发展的教育

素质教育倡导的是在教育中使每个学生都得到充分的、全面的发展。素质教育的理论依据是全面发展教育。实施素质教育必须坚持德育、智育、体育、美育和劳动技术教育并举，促进学生生动活泼地发展。学校教育不仅要抓好智育，更要重视德育，还要加强体育、美育、劳动技术教育和社会实践，使诸方面的教育相互渗透、协调发展，促进学生的全面健康成长。

4. 素质教育是促进学生个性发展的教育

素质教育是全面发展的教育，是从教育对所有学生的共同要求的角度来看的。但每一位学生都有其个别性，因此教育还要尊重并充分发展学生的个性。

5. 素质教育是以培养创新精神和实践能力为重点的教育

培养具有创新精神和实践能力的新一代人才，是素质教育的时代特征。创新教育是素质教育的核心，它是教育对知识经济向人才培养提出的挑战的回应，是旨在激发学生创新意识、培养学生创新能力的教育。

(1)创新能力不仅是一种智力特征，更是一种人格特征、一种精神状态。

(2)创新能力的培养是素质教育的核心，是素质教育区别于应试教育的根本所在。

(3)重视创新能力的培养也是现代教育与传统教育的根本区别。

记忆有妙招

为便于考生记忆，编者将素质教育的内涵总结为以下口诀：**国民两全，一个一重点。**

国民：以提高国民素质为根本宗旨。**两全：**面向全体学生、促进学生全面发展。**一个：**促进学生个性发展。**一重点：**以培养创新精神和实践能力为重点。

真题面对面

1. [2023 下半年真题] 某中学增设了国学经典、体能运动、科技发明等校本课程，要求初三学生至少选修两门。此事遭到部分家长的反对，认为占用了学生的中考复习时间。该学校做法(　　)

A. 忽视了学生的个体差异　　B. 关注了学生的学习需求

C. 忽视了学生的发展规律　　D. 关注了学生的全面发展

答案:D。题干中某中学增设国学经典、体能运动、科技发明等校本课程，要求初三学生至少选修两门校本课程，说明该中学关注到了学生的全面发展，同时也可以减轻学生的中考复习压力，让学生在轻松愉快的氛围中学习。故 D 选项表述正确。

2. [2022 上半年真题] 为满足学生的个性化学习需求，一所中学开发了一组研学旅行项目，安排本校地理老师作为研学导师全程指导学生完成相关的研学任务。该做法体现的教育观是(　　)

A. 关注学生的差异性　　B. 注重育人的实践性

C. 发挥学生的能动性　　D. 重视学生的操作性

答案:B。题干中的学校专门开发了一组研学旅行项目，让学生完成相关研学任务，这说明学校注重培养学生的实践能力，注重育人的实践性。

考点 2　素质教育的外延

素质教育不是对特定阶段、特定学校提出的要求，而是对各级各类学校提出的要求。素质教育是连续的全方位、全过程的教育活动。

一方面，实施素质教育应当贯穿于幼儿教育、中小学教育、职业教育、成人教育、高等教育等各级各类教育，还应当贯穿于学校教育、家庭教育和社会教育等各个方面。

另一方面，实施素质教育，必须把德育、智育、体育、美育、劳育有机地统一在教育活动的各个环节中。在学校教育范围内，素质教育的外延从纵向上看，存在于教育活动的各个环节上；从横向上看，素质教育渗透在德育、智育、体育、美育等各个方面。

素质教育的内涵是考试必考点，命题时单项选择题一般是结合具体情境进行考查，材料分析题则是给定一个材料，要求考生从教育观的角度评析材料中教师的教育行为，作答时可依据五条内涵进行分析论证。素质教育的外延考查频率很低，这部分

内容考生根据真题记忆相关知识即可。

真题面对面

[2019 下半年真题]下列关于素质教育的表述中,不正确的是(　　)

A. 素质教育更要重视德育

B. 素质教育主要适用于基础教育

C. 素质教育应遵循教育规律

D. 素质教育不要求学生平均发展

答案:B。

三、素质教育倡导的观念

考点 1　学习方式

新型学习方式强调学生的自主、合作、探究,教师由原来课堂教学的主导者转变为学生学习活动的组织者、探究发现的引导者、与学生共同学习的合作者。

(1)**自主学习**关注学习者的主体性和能动性,是学生自主而不受他人支配的学习方式。自主学习是一种主动学习、独立学习、元认知监控的学习。

(2)**探究学习**是一种以问题为依托的学习,是学生通过主动探究解决问题的过程。新课改要求学生转变单一的被动接受式的学习,把学习过程之中的发现、探究等认识活动凸显出来,使学习过程更多地成为学生发现问题、分析并解决问题的过程。

(3)**合作学习**是指学生以小组为单位进行学习的方式。合作学习往往是在自学基础上进行的小组合作学习和小组内讨论。合作学习具有互助性、互补性、自主性和互动性等特点。

考点 2　教学观

(1)教学从以“教育者为中心”转向以“学习者为中心”:鼓励学生参与教学;创设智力操作活动;教给学生思维的方法并加强训练。

(2)教学从“教会学生知识”转向“教会学生学习”:指导学生掌握基本的学习过程;指导学生了解学科特征,掌握学科研究方法;培养学生良好的学习习惯。

(3)教学从“重结论轻过程”转向“重结论的同时更重过程”:让学生经历过程;要创设生活情境,生活情境要具有含而不露、显而不僵、生动形象且符合实际的特点;要善于引导。

(4)教学从“关注学科”转向“关注人”:以学科为本位的教学理念重认知轻情感,重教书轻育人;关注人的教学理念关注每一位学生,关注学生的情绪生活和情感体验,关注学生的道德生活和人格养成。

记忆有妙招

为便于考生记忆,编者将教学观的转变总结成以下口诀:**学习过人**。

学:以学习者为中心。**习**:教会学生学习。**过**:重结论更重过程。**人**:关注人。

考点3　评价观

(1)重视发展,淡化甄别与选拔,实现评价功能的转化;(2)重视综合评价,关注个体差异,实现评价指标的多元化;(3)强调质性评价,定性与定量评价相结合,实现评价方法的多样化;(4)强调参与和互动、自评与他评相结合,实现评价主体的多元化;(5)注重过程,终结性评价与形成性评价相结合,实现评价重心的转移。

四、素质教育的目标与任务

考点1　素质教育的目标

(1)素质教育的总目标:全面提高国民素质。

(2)素质教育的具体目标:①促进学生身体的发育;②促进学生心理的成熟化;③造就平等的公民;④培养个体的生存能力和基本品质;⑤培养学生自我学习的习惯、爱好和能力;⑥培养学生的法律意识;⑦培养学生的科学精神和态度。

考点2　素质教育的基本任务

1. 培养学生的身体素质

身体素质主要包括身体结构与身体机能两个方面。身体素质是素质整体结构的基础,身体素质不好,其他各素质也不会好,即使别的方面素质好,也很难发挥出其应有的作用。

2. 培养学生的心理素质

心理素质是素质整体结构的核心层。每一个学生都是通过自己的心理活动接受各种素质教育的,心理活动积极,就会主动地去接受教育,从而收到好的教育效果,否则反之。

3. 培养学生的社会素质

社会素质居于素质整体结构的最高层，主要由政治、思想、道德、业务、审美、劳技等素质构成。

五、国家实施素质教育的基本要求

1. 面向全体学生

实施素质教育，必须面向全体学生，认清每个学生的优势，开发其潜能，培养其特长，使每位学生都具备一技之长，使全体学生各自走上不同的成才之路，成长为不同层次、不同规格的有用人才。

2. 促进学生全面发展

素质教育是在教育方针指导下，从学生身心发展不同特点出发，因地因校制宜，着眼于教育教学全过程与各个环节，运用多种方式着力培养学生学习的主动性和创造精神，坚持德、智、体、美、劳五育并举，促进学生生动活泼地全面成长。

3. 促进学生创新精神和实践能力的培养

知识是重要的，但是知识不能限制人们的思维空间，而应该成为人们进一步认识世界、改造世界、发展能力的基础，应该把知识融入人的认知结构中。因此，创新能力、实践能力对素质教育来说尤为重要。创新是素质教育的灵魂。

4. 促进学生生动、活泼、主动地发展

要想有所创新，必须以主动性的发挥为前提，真正尊重学生的主动精神，弘扬主动精神，这就要求教师要进行启发式教学，鼓励学生主动探索、主动思考，鼓励学生存疑、求疑，在教学中促进学生生动、活泼、主动地发展。

5. 着眼于学生的终身可持续发展

教是为了不教，不仅要让学生学会，更要让学生会学，不仅给学生传授知识，更要给学生打开知识大门的钥匙。在这样一个时代，我们的基础教育一定要培养学生的终身可持续发展的能力。

六、实施素质教育的途径和方法

考点 1　实施素质教育的基本途径

中学实施素质教育的基本途径，可概括为课堂内外和学校内容两大方面。具体而

言，主要有以下途径。

1. 改革学科教学

学科教学是传递知识，促进个体发展的最有效形式。学校教育要把学生培养成素质全面发展的人，主要通过学科教学途径来实现。开展素质教育，不能简单选用一种教学方法，而应综合地使用各种教学方法。针对学生学习中感到困惑的问题，让学生通过自己的学习活动来解除困惑，解决问题，使不同层次的学生都在原有的基础上有所提高，使素质教育落到实处。

2. 重视社会实践

参加社会实践是中小学实施素质教育的一条重要途径。广义的社会实践教育是指青少年学生参加的一切实践活动；狭义的社会实践教育仅指学生参加的各种具有教育价值的、面向社会、接触群众、联系实际的校内外活动。适合中学生的社会实践教育活动有社会调查、勤工助学、公益劳动、家务劳动、社会服务（如志愿者服务）、军事训练、科技兴趣小组活动、远足、主题团队会等。

3. 谋求学校与家庭、社区教育的结合

学校与家庭、社区教育三结合，是指学校、家庭、社会各种教育力量的有机结合，以形成目标一致的教育合力，发挥整体效应，提高学生的总体素质。

家庭环境是学生最早、最熟悉，也是对学生产生深刻影响的环境，家长是孩子的第一位启蒙老师。家庭教育对学生的思想品德、心理素质、审美素质等起着启蒙和培养的作用，它的教育功能是学校以及社会其他群体所无法替代的。建立学校—家庭教育网络，如组建学生家长委员会、举办家长学校、建立学校与家长联系制度等，对于提高家庭教育的质量，密切学校与学生家长的联系，鼓励家长参与学生素质的培养有不可估量的作用。

所谓社区，就是区域性的社会。学校不应是游离于社区的文化孤岛，它应该主动地与社区架设各种桥梁，致力解决社区问题，大力发展社区教育，充分挖掘社区教育资源。

考点2　实施素质教育的常用方法

1. 创建全新的课堂教学方法

要建立全新的教学方法体系，彻底更新、转变教学观念是最基础的一环。具体地说，要实现四方面教学观念的转变：(1)从注重学生外在变化转向注重学生内在变化；(2)从

强调学习的结果转向强调学习的过程;(3)从单纯教师教的方法转向师生共同活动的方法;(4)从封闭的教学组织形式转向开放的教学组织形式。

2. 提高思想品质、心理素质等的常用方法

(1)自我教育法;(2)心理疏导法;(3)行为强化训练法;(4)陶冶感染法。

七、素质教育的理解与运用 【9年2考】

考点1 素质教育与应试教育的区别

素质教育与应试教育的区别

具体方面	素质教育	应试教育
教育目的	旨在提高国民素质,追求教育的长远利益与目标	偏重知识的传授,着眼于分数和选拔,属急功近利的短视行为
教育对象	面向全体学生,面向每一个有差异的学生,即素质教育要求平等,要求尊重每一个学生	重视高分学生,忽视大多数学生和后进生
教育内容	立足于学生全面素质的提高,教授适合学生发展和社会发展需要的教育内容	紧紧围绕考试和升学需要,考什么就教什么,所实施的是片面的知识教学
教育方法	要求开发学生的潜能与优势,重视启发诱导,因材施教,使学生生动、活泼、主动地学习,减轻学生学业负担	搞题海战术、"填鸭式"教学等,以死记硬背和机械训练为主,造成学生学业负担过重
评价标准	注重发展性评价,立足于学生素质的全面提高,以多种形式全面衡量学生的素质和教师的水平	要求学校的一切工作都围绕着备考这个中心来展开,以分数作为衡量学生和教师水平的唯一尺度
教育结果	全体学生的潜能得到充分的发挥,个性得到充分而自由的发展,为今后继续发展打下扎实基础	多数学生受到忽视,产生厌学情绪,片面发展,个性受到压抑,缺乏继续发展的能力

考点 2　实施素质教育易出现的误区

实施素质教育易出现的误区

考频分布　2019 上单选,2018 下单选

实施素质教育易出现的误区及正确理解

误区	误解之处	正确理解
素质教育就是不要“尖子生”	对素质教育面向全体学生的误解	素质教育坚持面向全体学生
素质教育就是要学生什么都学、什么都学好	对素质教育促进学生全面发展的误解	素质教育对学生的要求是合格加特长
素质教育就是不要学生刻苦学习,“减负”就是不给或少给学生留课后作业	对素质教育促进学生生动、主动和愉快发展的误解	学生真正的愉快来自通过刻苦的努力而获得成功之后的快乐,学生真正的负担是不情愿的学习任务
素质教育就是要使教师成为学生的合作者、帮助者和服务者	对素质教育所倡导的“学生的主动发展”和“民主平等的师生关系”的误解	教师首先是知识的传播者、智慧的启迪者、个性的塑造者、人生的引路人、潜能的开发者,其次才是学生的合作者、帮助者和服务者
素质教育就是多开展课外活动,多上文体课	对素质教育形式化的误解	素质教育的主渠道是教学,主阵地是课堂
素质教育就是不要考试,特别是不要百分制考试	对考试的误解	考试作为评价的手段,是衡量学生发展的尺度之一,也是激励学生发展的手段之一
素质教育会影响升学率	对素质教育内涵的误解	①素质教育的目的是促进学生的全面发展,升学率只是衡量教育质量的标准之一。②真正的素质教育不会影响升学率,因为素质教育强调科学地学习、刻苦地学习、有针对性地学习,这有助于升学率的提高

真题面对面

[**2019 上半年真题**]某中学校长对素质教育检查组说:“我们学校对素质教育十分重视,课外活动开展得丰富多彩,有科技小组、美术小组、音乐小组……但现在学生正在上课,下午课外活动时,请你们指导。”该校长对素质教育的理解(　　)

A. 不正确,素质教育不等于课外活动

B. 不正确,素质教育不包括兴趣小组

C. 正确，素质教育要开展课外活动

D. 正确，素质教育要组建兴趣小组

答案：A。题干中校长把素质教育简单地当成是各式各样的课外活动，对素质教育的理解太片面。素质教育是促进学生全面发展的教育，实施素质教育必须坚持“五育”并举，促进学生生动活泼地发展。因此，素质教育不等于课外活动。

上岸帮手　山香网校

第二节 学生观

思维导图

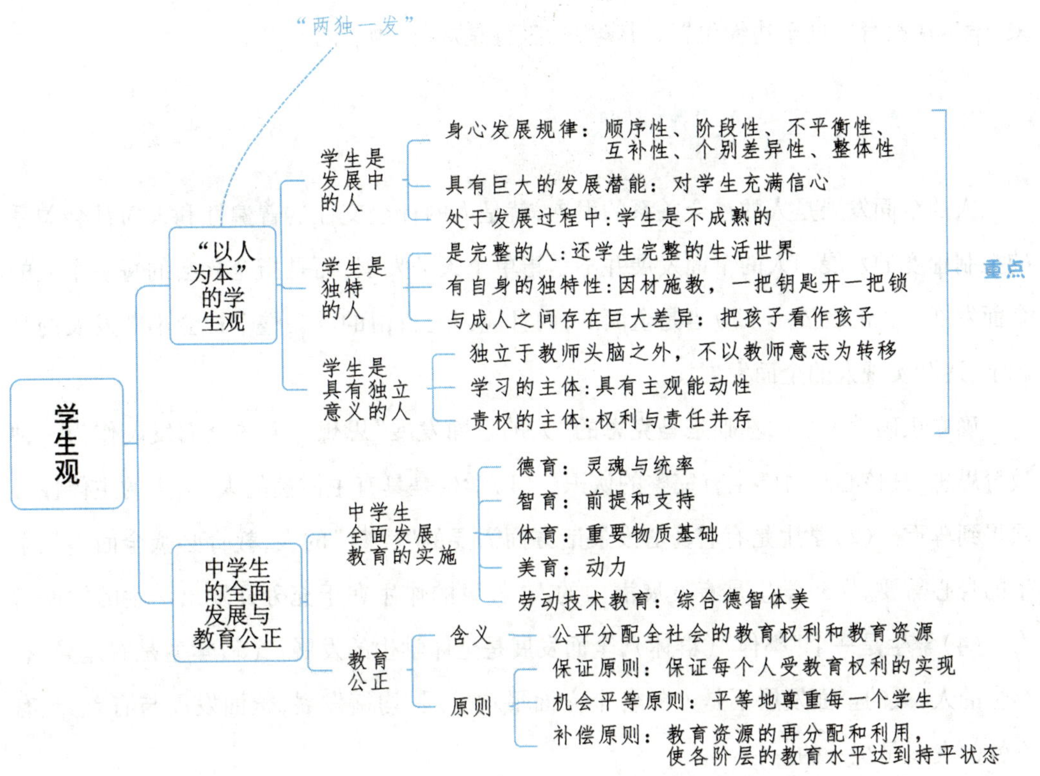

考向分析

本节主要介绍学生观的内容，在考试中以单选题和材料分析题的形式考查，需要考生重点记忆。汇总分析2015年至2023年的真题试卷，本节知识考查情况见下表：

知识	考点	考频	题型
"以人为本"的学生观	学生是发展中的人	8	单选
	学生是独特的人	2	单选
	学生是具有独立意义的人	4	单选
中学生的全面发展与教育公正	教育公正	7	单选
综合考查	"以人为本"的学生观	8	材料分析

核心考点

一、学生观的内涵

学生观就是教师对学生的基本看法，它影响教师对学生的认识及其态度与行为，进而影响学生的发展。我国传统的学生观将学生看作被动的受体、教师塑造与控制的对象，学生在教育中处于边缘位置，对学生的教育是规范、预设的。

二、“人的全面发展”的思想

人的全面发展是人的社会关系的发展，就是人的社会交往的普遍性和人对社会关系的控制程度的发展。人的全面发展并不是指单个人的发展，而是指全社会的每一个人的全面发展。人的发展不仅应当是全面的，而且应当是自由的。在整个社会不断发展的基础上，逐渐实现人的全面发展。

确立正确学生观的基础是马克思的“人的全面发展”思想。人的全面发展作为一种教育思想，其核心是对学生有完整的认识。(1)学生是具有主体性的人，学生的主体性必须得到尊重。(2)学生是有着身心发展诸方面需要的“完整”的人，教育必须全面满足学生的身心需要。(3)学生是有发展潜力的人，教育的作用在于充分开发出学生的发展潜力。(4)学生是一个“整体”(群体)，全面发展是全体学生的发展。(5)学生是有差异、有个性的人，人的全面发展不是人的各个方面平均发展、均衡发展，全面发展与有差异、有个性的发展是统一的。

三、“以人为本”的学生观　【9年14考】

“以人为本”的学生观

考频分布　2015—2023年，以单选题形式考查14次

坚持以人为本，必须以学生作为教育活动的出发点。“以人为本”的学生观的核心是“一切为了每一位学生的发展”。

考点1　学生是发展中的人

现代科学研究的成果与教育的价值追求，要求人们用发展的眼光来认识和看待学生。

1. 学生的身心发展是有规律的

个体身心发展的一般规律有顺序性、阶段性、不平衡性、互补性、个别差异性和整体性。教师必须依据学生的身心发展规律和特点开展教育活动。

个体身心发展的一般规律

规律	具体表现	教学启示
顺序性	个体身心发展是一个由低级到高级、由简单到复杂、由量变到质变的连续不断的发展过程	教育活动要循序渐进，避免“揠苗助长”“陵节而施”
阶段性	个体在不同的年龄阶段表现出身心发展不同的总体特征及主要矛盾，面临着不同的发展任务	根据不同年龄阶段的特点进行教育教学
不平衡性	个体身心发展的不平衡性主要表现在：同一方面的发展速度，在不同年龄阶段变化是不平衡的；不同方面在不同发展时期具有不平衡性	适时而教，要在学生发展的关键期或最佳期及时进行教育
互补性	机体某一方面的机能受损甚至缺失后，可通过其他方面的超常发展得到部分补偿。互补性也存在于心理机能和生理机能之间	教育应结合学生实际，扬长避短，注重发现并发展学生的自身优势
个别差异性	不同个体同一方面的发展速度和水平不同；不同个体不同方面的发展存在差异；不同个体所具有的个性心理倾向不同；个别差异性也表现在性别之间	教育必须因材施教，充分发挥每个学生的潜能和积极因素
整体性	学生是一个整体的人，以其整个身心投入教学生活，并以整个身心来感知、体验、享受和创造这种教学生活。教师所面对的是一个活生生的、整体的人，尽管这个整体不是“完美”的整体	教学要着眼于学生的整体性，促进学生的一般发展，注意做到认知因素与非认知因素、意识与潜意识，科学与艺术的统一

2. 学生具有巨大的发展潜能

教师应坚信每个学生都是可以积极成长的，是有培养前途的，是追求进步和完善的，是可以获得成功的，因而对教育好每一个学生应充满信心。教师不能因为学生的小错误，将学生完全否定，要看到学生未来的发展潜力，要帮助学生更好地发展。

3. 学生是处于发展过程中的人

作为发展中的人，也就意味着学生还是一个不成熟的人，是一个正在成长的人。从教育角度讲，它意味着学生是在教育过程中发展起来的，是在教师指导下成长起来的。在一定意义上可以说，学生的生活和命运是掌握在学校和教师手里的。学生是不是能生活得很有趣味，是不是能学得很好，是不是能健康成长，是不是幸福快乐，都和他们所在的学校和所遇到的教师有极大的关系。

真题面对面

1. [2023 下半年真题]一所学校在"数字化"办学理念指导下，建立起"过程性数据"与"关键事件"相结合的学生评价系统，用以跟踪学生在品格、学业、体质等方面的发展。该校做法注重的学生发展规律是(　　)

A. 个别差异性　　B. 顺序性

C. 整体性　　D. 能动性

答案：C。题干中学校建立"过程性数据"与"关键事件"相结合的学生评价系统以跟踪学生在品格、学业、体质等方面的发展，说明学校将学生视为完整的人，关注学生的学习、身体、道德发展，注重学生发展的整体性。C 选项正确。

2. [2023 上半年真题]教数学的陈老师根据学生上学期期末成绩将学生分为 A、B、C 三类，并对三类学生制定了不同的教学计划。陈老师的做法体现的是(　　)

A. 学生发展的个体差异性　　B. 学生发展的不平衡性

C. 学生发展的未完成性　　D. 学生发展的阶段性

答案：A。

考点 2　学生是独特的人

1. 学生是完整的人

学生并不是单纯的抽象的学习者，而是有着丰富个性的完整的人。在教育活动中，作为完整的人而存在的学生，不仅具备全部的智慧力量和人格力量，而且体验着全部的教育生活。要把学生作为完整的人来对待，就必须反对那种割裂人的完整性的做法，还学生完整的生活世界，丰富学生的精神生活，给予学生全面展现个性力量的时间和空间。

2. 每个学生都有自身的独特性

教育的生机和活力，就在于促进学生的个性健康发展。它也是学生自身发展的落脚点和最终体现。素质教育要求教师要正视学生的个别差异，克服按照统一标准和尺度去衡量学生，追求完全趋同，整齐划一的弊病，根据学生各个方面的情况进行因材施教。讲求一把钥匙开一把锁，调动每一个学生的积极性、主动性，使他们成为不同领域内各有所长、有所成就的人。

3. 学生与成人之间存在着巨大的差异

学生和成人之间是存在很大差别的，学生的观察、思考、选择和体验，都和成人有明显不同。所以，“应当把成人看作成人，把孩子看作孩子”。教师在教学中，往往用自己的视角和观念思考和评价学生的想法和行为，不但不能达到预期的教学效果，反而会扼杀学生的想象力，伤害学生的心灵。

真题面对面

[**2020下半年真题**]作为班长，晓月成功组织了很多班级活动。可是，晓月的妈妈担心班级事务影响晓月的学习，私下对班主任范老师说：“不要让晓月担任班干部了。”范老师二话没说就照办了。范老师的做法(　　)

A. 体现了对家长意见的尊重　　B. 体现了教师与家长的合作

C. 忽视了学生发展的完整性　　D. 忽视了班级管理的差异性

答案：C。

考点3　学生是具有独立意义的人

1. 每个学生都是独立于教师的头脑之外，不以教师的意志为转移的客观存在

教师必须尊重学生的个体独立性，不能把自己的个人意志强加于学生的思想之上，要客观地看待学生的成长与成才，把学生当作不以自己的意志为转移的客观存在，当作具有个体独立性的人来看待，因势利导地去施加教育，推动学生个体的健康成长。

2. 学生是学习的主体

素质教育强调学生在学习活动中是认识的主体、实践的主体和发展的主体，是学习的主人。教育的根本目的在于促进学生主体性的发展。

3. 学生是责权的主体

学生是认识世界和改造世界独立的主体，在教育教学活动中，具有学习的自主需求和动力，拥有享受相关需求的权利。教师要尊重学生的主体性需求，同时也要引导学生学会对学习、对生活、对自己、对他人负责，学会承担责任，使学生认识到权利与责任是并存的，更是统一的，在享有一定权利的同时也必须承担着一定的责任，这是学生主体性的客观要求。

总之，学生是发展中的人，具有巨大的发展潜能；学生是具有个性与差异的人，要尊

重个性，承认差异，因材施教；学生是具有独立意义的主体，不以教师的意志为转移。

『记忆有妙招』

为便于考生记忆，编者将“以人为本”的学生观总结成以下口诀：**两独一发**。

两独：学生是独特的人和具有独立意义的人。**一发**：发展中的人。

学生观是历年考试必考点，考生需要重点掌握。命题时，单项选择题通常是结合具体情境进行考查；材料分析题则是给定一个材料，要求从学生观的角度评析教师的教育行为，作答时可结合学生观的三条内容进行分析论证。

真题面对面

[**2023上半年真题**]刘老师尝试用学生耳熟能详的流行歌曲旋律对学生需要掌握的学科知识进行重组，形成一系列别具特色的“教学工具包”，取得了良好的效果，还主动与同事分享。关于刘老师的做法，下列说法不正确的是(　　)

A. 体现了教学内容的关联性　　B. 实现了学生发展的多样性

C. 注重了教学方法的艺术性　　D. 尊重了学生认知的规律性

答案：B。题干案例描述了刘老师在教学内容、方法上进行创新，取得了良好效果，并主动与同事分享，并未描述学生多样性的发展。本题为选非题，B项当选。

四、中学生的全面发展与教育公正　【9年7考】

考点1　中学生全面发展教育的实施

教育为学生的成长需要而存在。学生的成长需要是多方面的，因为学生作为人是“身”与“心”、“个人”与“社会”的统一体。因而以人为本，必须以促进学生的全面发展为目标。

全面发展的教育由德育、智育、体育、美育和劳动技术教育构成。它们相互依存、相互促进、相互制约，构成一个有机整体，共同促进人的全面发展。

(1)德育在全面发展教育中起着灵魂与统率作用。

(2)智育在全面发展教育中起着前提和支持作用。

(3)体育是全面发展教育的重要物质基础。学校体育的根本任务是增强学生体质。

(4)美育在全面发展教育中起着动力作用。

(5)劳动技术教育可以综合德育、智育、体育和美育的作用。

考点2 教育公正

考频分布 2015－2023年，以单选题形式考查7次

教育公正作为一种社会意识形态，其实质是人们对教育领域中人与人之间利益分配关系的评价，它蕴涵着人权思想，体现出主体价值，表现为对全社会的教育权利和教育资源做出公平的分配。在学校教育活动中，“以人为本”，即以所有学生的发展为本，或者说以每一个学生的发展为本，必须遵循“教育公正”原则，处理好学生发展的共同性和差异性的问题。

教育公正原则主要包括保证原则、机会平等原则和补偿原则。

1. 保证原则

保证原则是指教育公正首先要保证的是每个人受教育权利的实现。在教育上，只有对学生的最基本的受教育的权利给予切实的保证，才能够从起码的意义上体现出对学生的尊严的肯定，才能够从最基本的意义上实现以人为本这一教育发展的基本理念，也才能够从最实效的意义上为社会的正常运转和健康发展提供必要的基础。

2. 机会平等原则

机会平等原则要求社会平等地尊重每一个学生，让所有受教育者在平等条件下选择并吸收适合提高自身素质的养分，以使他们在适合自身发展的空间和领域更游刃有余地生存和发展。

3. 补偿原则

每个人在受教育的过程中，必然存在着由于地区差异、家庭环境、个人因素等方面的起点不平等，从而导致对教育资源占有上的不平等以及个人发展程度上的差异。因此补偿原则所要作的便是甄别出处于社会不利地位的阶层，根据他们自身特殊地位、不同的观念对教育的要求来看待问题、解决问题，以最大限度地满足这一不利阶层的利益为标准来确定教育资源的分配和利用，从而便可以使教育中的优势群体与劣势群体、不利阶层与其他阶层之间在教育水平上达到一种持平的状态，以实现教育相对稳定的正常运转。

真题面对面

[2022 下半年真题]某市教育行政部门组织市里的名师录制课堂教学视频,并提供给农村教师作为教学资源。该做法(　　)

A. 合理,有助于实现教育公平　　B. 合理,有助于教师流动

C. 不合理,忽略了学生差异　　D. 不合理,干扰了教学程序

答案:A。

第三节　教师观

思维导图

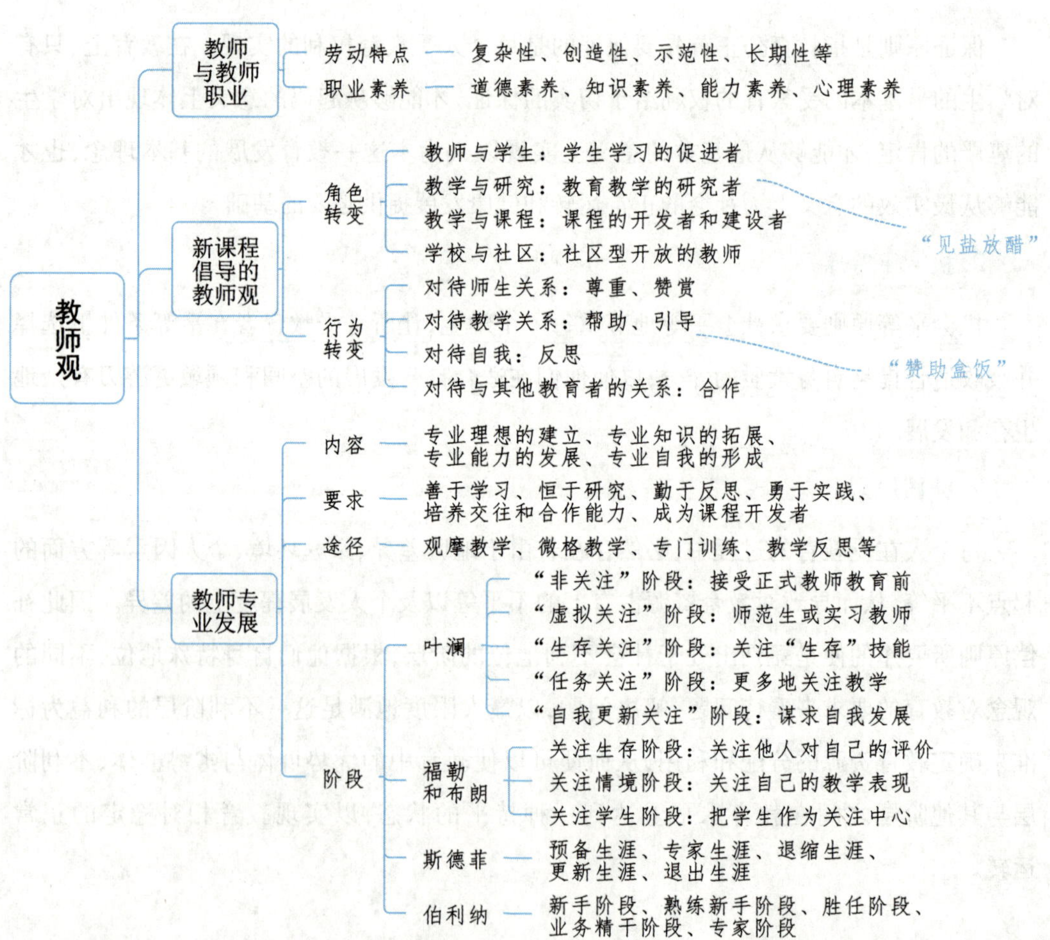

考向分析

本节主要介 绍教师观的内容,在考试中以单选题和材料分析题的形式考查,需要考生重点记忆。汇总分析 2015 年至 2023 年的真题试卷,本节知识考查情况见下表:

知识	考点	考频	题型
教师与教师职业	教师劳动的特点	7	单选
新课程倡导的教师观	现代教师角色、教学行为的转变	14	单选
教师专业发展	教师专业发展的内容	1	单选
	教师专业发展的要求	6	单选
	教师专业发展的途径	1	单选
	教师专业发展的阶段	6	单选
综合考查	教师观	6	材料分析

核心考点

一、教师与教师职业 【9 年 7 考】

考点 1 教师与教师工作

从广义上讲,教师是把知识、技能和技巧传授给别人的人。从狭义上讲,教师指经过专门训练、在学校从事教育教学工作的专门人员。教师是学校教育工作的主要实施者,根本任务是教书育人。

《中华人民共和国教师法》对教师概念进行了全面的、科学的界定:**教师**是履行教育教学职责的专业人员,承担教书育人,培养社会主义事业建设者和接班人、提高民族素质的使命。

教师工作的本质是塑造灵魂、塑造生命、塑造人。教师在我国教育体系中发挥着不可替代的作用。习近平总书记在与北京师范大学师生代表座谈时对教师的工作性质做了重要定位:“教师重要,就在于教师的工作是塑造灵魂、塑造生命、塑造人的工作。”他在全国高校思想政治工作会议上强调,教师是人类灵魂的工程师,承担着神圣使命。

考点2 教师劳动的特点

教师劳动的特点

考频分布 2015—2023年,以单选题形式考查7次

1. 复杂性

教师劳动的复杂性主要表现在五个方面:

(1)教师劳动性质的复杂性。教师的劳动属于专业行为,是一种高度复杂的心智劳动。

(2)教师劳动对象的复杂性。教师的劳动对象是千差万别的人。教师不仅要经常在同一个时空条件下,面对全体学生,实施统一的课程计划、课程标准,还要根据每个学生的实际情况因材施教。

(3)教师劳动任务的复杂性。教师不仅要传授科学文化知识和训练学生的技能,发展学生的智力、培养学生的能力,还要培养学生一定的思想品德,促进学生的身心健康发展。教育目的就是使每个学生得到全面、和谐而独特的发展。

(4)教师劳动过程的复杂性。要使学生形成一种良好的思想品德,需要经过知识的传授、情感的体验、意志的锻炼、信念的建立以及行为习惯的培养这样一个长期的过程。

(5)教师劳动手段的复杂性。教育要有效地促进学生的全面发展,必须保持教育影响的一致性,优化组合各种影响,使之发挥最佳的合力。然而,把这些复杂的影响有效地组织到教育过程中,使来自各方面的影响协调一致,却是一种复杂的工作。

2. 创造性

教师劳动的创造性主要是由劳动对象的特点决定的。教师劳动的创造性主要表现在以下三个方面:

(1)因材施教。教师的教育对象是千差万别的,教师必须灵活地针对每个学生的特点,对他们提出不同的要求,采用不同的教育教学方法,做到“**一把钥匙开一把锁**”,使每个学生都能够得到发展。

(2)教学方法上的不断更新。“教学有法,教无定法”是对教师劳动创造性的最好注解。

(3)教师需要“教育机智”。教育机智是教师在教育教学过程中的一种特殊定向能力,是指教师能根据学生新的特别是意外的情况,迅速而正确地做出判断,随机应变地采取及时、恰当而有效的教育措施解决问题的能力。面对复杂的教育情境,教师应从三个方面努力:其一,理解教学艺术的创造性内涵;其二,重视教师的实践缄默知识;其三,提高教师的教学研究能力。具体来说有三点：首先，教师要加强教育理论修养，不仅是知识，更重要的是教育理论思维能力和批判反思能力。其次，注重实践锻炼，获得对教育实践的感性认识和教育经验，积累在不同教育情境下的恰当行为模式。最后，教师必须在理论的指导下，在有意营造的教育情境中，自觉地整理从事实中产生的并且由于事实而得到升华的思想。

3. 主体性和示范性

主体性指教师自身可以成为活生生的教育因素和具有影响力的榜样。示范性指教师的言行举止等都会成为学生学习的对象。教师劳动的示范性特点是由学生的可塑性、向师性和模仿心理特征决定的。同时，教师劳动的主体性也要求教师的劳动具有示范性特点。

4. 延续性和广延性

劳动时间的延续性是由于教师没有固定的工作时间长度，除了正常的工作时间，教师常常还要利用晚上或休息时间来思考、备课、批改作业、写作。劳动空间的广延性是指教师不能只在课内、校内发挥他的影响力，还要走出校门，进行家访，协调学校、社会、家庭的教育影响，以达到更好的教育目的。

5. 长期性和间接性

长期性是指人才培养的周期比较长，教育影响具有滞后性。间接性指教师的劳动不直接创造物质财富，而是以学生为中介实现教师劳动的价值。

真题面对面

1. [**2023 下半年真题**]某校许多优秀校友在回忆录中都谈到“自己的成长凝聚着各学段许许多多教师的辛勤劳动”，这充分表明教师的劳动具有(　　)

A. 主体性　　B. 特殊性　　C. 长期性　　D. 创造性

答案：C。

2. [**2020 下半年真题**]上课铃响后，章老师走进教室准备上课，发现黑板上有一幅丑化自己的画像，同学们在座位上窃窃私语。面对这样的情境，章老师应该(　　)

A. 立即停课，查出捣乱分子

B. 继续上课，留待课后处理

C. 召开班会，开展批评教育

D. 压制怒火，等待学生检举

答案:B。章老师面对课堂突发事件,应发挥自己的教育机智,在保证课堂正常进行的同时维护学生身心健康,在这一前提下继续上课,留待课后处理是合理的做法。

考点3 教师职业素养

1. 职业道德素养

教师的职业道德素养是从对待事业、对待学生、对待集体、对待自己的态度上体现的。具体来说,对待事业,要忠诚于人民的教育事业;对待学生,要热爱学生;对待集体,要具有团结协作的精神;对待自己,要以身作则,为人师表。

2. 知识素养

教师的知识素养包括政治理论知识、精深的学科专业知识、广博的科学文化知识、必备的教育科学知识、丰富的实践知识。(1)政治理论知识指马克思列宁主义、毛泽东思想和中国特色社会主义理论体系;(2)学科专业知识即本体性知识,是指教师应具备的所教学科的专业知识;(3)科学文化知识指教师应具备的一般的人文知识、社会科学和自然知识、基本的艺术素养等;(4)教育科学知识即条件性知识,指教师必须具备的教育学、心理学、教育管理的知识;(5)实践性知识是教师在实现有目的的教学行为时所具有的课堂情境知识以及相关的知识。

3. 能力素养

教师的能力素养包括语言表达能力、组织教育和教学的能力、组织管理能力、自我调控和自我反思能力(较高的教育机智)。此外,教师还应该具备教育科研能力、学习能力、观察学生的能力、创新能力以及运用现代教育技术手段的能力。

4. 心理素养

一个优秀的教师需要具备良好的心理素质,主要包括四个方面:高尚的师德、愉悦的情感、良好的人际关系、健康的人格。

二、新课程倡导的教师观 【9年14考】

考频分布 2015—2023年,以单选题形式考查14次

教师观就是关于教师职业的基本观念,是人们对教师职业的认识、看法和期望的反映。它既包括对教师职业性质、职责和价值的认识,也包括对教师这种专门职业的基本

素养及其专业发展的理解。

现代教师角色的转变

考点1 现代教师角色的转变

1. 从教师与学生的关系看,教师是学生学习的促进者

这是教师最明显、最直接、最富时代性的角色特征,是教师角色中的核心特征。其内涵主要包括以下两个方面:

(1)教师是学生学习能力的培养者。教师不仅传授知识,而且重在检查学生对知识的掌握程度。教师应成为学生学习的激发者,各种能力和积极个性的培养者。

(2)教师是学生人生的引路人。这要求教师不仅要向学生传播知识,更要引导学生沿着正确的道路前进,并不断在他们成长的道路上设置不同的路标,成为学生健康心理和健康品德形成的促进者、催化剂,引导学生学会自我调适、自我选择,向更高的目标前进。

2. 从教学与研究的关系看,教师是教育教学的研究者

在中学教师的职业生涯中,传统的教学活动和研究活动是彼此分离的。教师的任务只是教学,研究被认为是专家们的“专利”。这种教学与研究的脱节,对教师和教学的发展是极其不利的。

教师即研究者,意味着教师在教学过程中要以研究者的心态置身于教学情境之中,以研究者的眼光审视和分析教学理论与教学实践中的各种问题,对自身的行为进行反思,对出现的问题进行探究,对积累的经验进行总结,最终形成规律性的认识。

3. 从教学与课程的关系看,教师是课程的开发者和建设者

在传统的教学中,教学与课程是彼此分离的。教师被排斥于课程之外,教师的任务只是教学,课程游离于教学以外。教学内容和教学进度由国家的教学大纲和教学计划规定,教学参考资料和考试试卷由专家或教研部门编写、提供,教师成了教育行政部门各项规定的机械执行者,成为各种教学参考资料的简单照搬者。

新课程倡导民主、开放、科学的课程理念,同时确立了国家、地方、学校三级课程管理政策,这就要求课程与教学相互整合,教师必须在课程改革中发挥主体作用。教师不仅是课程实施的执行者,更应成为课程的开发者和建设者。

4. 从学校与社区的关系看,教师是社区型开放的教师

随着社会发展,学校越来越广泛地同社区发生各种各样的内在联系。学校教育与社区生活正在走向终身教育要求的“一体化”,即学校教育社区化,社区生活教育化。新课

程特别强调学校与社区的互动，重视挖掘社区的教育资源。在这种情况下，教师的角色也要求变革。教师不仅仅是学校的一员，还是社区的一员，是整个社区教育、科学、文化事业的共建者。因此，教师角色是开放的，是“社区型”教师。

『记忆有妙招』

为便于考生记忆，编者将现代教师角色的转变总结成以下口诀：**见盐放醋**。

见：课程的开发者和建设者。**盐**：教育教学的研究者。**放**：社区型开放的教师。**醋**：学生学习的促进者。

真题面对面

[2023上半年真题]围绕“利用乡土地理资源培养中学生区域认知素养”的主题，罗老师提炼出契合课程标准要求的“大单元整体教学”设计思路，用于指导青年教师团队深化教学理解实践转化。罗老师的行为体现的教师角色是（　　）

A. 咨询者　　B. 研究者　　C. 领导者　　D. 评价者

答案：B。题干中罗老师围绕教学主题进行研究、探索，提炼出了契合课程标准要求的“大单元整体教学”设计思路，并用来指导青年教师团队深化教学理解实践转化，这体现了罗老师的研究者角色。

考点2　现代教师教学行为的转变

1. 在对待师生关系上，强调尊重、赞赏

“为了每一位学生的发展”是新课改的核心理念。为了实现这一理念，教师必须尊重每一位学生做人的尊严和价值，尤其要尊重以下六类学生：智力发育迟缓的学生、学业成绩不良的学生、被孤立和拒绝的学生、有过错的学生、有严重缺点的学生以及和自己意见不一致的学生。

尊重学生同时意味着不伤害学生的自尊心。教师应努力做到：不体罚学生，不辱骂学生，不大声训斥学生，不冷落学生，不羞辱、嘲笑学生，不随意当众批评学生。

教师不仅要尊重每一位学生，还要学会发现学生的闪光点，学会赞赏每一位学生：（1）赞赏学生的独特性、兴趣、爱好、专长；（2）赞赏学生所取得的哪怕是极其微小的成绩；（3）赞赏学生所付出的努力和所表现出来的善意；（4）赞赏学生对教科书的质疑和对自身的超越。

2. 在对待教学关系上，强调帮助、引导

教师“教”的职责在于帮助。(1)帮助学生检视和反思自我，明了自己想要学习什么和获得什么，确立能够达成的目标；(2)帮助学生寻找、搜集和利用学习资源；(3)帮助学生设计恰当的学习活动并形成有效的学习方式；(4)帮助学生发现所学东西的个人意义和社会价值；(5)帮助学生营造和维持学习过程中积极的心理氛围；(6)帮助学生对学习过程和结果进行评价，并促进评价的内化；(7)帮助学生发现自己的潜能和性向。

教的本质在于引导。引导的特点是含而不露、开而不达、引而不发；引导的内容不仅包括方法和思维，同时也包括价值和做人。在这里，引导表现为教师对学生的启迪与激励。

3. 在对待自我上，强调反思

教学反思被认为是“教师专业发展和自我成长的核心因素”。**教学反思**是教师以自己的教学活动过程为思考对象，对自己所做出的行为、决策以及由此所产生的结果进行审视和分析的过程，是一种通过提高参与者的自我觉察水平来促进能力发展的途径。新课程非常强调教师的教学反思，依据教学进程，教学反思分为教学前、教学中、教学后三个阶段。教学反思有助于教师形成和培养自我反思的意识和自我监控的能力。

4. 在对待与其他教育者的关系上，强调合作

在教育教学过程中，教师除了面对学生外，还要与周围其他教师发生联系，要与学生家长进行沟通与配合。课程的综合化趋势特别需要教师之间的合作，不同年级、不同学科的教师要相互配合，齐心协力地培养学生。教师必须处理好与家长的关系，加强与家长的联系与合作，共同促进学生的健康成长。

记忆有妙招

为便于考生记忆，编者将现代教师教学行为的转变总结成以下口诀：**赞助盒饭**。**赞**：尊重、赞赏。**助**：帮助、引导。**盒**：合作。**饭**：反思。

教师观是重要考点，考生应注意理解并掌握相关知识。命题时，单项选择题一般是结合具体情境进行考查。材料分析题是给定一个材料，要求考生从教师观的角度评析材料中教师的教育行为，作答时可结合教师角色与教师教学行为转变的内容进行分析论证。

真题面对面

[**2022 上半年真题**]冯老师批改作业时常常抱怨:"讲了多少遍,可还是答不上!真不知道现在的学生都怎么了!"这说明冯老师(　　)

A. 具有教学评价能力　　B. 缺乏教学组织能力

C. 具有教学研究意识　　D. 缺乏教学反思能力

答案:D。冯老师讲了多遍的题目学生还是不会做,这说明学生可能没有真正理解知识或掌握答题方法、技能,但冯老师不仅没有反思自己的教学方式方法是否适合所有学生,反而一味地埋怨学生,这表明冯老师缺乏教学反思能力。

三、教师专业发展　【9 年 14 考】

考点 1　教师专业发展的概念

教师专业发展,即教师专业成长,是指教师在整个专业生涯中,依托专业组织、专门的培养制度和管理制度,通过持续的专业教育,习得教育教学专业技能,形成专业理想、专业道德和专业能力,从而实现专业自主的过程。

教师专业发展包括教师群体的专业发展和教师个体的专业发展。**教师群体的专业发展**是指教师职业不断成熟、逐渐达到专业标准,并获得相应的专业地位的过程。**教师个体的专业发展**是教师作为专业人员,从专业思想到专业知识、专业能力、专业心理品质等方面由不成熟到比较成熟的发展过程,即由一个专业新手发展成为专家型教师或教育家型教师的过程。

考点 2　教师专业发展的内容

考频分布　2023 下单选

(1)**专业理想的建立**。教师的专业理想是教师在对教育工作感受和理解的基础上所形成的关于教育本质、目的、价值和生活等的理想和信念。它是教师在教育教学工作中的世界观和方法论,是教师专业行为的理性支点和专业自我的精神内核。

(2)**专业知识的拓展**。教师的专业知识是教师职业区别于其他职业的理论体系与经验系统。教师的专业知识拓展包括三个方面:首先是知识的量的拓展,即教师要不断地更新知识,补充知识,扩大自己的知识范围。其次是知识的质的深化,即从知识的理解、掌握到知识的批判,再到知识的创新。再次是知识结构的优化,即以广泛的文化基础知识为背景,以精深的学科知识为主干,以相关学科知识为必要补充,以丰富的教育科学知识和心理科学知识为基本知识边界的复合性的主体知识结构,是专业教师追求的目标。当然,知识结构的优化过程还包括教师个体独到的感悟、体验和经验总结。

(3) **专业能力的发展**。教师的专业能力就是教师的教育教学能力,是教师在教育教学活动中所形成的顺利完成某项任务的能力和本领。

(4) **专业自我的形成**。教师的专业自我就是教师在职业生活中创造并体现符合自己志趣、能力与个性的独特的教育教学生活方式以及个体自身在职业生活中形成的知识、观念、价值体系与教学风格的总和。

考点3　教师专业发展的要求

考频分布　2015—2023年,以单选题形式考查6次

1. 善于学习,加强终身学习的意识和能力

教育改革和社会发展已经使得教师自身的社会化不再是一次性能够完成的,不是职前系统定向的培养就能够终身胜任的;教师的继续社会化应当延伸和覆盖教师职业生涯,教师应当成为一个学习者、成为学习共同体的一员。教师通过不断地自主学习、自我监控、实践反思、探究和研修,实现自我的更新与发展。

2. 恒于研究,成为教育教学的研究者

教师应该成为教育教学的研究者。这既是时代对教师的要求,也是教师作为学生学习引导者和促进者的前提条件。教师对于自己所任教学科的教育教学是天然的研究者,应该不断向研究型教师的目标迈进,积极发现自己在教育教学中存在的问题,深入研究思考解决这些问题的方法,促进自身的专业发展。

3. 勤于反思,培养和发展自己的反思能力

反思是教师成长和发展的核心能力之一。教学反思的内容包括教学目标、教学观念、教学得失,还包括反思自己的教育教学行为是否对学生有伤害及教育教学是否让不同的学生在学习上得到了不同的发展等。教师常用的教学反思方法包括教学后记、教学日记和教学案例。教师要结合学校和班级的实际情况及自身优势,改进自己的教育教学。

4. 勇于实践,培养创新精神和创新能力

教师首先要有实践的意识和勇气,及时捕捉机会,将自己新颖的想法转化为实践的行动;其次要对新想法进行可行性论证,确定行动方案,然后进行实践。教师必须通过创

造性教育来培养学生的创新精神和创新能力，将学生培养成创新型人才。这要求教师自身具有一定的创新能力。教师应该经常主动更新观念，学习新知识，在教育教学和日常生活的一点一滴中，有意识地培养和强化自己的创新精神，创造性地进行教育教学，不断提高自己的创新能力。

5. 重视教师交往和合作能力的培养

教师之间有竞争也有合作。日常教学之余，教师之间可以相互交换意见，彼此分享经验。相同学科的教师可以在一起讨论教学方法，相互合作设计课程。不同学科的教师也可以相互学习和借鉴，或在相关学科知识方面提供专业帮助等。

6. 教师要成为课程的开发者

在以往的教学中，教师往往只是课程和教材的忠实执行者，教师的独立思想和创造性发挥受到很大限制。新课改要求教师根据具体情况创造性地进行教学工作，充分发挥自己的才能和奇思妙想，创造出富有个性的课程，由课程的“守成者”变成“开发者”。

真题面对面

[**2020 下半年真题**]每次实施新的教学设计之后影老师都会问自己：“有没有必要？是不是最好？能不能改进？要不要调整？”这说明影老师（　　）

A. 善于自我反思　　B. 善于自我激励

C. 缺乏教育自信　　D. 缺乏学习方法

答案：A。

考点4　教师专业发展的途径

考频分布　2019 下单选

1. 观摩和分析优秀教师的教学活动

课堂教学观摩可分为组织化观摩和非组织化观摩。组织化观摩是有计划、有目的的观摩，非组织化观摩则没有这些特征。为培养、提高新教师和教学经验欠缺的年轻教师宜进行组织化观摩；非组织化观摩要求观摩者有相当完备的理论知识和洞察力。

2. 开展微格教学

微格教学指以少数的学生为对象，在较短的时间内（5～20 分钟），尝试做小型的课堂教学，并把这种教学过程摄制成录像，课后再进行分析。这是训练新教师、提高教学水平的一条重要途径。

3. 进行专门训练

要想促进新教师的成长，我们可以对其进行专门化的训练。其中的关键程序有：(1)每天进行回顾；(2)有意义地呈现新材料；(3)有效地指导课堂作业；(4)布置家庭作业；(5)每周、每月都进行回顾。

4. 进行教学反思

教学反思是一种通过提高教师自我觉察水平来促进教学能力发展的手段。

布鲁巴奇等人提出了四种反思的方法：

(1)**反思日记**。在每一天教学工作结束后，要求教师写下自己的经验，并与指导教师共同分析。

(2)**详细描述**。教师相互观摩彼此的教学，详细描述看到的情景，并对此进行讨论分析。

(3)**交流讨论**。来自不同学校的教师聚集在一起，首先提出课堂上发生的问题，然后共同讨论解决办法，最后得到的方案为所有教师共享。

(4)**行动研究**。为弄清课堂上遇到的问题的实质，探索用以改进教学的行动方案，教师以及研究者可以进行调查和实验研究。

美国教育心理学家波斯纳提出了教师成长的公式：**经验＋反思＝成长**。

知识再拔高

教师专业发展的其他途径

1. 校本教研

校本教研是以校为本的教学研究的简称，指以学校自身条件为基础，以学校校长、教师为主力军，针对学校现实存在的问题而开展的有计划的研究活动。学校是校本教研的主阵地，教师是校本教研的主体，解决教学的实际问题是校本教研的核心。

2. 专业引领

专业引领是由教育专家、教研人员、一线骨干教师通过阐释教育教学理念、共拟教育教学方案、指导教育教学实践尝试、引导反思教育教学行为，从而实现促进教师专业发展的目的。专业引领的方式有学术专题报告、理论学习辅导讲座、教学现场指导以及教学专业咨询(座谈)等。

3. 同伴互助

同伴互助的实质是教师作为专业人员之间的对话、互动与合作。同伴互助的形式为：交谈(信息交流和经验共享)，协作(共同负责、完成任务)，帮助(师徒结对、以老带新、结对互帮)。

4. 脱产进修

脱产进修就是教师暂时离开岗位或部分时间离开岗位到有关院校或培训机构学习或进修,接受比较系统的专业教育。例如,中小学教师为了提升个人业务水平,征得学校同意后,暂时离开岗位去攻读硕士研究生、博士研究生等。

考点5　教师专业发展的阶段

教师专业发展的阶段

1. 叶澜的"自我更新"取向教师专业发展阶段论

考频分布　2023上单选,2022下单选

叶澜等人从"自我更新"取向角度对教师专业发展阶段进行了深入研究,将它划分为"非关注"阶段、"虚拟关注"阶段、"生存关注"阶段、"任务关注"阶段、"自我更新关注"阶段五个阶段。

接受正式教师教育之前的教师一般处于**"非关注"阶段**。这一阶段的个体无意识中以非教师职业定向的形式形成了较稳固的教育信念,具备了一些"直觉式"的"前科学"知识以及与教师专业能力密切相关的一般能力。

处于**"虚拟关注"阶段**的一般是师范学习阶段的学生或实习期教师,他们对合格教师的要求开始思考,在虚拟的教学环境中获得某些经验,对教育理论及教师技能进行学习和训练,有了对自我专业发展反思的萌芽。

新任教师通常处于**"生存关注"阶段**。这类教师在"现实的冲击"下,产生了强烈的自我专业发展的忧患意识,特别关注专业活动中的"生存"技能,专业发展集中在专业态度和动机方面。这是教师专业发展的关键阶段,突出特点是"骤变与适应"。

"任务关注"阶段的教师随着教学基本"生存"知识、技能的掌握,自信心日益增强,由关注自我的生存转到更多地关注教学,由关注"我能行吗"转到关注"我怎样才能行"。

"自我更新关注"阶段的教师不再受外部评价或职业升迁的牵制,自觉依照教师发展的一般路线和自己目前的发展条件,有意识地自我规划,以谋求最大程度的自我发展,关注学生的整体发展,积累了比较科学的个人实践知识。

真题面对面

[2022 下半年真题] 肖老师认为:"教师在课堂教学中不能只关注学科层面的知识,还要关爱学生,建立和谐的师生关系。"她在日常工作中也以此为行动指南。这表明肖老师所处的教师专业发展阶段是(　　)

A."虚拟关注"阶段

B."自我更新关注"阶段

C."生存关注"阶段

D."任务关注"阶段

答案:B。题干中,肖老师认为教师不仅仅要教授学生知识,还要关爱学生,自觉构建和谐的师生关系,说明她能有意识地进行自我规划,关注学生的整体发展。故 B 项符合题意。

2. 福勒和布朗的教师专业发展三阶段理论

考频分布　2022 上单选,2019 上单选

福勒和布朗根据教师的需要和不同时期所关注的焦点问题,把教师的成长划分为关注生存、关注情境和关注学生三个阶段。

(1)**关注生存阶段**。处于关注生存阶段的一般是新教师,他们非常关注自己的生存适应性,最担心的问题是"学生喜欢我吗""同事们如何看我""领导是否觉得我干得不错"等。因而,他们可能会把大量的时间花在如何与学生搞好个人关系上,想方设法控制学生,而不是更多地考虑如何让学生取得学习上的进步。

(2)**关注情境阶段**。处于关注情境阶段的教师关心的是如何教好每一堂课,以及班级大小、时间压力和备课材料是否充分等与教学情境有关的问题,如"内容是否充分得当""如何呈现教学信息""如何掌握教学时间"等。传统教学评价集中关注这一阶段,一般来说,老教师比新教师更关注此阶段。

(3)**关注学生阶段**。当教师顺利地适应了前两个阶段后,成长的下一个目标便是关注学生。教师将考虑学生的个别差异,认识到不同发展水平的学生有不同的需要,根据学生的差异采取适当的教学,促进学生发展。能否自觉关注学生是衡量一个教师是否成熟的重要标志之一。

真题面对面

[2019 上半年真题]张老师在教学中经常考虑的问题是:“对班上不同层次的学生,我用哪些方法教学更有效呢?”“这些材料适不适合所有学生?”张老师所处的教师专业发展阶段是( )

A. 关注发展阶段　　B. 关注生存阶段

C. 关注情境阶段　　D. 关注学生阶段

答案:D。题干中张老师经常考虑的问题的关注点都在学生身上,其所处的教师专业发展阶段是关注学生阶段。

3. 斯德菲的教师专业发展五阶段理论

考频分布　2021 上单选

美国学者斯德菲以自我实现理论为依据,提出教师的发展为五个阶段。从人的自我需要的视角分析,每一个教师都希望成为好教师,都有被肯定评价、实现自身价值的需要。

(1)**预备生涯阶段**。主要为新任职的教师或重新任职的教师。前者需要三年的时间,才能进展到下一阶段,后者会很快超越此阶段。在此阶段的教师具有的特点:理想主义、有活力,富有创意、容易接纳新观念,积极进取,努力向上。

(2)**专家生涯阶段**。此阶段的教师具有任教科目的多方面能力、知识和态度,也拥有多方面的信息来源。在此阶段的教师具有的特点:具有较高水平的教学能力和技巧;有较高的透视力,可随时掌握学生的动态,并对学生有较高的期望值;能激发自我潜能,达到自我实现。

(3)**退缩生涯阶段**。此阶段,又可分为三个小阶段:初期的退缩、持续的退缩和深度退缩。初期的退缩阶段:教师很少致力于教学改革,教学内容年年重复,所教学生表现平平,个性表现固执、沉默、随波逐流。如果适时支持和鼓励,又会恢复到专家生涯阶段。持续的退缩阶段:教师表现出明显的倦怠感,经常批评学校、家长、学生、教育行政部门,甚至表现好的教师。他们抗拒改革,个性也变得消极,或独来独往,或喋喋不休,人际关系不和谐。深度退缩阶段:教师表现出教学上的无力感,甚至有时会伤害到学生。但有些教师本人并不认为自己有这些缺点,具有强烈的自卫和防范心理。

(4)**更新生涯阶段**。此阶段的教师在开始出现厌烦的征兆时,就采取较为积极的应对措施。如参加研讨会、进修学习或加入教师组织等。由于采取措施得当,就会出现主动致力于吸纳新知识，重新振奋起来，重新回到追求专业成长的状态——预备生涯阶段。但更成熟、更有针对性。

（5）**退出生涯阶段**——离开教师岗位。到了退休年龄或其他原因，离开教学岗位。

真题面对面

［**2021上半年真题**］工作多年的张老师有较高水平的教学能力和技巧，班级管理得井井有条，还注重激发自我潜能。张老师所处的教师发展阶段是（　　）

A. 专家生涯阶段　　B. 退缩生涯阶段

C. 更新生涯阶段　　D. 预备生涯阶段

答案：A。

4. 伯利纳的教师专业发展五阶段理论

考频分布　2020下单选

美国亚利桑那州立大学心理学教授伯利纳提出了教师教学专长发展的五阶段理论，即新手阶段、熟练新手阶段、胜任阶段、业务精干阶段、专家阶段。

（1）**新手教师阶段**。新手教师是经过系统的师范教育与专业学习，刚刚从事教学工作的教师。该阶段教师的特征表现为：①理性化，在分析和思考的基础上处理问题；②缺乏灵活性；③刻板，处理问题时刻板地依赖特定的原则、规范和计划。在这个阶段，教师的主要需求是了解与教学有关的实际情况，熟悉具体的教学情境，积累教学经验。

（2）**熟练新手教师阶段**。随着知识和经验的积累，经过2～3年，新手教师逐渐发展成为熟练新手教师。其特征是：①实践经验与书本知识逐渐整合，并逐步掌握了教学过程中的内在联系；②教学方法和策略方面的知识与经验有所提高，处理问题时表现出一定的灵活性；③经验对教学行为的指导作用提高，但还不能够很好地区分教学情境中的重要信息和无关信息；④对自己的教学行为还缺乏一定的责任感。

（3）**胜任型教师阶段**。大部分熟练新手教师经过3～4年的教学实践和职业培训后成为胜任型教师，这是教师发展的基本目标。胜任型教师的特征是：①教学行为有明确的目的性；②能够区分出教学情境中的重要信息，并选择有效的方法或手段达到教学目标；③他们对自己的行为结果表现出更多的责任心，对于成功和失败表现出强烈的情绪情感反应；④教学行为还没有达到足够快捷、流畅和灵活的程度。

（4）**业务精干型教师阶段**。经过5年左右的知识和经验积累，有相当部分的胜任型教师成为业务精干型教师。其特征是：①具有较强的直觉判断能力；②教学技能方面接近认知自动化水平；③教学行为已经达到了快捷、流畅和灵活的程度。

（5）**专家型教师阶段**。专家型教师阶段是教师发展的最终阶段，只有部分业务精干型教师在以后的职业发展中成为专家型教师。该阶段教师的特征是：①处理问题的非理性倾向；②对教学情境的观察与判断的直觉性；③教学技能达到了完全自动化水平。

职业理念材料分析题解题方法

一、核心知识

要点1　教育观

教育观的材料分析题常见的考查方式：提供一个教师的教育教学行为符合或者违背素质教育理念的材料，要求考生运用素质教育的相关理论来评析材料中教师的教育教学行为。

要准确分析有关素质教育的材料，必须把握以下几点：

1. 理解素质教育的内涵

一般来说，要求考生运用素质教育的相关理论来评析材料中教师的教育教学行为，最关键的是要找到材料中体现或违背了素质教育理念的信息。目前，教师资格考试关于素质教育的内涵主要考查以下四点：

（1）素质教育是面向全体学生的教育。判断材料中有违这一理念的关键信息主要有：教育教学中只关注优秀学生；分重点班和普通班；劝退后进生；推行应试教育（这种教育搞选拔性、淘汰性，只能照顾到一部分人，多数学生成了陪衬者）。

（2）素质教育是促进学生全面发展的教育。判断材料中有违这一理念的关键信息主要有：教育教学只强调智育，忽视了德育、体育、美育和劳动技术教育；教育只关注智力因素的发展，忽视了非智力因素的发展。所谓智力因素主要包括注意力、观察力、记忆力、思维力和想象力；非智力因素主要有情感、意志、兴趣、好奇心、求知欲等。

（3）素质教育是促进学生个性发展的教育。判断材料中有违这一理念的关键信息主要有：教育教学方式忽视差异性，用统一的模式来教育学生；用一个模子来培养人才，造成人才的千篇一律。材料中经常出现的关键信息有：扼杀特长生，评价方式体现单一化，忽视多元性。

(4)素质教育是以培养创新精神和实践能力为重点的教育。判断材料中有违这一理念的关键信息主要有:教育教学中搞题海战术;教学方式搞灌输;学生课业负担过重;取消选修课程(拓展型课程、发展型课程等);只强调记忆性知识,忽视思维能力发展;等等。

2. 准确判别应试教育

材料中出现了“考试分数”“学习负担重”“升学率”“题海战术”“猜题押题”“死记硬背”“成绩排名”“填鸭式”等关键词语,这种材料往往是批判应试教育的。考生可以通过批判应试教育的行为来评析教师的教育教学行为。

3. 了解实施素质教育的要求、途径和方法

一般情况下,考查教育观的材料题用素质教育的内涵作答即可。但有时,材料题中也会出现其他考点,如学生的主动发展和终身可持续发展、家校社三结合等。故考生应加强对实施素质教育的要求、途径和方法等内容的了解,作答时尽量全面、具体,不要将作答范围局限于素质教育的内涵上。

要点2　学生观

涉及学生观的材料分析题,一般只考查“以人为本”的学生观。要准确把握有关学生观的材料,考生必须把握以下知识点:

(1)学生是发展中的人。包含了以下三点:学生的身心发展是有规律的;学生具有巨大的发展潜能;学生是处于发展过程中的人。

(2)学生是独特的人。要关注每一个学生的发展,承认学生的个体差异性,满足学生的个性发展要求。学生的个体差异性要求切实贯彻因材施教的教育理念。

(3)学生是具有独立意义的人。包含了以下三点:每个学生都是独立于教师的头脑之外,不以教师的意志为转移的客观存在;学生是学习的主体;学生是责权的主体。

涉及学生观的材料的一般考查形式是:请从学生观的角度评析材料中教师的教学行为。材料中教师的教学行为既有可能符合“以人为本”的学生观,也有可能违背学生观。有的材料中会引用两位老师的做法,要求考生从学生观的角度来加以比较。

要点3　教师观

对教师观的考查主要涉及新课程倡导的教师观,包括现代教师角色和教师教学行为

的转变。

(1)现代教师角色的转变。从教师与学生的关系看,教师是学生学习的促进者;从教学与研究的关系看,教师是教育教学的研究者;从教学与课程的关系看,教师是课程的开发者和建设者;从学校与社区的关系看,教师是社区型开放的教师。

(2)教师教学行为的转变。在对待师生关系上,新课程强调尊重、赞赏;在对待教学关系上,新课程强调帮助、引导;在对待自我上,新课程强调反思;在对待与其他教育者的关系上,新课程强调合作。

在考试中,以上两个方面可能都考,也可能只考查一个方面,或两个方面各考查一部分。考生应注意随机应变。

要点4　职业理念

考查职业理念的材料分析题,其实是要求考生从素质教育观、"以人为本"的学生观和新课程倡导的教师观三方面,分别评析教师的教育行为,所以它考查的内容比较综合。

素质教育观,主要考查素质教育的内涵;"以人为本"的学生观,即学生是发展中的人、独特的人、具有独立意义的人;新课程倡导的教师观主要包括现代教师角色的转变和教师教学行为的转变。这些上述都已经讲过。

一般来说,这三方面的内容材料都有可能涉及,具体要根据材料中的关键信息来确认。

二、解题技巧

这里我们以真题为例,说明如何在考试中,拿到理想的分数。

材料:晓华学习成绩差,很多老师认为他学业上无可救药。有一天,张老师发现他的作文本里夹着一页纸,上面歪歪扭扭地写着"零分我的好朋友你在慢慢地向我靠近你如此多情难到你也把我当成一个无用的人不我不是一个无用的人我是人我也有一颗自尊心再见吧零分"。

张老师把晓华叫到办公室,帮助他改正了错别字并加上标点,重新组织成下面的样子:

零分,我的好朋友,

你在慢慢地向我靠近。

零分,你如此多情,

难道你也把我当成一个无用的人?

不,我不是一个无用的人,

我是人,我也有一颗自尊心。

再见吧！零分！

张老师露出赞许的神情，说："看，这是一首很好的诗啊！"听到这句话，晓华原本紧绷的脸上露出了笑容。张老师又说："诗言志，从这首诗可以看出你是个不甘心与零分为伍的人，你也有你的梦想。"这是诗？我也能写诗？晓华非常激动，他没想到老师会给他这样的评价。张老师热情的鼓励驱散了他心中的阴影，坚定了他奋发向上的信心。从此以后，晓华努力学习，取得了很大进步。两年后，他顺利考上了高中。

问题：请结合材料，从学生观的角度，评析张老师的教育行为。

要点 1　审题

职业理念的材料分析题，材料部分多以实际的教育教学案例来呈现，问题则是从教育观、学生观、教师观或整体的职业理念出发，评析材料中教师的教育教学行为。

在审题过程中，我们应该先读问题，明确是从哪一方面来评析教师的教育教学行为，再带着问题去阅读材料。

在材料审读中，我们应该标注出其出现的一些关键信息点，即在什么时间，哪位老师实施了什么样的教育教学行为，以及这种教育教学行为带来了什么样的教育教学效果或给学生带来了什么影响。

要点 2　解题

在审清题目之后，我们就可以结合已经掌握的相关知识点进行解题了。在作答职业理念的材料分析题时，我们要注意以下几点：

(1)整体评析材料中教师的教育教学行为。解答这类材料分析题的第一步是，要对材料中教师的教育教学行为进行整体评价。

【例如】材料中张老师的教育行为是正确的，体现了"以人为本"的学生观的要求，值得肯定。

(2)关键点放在开头。关键点即得分点，得分点要安排在醒目的地方，所以我们在组织答案时，每一个得分点应该放在每段的第一句话中，且要注意语言组织须凝练简洁。

【例如】学生是发展中的人。学生具有巨大的发展潜能，教师应坚信每个学生都是可以积极成长的，是有培养前途的，要看到学生未来的发展潜力，要帮助学生更好地发展。

(3)结合材料。材料分析题的出题目的就是考查考生实际解决问题的能力，因此，只有理论是不行的,一定要结合材料来验证理论。

【例如】材料中,晓华学习成绩差,很多老师认为他在学业上无可救药,但张老师没有放弃晓华,而是将晓华写的一些文字加工成一首诗,鼓励晓华坚定梦想,不与零分为伍。晓华得到张老师的鼓励后努力学习,取得很大进步并顺利考上高中。这表明张老师能用发展的眼光看待学生。

(4)答题的最后,最好加一句简短的总结,材料分析题一方面考查考生在实际教育教学活动中能否利用自身的教育教学机智较好地解决教育突发状况;另一方面在笔试中也考查考生是否能够利用自己已学的知识合理地进行谋篇布局。因此,合理地安排答题结构也是考试中取得高分的关键要素。

【例如】综上所述,张老师的行为帮助晓华建立了自信心,促进了晓华的积极发展,值得广大教师学习。

要点3 参考答案

材料中张老师的教育行为是正确的,体现了“以人为本”的学生观的要求,值得肯定。

(1)学生是发展中的人。学生具有巨大的发展潜能,教师应坚信每个学生都是可以积极成长的,是有培养前途的,要看到学生未来的发展潜力,要帮助学生更好地发展。材料中,晓华学习成绩差,很多老师认为他在学业上无可救药,但张老师没有放弃晓华,而是将晓华写的一些文字加工成一首诗,鼓励晓华坚定梦想,不与零分为伍。晓华得到张老师的鼓励后努力学习,取得很大进步并顺利考上高中。这表明张老师能用发展的眼光看待学生。

(2)学生是独特的人。学生是完整的人,每个学生都有自身的独特性,教师要根据学生的特点因材施教。材料中,张老师针对晓华写作上的特点因材施教,帮助晓华修改、完善了作品,并表扬晓华的作品写得很好,赞扬晓华是个有志向的人。这说明张老师看到了晓华的独特性,做到了因材施教。

(3)学生是具有独立意义的人,学生是学习的主体。教师要充分尊重学生的主体地位,促进学生主体性的发展。材料中,张老师对晓华的作品予以表扬,并引导晓华坚定志向,树立并追寻自己的梦想,帮助晓华建立了自信心,进而调动了晓华学习的积极性、主动性,这说明张老师尊重了学生的主体地位。

综上所述,张老师的行为帮助晓华建立了自信心,促进了晓华的积极发展,值得广大教师学习。

达标测评

建议用时	实际用时	测评总分	实际得分
60 分钟	____分钟	72 分	____分

一、单项选择题(每小题 2 分,共 30 分)

1. 每次临近期末考试时,初二(5)班的班主任赵老师就会占用学生的音乐课或美术课时间来讲授学生在物理科目中的疑难问题,赵老师的做法(　　)

A. 正确,有利于提高学生的期末成绩

B. 正确,有利于老师组织学生有效复习

C. 错误,不利于学生全面发展

D. 错误,不利于音乐和美术特长生的发展

2. 孙老师给小华写下了这样的评语:"填空题错了一道,其他题全对,能够很好地运用循环小数简便识记,等级定为优秀。"关于孙老师的做法,下列说法不正确的是(　　)

A. 孙老师以分数作为评价标准

B. 孙老师关注学生知识的掌握

C. 孙老师关注学生的学业水平

D. 孙老师关注学生的学习效果

3. 殷老师特别喜欢学习,不仅上班的时候积极听老教师的课,而且在业余时间自修研究生课程,还潜心研究教学方法。她虽然很年轻,但是已经连续三年当选教学能手了。这体现了殷老师(　　)

A. 有专业成长理念　　B. 有课程研发意识

C. 有团结协作意识　　D. 有关爱学生意识

4. 张老师为了提高学生学习语文的兴趣,设计了"成语故事大比拼""故事续写"等一系列活动,让学生在活动中主动学习。张老师的做法体现的教师劳动特点是(　　)

A. 长期性　　B. 示范性　　C. 主体性　　D. 创造性

5. 美术课上,曾老师指导学生把天然的竹根须做成卷曲的头发,还演示如何借助竹节的弧度制成黄包车的顶棚。这表明曾老师具有(　　)

A. 课程资源开发的意识与能力

B. 自我反思的意识与能力

C. 教育科学研究的意识与能力

D. 自主发展的意识与能力

6. 孟老师说："不能用同样的水准要求学生，也不能揠苗助长，我一直都坚定不移地相信学困生是'迟开的花朵'，早晚都会开放。"下列选项中与孟老师的说法不一致的是（　　）

A. 注重学生发展的整体性

B. 关注到学生具有差异性

C. 注重学生发展的顺序性

D. 关注到学生具有发展性

7. 刘杰同学发现语文教科书上有一处错误，"终身学习"被印成了"终生学习"，并及时向语文老师指出了错误。如果你是语文老师，你应该（　　）

A. 告诉刘杰："仅仅一个字印错了而已，不需要大惊小怪。"

B. 表扬刘杰学习认真仔细，并在班里向同学们指出教科书的错误

C. 微笑地告诉刘杰："出版这本教科书的老师真傻，居然犯这种低级错误。"

D. 感到不可思议，并向其他老师抱怨这本教科书的错误

8. 学生们最喜欢上肖老师的课，因为在他上课的时候可以自由看小说、玩手机或者睡觉。肖老师认为自己只要认真把知识讲清楚就行了，学生听不听课是他们自己的事，纪律管理应该是班主任负责的。他的这种看法（　　）

A. 正确，是以学生为主体的表现

B. 错误，没有关注学生的心理健康

C. 正确，是教师行使权利、履行义务的表现

D. 错误，没有树立正确的教师职业理念

9. 陈老师在教学时引用徐霞客的诗句"五岳归来不看山，黄山归来不看岳"。有学生产生了疑问："为什么黄山不在五岳之列？"陈老师下列处理方式恰当的是（　　）

A. 不予理睬继续上课

B. 批评学生上课分心

C. 布置学生课外探究

D. 解释说作者弄错了

10. 学校多次安排杨老师参加集体学习与培训，她总是拒绝，还说："我年龄这么大了，还学什么啊！"杨老师的言行表明其缺乏（　　）

A. 专业发展意识　　　　　　　B. 专业发展能力

C. 团结协作意识　　　　D. 团结协作能力

11. 张老师是某中学的体育老师，每到期末的时候其他任课老师就会找他要课。张老师认为体育课是副科，上不上都无所谓，又不能不给其他老师面子，所以每次都爽快答应。张老师的这种行为（　　）

A. 正确，副科要为主科服务

B. 正确，体育锻炼可以放在课外进行

C. 错误，不利于学生在各领域的平均发展

D. 错误，老师应该促进学生的全面发展

12. 万老师教学很认真，经常辛辛苦苦地从上课讲到下课，嗓门特别大，被同事戏称为"全天候广播员"，可教学效果一直不好。万老师需要反思的是（　　）

A. 教学态度　　　　B. 教学方式

C. 教学目的　　　　D. 教学条件

13. 某学校要进行先进教师的评选。刘老师怕学习倒数的李小萌和蒋大壮影响自己的评选，就对李小萌和蒋大壮说："学习不刻苦，不如回家卖红薯。你们俩跟着父母卖红薯去吧！还学什么习！"刘老师的做法（　　）

A. 不正确，没有看到学生是独立的人

B. 不正确，没有看到学生是发展的人

C. 不正确，没有看到学生是独特的人

D. 正确，刘老师用激将法引导学生努力学习

14. 某学校举办"跳蚤市场"图书交易活动，学校鼓励所有学生积极地为图书交易活动做准备，如物品的收集、海报的绘制、广告语的设计、场地的布置等，促使活动顺利完成。该学校的做法（　　）

A. 体现学生是发展的人

B. 体现学生是自律的人

C. 忽视了学生的主动性

D. 忽视了学生的创造性

15. 磨课时，方老师语重心长地对姜老师说："现阶段你要开始琢磨如何将自己的教学经验进行提升，形成自己善于驾驭且易于学生理解的教学表现方式。"这表明姜老师目前所处的专业发展阶段是（　　）

A. 自我更新关注阶段　　　　B. 关注生存阶段

C. 关注教学情境阶段　　　　D. 关注学生阶段

二、材料分析题(每小题14分,共42分)

1. 材料:

李老师认为,要让学生树立自信心,就必须让学生发现自己的优点。在一节课上,李老师组织学生讨论:“你有哪些优点?”同学们讨论得非常激烈,有的说自己乐于助人,有的说自己孝顺父母,有的说自己尊敬老师……大家发现原来自己和小伙伴有很多优点。这时,一向活泼好动的小明把手举得很高,李老师说:“小明,你说说自己有哪些优点?”小明说:“你为什么总是叫我们说优点啊?每个人都有缺点,老师也有缺点,我想说缺点。”教室里一下安静了。李老师愣了一下,然后说:“是的,我们每个人都有优点和缺点。老师也有缺点,请大家经常帮助我哦!现在大家围绕小明的观点进行讨论吧!”大家七嘴八舌地讨论起来,最后,李老师总结道:“我们谈自己优点的同时,也要正视自己的缺点,改正了缺点,我们会更好。”

课后,李老师在自己的日记里记录了这件事,并打算在合适的时候组织学生举办一次“我的小秘密”讨论活动,让同学们说说自己平时不好意思说出口的缺点,并引导他们改正这些缺点。

问题:请结合材料,从教育观的角度,评析李老师的教育行为。

2. 材料:

有一位叫王峰的学生,经常迟到、旷课、去游戏厅,甚至打架、偷窃等,学习成绩更不用说了,门门功课挂红灯。不过,这个同学并不是一无是处,他百米赛跑速度惊人,在校运动会上,他连续两年获得百米赛跑冠军,为班级争得了荣誉。除此之外,他还特别喜欢画画,象棋也走得很棒。针对他的问题,班主任张老师曾多次口头批评教育过他,但仍不见好转,他还是经常旷课、打游戏,向同学借钱,同学不借就打同学,以至于班里同学见到他都躲得远远的。虽然偶尔也有进步,但没过两天又恢复原样,张老师逐渐对他失去了信心。

问题:请结合材料,从学生观的角度,评析该教师的教育行为。

3. 材料:

某节课上,黄老师让学生阅读有关古希腊和中国古代神话的两段描述,然后提问:“从这两段描述中,可以发现古希腊神话和中国古代神话有什么不同?”学生小佳回答:“希腊神话有比较完整的系统,而中国神话比较零散。”黄老师点评道:“这位同学的回答很不完整,哪位同学来补充一下?”这时,小佳羞得满脸通红,而班里则是一片寂静。课后黄老师回到办公室就高谈阔论道:“现在的学生脑子怎么这么笨,我之前都讲过类似的居然还不会,考试成绩差真是活该啊,反正我已经尽力了,就这样吧。”

问题:请结合材料,从教师观的角度,评析黄老师的教育行为。

参考答案及解析

一、单项选择题

1. C [解析]素质教育是促进学生全面发展的教育。题干中赵老师占用美术、音乐课的时间讲授物理、化学等科目,违背了全面发展的教育理念,这种做法是错误的。

2. A [解析]题干中孙老师的评语体现了他关注学生知识的掌握,关注学生的学业水平和学习效果,同时孙老师并没有仅仅以分数作为评价标准,而是综合考虑了小华的知识掌握情况,给予了小华优秀的等级评价,A 项说法不正确。

3. A [解析]教师应当让自己成为一个学习者、成为学习共同体的一员,通过不断地自主学习、自我监控、实践反思、探究和研修,实现自我的更新与发展。殷老师的做法体现了其善于学习,有专业成长的理念。

4. D [解析]教师劳动的创造性要求教师的教学方法要不断更新。题干中张老师设计"成语故事大比拼""故事续写"等活动,激发学生的创造性,展现学生个性,体现了教师劳动的创造性。

5. A [解析]教师不仅是课程实施的执行者,更应成为课程的开发者和建设者。题干中曾老师能将日常生活中的事物与课堂教学的内容联系起来,巧妙地借用自然事物进行教学,表明曾老师具有课程资源开发的意识与能力。

6. A [解析]学生身心发展有以下规律:(1)顺序性;(2)阶段性;(3)不平衡性;(4)互补性;(5)个别差异性。题干孟老师说"不能用同样的水准要求学生,也不能揠苗助长",表明孟老师关注到学生具有差异性和注重学生发展的顺序性。孟老师坚信学困生是"迟开的花朵",早晚都会开放,关注到学生具有发展性。学生发展的整体性是指学生是一个完整的人,以其整个身心投入教学生活,并以整个身心感知、体验、享受和创造这种教学生活。题干未体现,故答案选择 A 项。

7. B [解析]学生发现书本上的错误,如果老师对其行为进行表扬,会激发学生发现问题的动机,促进学生积极思考。如果老师对其无回应或将其视为小事,则会打击学生的积极性,不利于学生的发展。故 B 项所述做法较为合适。

8. D [解析]教师应树立正确的职业理念,履行教书育人的职责,与班主任共同合作促进学生的全面发展。题干中肖老师认为自己的职责就是把知识讲清楚,纪律管理是班主任的事,这种看法是错误的,没有树立正确的教师职业理念。

9. C [解析]学生在学习活动中是认识的主体、实践的主体和发展的主体，是学习的主人。题干中陈老师若是将学生的提问布置成课外探究作业，不仅肯定了学生的课堂发问行为，促进了学生主体性的发展，还有利于学生自主学习、合作学习和探究学习。故本题选 C。A 项做法不恰当，会损害学生学习的积极性；B 项做法不恰当，学生并未分心，只是在课堂教学中提出了自己的疑问，针对这种情况，教师可以通过恰当的方式引导学生思考；D 项做法不恰当，这种做法说明教师没有做到严谨治学，是敷衍塞责的表现。

10. A [解析]教师应当让自己成为一个学习者、成为学习共同体的一员，通过不断的自主学习、自我监控、实践反思、探究和研修，实现自我的更新与发展。题干中，杨老师拒绝参加集体学习与培训，认为自己年龄大了没必要再学习，这表明杨老师缺乏终身学习、专业发展的意识。题干并未体现杨老师的专业发展能力不足，本题 A 项最符合题意。

11. D [解析]素质教育要求学生全面发展。学校教育不仅要抓好智育，更要重视德育，还要加强体育、美育、劳动技术教育和社会实践，使诸方面的教育相互渗透、协调发展，促进学生的全面发展和健康成长。题干中，张老师的做法忽视了学生体育方面的发展，不符合素质教育倡导的全面发展的要求。本题选 D。全面发展不意味着平均发展，C 项说法错误，不选。

12. B [解析]题干的描述表明万老师态度认真、工作努力，但其课堂教学以讲授为主，缺乏对学生能力的培养，导致教学效果不好，这表明其教学方式可能存在问题。因此，万老师需要改进教学方式，提高教学效果。

13. B [解析]题干中刘老师怕两名后进生影响自己评选先进教师，而对后进生恶语相向，并不是引导后进生努力学习，D 项错误。同时，刘老师认为两名后进生学习不刻苦，没有继续学习的必要，表明刘老师没有认识到学生的发展潜能，没有看到学生是发展的人。A、C 两项在题干中未体现，故本题答案为 B 项。

14. A [解析]“以人为本”的学生观强调学生是发展的人，有巨大的发展潜能。题干中学校鼓励学生积极参与活动，对学生充满信心，促进了学生的发展。

15. C [解析]福勒和布朗根据教师的需要和不同时期所关注的焦点问题，把教师的成长划分为关注生存、关注情境和关注学生三个阶段。其中，处于关注情境阶段的教师关心的是如何教好每一堂课，以及班级大小、时间压力和备课材料是否充分等与教学情境有关的问题。题干中方老师建议姜老师注重提升教学经验，形成易于学生理解的教学表现方式，表明姜老师处于关注情境阶段。故本题选 C。

二、材料分析题(答案要点)

1. 李老师的教育行为体现了素质教育观，值得肯定。

(1)素质教育是面向全体学生,促进学生全面发展的教育。材料中的李老师组织全班学生进行讨论,分析各自的优缺点,帮助学生正确认识自己,有利于全班学生的全面发展。这体现了李老师是面对全体学生进行的教育。

(2)素质教育是促进学生个性发展的教育。每一位学生都有其个别性,教育要尊重并充分发展学生的个性。材料中,李老师在小明提出不同的观点时,并没有予以制止,而是肯定了其想法,认为每个人都有优点和缺点,并打算举办活动帮助学生改掉自己的缺点,既尊重了学生,又有利于学生个性的健康发展。

(3)素质教育是以培养创新精神和实践能力为重点的教育。材料中,李老师改变了传统的教学方式,组织学生讨论自己的优缺点,调动了学生的主动性和积极性,有利于学生的发展。

总之,作为教师要树立素质教育理念,在教学中实施素质教育,促进学生发展。

2. 班主任张老师的教育行为不符合“以人为本”的学生观的要求,具体体现在以下几个方面。

(1)“以人为本”的学生观要求教师把学生看作发展中的人,对学生树立信心,相信每一位学生都是可以成才的。材料中,王峰还处于发展中,难免会出现这样那样的问题,张老师应该针对这些问题寻找解决的办法,帮助王峰成长为更好的人,而不是对学生失去信心。

(2)“以人为本”的学生观要求教师把学生看作独特的人,教师要关心热爱与严格要求学生,全面了解学生,因材施教。材料中,王峰同学虽然有明显的缺点,但“并不是一无是处”,张老师只是口头批评教育王峰,没有针对王峰的情况采取针对性的教育措施,张老师应该发挥王峰的优势,从发掘他的闪光点入手,帮助他克服缺点。

因此,教师在教育问题学生时要树立正确的学生观,对学生抱有巨大的信心,因材施教,只有如此才能促进学生的发展。

3. 材料中,黄老师没有树立正确的教师观,其行为伤害了学生的自尊心,他需要反思并改正自己的行为。

(1)新课程倡导的教师观强调教师是学生学习的促进者。材料中,黄老师对小佳的回答用“很不完整”予以了否定,没有引导其继续思考,这种做法没有体现教师是学生学习的促进者。

(2)新课程倡导的教师观强调教师要尊重、赞赏学生。材料中,黄老师简单粗暴的否定了学生的答案,打击了答题学生的自信心,也使全班学生不敢回答问题,损害了学生学习的积极性和主动性。

(3)新课程倡导的教师观强调教师应当注重自我反思。材料中，黄老师面对学生不敢回答问题的现象，没有思考教学出现问题的原因，一味地指责和埋怨学生笨，没有反思自己的教学方法和教学态度，这不利于其自我成长。

因此，作为教师，要践行新课改背景下的教师观，要尊重赞赏学生，引导学生思考，促进学生对知识的理解，成为自我反思的实践者。

即时反思与复盘总结

我于________年____月____日完成了对本章的学习。

复盘一下，我对自己较肯定的地方是____________________

(足够努力/心态积极/方法得当……)

我觉得自己需要改进的地方是____________________

(懒惰懈怠/心情浮躁/方法不当……)

休息片刻，开启下一站征程！

第二章　教师职业道德

内容概要

本章包括教师职业道德概述、教师职业道德规范、教师的职业行为、关于教师职业的规范性文件四节。本章内容在真题试卷中所占分值约 20～22 分，主要以单项选择题、材料分析题的形式考查。本章各节 2015—2023 年考频汇总如下：

教师职业道德概述 —— 总考频 9 次

教师职业道德规范 —— 总考频 42 次

教师的职业行为 —— 总考频 12 次

关于教师职业的规范性文件 —— 总考频 9 次

第一节　教师职业道德概述

思维导图

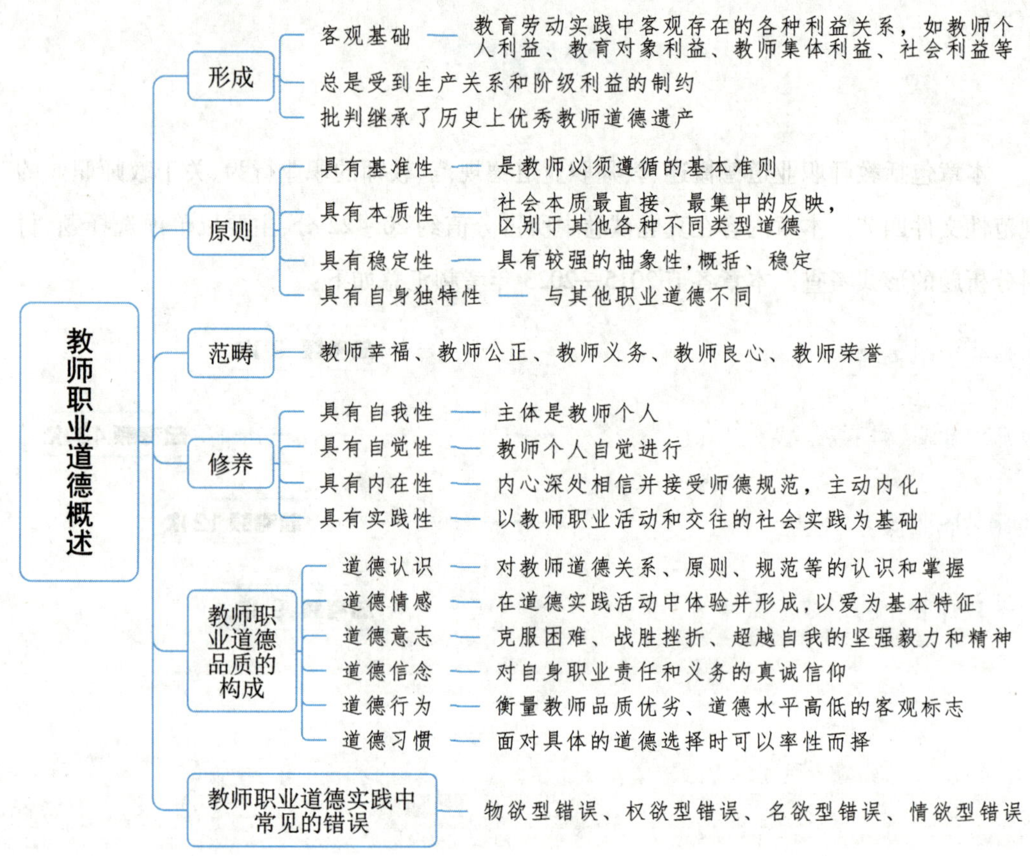

考向分析

本节主要介绍教师职业道德的形成、原则与范畴，教师职业道德修养，教师职业道德品质的构成以及教师职业道德实践中常见错误等内容，知识点较多且琐碎，需要考生理解记忆。在考试中以单选题的形式考查。汇总分析2015年至2023年的真题试卷，本节知识考查情况见下表：

知识	考点	考频	题型
教师职业道德的形成	教育劳动实践中的各种利益关系	1	单选

续表

知识	考点	考频	题型
教师职业道德原则	独特性	1	单选
教师职业道德的范畴	教师荣誉	1	单选
教师职业道德修养	教师职业道德修养的内在性	1	单选
教师职业道德品质的构成	构成要素	4	单选
教师职业道德实践中常见的错误	权欲型错误	1	单选

一、教师职业道德的概念

教师职业道德是教师在从事教育劳动时所应遵循的行为规范和必备的品德的总和，是调节教师与他人、与社会等关系时所必须遵守的基本道德规范和行为准则，以及在此基础上所表现出来的道德观念、情操和品质。师德师风是评价教师队伍素质的**第一标准**。

二、教师职业道德的形成 【9 年 1 考】

考频分布 2022 上单选

1. 教育劳动实践是教师职业道德形成的客观基础

利益是道德的基础，道德则是利益的反映。教师职业道德产生和形成的客观根据是教育劳动实践中客观存在的各种利益关系。在教育劳动实践中，主要有教师的个人利益、教育对象的个人利益、教师集体的利益、社会教育事业利益等几个方面的利益关系。

(1) 教师的个人利益。指教师个体的劳动投入和他的劳动效益之间的关系。

(2) 教育对象的利益。指教育对象及其家长都对教师有一定的期待，希望学生在教师的教育下能够有最大、最全面和最愉快的发展。

(3) 教师集体的利益。指教师作为一个群体希望获得本职业群体、社会和政治地位的提高，同时也希望群体成员之间有一种良好的人际关系，争取为教育事业的发展创造最有利的条件。

(4) 社会的利益。社会利益要求的集中表现是教育目的，亦即要求教师培养合乎社会需要的人才。在社会主义教育体系中，教师的个人利益、教师集体的利益和社会利益是根本一致的，如果教师不能正确认识和处理这些利益关系，有可能引起相互利益的矛盾和冲突，这种利益矛盾会恶化教育劳动的条件，影响教师的威信和教育劳动目的的实现，从而影响社会主义教育事业的整体利益的实现。

2. 教师职业道德总是受到生产关系和阶级利益的制约

教师的职业道德作为道德的一个部分，是一种社会意识现象，因此，它必然要受到一定社会生产关系的制约。

教师职业道德在阶级社会里总是带有一定程度的阶级性，必然反映一定阶级的利益要求，必须受统治阶级的思想意识、道德原则和规范的影响。

3. 教师职业道德批判继承了历史上优秀教师道德遗产

一定社会教师职业道德的建立和形成，一方面要反映当时社会的生产关系和统治阶级的利益要求；另一方面，必然要充分借鉴和吸收历史上一切有价值的师德思想。例如，我国古代伟大的思想家、教育家孔子所提出的“有教无类”“因材施教”等，都是很有价值的道德思想。需要指出的是，任何社会、任何阶级对于历史上教师职业道德遗产的继承都不是无条件地全盘吸收，而总是要根据自己时代的经济关系和阶级利益的需要，进行加工改造，将不适应的部分加以扬弃，而将适应的因素加以继承。

三、教师职业道德原则 【9年1考】

考频分布 2023上单选

教师职业道德原则是教师在道德实践中认识和处理各种关系的具体原则。

1. 教师职业道德原则具有基准性

教师职业道德原则是教师在道德实践中进行道德教育、道德修养、道德选择和道德评价时必须遵循的基本准则，是教师道德实践活动的行为准则。教师职业道德原则对教师的道德行为具有普遍的约束力和指导意义。

2. 教师职业道德原则具有本质性

教师职业道德原则是教师职业道德社会本质最直接、最集中的反映，是教师职业道德区别于其他各种不同类型道德的最根本、最显著的标志。教师职业道德规范是教师职业道德原则在实践中的具体体现，教师职业道德原则是教师职业道德规范的本质。

3. 教师职业道德原则具有稳定性

教师职业道德原则具有较强的抽象性，抽象的往往是概括性的、稳定的。例如，作为教师，就必须遵循教书育人这一道德原则，这是任何社会、任何时代对教师的共同要求。当然，稳定不是绝对不变。在社会发展的一定阶段，也会产生新的教师职业道德原则。在社会发展的现阶段，应当特别强调依法从教原则和教育人道主义原则。

4. 教师职业道德原则具有自身独特性

教师职业道德原则是调节教师个人与他人，以及与社会间关系的根本的行为准则，集中反映了教师职业道德的本质，具有与其他职业道德不同的独特性，且这种独特性或这种区别具有本质性。

四、教师职业道德的范畴 【9年1考】

考频分布 2021上单选

1. 教师幸福

教师幸福是指一定社会经济关系和历史环境中的教育工作者，在其自觉地为社会履行义务的教育活动中，由于感受到和理解到教育目标和教育理想的实现而获得的精神上的满足体验。它主要是指教育、教学等职业活动过程和结果给教师带来的体验。

2. 教师公正

教师公正，即教师的教育公正，是指教师在教育和教学过程中，公平合理地对待和评价每一个学生。具体来讲，就是要求教师在教育和评价学生的态度和行为上，应公正平等，正直无私，不偏袒，不偏心，对待不同智力、不同性别、不同相貌、不同出身、不同民族、不同个性、不同亲疏关系的学生，都应一视同仁，公平相待，满腔热忱地去关心热爱每一个学生，从每个学生的不同特点出发，因材施教。

3. 教师义务

教师义务是指教师对学生、集体或社会应当做的事情。它有道德义务与非道德义务之分，在这里我们所说的教师义务主要是指教师的道德义务。它具有两方面的含义：一方面是社会对教师在履行职业义务时提出的道德总要求；另一方面是指教师自己意识到社会对教师提出的各种道德要求的合理性，因而自觉地把遵循教师职业道德原则、规范及要求，看作自己对社会、对教育劳动应尽的责任。

4. 教师良心

教师良心，即教师的教育良心，是指教师在自己的教育和教学工作实践中，对社会向教师提出的一系列道德义务的高度自觉意识和情感体认，自觉履行各种教育职责的使命感、责任感，及对自己的教育行为进行道德调控和评价的能力等。教师良心同教师义务密切联系，可以说是被教师自觉意识到，并隐藏于内心深处的教师义务、使命。

5. 教师荣誉

教师荣誉是指社会对教师的教育教学行为的社会价值做出的客观评价，以及教师由此所产生的个人的主观意向。教师荣誉包含互相联系的两个方面：一是客观方面，它是社会的客观评价，是指教师通过自己的教育教学劳动履行了教师义务，对社会做出一定贡献后，得到社会舆论的承认、赞赏和褒奖，是一定社会用以评价教师义务及教育行为社会价值的尺度。二是主观方面，它是教师个人的道德自我意识，是教师对自己履行教师义务的行为所具有的社会价值而产生的一种内心体验，一种道德上的满足感。

真题面对面

[**2021 上半年真题**]暑假来临，王老师找到主管校长说："我教了几十年书，虽说已经有了比较丰富的经验，也获得过不少奖励，而且过几年就退休了，但学无止境，我还是希望和几位年轻老师一起外出参加培训。"这表明王老师(　　)

A. 重视教师道德荣誉　　B. 善于核算教育行为利益

C. 关注教师集体利益　　D. 注重公平分配教育资源

答案：A。

五、教师职业道德修养　【9 年 1 考】

考频分布　2021 下单选

教师职业道德修养，就是教师把教育教学活动中所必须遵循的、客观的、外在的道德要求，转化为个人主观的、内在的道德观念，成为自己思想和行为准则的自我教育、自我锻炼、自我改造的活动。

师德修养的基本特点是自我性、自觉性、内在性和实践性。(1)自我性指师德修养的主体是教师个人。(2)自觉性指师德修养是教师个人自觉进行的。(3)**内在性**指师德修养是教师个人在其内部主动进行的师德陶练活动。它是个人真正从内心深处相信并接受社会倡导的师德规范、原则和要求，并把它转化为自己的品质和纳入自己的品德结构与价值观念体系当中。(4)实践性指师德修养并不纯粹是"闭门思过""面壁反思"的过程，而是以教师的职业活动和交往的社会实践为基础。

真题面对面

[**2021 下半年真题**]上课铃响后,侯老师看到赵亮同学衣衫不整地跑进教室,就叫住他说:“快把衣服穿好,怎么不扣扣子呢?”赵亮刚想反驳,抬头看到侯老师整洁的衣着,便迅速扣好了扣子。这体现侯老师的职业道德修养特点是(　　)

A. 被动性　　B. 实在性　　C. 内在性　　D. 中介性

答案:C。

六、教师职业道德品质的构成　【9 年 4 考】

考频分布　2023 上单选,2022 下单选,2022 上单选,2018 下单选

教师道德品质,是指以教师为职业的道德主体所特有的行为习惯和行为特征,是教师在处理个人与他人、个人与社会的利益关系时所表现出来的稳定倾向和一贯表现。教师道德品质的构成有六个最基本的要素:教师道德认识、教师道德情感、教师道德意志、教师道德信念、教师道德行为和教师道德习惯。

1. 教师道德认识

教师道德认识是指教师对于教师道德关系、原则、规范等的认识和掌握。它包括三个基本的方面,一是认识教师道德关系,二是认识教师道德原则和规范,三是认识教育教学的规律。

2. 教师道德情感

教师道德情感是基于一定道德认识基础之上的,教师在道德实践活动中体验并形成的,以爱为基本特征的道德情感。教师道德情感是构成教师道德品质的重要方面。

3. 教师道德意志

教师道德意志是教师在职业道德活动中表现出来的克服困难、战胜挫折、超越自我的坚强毅力和精神。在教师道德品质结构中,道德意志的作用主要表现为依据某种道德认识和道德情感,果断地进行道德行为的抉择,并为实现道德目的排除一切来自内部的或外部的干扰。

4. 教师道德信念

教师道德信念是教师对自身职业责任和义务的真诚信仰,是教师对于教育事业的深刻认识、强烈情感和顽强意志的统一。相对于教师的道德认识、道德情感,教师道德信念更具有稳定性、持久性,在教师道德品质中居于主导地位。

5. 教师道德行为

教师道德行为是教师在一定道德认识、情感、意志支配之下所采取的具有直接现实性的行动，是衡量一个教师品质优劣、道德水平高低的客观标志。

教师职业道德行为选择的标准有以下几种。

(1)确定性与不确定性

任何教师道德行为选择都是根据一定的标准进行的，这就是教师道德行为选择的确定性。教师道德行为选择的不确定性体现在三方面。①标准的确定依赖于教师认识。认识不同，或认识所达到的水平不同，教师进行选择所依据的标准也不同。②标准的作用取决于它在道德体系中的地位。地位越高的价值标准，对选择的作用也越大。③标准的作用在具体的选择之中得以显现，既没有可以普遍使用的抽象标准，也没有永恒不变的固定标准，只有在具体情境中发挥具体作用的具体标准。

(2)主观性与客观性

选择标准的主观性决定了标准是具体的：教师在进行选择之前，必然从自己的需要出发，确立标准，因此标准带着个人的色彩。选择标准的客观性决定了标准都是普遍性的。每一标准能够适用一类情境，而不是只可适用于一种情境。因此，教师的道德行为选择标准既不排斥主观性，也不排斥客观性，而是将主观性与客观性融为一体，达到二者的统一。

(3)功利性与超功利性

教师道德行为选择的功利性，是说任何道德行为选择的确立，都反映着人与人之间一定的利益关系。教师道德行为选择的标准又具有超功利性。①教师道德行为选择的标准虽然来自利益关系，但它又具有相对的独立性，有着自己特殊的地位、职责和使命，与利益关系不是直接的、一对一的决定关系。②教师道德行为的选择标准虽然反映着利益的要求，但这种利益是社会整体的利益，而不仅仅是教师个人的利益。③教师道德行为选择的标准在许多场合不但与教师的利益无关，而且是刚好相反。标准要求教师去选择那些具有很高价值的可能性，这种选择总是或多或少地需要教师做出个人牺牲。

6. 教师道德习惯

道德习惯是在道德行为的反复实践中形成的，是道德意识和道德行为的直接高度的统一。教师道德习惯表现为面对具体的道德选择，教师可以率性而择，“自然”选择，而不是要考虑再三，权衡左右。此时，道德原则和规范早已深入内心，千百次的道德选择已经形成了某种特有的固定模式。选择此或选择彼，已经不再是由于受外部舆论的影响，而是完全出于内心的自觉。

真题面对面

[**2023 上半年真题**]为了促进学生更好地完成作业,余老师经常将班上学生的优秀作业和不合格作业及名单公布在班级家长群里,引起部分家长的不满。余老师向家长耐心解释这样做的目的,并保持此作业发布方式。余老师的做法不妥,体现出他和家长的冲突是(　　)

A. 道德情感的冲突　　B. 道德意志的冲突

C. 道德认知的冲突　　D. 道德信念的冲突

答案:C。

七、教师职业道德实践中常见的错误　【9 年 1 考】

考频分布　2021 下单选

1. 物欲型错误

不惜一切地满足物欲所导致的错误属于物欲型错误。在教育领域表现为,一些学校和教师将学校变成一个纯粹的市场,一切以经济利益为准。这是乱收费、向学生及其家长直接或变相索要财物或“方便”等现象的直接原因。

2. 权欲型错误

权欲型错误是指因权欲过度而产生的错误。教育本身即一种权力,它包括教师有自主教学和对学生进行组织、指挥、褒扬和惩戒的权利等。但是教师不正当地行使自己的教育权利也是一种权欲型错误。比如一些教师至今仍然名正言顺地看待和实施着不恰当的体罚和心理惩罚。又比如,教师之间、教育工作者的上下级关系中间也存在着的与社会上类似的完全没有必要的弄权现象。

3. 名欲型错误

对名誉的过度追求会成为一种十分消极的社会行为即名欲型错误。追求虚荣(造假)、欺世盗名(偷窃别人的成果)、诋毁他人都是名欲型错误的表现。

4. 情欲型错误

不择手段地满足一个人的情感需求所产生的错误即情欲型错误。教育工作中的情欲型错误表现为师生之恋(主要指中小学)、对学生的偏爱溺爱、同行之间的嫉妒、在教育过程中的情绪失控(拿学生出气)等现象。

第二节　教师职业道德规范

思维导图

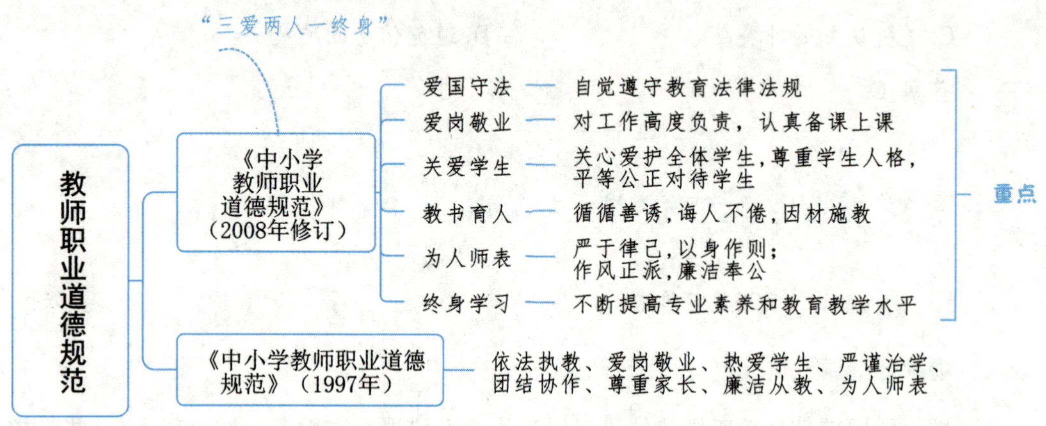

考向分析

本节主要介绍2008年和1997年的《中小学教师职业道德规范》的内容，知识点较多且琐碎，需要考生理解记忆。在考试中主要以单选题和材料分析题的形式考查。汇总分析2015年至2023年的真题试卷，本节知识考查情况见下表：

知识	考点	考频	题型
《中小学教师职业道德规范》（2008年修订）	爱岗敬业、关爱学生、教书育人、为人师表、终身学习	23	单选
《中小学教师职业道德规范》（1997年）	廉洁从教	2	单选
综合考查	教师职业道德规范	17	材料分析

一、《中小学教师职业道德规范》（2008年修订）　【9年23考】

考频分布　2015—2023年，以单选题形式考查23次

《中小学教师职业道德规范》（2008年修订）共六条，分别为爱国守法、爱岗敬业、关爱学生、教书育人、为人师表、终身学习。这六条体现了教师职业特点对师德的本质要求

和时代特征。“爱”与“责任”是贯穿其中的核心与灵魂。

1. 爱国守法

热爱祖国，热爱人民，拥护中国共产党领导，拥护社会主义。全面贯彻国家教育方针，自觉遵守教育法律法规，依法履行教师职责权利。不得有违背党和国家方针政策的言行。

【内容解读】爱国守法是教师职业的基本要求。热爱祖国是每个公民，也是每个教师的神圣职责和义务。建设社会主义法治国家是我国现代化建设的重要目标。要实现这一目标，需要每个社会成员知法守法，用法律来规范自己的言行，不做法律禁止的事情。爱国是每个公民最基本的政治品质，也是人民教师首要的政治规范。守法是一个人民教师最基本的行为准则。

2. 爱岗敬业

爱岗敬业、关爱学生、教书育人

忠诚于人民教育事业，志存高远，勤恳敬业，甘为人梯，乐于奉献。对工作高度负责，认真备课上课，认真批改作业，认真辅导学生。不得敷衍塞责。

【内容解读】爱岗敬业是教师职业的本质要求。爱岗敬业，就是要求教师对教育事业具有强烈的责任感和深厚的感情。没有责任感就办不好教育，没有感情就做不好教育工作。教师应始终牢记自己的神圣职责，志存高远，把个人的成长进步同社会主义伟大事业、同祖国的繁荣富强紧密联系在一起，并在深刻的社会变革和丰富的教育实践中履行自己的光荣职责。献身教育是人民教师忠于党、忠于人民、忠于社会主义祖国的高尚道德境界的具体表现。它是履行师德要求的思想基础和前提条件。教师应努力履行人民教师的神圣职责，在教书中育人，在育人中教书，用自己的辛勤劳动和无私奉献去诠释人民教师的高尚师德。

3. 关爱学生

关心爱护全体学生，尊重学生人格，平等公正对待学生。对学生严慈相济，做学生良师益友。保护学生安全，关心学生健康，维护学生权益。不讽刺、挖苦、歧视学生，不体罚或变相体罚学生。

【内容解读】关爱学生是师德的灵魂。“关爱学生”，就是要求教师有热爱学生、诲人不倦的情感和爱心。亲其师，信其道。没有爱，就没有教育。关爱学生不是不要严格。严格教育学生，应当全面地、科学地要求学生。概括起来讲，严格教育、全面要求学生应当遵循以下原则：

(1)严而有理。严格教育、全面要求应当符合青少年学生身心发展规律，符合教育规律。只有当这种严格要求能促进人的智能、创造素质、道德品质、体格、心理、自理能力等方面的发展提高时，才是合理的。

(2)严而有度。教师对学生的实际水平、理解和接受能力应有一个正确的估量，才能对学生提出符合他们实际情况、能为他们所接受的适度要求。要求不能太高，又不能太低。

(3)严而有方。教师对学生提出的要求必须有办法促使学生乐意地去接受、确确实实地去执行。

(4)严而有恒。所谓恒，就是坚持长久。对学生提出的严格要求不能时有时无，要保持一定的稳定性。

4. 教书育人

遵循教育规律，实施素质教育。循循善诱，诲人不倦，因材施教。培养学生良好品行，激发学生创新精神，促进学生全面发展。不以分数作为评价学生的唯一标准。

【内容解读】教书育人是教师的天职。"教书育人"，就是要求教师以育人为根本任务。教师必须热爱学生，了解学生，不歧视学生，建立平等、民主、和谐的师生关系，做学生的良师益友。教师对学生的爱，是师德的核心。教师对学生的爱，是一种只讲付出不计回报的、无私的、广泛的且没有血缘关系的爱。这种爱是神圣的，是教师教育学生的感情基础。学生一旦体会到这种感情，就会"亲其师"，从而"信其道"，也正是在这个过程中，教育实现了其根本的功能。爱学生就要对学生一视同仁，不能用简单粗暴的做法对待学生或歧视学生。应当相信每一个学生都能成功，平等对待每一个学生，发现他们的闪光点，让每一个学生都能品尝到成功的喜悦。

5. 为人师表

坚守高尚情操，知荣明耻，严于律己，以身作则。衣着得体，语言规范，举止文明。关心集体，团结协作，尊重同事，尊重家长。作风正派，廉洁奉公。自觉抵制有偿家教，不利用职务之便谋取私利。

【内容解读】为人师表是教师职业的内在要求。所谓"为人师表"，是指教师应该成为学生效法的表率。孔子作为教师，最早倡导以身作则，强调"其身正，不令而行；其身不正，虽令不从"。教师的思想、行为、作风和品质，每时每刻都在感染、熏陶和影响着学生。"为人师表"，就是要求教师言传身教，以身立教，在各个方面率先垂范，做学生的榜样，以自己的人格魅力和学识魅力教育感染学生，做学生健康成长的指导者和引路人。

6. 终身学习

崇尚科学精神，树立终身学习理念，拓宽知识视野，更新知识结构。潜心钻研业务，勇于探索创新,不断提高专业素养和教育教学水平。

【内容解读】终身学习是教师专业发展的不竭动力。终身学习是时代发展的要求,也是教师职业特点所决定的。因此,教师必须树立终身学习的观念,不断在读书学习中拓宽知识视野,更新知识结构,这是教师专业成长的必由之路。

教育者必须先受教育。孔子说,"学而不厌,诲人不倦";《礼记·学记》中说,"教学相长也"。这些都是颇有道理的。要给学生一杯水,自己必须有一桶水。因此每个人民教师都必须勤奋学习,有学而不厌的进取精神,勇于攀登,不断汲取新的知识,不断优化自己的知识结构,以适应时代的要求。另外,精通业务,严谨治学,还要求教师提高教学的方法和技巧,以提高教学质量,更好地完成教学任务。

记忆有妙招

为便于考生记忆,编者将《中小学教师职业道德规范》(2008年修订)总结成口诀:**三爱两人一终身**。

三爱:爱国守法、爱岗敬业、关爱学生。**两人:**教书育人、为人师表。**一终身:**终身学习。

《中小学教师职业道德规范》(2008年修订)在考试中主要以单项选择题和材料分析题的形式考查。单项选择题一般是结合具体情境进行考查,材料分析题一般是给定一个材料,要求考生从教师职业道德的角度评析材料中教师的教育行为。在单项选择题和材料分析题中,考试常考的是爱岗敬业、关爱学生、教书育人、为人师表、终身学习。考生作答时,注意区分材料中的关键词或关键信息。

师德规范	关键词或信息
爱国守法	正面:遵守法律法规
	负面:违反教育法律法规、侵犯学生的合法权益
爱岗敬业	正面:认真备课、上课、辅导学生、无私奉献
	负面:做事态度敷衍、应付了事、工作时不耐烦
关爱学生	正面:关注学生身心发展、关爱和帮助弱势学生、关注全体学生、对待学生公平公正
	负面:偏心、侵犯学生合法权益、体罚或讽刺挖苦学生
教书育人	正面:因材施教、培养良好品行、不唯分数论
	负面:唯分数论、对后进生不闻不问

师德规范	关键词或信息
为人师表	正面:以身作则、尊重同事家长、不收礼、言行举止文明
	负面:言行粗俗、着装邋遢、不尊重同事家长、有偿家教
终身学习	正面:积极学习新知识和新技能、钻研教学、参加培训
	负面:得过且过、不思进取、毫无反思

真题面对面

1. [2023 下半年真题]莎莎的语文成绩经常不及格,这次考试莎莎的成绩又下降了,她也着急,按照惯例,教语文的陈老师约她到办公室说话。陈老师的说法恰当的是(　　)

A.“你怎么又考这么差!明天把家长叫来!”

B.“你觉得在学习中哪些方面遇到了困难?”

C.“你成绩总提不上来,要不到校外机构培训一下?”

D.“我这里有些模拟试卷,你要不要拿回去做一些?”

答案:B。题干中莎莎的语文成绩下降,教师应耐心了解莎莎学习中遇到的问题,分析、研究导致莎莎成绩下降的原因,并采取相应措施帮助莎莎。B 选项的说法恰当。A 项说法容易挫伤莎莎的自尊心,C 项说法是推卸教师的教育教学责任的表现,D 项说法不仅未找出莎莎成绩下降的原因且增加了其学习负担,A、C、D 项均排除。

2. [2023 上半年真题]吴老师教学经验丰富,同事们经常向他取经。他并不满足现状,坚持积极了解所教学科的前沿知识,不断创新。下列选项与该案例所体现的教师职业道德相符的是(　　)

A.“不能正其身,如正人何?”

B.“后生可畏,焉知来者之不如今也?”

C.“可与言终日而不倦者,其惟学乎!”

D.“知之者不如好之者,好之者不如乐之者。”

答案:C。A 项句子启示教师要以身作则,做好学生的榜样;B 项句子启示教师要认识到学生是具有巨大发展潜能的人,要以发展的眼光看待学生;C 项句子强调了学习的重要性,启示教师要终身学习;D 项句子强调要注重激发学习兴趣。题干中,教学经验丰富的吴老师并不满足现状,坚持积极了解所教学科的前沿知识,不断创新,说明吴老师具备终身学习的意识和能力。C 项与题意相符,当选。

二、《中小学教师职业道德规范》(1997年)【9年2考】

考频分布 2019上单选,2016下单选

1. 依法执教

学习和宣传马列主义、毛泽东思想和邓小平同志建设有中国特色社会主义理论,拥护党的基本路线,全面贯彻国家教育方针,自觉遵守《中华人民共和国教师法》等法律法规,在教育教学中同党和国家的方针政策保持一致,不得有违背党和国家方针、政策的言行。

2. 爱岗敬业

热爱教育、热爱学校,尽职尽责、教书育人,注意培养学生具有良好的思想品德。认真备课上课,认真批改作业,不敷衍塞责,不传播有害学生身心健康的思想。

3. 热爱学生

关心爱护全体学生,尊重学生的人格,平等、公正对待学生。对学生严格要求,耐心教导,不讽刺、挖苦、歧视学生,不体罚或变相体罚学生,保护学生合法权益,促进学生全面、主动、健康发展。

4. 严谨治学

树立优良学风,刻苦钻研业务,不断学习新知识,探索教育教学规律,改进教育教学方法,提高教育、教学和科研水平。

5. 团结协作

谦虚谨慎、尊重同志,相互学习、相互帮助,维护其他教师在学生中的威信。关心集体,维护学校荣誉,共创文明校风。

6. 尊重家长

主动与学生家长联系,认真听取意见和建议,取得支持与配合。积极宣传科学的教育思想和方法,不训斥、指责学生家长。

7. 廉洁从教

坚守高尚情操,发扬奉献精神,自觉抵制社会不良风气影响。不利用职责之便谋取私利。

8. 为人师表

模范遵守社会公德,衣着整洁得体,语言规范健康,举止文明礼貌,严于律己,作风正派,以身作则,注重身教。

第三节　教师的职业行为

思维导图

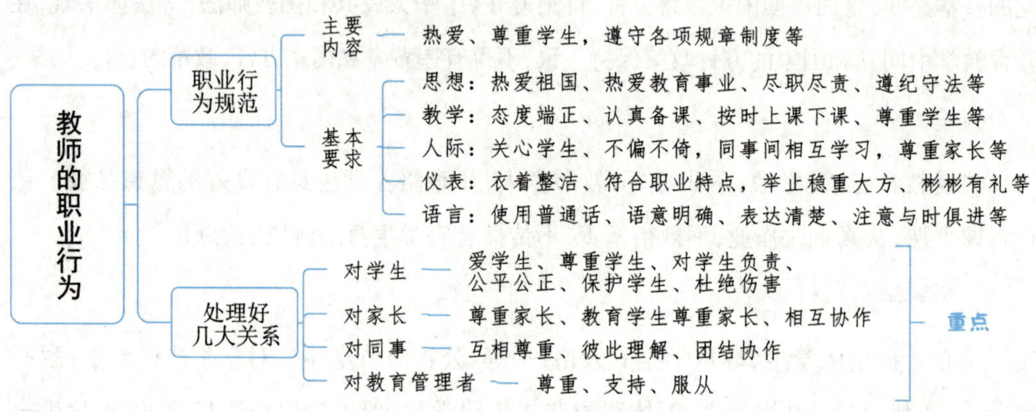

考向分析

本节主要介绍教师的职业行为规范以及教师在教学活动中要处理好的几大关系，内容较多，需要考生理解记忆。在考试中以单选题的形式考查。汇总分析 2015 年至 2023 年的真题试卷，本节知识考查情况见下表：

知识	考点	考频	题型
教师职业行为规范	教师职业行为规范的基本要求	3	单选
教师在教学活动中要处理好的几大关系	教师与学生的关系	3	单选
	教师与学生家长的关系	2	单选
	教师与同事的关系	4	单选

核心考点

一、教师职业行为规范　【9 年 3 考】

教师职业行为规范是教师在职业活动过程中，为了实现教育目标、履行教师职责、严守职业道德、从思想认识到日常行为应遵守的基本准则。

考点 1　教师职业行为规范的主要内容

教师的职业行为规范主要包括以下几个方面:

(1)热爱党、热爱祖国、热爱教育事业,全面贯彻教育方针和职业规范。

(2)热爱、尊重学生,积极为学生创设良好的育人环境,坚持正面教育,严禁体罚和变相体罚学生。

(3)遵守社会公德和学校各项规章制度,全心全意为学生服务。

(4)严于律己、以身作则、为人师表、举止大方,为学生作出表率。

(5)语言规范文明,入校坚持使用普通话,爱护公物,勤俭节约。

(6)仪表端庄、服饰整洁、大方,便于组织学生活动。

(7)团结同事,对人真诚有礼貌,主动热情帮助别人。

(8)做事认真、踏实,服从领导安排,努力做好各项工作,乐于接受任务。

(9)勤奋学习、刻苦钻研,努力提高自身素质和专业水平。

(10)尊重家长,主动、热情地为家长服务,经常征询家长意见,宣传教育知识。

考点 2　教师职业行为规范的基本要求

考频分布　2021 下单选,2021 上单选 ×2

1. 教师的思想行为规范

(1)热爱祖国,拥护中国共产党的领导,认真学习和宣传马克思列宁主义、中国特色社会主义理论体系,热爱教育事业。

(2)认真执行教育方针,遵循教育规律,尽职尽责,教书育人。

(3)正直诚实,作风正派,为人师表,遵纪守法。

(4)树立正确的人生观和价值观,发扬无私奉献的精神,不做有损国格、人格的事。

(5)积极参加政治学习和宣传活动,做社会主义精神文明的建设者和传播者。

2. 教师的教学行为规范

(1)要有端正的教学态度,严肃认真地对待教学工作中的每一项内容。

(2)钻研业务,熟悉教材,认真备课;要善于激发学生的求知欲,组织好课堂教学,创造生动活泼的课堂气氛,尽量避免对学生进行灌输性教学。

(3)精心编排练习,认真批改作业,及时纠正错误。定时做好检查教学质量工作,及时补缺补漏。

(4)按时上课下课,不迟到、不缺课、不拖堂。

(5)上课语言文明、清晰流畅,表达准确简洁;板书整洁规范,内容简练精确。

(6)既要严格要求学生,又要尊重学生,对待学生要一视同仁。热情、耐心地回答学生的提问。不能讽刺、挖苦学生。

(7)教学计划应符合教学进度的要求,不能随意删增内容、加堂或缺课,不能占用学生的自习课或复习考试时间,不能增加学生的学习负担。

3. 教师的人际行为规范

(1)教师与学生之间要做到:热爱学生,关心学生,尊重学生;严格要求,耐心教导,循循善诱,不偏不倚;不以师生关系谋取私利。

(2)教师之间要做到:互相尊重,切忌嫉妒;相互学习,取长补短;平等相待,不卑不亢;乐于助人,关心同事。

(3)教师与领导之间要做到:尊重领导,服从安排;顾全大局,遵守纪律;互相理解,互相支持;秉公办事,团结一致。

(4)教师与家长之间要做到:尊重家长,理解家长;经常家访,互通情况;密切配合,教育学生。

4. 教师的仪表行为规范

(1)衣着整洁,朴实大方,服饰要符合职业特点,体现教师为人师表的良好形象。

(2)举止稳重大方、潇洒自然、彬彬有礼。切忌轻浮粗俗、拘谨呆板。

5. 教师的语言行为规范

(1)教师要使用普通话,边远地区的教师也要通过媒体及其他途径练习普通话,力争发音标准。

(2)语义要明确、表达要清楚,这需要教师熟悉学科知识,思路清晰。

(3)语句要完整,上下连贯。

(4)教师还要注意与时俱进、丰富语言,学会用学生熟悉、喜欢的语言表达教学内容。

真题面对面

[**2021 下半年真题**]下课铃响了,按照教学设计还有一个教学环节没有实施,钱老师就延长了 5 分钟时间。钱老师的做法(　　)

A. 恰当,保证了学习的基本容量

B. 不恰当,忽视了学生的学习风格

C. 恰当，遵守了教学的基本规范

D. 不恰当，漠视了学生的学习效果

答案：D。题干中钱老师延长5分钟时间是拖堂的表现，违背了教师的教学行为规范，其做法是不恰当的。故AC错误。学生的注意力是有限的，在课间休息的时间继续教学不仅不利于学生集中注意力学习知识，同时也可能对学生下节课的学习产生消极影响，钱老师的做法漠视了学生的学习效果。学生的学习风格在题干中没有体现，B项不选。本题答案为D。

二、教师在教学活动中要处理好的几大关系 【9年9考】

教师与学生、教师与学生家长、教师与同事、教师与教育管理者的关系是学校中最基本的人际关系，正确处理好这些关系，直接关系着教育活动开展的质量和效率。

考点1 教师与学生的关系

考频分布 2018下单选，2018上单选，2017下单选

1. 教师与学生关系的性质

在教育活动中，学生虽然是教师"教"的对象，但是从教师职业道德要求看，学生也是教师承担"责任"和"义务"的对象。教师对学生所承担的责任和义务，从根本上说就是教师对学生健康成长的责任和义务。因此，在教师与学生的关系上，学生是教师工作的出发点和归属。

2. 处理与学生关系的基本要求

(1)爱学生

爱学生，是教师处理与学生关系的根本出发点。没有对学生的爱，教师对于学生所发生的一切行为就没有道德可言。教师对学生的爱，不是对少数人的爱，不是有差别的爱，而是对全体学生的爱，对所有学生付出同样的爱。不论教师面对的学生成绩如何，家庭背景如何等，教师都能够付出自己的爱。教师对学生的爱，应当是无条件的。

(2)尊重学生

尊重学生，是教师建立师生间平等关系的表现。尊重是对师生间平等地位的认可。在师生平等的交往关系中，教师的爱才是真爱，教师的爱才能够实现，学生也才能够感受到教师的爱，从而接受教师对自己的教育。

(3)对学生负责

爱学生,尊重学生,是为了学生的成长。学生的成长,需要在教育教学活动中实现。在教育教学活动中,教师自己的行为要符合教育教学的要求,学生的行为也要符合教育教学的要求。在教育教学活动中,对自己严格要求,也对学生严格要求。教师严格要求学生要做到:严而有理。教师对学生提出的要求必须从学生实际情况出发,在充分考虑教育条件的基础上,选择合适的教育方式,刚柔相济、寓刚于柔。这就是负责,也是一种负责的爱。

(4)公平公正

教师的爱是面向一切学生的,学生所需要的爱也是没有差别的。因而公平公正地对待每一个学生,就是教师的爱给予每一个学生的保证。教师公正地对待学生要求教师要公正、公平、不偏不倚、一视同仁。一方面,教师不能因为个人感情的好恶、私人关系、学生成绩的优劣等偏袒或轻视学生;另一方面,教师不能因为学生的性别、美丑、性格特征、身体条件、家庭出身等不同而偏袒或轻视学生。公平公正地对待学生是树立正确师生观的核心问题。

(5)保护学生

虽然学生应当是教师平等的交往对象,但是由于学生处在身心的发展阶段上,他们应对生活的能力与经验还不足,因而需要教师给予各个方面的保护。

(6)杜绝伤害

既然学生是教师工作的出发点,那么一切有碍、有害学生成长的行为,在教师的方面都是不允许的,特别是体罚和变相体罚等行为。

真题面对面

[2018下半年真题]高二(1)班的历史课上,杨老师与张军发生了语言冲突,双方争执不下。杨老师便把张军拉到班主任办公室。班主任应该(　　)

A. 请政教处老师处理

B. 问清缘由再行处理

C. 先让张军道歉再了解缘由

D. 建议他们相互道歉握手言和

答案:B。

考点2　教师与学生家长的关系

考频分布　2022下单选,2019上单选

1. 教师与家长关系的性质

学生是教师工作的出发点,因而教师对学生负有责任和义务。学生是家长送到学校来接受教师教育的,在这个意义上家长也是教师责任与义务的对象。

家长作为孩子的第一任教师,对孩子的成长也负有责任,并且是影响孩子成长的重要因素。从家长是一种教育力量的角度来看,家长也是教师工作的合作伙伴。

2. 处理与家长关系的基本要求

(1)尊重家长

学生应当是教师给予平等看待的对象,给予尊重的对象,学生的家长也应当与教师处于平等的关系上,也应当得到教师的尊重。教师和家长在人格上是完全平等的,不存在尊卑之分。教师必须尊重学生家长的人格,特别是尊重社会地位低和所谓"差生"的家长的人格。教师要避免向家长"告状",不要当众责备其子女,不要说侮辱学生家长人格的话和有侮辱学生家长人格的行为,否则会造成教师与家长的对立,不利于教育效能的提高。

(2)教育学生尊重家长

教师不仅要身体力行地尊重学生家长,还要教育学生尊重自己的父母,特别是那些社会地位不高和文化水平不高的父母。教师教育学生尊重家长,不但可以提高家长的威信,增强家庭教育的力量,而且当家长看到自己的孩子在教师教育下健康成长,对自己又很尊敬时,会由衷地感谢教师,更加信任教师。

教师和家长都是以教育好学生、促进学生身心的全面发展为共同目标的,应该建立彼此信任、相互支持的平等关系,只有平等才有沟通的可能,只有平等双方才能合力教育好学生。

(3)相互协作

教师要想得到家长切实而有效的支持,就必须得到家长的理解。家长对教师的理解,是建立在协作关系上的。在协作的关系中,教师能够了解家长需要得到怎样的指导,家长也知道教师需要得到怎样的支持。

真题面对面

[2019 上半年真题]方老师和家长联系紧密,要求家长每天检查孩子的学习情况,还从专业的角度要求家长完全按老师说的方法教育孩子。每当学生犯错,就把家长请到学校,共谋对策。方老师的做法(　　)

A. 不可取,不应把家长当作教师的"助教"

B. 不可取,不应把教育的责任推卸给家长

C. 值得提倡,共同教育学生可以增强教育的效果

D. 值得肯定,发挥了"闻道在先,学有专攻"的优势

答案:A。家长与教师的关系是平等的,是互相协作的关系。题干中的方老师要求家长完全按照自己的方法教育孩子,没有尊重家长的意见,看似认真负责,实则是把自己应该做的都全盘托付给了家长,把家长当作自己的"助教",这种做法是不可取的。

考点3　教师与同事的关系

考频分布　2019 下单选,2018 下单选,2017 上单选,2016 下单选

1. 教师与同事关系的性质

教师的教育工作,不是个人行为,而是集体行为。教师个人在集体中开展教育活动,集体的教育活动又通过每一位教师的劳动得以实现。教师的工作离不开教师集体,教师集体也离不开每一位教师。

2. 处理与同事关系的基本要求

(1)互相尊重

教师在集体中开展着自己的专业性活动,对于共同开展教育教学活动的同事,在地位上是平等的,也是应当给予尊重的对象。

(2)彼此理解

教师在集体中开展工作,由于工作任务及性质上的差异,教师集体中也会产生矛盾与冲突。这就需要教师与同事之间能够互相理解。

(3)团结协作

教师在集体中工作,协作是十分必要的。协作需要教师与同事搞好团结,相互理解、相互支持。

真题面对面

[**2019 下半年真题**]班主任田老师鼓励同学们开展兴趣小组活动，却招来了一些科任教师的反对，因为他们觉得这样做会影响学生的考试成绩。面对这种情况，田老师恰当的做法是(　　)

A. 取得同事支持，继续指导学生活动　　B. 尊重同事意见，暂停兴趣小组活动

C. 利用校长威信，平息同事反对意见　　D. 接受科任老师意见，重视考试成绩

答案：A。素质教育要求促进学生的全面发展，不可忽视孩子的兴趣和个性。面对题干所述的情况，田老师应该努力取得同事的支持，继续指导学生活动。

考点 4　教师与教育管理者的关系

1. 教师与教育管理者关系的性质

教师在学校组织中工作，组织的运作是在管理中实现的。有组织，就有组织的管理；有组织的管理，就有组织管理者。教师在教育组织中开展自己的职业活动，也必然要在一定教育管理者的管理之下。从管理的角度看，教育管理者与教师是管理与被管理的关系。

但是，这种管理与被管理的关系，不意味着地位的不平等。教师在学校教育活动中的主体地位，不因教师是被管理者的地位而有所改变。管理与被管理，只是分工的不同。教师与教育管理者的关系，是组织中承担不同任务的人们之间的关系。

2. 处理与教育管理者关系的基本要求

(1)尊重

教育管理者的管理目标与教师的职业活动目标是一致的。教师应当尊重教育管理者履行管理职责所开展的教育管理活动。

(2)支持

教师在学校组织中开展职业活动。教师的职责和任务是学校教育管理者赋予的。每一位教师根据自己对职责的承诺，完成学校教育管理者分配的任务，是学校组织实现教育目标的保障。学校组织教育目标的实现，是学生的利益所在，因而教师应当在自己的职业行为上支持学校教育管理者对于学校管理工作的开展。

(3)服从

领导与教师只是职务上的差异，人格上是完全平等的。因此，服从不是对领导百依

百顺，而是在与领导意见不一致时，顾全大局。教师应服从领导的工作安排，自觉接受领导的检查和监督。

第四节　关于教师职业的规范性文件

思维导图

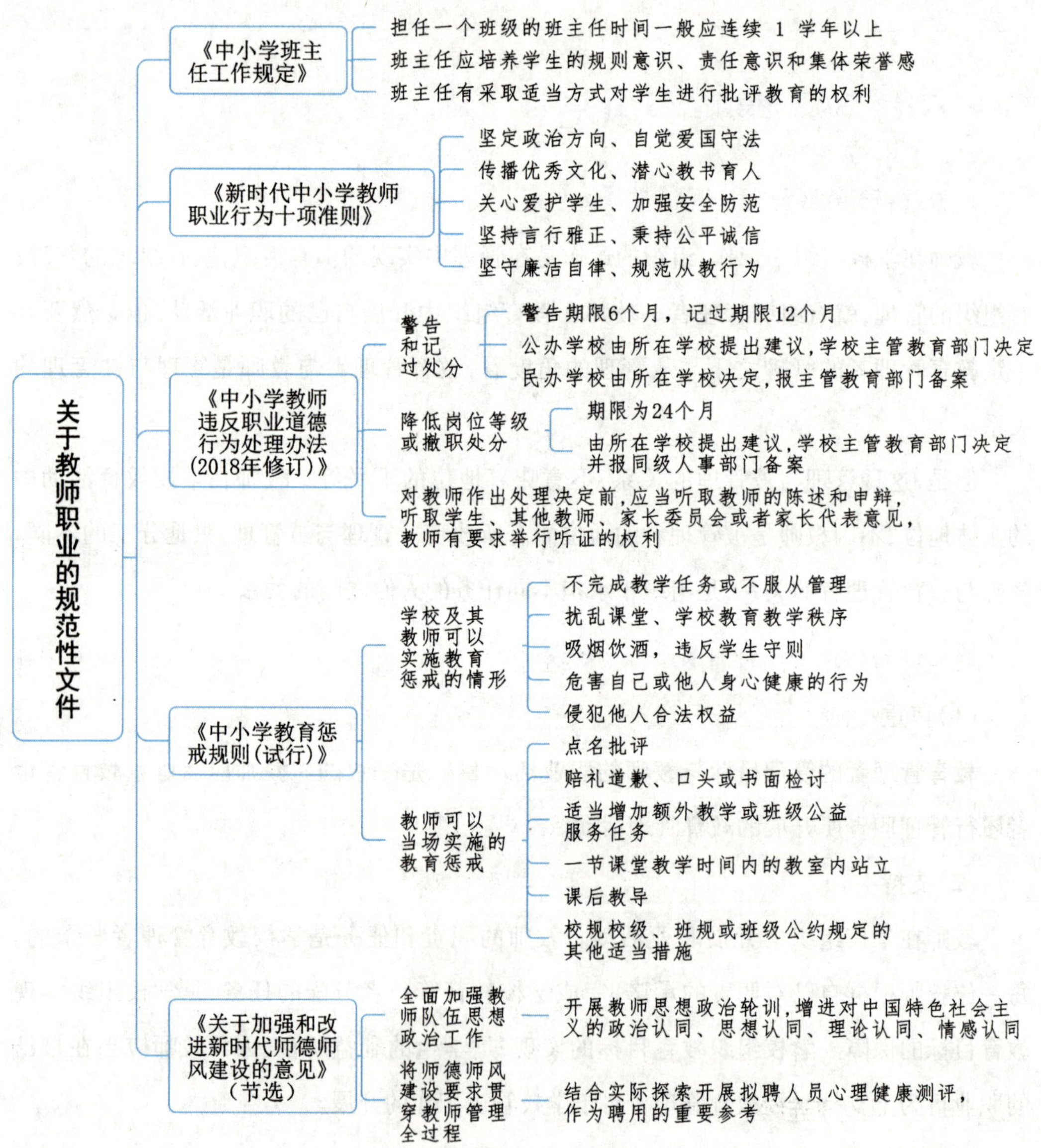

考向分析

本节主要介绍关于教师职业的一些规范性文件,记忆性知识较多,需要考生记忆并理解。在考试中以单选题的形式考查。汇总分析2015年至2023年的真题试卷,本节知识考查情况见下表:

知识	考点	考频	题型
《中小学班主任工作规定》	配备与选聘	1	单选
	职责与任务	1	单选
	待遇与权利	1	单选
《中小学教师违反职业道德行为处理办法》(2018年修订)	处分、处理程序、有关单位的处理权限	4	单选
《关于加强和改进新时代师德师风建设的意见》(节选)	四个认同、教师聘用的重要参考	2	单选

一、《中小学班主任工作规定》 【9年3考】

第一章 总则

第一条 为进一步推进未成年人思想道德建设,加强中小学班主任工作,充分发挥班主任在教育学生中的重要作用,制定本规定。

第二条 班主任是中小学日常思想道德教育和学生管理工作的主要实施者,是中小学生健康成长的引领者,班主任要努力成为中小学生的人生导师。

班主任是中小学的重要岗位,从事班主任工作是中小学教师的重要职责。教师担任班主任期间应将班主任工作作为主业。

第三条 加强班主任队伍建设是坚持育人为本、德育为先的重要体现。政府有关部门和学校应为班主任开展工作创造有利条件,保障其享有的待遇与权利。

第二章 配备与选聘

考频分布 2015下单选

第四条 中小学每个班级应当配备一名班主任。

第五条 班主任由学校从班级任课教师中选聘。聘期由学校确定,担任一个班级的班主任时间一般应连续1学年以上。

第六条 教师初次担任班主任应接受岗前培训,符合选聘条件后学校方可聘用。

第七条 选聘班主任应当在教师任职条件的基础上突出考查以下条件:

（一）作风正派，心理健康，为人师表；

（二）热爱学生，善于与学生、学生家长及其他任课教师沟通；

（三）爱岗敬业，具有较强的教育引导和组织管理能力。

第三章　职责与任务

考频分布　2017 上单选

第八条　全面了解班级内每一个学生，深入分析学生思想、心理、学习、生活状况。关心爱护全体学生，平等对待每一个学生，尊重学生人格。采取多种方式与学生沟通，有针对性地进行思想道德教育，促进学生德智体美全面发展。

第九条　认真做好班级的日常管理工作，维护班级良好秩序，培养学生的规则意识、责任意识和集体荣誉感，营造民主和谐、团结互助、健康向上的集体氛围。指导班委会和团队工作。

第十条　组织、指导开展班会、团队会（日）、文体娱乐、社会实践、春（秋）游等形式多样的班级活动，注重调动学生的积极性和主动性，并做好安全防护工作。

第十一条　组织做好学生的综合素质评价工作，指导学生认真记载成长记录，实事求是地评定学生操行，向学校提出奖惩建议。

第十二条　经常与任课教师和其他教职员工沟通，主动与学生家长、学生所在社区联系，努力形成教育合力。

第四章　待遇与权利

考频分布　2019 下单选

第十三条　学校在教育管理工作中应充分发挥班主任的骨干作用，注重听取班主任意见。

第十四条　班主任工作量按当地教师标准课时工作量的一半计入教师基本工作量。各地要合理安排班主任的课时工作量，确保班主任做好班级管理工作。

第十五条　班主任津贴纳入绩效工资管理。在绩效工资分配中要向班主任倾斜。对于班主任承担超课时工作量的，以超课时补贴发放班主任津贴。

第十六条　班主任在日常教育教学管理中，有采取适当方式对学生进行批评教育的权利。

第五章　培养与培训

第十七条　教育行政部门和学校应制订班主任培养培训规划，有组织地开展班主任岗位培训。

第十八条 教师教育机构应承担班主任培训任务，教育硕士专业学位教育中应设立中小学班主任工作培养方向。

第六章 考核与奖惩

第十九条 教育行政部门建立科学的班主任工作评价体系和奖惩制度。对长期从事班主任工作或在班主任岗位上做出突出贡献的教师定期予以表彰奖励。选拔学校管理干部应优先考虑长期从事班主任工作的优秀班主任。

第二十条 学校建立班主任工作档案，定期组织对班主任的考核工作。考核结果作为教师聘任、奖励和职务晋升的重要依据。对不能履行班主任职责的，应调离班主任岗位。

第七章 附则

第二十一条 各地可根据本规定，结合当地实际情况，制定中小学班主任工作的具体实施办法。

第二十二条 本规定自发布之日起施行。

真题面对面

[**2019 下半年真题**]李老师发现一些学生卫生习惯不好，经常在教室里面乱扔废纸。面对这种情况，李老师恰当的做法是(　　)

A. 严肃教育学生，严重时将学生赶出教室

B. 建立惩罚机制，罚扔废纸的学生扫走廊

C. 不再强调卫生，只要学生成绩好即可

D. 批评教育学生，督促学生养成好习惯

答案：D。面对学生在教室乱扔废纸的问题，教师应该对学生进行批评教育，督促学生养成好习惯。

二、《新时代中小学教师职业行为十项准则》

教师是人类灵魂的工程师，是人类文明的传承者。长期以来，广大教师贯彻党的教育方针，教书育人，呕心沥血，默默奉献，为国家发展和民族振兴作出了重大贡献。新时代对广大教师落实立德树人根本任务提出新的更高要求，为进一步增强教师的责任感、使命感、荣誉感，规范职业行为，明确师德底线，引导广大教师努力成为有理想信念、有道德情操、有扎实学识、有仁爱之心的好老师，着力培养德智体美劳全面发展的社会主义建设者和接班人，特制定以下准则。

一、坚定政治方向。坚持以习近平新时代中国特色社会主义思想为指导，拥护中国共产党的领导，贯彻党的教育方针；不得在教育教学活动中及其他场合有损害党中央权威、违背党的路线方针政策的言行。

二、自觉爱国守法。忠于祖国，忠于人民，恪守宪法原则，遵守法律法规，依法履行教师职责；不得损害国家利益、社会公共利益，或违背社会公序良俗。

三、传播优秀文化。带头践行社会主义核心价值观，弘扬真善美，传递正能量；不得通过课堂、论坛、讲座、信息网络及其他渠道发表、转发错误观点，或编造散布虚假信息、不良信息。

四、潜心教书育人。落实立德树人根本任务，遵循教育规律和学生成长规律，因材施教，教学相长；不得违反教学纪律，敷衍教学，或擅自从事影响教育教学本职工作的兼职兼薪行为。

五、关心爱护学生。严慈相济，诲人不倦，真心关爱学生，严格要求学生，做学生良师益友；不得歧视、侮辱学生，严禁虐待、伤害学生。

六、加强安全防范。增强安全意识，加强安全教育，保护学生安全，防范事故风险；不得在教育教学活动中遇突发事件、面临危险时，不顾学生安危，擅离职守，自行逃离。

七、坚持言行雅正。为人师表，以身作则，举止文明，作风正派，自重自爱；不得与学生发生任何不正当关系，严禁任何形式的猥亵、性骚扰行为。

八、秉持公平诚信。坚持原则，处事公道，光明磊落，为人正直；不得在招生、考试、推优、保送及绩效考核、岗位聘用、职称评聘、评优评奖等工作中徇私舞弊、弄虚作假。

九、坚守廉洁自律。严于律己，清廉从教；不得索要、收受学生及家长财物或参加由学生及家长付费的宴请、旅游、娱乐休闲等活动，不得向学生推销图书报刊、教辅材料、社会保险或利用家长资源谋取私利。

十、规范从教行为。勤勉敬业，乐于奉献，自觉抵制不良风气；不得组织、参与有偿补课，或为校外培训机构和他人介绍生源、提供相关信息。

三、《中小学教师违反职业道德行为处理办法》（2018 年修订）【9 年 4 考】

考频分布 2023 下单选，2023 上单选，2022 上单选，2021 下单选

第一条 为规范教师职业行为，保障教师、学生的合法权益，根据《中华人民共和国教育法》《中华人民共和国未成年人保护法》《中华人民共和国教师法》《教师资格条例》和《新时代中小学教师职业行为十项准则》等法律法规和制度规范，制定本办法。

第3—5条

第二条 本办法所称中小学教师是指普通中小学、中等职业学校(含技工学校)、特殊教育机构、少年宫以及地方教研室、电化教育等机构的教师。

前款所称中小学教师包括民办学校教师。

第三条 本办法所称处理包括处分和其他处理。处分包括警告、记过、降低岗位等级或撤职、开除。警告期限为6个月,记过期限为12个月,降低岗位等级或撤职期限为24个月。是中共党员的,同时给予党纪处分。

其他处理包括给予批评教育、诫勉谈话、责令检查、通报批评,以及取消在评奖评优、职务晋升、职称评定、岗位聘用、工资晋级、申报人才计划等方面的资格。取消相关资格的处理执行期限不得少于24个月。

教师涉嫌违法犯罪的,及时移送司法机关依法处理。

第四条 应予处理的教师违反职业道德行为如下:

(一)在教育教学活动中及其他场合有损害党中央权威、违背党的路线方针政策的言行。

(二)损害国家利益、社会公共利益,或违背社会公序良俗。

(三)通过课堂、论坛、讲座、信息网络及其他渠道发表、转发错误观点,或编造散布虚假信息、不良信息。

(四)违反教学纪律,敷衍教学,或擅自从事影响教育教学本职工作的兼职兼薪行为。

(五)歧视、侮辱学生,虐待、伤害学生。

(六)在教育教学活动中遇突发事件、面临危险时,不顾学生安危,擅离职守,自行逃离。

(七)与学生发生不正当关系,有任何形式的猥亵、性骚扰行为。

(八)在招生、考试、推优、保送及绩效考核、岗位聘用、职称评聘、评优评奖等工作中徇私舞弊、弄虚作假。

(九)索要、收受学生及家长财物或参加由学生及家长付费的宴请、旅游、娱乐休闲等活动,向学生推销图书报刊、教辅材料、社会保险或利用家长资源谋取私利。

(十)组织、参与有偿补课,或为校外培训机构和他人介绍生源、提供相关信息。

(十一)其他违反职业道德的行为。

第五条 学校及学校主管教育部门发现教师存在违反第四条列举行为的,应当及时组织调查核实,视情节轻重给予相应处理。作出处理决定前,应当听取教师的陈述和申辩,听取学生、其他教师、家长委员会或者家长代表意见,并告知教师有要求举行听证的权利。对于拟给予降低岗位等级以上的处分，教师要求听证的，拟作出处理决定的部门应当组织听证。

第六条 给予教师处理，应当坚持公平公正、教育与惩处相结合的原则；应当与其违反职业道德行为的性质、情节、危害程度相适应；应当事实清楚、证据确凿、定性准确、处理恰当、程序合法、手续完备。

第七条 给予教师处理按照以下权限决定：

（一）警告和记过处分，公办学校教师由所在学校提出建议，学校主管教育部门决定。民办学校教师由所在学校决定，报主管教育部门备案。

（二）降低岗位等级或撤职处分，由教师所在学校提出建议，学校主管教育部门决定并报同级人事部门备案。

（三）开除处分，公办学校教师由所在学校提出建议，学校主管教育部门决定并报同级人事部门备案。民办学校教师或者未纳入人事编制管理的教师由所在学校决定并解除其聘任合同，报主管教育部门备案。

（四）给予批评教育、诫勉谈话、责令检查、通报批评，以及取消在评奖评优、职务晋升、职称评定、岗位聘用、工资晋级、申报人才计划等方面资格的其他处理，按照管理权限，由教师所在学校或主管部门视其情节轻重作出决定。

第八条 处理决定应当书面通知教师本人并载明认定的事实、理由、依据、期限及申诉途径等内容。

第九条 教师不服处理决定的，可以向学校主管教育部门申请复核。对复核结果不服的，可以向学校主管教育部门的上一级行政部门提出申诉。

对教师的处理，在期满后根据悔改表现予以延期或解除，处理决定和处理解除决定都应完整存入人事档案及教师管理信息系统。

第十条 教师受到处分的，符合《教师资格条例》第十九条规定的，由县级以上教育行政部门依法撤销其教师资格。

教师受处分期间暂缓教师资格定期注册。依据《中华人民共和国教师法》第十四条规定丧失教师资格的，不能重新取得教师资格。

教师受记过以上处分期间不能参加专业技术职务任职资格评审。

第十一条 教师被依法判处刑罚的，依据《事业单位工作人员处分暂行规定》给予降低岗位等级或者撤职以上处分。其中，被依法判处有期徒刑以上刑罚的，给予开除处分。教师受到剥夺政治权利或者故意犯罪受到有期徒刑以上刑事处罚的，丧失教师资格。

第十二条 学校及主管教育部门不履行或不正确履行师德师风建设管理职责，有下列情形的，上一级行政部门应当视情节轻重采取约谈、诫勉谈话、通报批评、纪律处分和组织处理等方式严肃追究主要负责人、分管负责人和直接责任人的责任：

（一）师德师风长效机制建设、日常教育督导不到位；

（二）师德失范问题排查发现不及时；

（三）对已发现的师德失范行为处置不力、方式不当或拒不处分、拖延处分、推诿隐瞒的；

（四）已作出的师德失范行为处理决定落实不到位，师德失范行为整改不彻底；

（五）多次出现师德失范问题或因师德失范行为引起不良社会影响；

（六）其他应当问责的失职失责情形。

第十三条 省级教育行政部门应当结合当地实际情况制定实施细则，并报国务院教育行政部门备案。

第十四条 本办法自发布之日起施行。

真题面对面

1.［**2023 下半年真题**］林老师是某公办中学的语文教研组组长，在一次期中考试中，他所带的班级没有取得理想成绩，于是他私下修改了本班成绩。此事被发现后，林老师受到警告处分。依据《中小学教师违反职业道德行为处理办法》，下列说法正确的是（　　）

A. 应由学校提出对林老师处分的建议

B. 对林老师的处分期限为 12 个月

C. 对林老师的处分要报上级人事部门备案

D. 林老师接受处分期间学校暂停其教师资格

答案：A。给予教师警告和记过处分，公办学校教师由所在学校提出建议，学校主管教育部门决定。故 A 选项说法正确。

2.［**2023 上半年真题**］某中学教学楼旁的仓库突然起火，正在教学的何老师没有第一时间组织学生有序离开教室，受到记过处分。依据《中小学教师违反职业道德行为处理办法》，该处分期限为（　　）

A. 6 个月　　B. 12 个月　　C. 24 个月　　D. 36 个月

答案：B。

四、《中小学教育惩戒规则(试行)》

第一条 为落实立德树人根本任务,保障和规范学校、教师依法履行教育教学和管理职责,保护学生合法权益,促进学生健康成长、全面发展,根据教育法、教师法、未成年人保护法、预防未成年人犯罪法等法律法规和国家有关规定,制定本规则。

第二条 普通中小学校、中等职业学校(以下称学校)及其教师在教育教学和管理过程中对学生实施教育惩戒,适用本规则。

本规则所称教育惩戒,是指学校、教师基于教育目的,对违规违纪学生进行管理、训导或者以规定方式予以矫治,促使学生引以为戒、认识和改正错误的教育行为。

第三条 学校、教师应当遵循教育规律,依法履行职责,通过积极管教和教育惩戒的实施,及时纠正学生错误言行,培养学生的规则意识、责任意识。

教育行政部门应当支持、指导、监督学校及其教师依法依规实施教育惩戒。

第四条 实施教育惩戒应当符合教育规律,注重育人效果;遵循法治原则,做到客观公正;选择适当措施,与学生过错程度相适应。

第五条 学校应当结合本校学生特点,依法制定、完善校规校纪,明确学生行为规范,健全实施教育惩戒的具体情形和规则。

学校制定校规校纪,应当广泛征求教职工、学生和学生父母或者其他监护人(以下称家长)的意见;有条件的,可以组织有学生、家长及有关方面代表参加的听证。校规校纪应当提交家长委员会、教职工代表大会讨论,经校长办公会议审议通过后施行,并报主管教育部门备案。

教师可以组织学生、家长以民主讨论形式共同制定班规或者班级公约,报学校备案后施行。

第六条 学校应当利用入学教育、班会以及其他适当方式,向学生和家长宣传讲解校规校纪。未经公布的校规校纪不得施行。

学校可以根据情况建立校规校纪执行委员会等组织机构,吸收教师、学生及家长、社会有关方面代表参加,负责确定可适用的教育惩戒措施,监督教育惩戒的实施,开展相关宣传教育等。

第七条 学生有下列情形之一,学校及其教师应当予以制止并进行批评教育,确有必要的,可以实施教育惩戒:

(一)故意不完成教学任务要求或者不服从教育、管理的;

(二)扰乱课堂秩序、学校教育教学秩序的;

（三）吸烟、饮酒，或者言行失范违反学生守则的；

（四）实施有害自己或者他人身心健康的危险行为的；

（五）打骂同学、老师，欺凌同学或者侵害他人合法权益的；

（六）其他违反校规校纪的行为。

学生实施属于预防未成年人犯罪法规定的不良行为或者严重不良行为的，学校、教师应当予以制止并实施教育惩戒，加强管教；构成违法犯罪的，依法移送公安机关处理。

第八条 教师在课堂教学、日常管理中，对违规违纪情节较为轻微的学生，可以当场实施以下教育惩戒：

第8—10条

（一）点名批评；

（二）责令赔礼道歉、做口头或者书面检讨；

（三）适当增加额外的教学或者班级公益服务任务；

（四）一节课堂教学时间内的教室内站立；

（五）课后教导；

（六）学校校规校纪或者班规、班级公约规定的其他适当措施。

教师对学生实施前款措施后，可以以适当方式告知学生家长。

第九条 学生违反校规校纪，情节较重或者经当场教育惩戒拒不改正的，学校可以实施以下教育惩戒，并应当及时告知家长：

（一）由学校德育工作负责人予以训导；

（二）承担校内公益服务任务；

（三）安排接受专门的校规校纪、行为规则教育；

（四）暂停或者限制学生参加游览、校外集体活动以及其他外出集体活动；

（五）学校校规校纪规定的其他适当措施。

第十条 小学高年级、初中和高中阶段的学生违规违纪情节严重或者影响恶劣的，学校可以实施以下教育惩戒，并应当事先告知家长：

（一）给予不超过一周的停课或者停学，要求家长在家进行教育、管教；

（二）由法治副校长或者法治辅导员予以训诫；

（三）安排专门的课程或者教育场所，由社会工作者或者其他专业人员进行心理辅导、行为干预。

对违规违纪情节严重，或者经多次教育惩戒仍不改正的学生，学校可以给予警告、严重警告、记过或者留校察看的纪律处分。对高中阶段学生，还可以给予开除学籍的纪律处分。

对有严重不良行为的学生，学校可以按照法定程序，配合家长、有关部门将其转入专门学校教育矫治。

第十一条 学生扰乱课堂或者教育教学秩序，影响他人或者可能对自己及他人造成伤害的，教师可以采取必要措施，将学生带离教室或者教学现场，并予以教育管理。

教师、学校发现学生携带、使用违规物品或者行为具有危险性的，应当采取必要措施予以制止；发现学生藏匿违法、危险物品的，应当责令学生交出并可以对可能藏匿物品的课桌、储物柜等进行检查。

教师、学校对学生的违规物品可以予以暂扣并妥善保管，在适当时候交还学生家长；属于违法、危险物品的，应当及时报告公安机关、应急管理部门等有关部门依法处理。

第十二条 教师在教育教学管理、实施教育惩戒过程中，不得有下列行为：

（一）以击打、刺扎等方式直接造成身体痛苦的体罚；

（二）超过正常限度的罚站、反复抄写，强制做不适的动作或者姿势，以及刻意孤立等间接伤害身体、心理的变相体罚；

（三）辱骂或者以歧视性、侮辱性的言行侵犯学生人格尊严；

（四）因个人或者少数人违规违纪行为而惩罚全体学生；

（五）因学业成绩而教育惩戒学生；

（六）因个人情绪、好恶实施或者选择性实施教育惩戒；

（七）指派学生对其他学生实施教育惩戒；

（八）其他侵害学生权利的。

第十三条 教师对学生实施教育惩戒后，应当注重与学生的沟通和帮扶，对改正错误的学生及时予以表扬、鼓励。

学校可以根据实际和需要，建立学生教育保护辅导工作机制，由学校分管负责人、德育工作机构负责人、教师以及法治副校长（辅导员）、法律以及心理、社会工作等方面的专业人员组成辅导小组，对有需要的学生进行专门的心理辅导、行为矫治。

第十四条 学校拟对学生实施本规则第十条所列教育惩戒和纪律处分的，应当听取学生的陈述和申辩。学生或者家长申请听证的，学校应当组织听证。

学生受到教育惩戒或者纪律处分后，能够诚恳认错、积极改正的，可以提前解除教育惩戒或者纪律处分。

第十五条 学校应当支持、监督教师正当履行职务。教师因实施教育惩戒与学生及其家长发生纠纷，学校应当及时进行处理，教师无过错的，不得因教师实施教育惩戒而给予其处分或者其他不利处理。

教师违反本规则第十二条，情节轻微的，学校应当予以批评教育；情节严重的，应当暂停履行职责或者依法依规给予处分；给学生身心造成伤害，构成违法犯罪的，由公安机关依法处理。

第十六条 学校、教师应当重视家校协作，积极与家长沟通，使家长理解、支持和配合实施教育惩戒，形成合力。家长应当履行对子女的教育职责，尊重教师的教育权利，配合教师、学校对违规违纪学生进行管教。

家长对教师实施的教育惩戒有异议或者认为教师行为违反本规则第十二条规定的，可以向学校或者主管教育行政部门投诉、举报。学校、教育行政部门应当按照师德师风建设管理的有关要求，及时予以调查、处理。家长威胁、侮辱、伤害教师的，学校、教育行政部门应当依法保护教师人身安全、维护教师合法权益；情形严重的，应当及时向公安机关报告并配合公安机关、司法机关追究责任。

第十七条 学生及其家长对学校依据本规则第十条实施的教育惩戒或者给予的纪律处分不服的，可以在教育惩戒或者纪律处分作出后15个工作日内向学校提起申诉。

学校应当成立由学校相关负责人、教师、学生以及家长、法治副校长等校外有关方面代表组成的学生申诉委员会，受理申诉申请，组织复查。学校应当明确学生申诉委员会的人员构成、受理范围及处理程序等并向学生及家长公布。

学生申诉委员会应当对学生申诉的事实、理由等进行全面审查，作出维持、变更或者撤销原教育惩戒或者纪律处分的决定。

第十八条 学生或者家长对学生申诉处理决定不服的，可以向学校主管教育部门申请复核；对复核决定不服的，可以依法提起行政复议或者行政诉讼。

第十九条 学校应当有针对性地加强对教师的培训，促进教师更新教育理念、改进教育方式方法，提高教师正确履行职责的意识与能力。

每学期末，学校应当将学生受到本规则第十条所列教育惩戒和纪律处分的信息报主管教育行政部门备案。

第二十条 本规则自2021年3月1日起施行。

各地可以结合本地实际，制定本地方实施细则或者指导学校制定实施细则。

五、《关于加强和改进新时代师德师风建设的意见》(节选) 【9年2考】

考频分布 2021上单选,2022下单选

一、加强师德师风建设的总体要求

1. 指导思想。以习近平新时代中国特色社会主义思想为指导,深入学习贯彻习近平总书记关于教育的重要论述和全国教育大会精神,把立德树人的成效作为检验学校一切工作的根本标准,把师德师风作为评价教师队伍素质的第一标准,将社会主义核心价值观贯穿师德师风建设全过程,严格制度规定,强化日常教育督导,加大教师权益保护力度,倡导全社会尊师重教,激励广大教师努力成为"四有"好老师,着力培养德智体美劳全面发展的社会主义建设者和接班人。

2. 基本原则

——坚持正确方向。加强党对教育工作的全面领导,坚持社会主义办学方向,确保教师在落实立德树人根本任务中的主体作用得到全面发挥。

——坚持尊重规律。遵循教育规律、教师成长发展规律和师德师风建设规律,注重高位引领与底线要求结合、严管与厚爱并重,不断激发教师内生动力。

——坚持聚焦重点。围绕重点内容,针对突出问题,强化各地各部门的领导责任,压实学校主体责任,引导家庭、社会协同配合,推进师德师风建设工作制度化、常态化。

——坚持继承创新。传承中华优秀师道传统,全面总结改革开放特别是党的十八大以来师德师风建设经验,适应新时代变化,加强创新,推动师德师风建设工作不断深化。

3. 总体目标。经过5年左右努力,基本建立起完备的师德师风建设制度体系和有效的师德师风建设长效机制。教师思想政治素质和职业道德水平全面提升,教师敬业立学、崇德尚美呈现新风貌。教师权益保障体系基本建立,教师安心、热心、舒心、静心从教的良好环境基本形成,师道尊严进一步提振。全社会对教师职业认同度加深,教师政治地位、社会地位、职业地位显著提高,尊师重教蔚然成风。

二、全面加强教师队伍思想政治工作

4. 坚持思想铸魂,用习近平新时代中国特色社会主义思想武装教师头脑。健全教师理论学习制度,开展习近平新时代中国特色社会主义思想系统化、常态化学习,重点加强习近平总书记关于教育的重要论述的学习,使广大教师学懂弄通、入脑入心,自觉用"四个意识"导航,用"四个自信"强基,用"两个维护"铸魂。依托高水平高校建设一批教育基地,同时统筹党校(行政学院)资源,定期开展教师思想政治轮训,使广大教师更好掌握

马克思主义立场观点方法，认清中国和世界发展大势，增进对中国特色社会主义的政治认同、思想认同、理论认同、情感认同。

5. 坚持价值导向，引导教师带头践行社会主义核心价值观。

6. 坚持党建引领，充分发挥教师党支部和党员教师作用。

四、将师德师风建设要求贯穿教师管理全过程

10. 严格招聘引进，把好教师队伍入口。规范教师资格申请认定，完善教师招聘和引进制度，严格思想政治和师德考察，充分发挥党组织的领导和把关作用，建立科学完备的标准、程序，坚决避免教师招聘引进中的唯分数、唯文凭、唯职称、唯论文、唯帽子等倾向。鼓励有条件的地方和学校结合实际探索开展拟聘人员心理健康测评，作为聘用的重要参考。严格规范教师聘用，将思想政治和师德要求纳入教师聘用合同。加强试用期考察，全面评价聘用人员的思想政治和师德表现，对不合格人员取消聘用，及时解除聘用合同。高度重视从海外引进人才的全方位考察，提升人才引进质量。

11. 严格考核评价，落实师德第一标准。将师德考核摆在教师考核的首要位置，坚持多主体多元评价，以事实为依据，定性与定量相结合，提高评价的科学性和实效性，全面客观评价教师的师德表现。

12. 严格师德督导，建立多元监督体系。

13. 严格违规惩处，治理师德突出问题。

真题面对面

1. **[2022 下半年真题]** 某中学在招聘新教师时，对新老师进行了心理健康测评。依据《关于加强和改进新时代师德师风建设的意见》，对该心理健康测评的结果，下列选项中正确的是（　　）

A. 应作为教师聘用的重要参考　　B. 应作为教师聘用的前提条件

C. 应作为教师聘用合同的内容　　D. 作为教师试用的直接依据

答案：A。

2. **[2021 上半年真题]**《关于加强和改进新时代师德师风建设的意见》提出，要定期开展教师思想政治轮训，增进对中国特色社会主义的（　　）

A. 政治认同、思想认同、理论认同、知识认同

B. 政治认同、思想认同、理论认同、情感认同

C. 政治认同、思想认同、理论认同、意志认同

D. 政治认同、思想认同、理论认同、行为认同

答案：B。

教师职业道德材料分析题解题方法

一、核心知识

教师职业道德规范是指2008年颁布的《中小学教师职业道德规范》中的六个师德条目。这类材料分析题考查的形式通常是:“请从教师职业道德的角度,评析材料中老师的教育行为。”对这种评析老师教育行为的材料,考生首先要“定性”,即该老师是遵循还是违背了教师职业道德中的相关规范,而后根据材料中的关键信息确认遵循或违背了哪些教师职业道德的条目。以下就每条教师职业道德条目所涉及的关键信息作出归纳。

1. 爱国守法

材料如果涉及这一条,一般与“守法”相关,即老师的行为违背了相关法律。因为,爱国比较抽象,很难界定,守法较为具体,容易确定。所谓违背相关法律主要是指违背我国《教育法》《义务教育法》《未成年人保护法》等。一般来说,材料出现较多的是老师侵犯学生人格权与受教育权的现象,这种侵权现象就涉及违法。当然,材料中老师的行为到底违背了法律中的哪一条款,考生如果不清楚,答题时可不必具体写出。

2. 爱岗敬业

判定材料中涉及“爱岗敬业”的内容,关键词或信息是“责任”。主要有两点:一是出现了非常高尚的词汇,如“蜡烛”“园丁”“牺牲”“人梯”“无私奉献”等;二是出现了与“勤恳”相关的内容,如老师认真备课、上课,批改作业,辅导学生等。

3. 关爱学生

判定材料中涉及“关爱学生”的内容,关键词或信息是“师爱”。如果材料中教师违背了该规范,主要体现为三个方面:教师对学生偏心(与“关心爱护全体学生”“平等公正对待学生”等相背离);教师侵犯学生权益(与“尊重学生人格”“对学生严慈相济”“保护学生安全、关心学生健康、维护学生权益”相背离);教师对学生体罚或心罚(讽刺、挖苦、歧视、侮辱人格等都属于心理惩罚)。这里要强调,侵犯学生权益既违背了师德规范中的“关爱学生”,也违背了“爱国守法”。

4. 教书育人

判定材料中涉及“教书育人”的内容,关键词或信息是“全面发展”。材料涉及该规范主要有四个方面:素质教育或应试教育(材料中涉及最多的是老师在意“分数”或区别对待“后进生”);培养良好品行;诲人不倦;因材施教。

5. 为人师表

判定材料中涉及“为人师表”的内容,关键词或信息是“榜样”或“表率”。材料涉及这一条规范时主要有四个方面:言行举止;正确处理自己与学生、家长的关系;廉洁奉公;有偿家教。材料中出现最多的是老师的言行举止,如讲话不文明、对学生拳打脚踢等。

6. 终身学习

材料中的关键信息:拓宽知识视野,更新知识结构。潜心钻研业务,勇于探索创新,不断提高专业素养和教育教学水平。

二、解题技巧

我们拿一道真题为例,举例说明如何在综合素质考试中,拿到应拿的分数。

材料:预备铃已响,很多同学仍三五成群地在教室里说着、笑着、吃着、闹着,嘈杂无章,一片混乱。班主任毕老师气不打一处来,使劲把教材往地上一摔,大声训斥道:“孙涛,你这个班长能不能管点事?当不了班长,就别当啊!”孙涛一脸委屈,一言不发。

下课后,孙涛的辞职信就放在了毕老师的办公桌上,他辞职的理由是当班长影响学习。毕老师想:“这不是故意拆我的台吗?”他不由得火冒三丈,怒气冲冲地跑到教室,宣布罢免孙涛的班长职务。

平静下来以后,毕老师意识到罢免孙涛的做法很不妥当。第二天,毕老师找孙涛进行了一次长谈。毕老师首先表达了歉意,接着给孙涛讲了上一届班长学习和班级工作相互促进的故事。讲着讲着,毕老师发现孙涛已沉浸在故事中,便心平气和地说:“你想想,为什么他能学习和班级工作双丰收?”孙涛说:“他把当班长变成学习的动力了。”毕老师点头称赞道:“只要你努力认真,就一定能做好!”孙涛答应重新当班长。

问题:请结合材料,从教师职业道德的角度,评析毕老师的教育行为。

要点 1　审题

职业道德的材料分析题,材料部分多以实际的教育教学案例呈现,问题则是从教师职业道德角度出发,评析材料中教师的教育教学行为。

在审题过程中,我们第一步应该先读问题,带着问题去阅读材料。

在阅读材料的过程中,我们应该标注出其出现的一些关键信息点,即在什么时间,哪位老师实施了什么样的教育教学行为，以及这种教育教学行为带来了什么样的教育教学效果或给学生带来了什么影响。

要点2 解题

在审清题目之后，我们就可以结合已经掌握的相关知识点进行解题。在作答职业道德的材料分析题时，我们要注意以下几点：

(1)整体评析材料中老师的教育教学行为。作答这类材料分析题的第一步，即我们要对材料中老师的做法进行整体评价。

【例如】材料中，毕老师一开始的做法是不当的，经过反思后的做法符合教师职业道德的要求，我们应辩证地看待毕老师反思前后的做法。

(2)关键点放在开头。关键点即得分点，得分点要安排在醒目的地方，所以我们在组织答案时，每一个得分点应该放在每段的第一句话，且要注意语言组织的凝练、简洁。

【例如】为人师表的师德规范要求教师严于律己，以身作则，衣着得体，语言规范，举止文明。

(3)要结合材料。材料分析题的目的是考查考生解决实际问题的能力，因此，只有理论是不行的，一定要结合材料给出的实际案例进行分析。

【例如】材料中毕老师因生气便使劲把教材往地上一摔，继而大声训斥孙涛，收到孙涛的辞职信后，又当众宣布罢免孙涛的职务，这一连串的行为都容易给学生带来消极影响，违背了为人师表的师德规范。

(4)答题的最后加一段简短的总结。材料分析题一方面考查考生在实际教育教学活动中能否利用自身的教育机智较好地解决教育突发状况；另一方面在笔试中也考查考生是否能够利用自己所学的知识合理地进行谋篇布局。因此，合理安排答题结构也是考试中取得高分的关键要素。

【例如】综上所述，作为教师我们应该正确践行职业道德规范，做一名合格的教师。

要点3 参考答案

材料中，毕老师一开始的做法是不当的，经过反思后的做法符合教师职业道德的要求，我们应辩证地看待毕老师反思前后的做法。

(1)为人师表的师德规范要求教师严于律己，以身作则，衣着得体，语言规范，举止文明。材料中毕老师因生气便使劲把教材往地上一摔，继而大声训斥孙涛，收到孙涛的辞职信后，又当众宣布罢免孙涛的职务，这一连串的行为都容易给学生带来消极影响，违背了为人师表的师德规范。

(2)教书育人的师德规范要求教师遵循教育规律,实施素质教育,循循善诱,诲人不倦,因材施教。材料中,毕老师反思之后,心平气和地与孙涛交谈,引导他正确看待学习和班级工作之间的关系,让他明白只要努力就一定能同时搞好学习和班级工作,符合教书育人的师德规范。

(3)爱岗敬业的师德规范要求教师对工作高度负责,不得敷衍塞责。材料中毕老师在反思之前遇到了问题就把责任推卸到孙涛身上,违背了爱岗敬业的师德规范。在反思之后,毕老师认识到自己行为的不妥当,主动找孙涛道歉并进行长谈,最终顺利解决了问题。

(4)关爱学生的师德规范要求教师关心爱护全体学生,尊重学生人格,平等公正对待学生。对学生严慈相济,做学生良师益友。材料中毕老师刚开始严厉斥责孙涛,没有做到严慈相济,违背了关爱学生的师德规范。经过反思之后,毕老师找孙涛长谈,一起分析问题所在,最终共同解决了问题。

综上所述,作为教师我们应该正确践行教师职业道德规范,做一名合格的教师。

达标测评

建议用时	实际用时	测评总分	实际得分
30 分钟	____分钟	40 分	____分

一、单项选择题(每小题 2 分,共 26 分)

1. 某校李老师对于教材内容不去主动领会和吃透,反而经常从网上下载相关资料直接作为自己的教案,或者照抄其他老师的教案。上课的时候态度敷衍,教学方法单一,引起了学生的诸多不满。李老师这些行为主要违反的教师职业道德要求是(　　)

A. 廉洁从教　　B. 爱岗敬业　　C. 以人为本　　D. 关爱学生

2. 父母在外打工的玲玲和年迈的奶奶住在一起,吴老师得知后经常去帮助她们,村民们受到感染,也纷纷伸出援手。下列与该案例体现的教师职业道德相符的是(　　)

A. "其身正,不令而行,其身不正,虽令不从"

B. "师道立,则善人多。善人多则朝廷正而天下治矣"

C. "安其学而亲其师,乐其友而信其道"

D. "师严然后道尊,道尊然后民知敬学"

3. 江老师虽然没有很高的学历,但从教以来,一直对自己要求严格,对别人却很宽容，并以自己的一言一行给学生带来正面、积极的影响。江老师很好地践行了教师职业道德规范中(　　)的要求。

A. 爱国守法　　B. 为人师表

C. 关爱学生　　D. 终身学习

4. 特级教师李老师经常去听年轻老师的课并给予指导。一次听孙老师的课时，李老师发现孙老师对某个知识点的讲解存在偏差，便当场打断教学予以纠正。这说明李老师(　　)

A. 帮扶心切，严慈相济　　B. 甘为人梯，示范失当

C. 教学严谨，循循善诱　　D. 严于律己，缺乏尊重

5. 多媒体教学的优势越来越明显，某学校要求教师参加计算机相关软件使用的培训。四十多岁的史老师一听说这个消息就犯了愁，作为一个“计算机盲”，自己压根不想学，于是她和校长提出了不参加培训的申请。这表明史老师(　　)

A. 缺乏关爱学生的情怀　　B. 没有做到为人师表

C. 具有严谨治学的精神　　D. 缺乏终身学习的理念

6. 从做教师的第一天起，赵老师就为自己定下了“干一行、爱一行、精一行”的工作准则。她认真学习优秀教师的成功教学经验，不断提升教学水平，课堂教学效果优秀，这表明了赵老师能够做到(　　)

A. 诲人不倦　　B. 关爱学生

C. 爱岗敬业　　D. 治学严谨

7. 王老师的亲戚开办了一家培训公司，希望王老师推荐自己班上的学生参加辅导班，或者提供班上学生的联系方式。面对这种情况，王老师应该(　　)

A. 坚决拒绝亲戚的请求，并说明自己的理由

B. 提供学生的联系方式，不时推荐学生参加辅导班

C. 仅提供学生的联系方式，不推荐学生参加辅导班

D. 推荐学生参加辅导班，促进学生全面发展

8. 小杰是班里的“问题学生”，班主任付老师经过家访找到了小杰“任性”的根源，有针对性地对其进行教育和引导，最终使小杰成为班里品学兼优的好学生。这说明付老师具有(　　)

A. 严格要求学生的意识　　B. 严于律己的从教意识

C. 维持课堂秩序的能力　　D. 尊重关爱学生的情怀

9. 杨老师正在黑板上板书，突然有一位同学向杨老师指出他写错了一个字，全班同

学应声起哄。如果你是杨老师,下面做法正确的是(　　)

A. 尴尬地笑一笑,将此事粗略带过

B. 为了维护自己的权威,告诉同学们自己没有写错

C. 虚心接受,纠正错别字

D. 为了维持课堂纪律,让学生课后再讨论

10. 某班在毕业前期,多名科任老师向作为班主任的你反映毕业班的学生学习量过大,经常上课不认真听讲,而是做其他学科的作业,在成绩优秀的学生中更为严重。以下做法最为妥当的是(　　)

A. 核查科任老师所反映的问题,利用班级会议向学生说明利弊,引起学生的注意

B. 委婉地向各科任老师说明情况,学生上课不认真听讲是老师上课的教学魅力不足,与学生无关

C. 要求学生相互监督,坚决遏制此类现象,并要求学生上课时把其他学科的书本放置到讲台

D. 严厉惩罚老师反映的成绩优秀的学生,并要求其向科任老师道歉,以起警示作用

11. 一天,陈老师组织体育社团的学生们踢球,方方总是抢球后抱着球跑。陈老师看到后就让他站到一边,并对社团老师说:“以后都别让他踢球了!”陈老师的做法(　　)

A. 正确,维护了整个活动的良好秩序

B. 正确,保护了其他学生的人身安全

C. 不正确,破坏了同事间的团结协作

D. 不正确,打击了方方的参与积极性

12. 某教师取得中学高级职务后,于 2023 年 5 月受到降一级专业技术职务的处分。他从(　　)起可以重新申报中学高级职务。

A. 2024 年 6 月　　B. 2024 年 12 月

C. 2025 年 6 月　　D. 2025 年 12 月

13. 关老师刚刚从师范大学毕业,恃才傲物,不愿意与同事交流,也拒绝了有经验的老师的帮助。这种行为(　　)

A. 缺乏团结协作　　B. 忽视专业发展

C. 不麻烦其他老师　　D. 尊重和信任同事

二、材料分析题(本大题 14 分)

材料:

在优秀班主任报告会上,古老师这样回顾自己的教育工作:

一个新生小磊刚刚转来，不喜欢说话，下课后也不和其他的同学一起去玩，上课时注意力不集中，学习成绩一般。于是，古老师积极开展班级活动，带领班级同学和小磊友好相处，帮助小磊快速融入班集体。从此以后，小磊的性格逐渐开朗了许多，成绩也提高了。

小明学习成绩不好，同学们不喜欢他。古老师后来发现小明的手工模型做得很棒，就鼓励他带领几名同学参加学校手工制作工艺品大赛，结果小明所在的小组拿了第一名。之后，同学们都请小明教自己如何做手工制品，小明也爱学习了，还担任了科学小组组长。

一个学生喜欢偷拿别人的东西，尽管古老师不喜欢她的行为，但还是做了家访，分析她这样做的原因。古老师观察她的行为，找她谈心，给她讲道理，直到她改正。

教学十余载，古老师每周都会写一篇教学心得体会，最近又参加了网上教师职业培养活动，不断学习理论知识，提高知识素养。

问题：请结合材料，从教师职业道德的角度，评析古老师的教育行为。

参考答案及解析

一、单项选择题

1. B　**[解析]**爱岗敬业的师德规范要求教师对工作高度负责，认真备课上课，认真批改作业，认真辅导学生，不得敷衍塞责。李老师没有认真备课上课，对待教学工作态度敷衍，违反了爱岗敬业的师德规范。

2. A　**[解析]**A 选项的意思是“当政者本身言行端正，不用发号施令，大家自然起身效法，政令将会畅行无阻；如果当政者本身言行不正，虽下命令，大家也不会服从遵守”，强调的是以身作则。B 选项的意思是“求师从师之道确立了，那么善良人就会增多。善良人多了，那么朝廷就会端正，从而天下也就大治了”，强调的是尊师重教事关国家的长治久安。C 选项的意思是“安心学习，亲近师长，乐于与人交朋友，并深信所学之道”，强调的是跟师友学习的重要性。D 选项的意思是“老师受到尊敬，然后真理学问才会受到敬重。真理学问受到尊敬，然后人民才会敬重学问，认真学习”，强调的是尊师重道。题干中吴老师帮助玲玲和奶奶的行为做到了为人师表，为村民树立了一个良好榜样，与 A 选项所表述的意思一致，故本题选择 A 选项。

3. B　**[解析]**为人师表的师德规范要求教师要严于律己，以身作则，即教师在职业活动中对自己要严格要求，要以自己的行为作为他人，特别是学生的楷模。题干中的江老师严格要求自己，以自己的言行影响学生，很好地践行了为人师表的教师职业道德规范。

4. B [解析]教师的人际行为规范要求教师之间要做到:互相尊重,切忌嫉妒;相互学习,取长补短;平等相待,不卑不亢;乐于助人,关心同事。题干中,李老师经常去听年轻老师的课并给予指导,体现了李老师甘为人梯,乐于助人;李老师发现孙老师的讲解存在偏差,当场打断教师教学的行为不妥当,李老师可采取其他恰当、合理的方式与孙老师沟通,给予指导。

5. D [解析]终身学习要求教师做到崇尚科学精神,树立终身学习理念,拓宽知识视野,更新知识结构。题干史老师是一个“计算机盲”,还不愿参加计算机培训,表明史老师缺乏终身学习的理念。

6. C [解析]爱岗敬业要求教师要忠诚于人民教育事业,志存高远,勤恳敬业,甘为人梯,乐于奉献。对工作高度负责,认真备课上课,认真批改作业,认真辅导学生。不得敷衍塞责。赵老师在工作中认真努力,不断提升自我,还为自己定下“干一行、爱一行、精一行”的工作准则,这说明赵老师做到了爱岗敬业。

7. A [解析]为人师表的教师道德规范要求教师应当作风正派,廉洁奉公。自觉抵制有偿家教,不利用职务之便谋取私利。面对亲戚的请求,王老师应该坚决拒绝,并向亲戚说明理由。

8. D [解析]关爱学生的师德规范要求教师要关心爱护全体学生,尊重学生人格,平等公正对待学生。班主任付老师没有因为小杰是“问题学生”而歧视他,而是有针对性地对其进行教育和引导,体现了付老师具有尊重关爱学生的情怀。

9. C [解析]杨老师虚心接受学生的意见并纠正错别字是正确做法。首先,这一做法体现出杨老师对教学工作认真负责,不敷衍塞责,做到了爱岗敬业;其次,这一做法说明杨老师严于律己,以身作则,做到了为人师表。

10. A [解析]班主任针对科任教师反映的问题,首先要进行核查,确认清楚班级存在的问题,并通过班会等活动向学生说明利弊,引起学生注意。

11. D [解析]题干中教师因为方方不理解活动规则就剥夺了他参与活动的权利,并且扬言说让他以后都不要踢球了,这是对方方的不尊重,会打击方方参与活动的积极性,故做法不正确。

12. C [解析]根据《中小学教师违反职业道德行为处理办法(2018年修订)》第三条规定,降低岗位等级或撤职期限为24个月。所以某教师从2025年6月起可以重新申报中学高级职务。

13. A [解析]教师之间要做到:互相尊重,切忌嫉妒;相互学习,取长补短;平等相待,不卑不亢;乐于助人,关心同事。题干中关老师的行为没有团结同事,缺乏合作精神。

二、材料分析题(答案要点)

古老师的教育行为遵循了教师职业道德规范的要求,值得我们学习。

(1)古老师的行为体现了爱岗敬业的教师职业道德规范。材料中,古老师注重责任意识,面对学生出现的种种问题能够尽责地处理,不怕累、不嫌烦,积极与家长沟通,与学生一起活动,在教育实践中履行着自己作为一名教师应尽的职责。

(2)古老师的行为体现了关爱学生的教师职业道德规范。材料中,古老师将全身心的爱投入到工作中,以师爱作为工作的核心动力,和学生一起活动,挖掘学生的闪光点,耐心帮助学生改正不良习惯等,都是出于对学生的关爱。用自身的实际行动诠释了师德的灵魂——关爱学生。

(3)古老师的行为体现了教书育人的教师职业道德规范。材料中,古老师遵循教育规律,循循善诱,诲人不倦,因材施教。通过细致观察,"发现小明的手工模型做得很棒"。通过耐心教导,纠正了一个学生喜欢偷拿别人的东西的习惯,培养学生的良好品行,进而促进学生全面发展。

(4)古老师的行为体现了为人师表的教师职业道德规范。材料中,古老师坚守高尚情操,以身作则,在教育教学过程中率先垂范,以自己的人格魅力和学识魅力影响学生。

(5)古老师的行为体现了终身学习的教师职业道德规范。材料中,古老师坚持树立终身学习理念,拓宽知识视野,更新知识结构。"每周都会写一篇教学心得体会""参加网上教师职业培养活动",潜心钻研业务,勇于探索创新,不断提高专业素养和教育教学水平。

总之,古老师的行为体现了崇高的教师职业道德,这种精神值得弘扬,需要每个老师学习。

即时反思与复盘总结

我于________年____月____日完成了对本章的学习。

复盘一下,我对自己较肯定的地方是____________________

(足够努力/心态积极/方法得当……)

我觉得自己需要改进的地方是____________________

(懒惰懈怠/心情浮躁/方法不当……)

休息片刻,开启下一站征程!

第三章 法律法规

内容概要

本章包括《中华人民共和国宪法》、《中华人民共和国教育法》、《中华人民共和国义务教育法》、《中华人民共和国教师法》、《中华人民共和国未成年人保护法》、《中华人民共和国预防未成年人犯罪法》、《学生伤害事故处理办法》、教师的权利与义务、学生的权利九节。本章内容在真题试卷中所占分值为14~16分，以单选题的形式考查。本章各节2015—2023年考频汇总如下：

《中华人民共和国宪法》	总考频 10 次
《中华人民共和国教育法》	总考频 15 次
《中华人民共和国义务教育法》	总考频 20 次
《中华人民共和国教师法》	总考频 12 次
《中华人民共和国未成年人保护法》	总考频 17 次
《中华人民共和国预防未成年人犯罪法》	总考频 16 次
《学生伤害事故处理办法》	总考频 16 次
教师的权利与义务	总考频 6 次
学生的权利	总考频 13 次

第一节 《中华人民共和国宪法》

思维导图

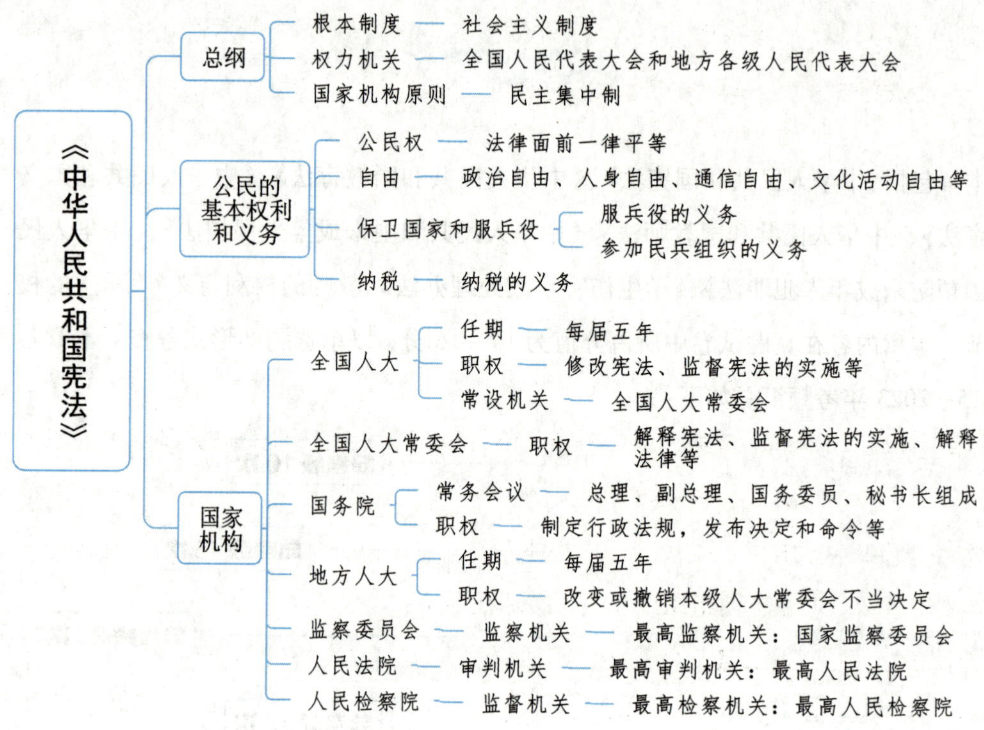

考向分析

本节主要介绍《中华人民共和国宪法》的内容，记忆性知识较多，需要考生记忆并理解。在考试中以单选题的形式进行考查。汇总分析2015年至2023年的真题试卷，本节知识考查情况见下表：

知识	考点	考频	题型
总纲	国家根本制度	1	单选
公民的基本权利和义务	公民的权利与义务、自由	2	单选
国家机构	国家机构的性质、职权、任期	7	单选

核心考点

一、《中华人民共和国宪法》的地位

《中华人民共和国宪法》是我国的根本大法，是治国安邦的总章程，是党和人民意志的集中体现。宪法具有最高的法律地位、法律权威、法律效力。依法治国，首先是依宪治国；依法执政，关键是依宪执政。维护宪法权威，就是维护党和人民共同意志的权威；捍卫宪法尊严，就是捍卫党和人民共同意志的尊严；保证宪法实施，就是保证人民根本利益的实现。

二、《中华人民共和国宪法》（节选）的内容 【9年10考】

第一章 总 纲

考频分布 2019上单选

【国家性质及根本制度】第一条 中华人民共和国是工人阶级领导的、以工农联盟为基础的人民民主专政的社会主义国家。

社会主义制度是中华人民共和国的根本制度。中国共产党领导是中国特色社会主义最本质的特征。禁止任何组织或者个人破坏社会主义制度。

【国家权力机关】第二条 中华人民共和国的一切权力属于人民。

人民行使国家权力的机关是全国人民代表大会和地方各级人民代表大会。

人民依照法律规定，通过各种途径和形式，管理国家事务，管理经济和文化事业，管理社会事务。

【民主集中制】第三条 中华人民共和国的国家机构实行民主集中制的原则。

全国人民代表大会和地方各级人民代表大会都由民主选举产生，对人民负责，受人民监督。

国家行政机关、监察机关、审判机关、检察机关都由人民代表大会产生，对它负责，受它监督。

中央和地方的国家机构职权的划分，遵循在中央的统一领导下，充分发挥地方的主动性、积极性的原则。

【经济制度】第六条 中华人民共和国的社会主义经济制度的基础是生产资料的社会主义公有制，即全民所有制和劳动群众集体所有制。社会主义公有制消灭人剥削人的制度，实行各尽所能、按劳分配的原则。

国家在社会主义初级阶段，坚持公有制为主体、多种所有制经济共同发展的基本经济制度，坚持按劳分配为主体、多种分配方式并存的分配制度。

【私有财产】第十三条 公民的合法的私有财产不受侵犯。

国家依照法律规定保护公民的私有财产权和继承权。

国家为了公共利益的需要，可以依照法律规定对公民的私有财产实行征收或者征用并给予补偿。

第二章 公民的基本权利和义务

考频分布 2021 下单选，2020 下单选

【平等权】第三十三条 凡具有中华人民共和国国籍的人都是中华人民共和国公民。

中华人民共和国公民在法律面前一律平等。

国家尊重和保障人权。

任何公民享有宪法和法律规定的权利，同时必须履行宪法和法律规定的义务。

【选举权和被选举权】第三十四条 中华人民共和国年满十八周岁的公民，不分民族、种族、性别、职业、家庭出身、宗教信仰、教育程度、财产状况、居住期限，都有选举权和被选举权；但是依照法律被剥夺政治权利的人除外。

【基本政治自由】第三十五条 中华人民共和国公民有言论、出版、集会、结社、游行、示威的自由。

【宗教信仰自由】第三十六条 中华人民共和国公民有宗教信仰自由。

任何国家机关、社会团体和个人不得强制公民信仰宗教或者不信仰宗教，不得歧视信仰宗教的公民和不信仰宗教的公民。

国家保护正常的宗教活动。任何人不得利用宗教进行破坏社会秩序、损害公民身体健康、妨碍国家教育制度的活动。

宗教团体和宗教事务不受外国势力的支配。

【人身自由】第三十七条 中华人民共和国公民的人身自由不受侵犯。

任何公民，非经人民检察院批准或者决定或者人民法院决定，并由公安机关执行，不受逮捕。

禁止非法拘禁和以其他方法非法剥夺或者限制公民的人身自由，禁止非法搜查公民的身体。

【人格尊严及保护】第三十八条 中华人民共和国公民的人格尊严不受侵犯。禁止用任何方法对公民进行侮辱、诽谤和诬告陷害。

【住宅不受侵犯】第三十九条 中华人民共和国公民的住宅不受侵犯。禁止非法搜查或者非法侵入公民的住宅。

【通信自由和通信秘密权】第四十条 中华人民共和国公民的通信自由和通信秘密受法律的保护。除因国家安全或者追查刑事犯罪的需要，由公安机关或者检察机关依照法律规定的程序对通信进行检查外，任何组织或者个人不得以任何理由侵犯公民的通信自由和通信秘密。

【监督权和获得赔偿权】第四十一条 中华人民共和国公民对于任何国家机关和国家工作人员，有提出批评和建议的权利；对于任何国家机关和国家工作人员的违法失职行为，有向有关国家机关提出申诉、控告或者检举的权利，但是不得捏造或者歪曲事实进行诬告陷害。

对于公民的申诉、控告或者检举，有关国家机关必须查清事实，负责处理。任何人不得压制和打击报复。

由于国家机关和国家工作人员侵犯公民权利而受到损失的人，有依照法律规定取得赔偿的权利。

【劳动的权利和义务】第四十二条 中华人民共和国公民有劳动的权利和义务。

国家通过各种途径，创造劳动就业条件，加强劳动保护，改善劳动条件，并在发展生产的基础上，提高劳动报酬和福利待遇。

劳动是一切有劳动能力的公民的光荣职责。国有企业和城乡集体经济组织的劳动者都应当以国家主人翁的态度对待自己的劳动。国家提倡社会主义劳动竞赛，奖励劳动模范和先进工作者。国家提倡公民从事义务劳动。

国家对就业前的公民进行必要的劳动就业训练。

【休息权】第四十三条 中华人民共和国劳动者有休息的权利。

国家发展劳动者休息和休养的设施，规定职工的工作时间和休假制度。

【受教育权利和义务】第四十六条 中华人民共和国公民有受教育的权利和义务。

国家培养青年、少年、儿童在品德、智力、体质等方面全面发展。

【文化活动自由】第四十七条 中华人民共和国公民有进行科学研究、文学艺术创作和其他文化活动的自由。国家对于从事教育、科学、技术、文学、艺术和其他文化事业的公民的有益于人民的创造性工作，给以鼓励和帮助。

【行使自由和权利的限度】第五十一条 中华人民共和国公民在行使自由和权利的时候，不得损害国家的、社会的、集体的利益和其他公民的合法的自由和权利。

【维护祖国的安全、荣誉和利益的义务】第五十四条 中华人民共和国公民有维护祖国的安全、荣誉和利益的义务，不得有危害祖国的安全、荣誉和利益的行为。

【保卫国家和服兵役的义务】第五十五条 保卫祖国、抵抗侵略是中华人民共和国每一个公民的神圣职责。依照法律服兵役和参加民兵组织是中华人民共和国公民的光荣义务。

【纳税的义务】第五十六条 中华人民共和国公民有依照法律纳税的义务。

真题面对面

[**2021 下半年真题**]22 岁的李某在家待业，根据我国宪法规定，关于李某的权利义务，下列选项中不正确的是(　　)

A. 无接受义务教育的权利　　B. 无需承担纳税义务

C. 有依法服兵役的义务　　D. 有科学研究的自由

答案：B。

第三章　国家机构

考频分布　2015—2023 年，以单选题形式考查 7 次

【全国人大的性质及常设机关】第五十七条 中华人民共和国全国人民代表大会是最高国家权力机关。它的常设机关是全国人民代表大会常务委员会。

【全国人大的任期】第六十条 全国人民代表大会每届任期五年。

全国人民代表大会任期届满的两个月以前，全国人民代表大会常务委员会必须完成下届全国人民代表大会代表的选举。如果遇到不能进行选举的非常情况，由全国人民代表大会常务委员会以全体组成人员的三分之二以上的多数通过，可以推迟选举，延长本届全国人民代表大会的任期。在非常情况结束后一年内，必须完成下届全国人民代表大会代表的选举。

【全国人大的会议制度】第六十一条 全国人民代表大会会议每年举行一次，由全国人民代表大会常务委员会召集。如果全国人民代表大会常务委员会认为必要，或者有五分之一以上的全国人民代表大会代表提议，可以临时召集全国人民代表大会会议。

全国人民代表大会举行会议的时候，选举主席团主持会议。

真题面对面

[**2022 上半年真题**]根据我国《宪法》规定，全国人民代表大会举行会议的召集者为(　　)

A. 全国人民代表大会的代表　　B. 全国人民代表大会常委会

C. 全国人民代表大会主席团　　D. 全国人民代表大会代表团

答案：B。

第 62 条

【全国人大的职权】第六十二条 全国人民代表大会行使下列职权：

（一）修改宪法；

（二）监督宪法的实施；

（三）制定和修改刑事、民事、国家机构的和其他的基本法律；

（四）选举中华人民共和国主席、副主席；

（五）根据中华人民共和国主席的提名，决定国务院总理的人选；根据国务院总理的提名，决定国务院副总理、国务委员、各部部长、各委员会主任、审计长、秘书长的人选；

（六）选举中央军事委员会主席；根据中央军事委员会主席的提名，决定中央军事委员会其他组成人员的人选；

（七）选举国家监察委员会主任；

（八）选举最高人民法院院长；

（九）选举最高人民检察院检察长；

（十）审查和批准国民经济和社会发展计划和计划执行情况的报告；

（十一）审查和批准国家的预算和预算执行情况的报告；

（十二）改变或者撤销全国人民代表大会常务委员会不适当的决定；

（十三）批准省、自治区和直辖市的建置；

（十四）决定特别行政区的设立及其制度；

（十五）决定战争和和平的问题；

（十六）应当由最高国家权力机关行使的其他职权。

【宪法的修改】第六十四条 宪法的修改，由全国人民代表大会常务委员会或者五分之一以上的全国人民代表大会代表提议，并由全国人民代表大会以全体代表的三分之二以上的多数通过。

法律和其他议案由全国人民代表大会以全体代表的过半数通过。

【全国人大常委会的职权】第六十七条 全国人民代表大会常务委员会行使下列职权：

（一）解释宪法，监督宪法的实施；

（二）制定和修改除应当由全国人民代表大会制定的法律以外的其他法律；

（三）在全国人民代表大会闭会期间，对全国人民代表大会制定的法律进行部分补充和修改，但是不得同该法律的基本原则相抵触；

（四）解释法律；

（五）在全国人民代表大会闭会期间，审查和批准国民经济和社会发展计划、国家预算在执行过程中所必须作的部分调整方案；

（六）监督国务院、中央军事委员会、国家监察委员会、最高人民法院和最高人民检察院的工作；

（七）撤销国务院制定的同宪法、法律相抵触的行政法规、决定和命令；

（八）撤销省、自治区、直辖市国家权力机关制定的同宪法、法律和行政法规相抵触的地方性法规和决议；

（九）在全国人民代表大会闭会期间，根据国务院总理的提名，决定部长、委员会主任、审计长、秘书长的人选；

（十）在全国人民代表大会闭会期间，根据中央军事委员会主席的提名，决定中央军事委员会其他组成人员的人选；

（十一）根据国家监察委员会主任的提请，任免国家监察委员会副主任、委员；

（十二）根据最高人民法院院长的提请，任免最高人民法院副院长、审判员、审判委员会委员和军事法院院长；

（十三）根据最高人民检察院检察长的提请，任免最高人民检察院副检察长、检察员、检察委员会委员和军事检察院检察长，并且批准省、自治区、直辖市的人民检察院检察长的任免；

（十四）决定驻外全权代表的任免；

（十五）决定同外国缔结的条约和重要协定的批准和废除；

（十六）规定军人和外交人员的衔级制度和其他专门衔级制度；

（十七）规定和决定授予国家的勋章和荣誉称号；

（十八）决定特赦；

（十九）在全国人民代表大会闭会期间，如果遇到国家遭受武装侵犯或者必须履行国际间共同防止侵略的条约的情况，决定战争状态的宣布；

（二十）决定全国总动员或者局部动员；

（二十一）决定全国或者个别省、自治区、直辖市进入紧急状态；

（二十二）全国人民代表大会授予的其他职权。

真题面对面

[2023 上半年真题]依据《中华人民共和国宪法》，下列选项不属于全国人民代表大会常务委员会职权的是（　　）

A. 制定行政法规　　B. 监督宪法的实施

C. 解释法律　　D. 解释宪法

答案：A。

【国务院的性质和地位】第八十五条 中华人民共和国国务院，即中央人民政府，是最高国家权力机关的执行机关，是最高国家行政机关。

【国务院的职权】第八十九条 国务院行使下列职权：

（一）根据宪法和法律，规定行政措施，制定行政法规，发布决定和命令；

（二）向全国人民代表大会或者全国人民代表大会常务委员会提出议案；

（三）规定各部和各委员会的任务和职责，统一领导各部和各委员会的工作，并且领导不属于各部和各委员会的全国性的行政工作；

（四）统一领导全国地方各级国家行政机关的工作，规定中央和省、自治区、直辖市的国家行政机关的职权的具体划分；

（五）编制和执行国民经济和社会发展计划和国家预算；

（六）领导和管理经济工作和城乡建设、生态文明建设；

（七）领导和管理教育、科学、文化、卫生、体育和计划生育工作；

（八）领导和管理民政、公安、司法行政等工作；

（九）管理对外事务，同外国缔结条约和协定；

（十）领导和管理国防建设事业；

（十一）领导和管理民族事务，保障少数民族的平等权利和民族自治地方的自治权利；

（十二）保护华侨的正当的权利和利益，保护归侨和侨眷的合法的权利和利益；

（十三）改变或者撤销各部、各委员会发布的不适当的命令、指示和规章；

（十四）改变或者撤销地方各级国家行政机关的不适当的决定和命令；

（十五）批准省、自治区、直辖市的区域划分，批准自治州、县、自治县、市的建置和区域划分；

（十六）依照法律规定决定省、自治区、直辖市的范围内部分地区进入紧急状态；

（十七）审定行政机构的编制，依照法律规定任免、培训、考核和奖惩行政人员；

（十八）全国人民代表大会和全国人民代表大会常务委员会授予的其他职权。

【中央军委主席对国家权力机关负责】第九十四条 中央军事委员会主席对全国人民代表大会和全国人民代表大会常务委员会负责。

【地方人大的性质及常委会的设置】第九十六条 地方各级人民代表大会是地方国家权力机关。

县级以上的地方各级人民代表大会设立常务委员会。

【地方人大的任期】第九十八条 地方各级人民代表大会每届任期五年。

真题面对面

[2021 上半年真题]依据《中华人民共和国宪法》的规定，地方各级人民代表大会每届任期(　　)

A. 六年　　B. 五年　　C. 四年　　D. 三年

答案:B。

【地方人大的职权】第九十九条　地方各级人民代表大会在本行政区域内，保证宪法、法律、行政法规的遵守和执行；依照法律规定的权限，通过和发布决议，审查和决定地方的经济建设、文化建设和公共事业建设的计划。

县级以上的地方各级人民代表大会审查和批准本行政区域内的国民经济和社会发展计划、预算以及它们的执行情况的报告；有权改变或者撤销本级人民代表大会常务委员会不适当的决定。

民族乡的人民代表大会可以依照法律规定的权限采取适合民族特点的具体措施。

真题面对面

[2023 下半年真题]下列选项中，无权改变或撤销本级人民代表大会常务委员会不适当决定的机构是(　　)

A. 乡镇人民代表大会　　B. 县级人民代表大会

C. 市级人民代表大会　　D. 省级人民代表大会

答案:A。县级人民代表大会、市级人民代表大会、省级人民代表大会均有权改变或撤销本级人民代表大会常务委员会不适当的决定。B、C、D 三项排除。乡、镇只有人民代表大会和人民政府，不设立人民代表大会常务委员会。本题为选非题，故选 A。

【监察机关】第一百二十三条　中华人民共和国各级监察委员会是国家的监察机关。

【最高监察机关】第一百二十五条　中华人民共和国国家监察委员会是最高监察机关。

国家监察委员会领导地方各级监察委员会的工作，上级监察委员会领导下级监察委员会的工作。

【审判机关】第一百二十八条　中华人民共和国人民法院是国家的审判机关。

【最高审判机关】第一百三十二条　最高人民法院是最高审判机关。

最高人民法院监督地方各级人民法院和专门人民法院的审判工作，上级人民法院监督下级人民法院的审判工作。

【监督机关】第一百三十四条 中华人民共和国人民检察院是国家的法律监督机关。

【最高检察机关】第一百三十七条 最高人民检察院是最高检察机关。

最高人民检察院领导地方各级人民检察院和专门人民检察院的工作，上级人民检察院领导下级人民检察院的工作。

自2018年下半年以来，教师资格考试笔试开始考查宪法相关知识，每次考试都会出一道试题。关于我国《宪法》的考题命题比较简单直接，不举例，直接提问，一般是考查我国公民的权利义务和各国家机构的职权（如全国人民代表大会、全国人大常委会、国务院等）。这一知识点的试题难度较低，但考生做题时容易混淆各国家机构的职权，从而导致失分，因此考生复习时要牢牢掌握不同国家机构的职权范围。

第二节 《中华人民共和国教育法》

思维导图

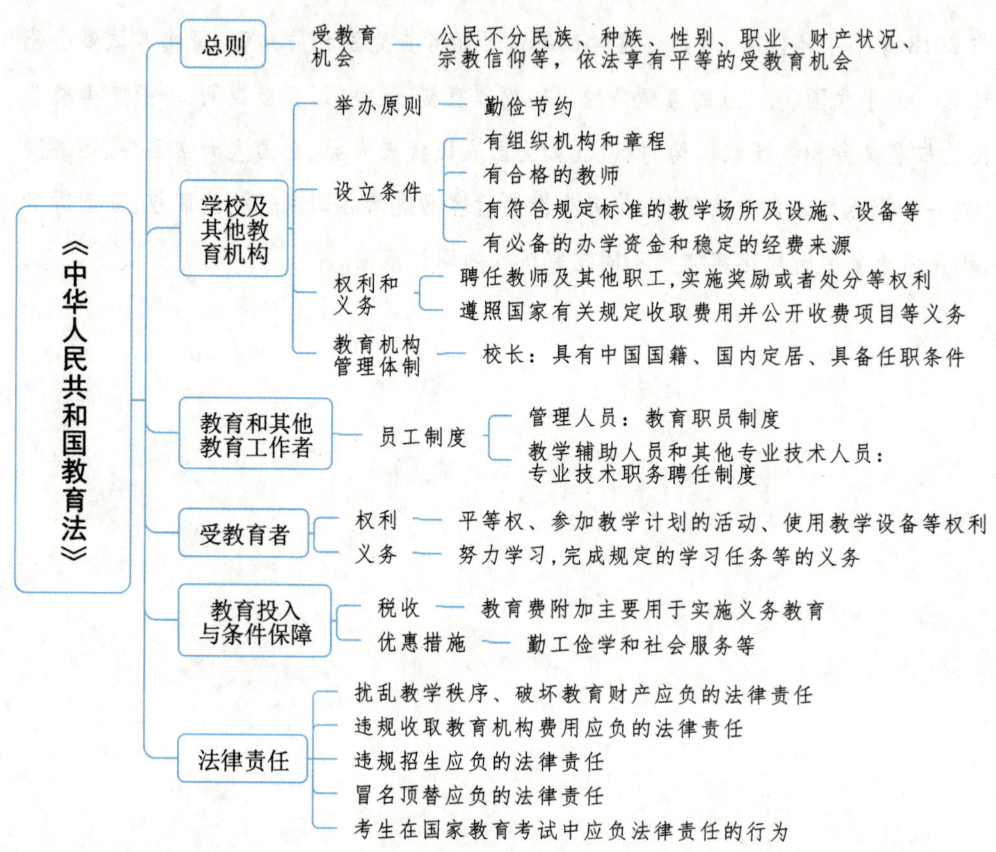

考向分析

本节主要介绍《中华人民共和国教育法》的内容，记忆性知识较多，在考试中以单选题的形式进行考查。汇总分析 2015 至 2023 年的真题试卷，本节知识考查情况见下表：

知识	考点	考频	题型
学校及其他教育机构	学校的设立条件、义务及管理体制	4	单选
教师和其他教育工作者	学校的员工制度	1	单选
受教育者	受教育者的权利	3	单选

续表

知识	考点	考频	题型
法律责任	违法行为的处理机关、处罚措施及违法主体所承担责任	7	单选

核心考点

一、《中华人民共和国教育法》的性质

《中华人民共和国教育法》是我国教育法律法规体系中的基本法，是依据宪法制定的调整我国教育内部和外部相互关系的基本法律准则。《中华人民共和国教育法》是我国的“教育宪法”，是我国教育法律体系中的母法，在教育法体系中具有最高法律效力，规定我国教育的基本方针、基本任务、基本制度以及教育活动中各主体的权利义务。

二、《中华人民共和国教育法》的内容 【9年15考】

第一章　总　则

【立法目的】第一条　为了发展教育事业，提高全民族的素质，促进社会主义物质文明和精神文明建设，根据宪法，制定本法。

【适用范围】第二条　在中华人民共和国境内的各级各类教育，适用本法。

【指导思想】第三条　国家坚持中国共产党的领导，坚持以马克思列宁主义、毛泽东思想、邓小平理论、“三个代表”重要思想、科学发展观、习近平新时代中国特色社会主义思想为指导，遵循宪法确定的基本原则，发展社会主义的教育事业。

【教育的地位】第四条　教育是社会主义现代化建设的基础，对提高人民综合素质、促进人的全面发展、增强中华民族创新创造活力、实现中华民族伟大复兴具有决定性意义，国家保障教育事业优先发展。

全社会应当关心和支持教育事业的发展。

全社会应当尊重教师。

【教育方针】第五条　教育必须为社会主义现代化建设服务、为人民服务，必须与生产劳动和社会实践相结合，培养德智体美劳全面发展的社会主义建设者和接班人。

【教育基本内容】第六条　教育应当坚持立德树人，对受教育者加强社会主义核心价值观教育，增强受教育者的社会责任感、创新精神和实践能力。

国家在受教育者中进行爱国主义、集体主义、中国特色社会主义的教育，进行理想、道德、纪律、法治、国防和民族团结的教育。

【继承和弘扬优秀文化】第七条 教育应当继承和弘扬中华优秀传统文化、革命文化、社会主义先进文化，吸收人类文明发展的一切优秀成果。

【教育与国家利益】第八条 教育活动必须符合国家和社会公共利益。

国家实行教育与宗教相分离。任何组织和个人不得利用宗教进行妨碍国家教育制度的活动。

【公民的受教育权利和义务】第九条 中华人民共和国公民有受教育的权利和义务。

公民不分民族、种族、性别、职业、财产状况、宗教信仰等，依法享有平等的受教育机会。

【少边贫地区及残疾人的教育】第十条 国家根据各少数民族的特点和需要，帮助各少数民族地区发展教育事业。

国家扶持边远贫困地区发展教育事业。

国家扶持和发展残疾人教育事业。

【终身教育体系】第十一条 国家适应社会主义市场经济发展和社会进步的需要，推进教育改革，推动各级各类教育协调发展、衔接融通，完善现代国民教育体系，健全终身教育体系，提高教育现代化水平。

国家采取措施促进教育公平，推动教育均衡发展。

国家支持、鼓励和组织教育科学研究，推广教育科学研究成果，促进教育质量提高。

【语言文字】第十二条 国家通用语言文字为学校及其他教育机构的基本教育教学语言文字，学校及其他教育机构应当使用国家通用语言文字进行教育教学。

民族自治地方以少数民族学生为主的学校及其他教育机构，从实际出发，使用国家通用语言文字和本民族或者当地民族通用的语言文字实施双语教育。

国家采取措施，为少数民族学生为主的学校及其他教育机构实施双语教育提供条件和支持。

【奖励制度】第十三条 国家对发展教育事业做出突出贡献的组织和个人，给予奖励。

【管理体制】第十四条 国务院和地方各级人民政府根据分级管理、分工负责的原则，领导和管理教育工作。

中等及中等以下教育在国务院领导下，由地方人民政府管理。

高等教育由国务院和省、自治区、直辖市人民政府管理。

【教育行政部门】第十五条　国务院教育行政部门主管全国教育工作，统筹规划、协调管理全国的教育事业。

县级以上地方各级人民政府教育行政部门主管本行政区域内的教育工作。

县级以上各级人民政府其他有关部门在各自的职责范围内，负责有关的教育工作。

【教育监督】第十六条　国务院和县级以上地方各级人民政府应当向本级人民代表大会或者其常务委员会报告教育工作和教育经费预算、决算情况，接受监督。

第二章　教育基本制度

【学校教育制度】第十七条　国家实行学前教育、初等教育、中等教育、高等教育的学校教育制度。

国家建立科学的学制系统。学制系统内的学校和其他教育机构的设置、教育形式、修业年限、招生对象、培养目标等，由国务院或者由国务院授权教育行政部门规定。

【学前教育】第十八条　国家制定学前教育标准，加快普及学前教育，构建覆盖城乡，特别是农村的学前教育公共服务体系。

各级人民政府应当采取措施，为适龄儿童接受学前教育提供条件和支持。

【义务教育】第十九条　国家实行九年制义务教育制度。

各级人民政府采取各种措施保障适龄儿童、少年就学。

适龄儿童、少年的父母或者其他监护人以及有关社会组织和个人有义务使适龄儿童、少年接受并完成规定年限的义务教育。

【职业教育和继续教育】第二十条　国家实行职业教育制度和继续教育制度。

各级人民政府、有关行政部门和行业组织以及企业事业组织应当采取措施，发展并保障公民接受职业学校教育或者各种形式的职业培训。

国家鼓励发展多种形式的继续教育，使公民接受适当形式的政治、经济、文化、科学、技术、业务等方面的教育，促进不同类型学习成果的互认和衔接，推动全民终身学习。

【考试制度】第二十一条　国家实行国家教育考试制度。

国家教育考试由国务院教育行政部门确定种类，并由国家批准的实施教育考试的机构承办。

【学业证书制度】第二十二条　国家实行学业证书制度。

经国家批准设立或者认可的学校及其他教育机构按照国家有关规定，颁发学历证书或者其他学业证书。

【学位制度】第二十三条　国家实行学位制度。

学位授予单位依法对达到一定学术水平或者专业技术水平的人员授予相应的

学位,颁发学位证书。

【扫除文盲教育工作】第二十四条 各级人民政府、基层群众性自治组织和企业事业组织应当采取各种措施,开展扫除文盲的教育工作。

按照国家规定具有接受扫除文盲教育能力的公民,应当接受扫除文盲的教育。

【教育督导制度和评估制度】第二十五条 国家实行教育督导制度和学校及其他教育机构教育评估制度。

第三章 学校及其他教育机构

考频分布 2021 下单选,2019 下单选,2019 上单选,2016 上单选

【鼓励举办教育机构】第二十六条 国家制定教育发展规划,并举办学校及其他教育机构。

国家鼓励企业事业组织、社会团体、其他社会组织及公民个人依法举办学校及其他教育机构。

国家举办学校及其他教育机构,应当坚持勤俭节约的原则。

以财政性经费、捐赠资产举办或者参与举办的学校及其他教育机构不得设立为营利性组织。

【办学条件】第二十七条 设立学校及其他教育机构,必须具备下列基本条件:

(一)有组织机构和章程;

(二)有合格的教师;

(三)有符合规定标准的教学场所及设施、设备等;

(四)有必备的办学资金和稳定的经费来源。

真题面对面

[**2021 下半年真题**]李某想举办一所学校以践行自己的教学理念,根据《中华人民共和国教育法》的规定,下列选项中属于举办学校应当具备的基本条件的是( )

A. 有稳定的财政投入　　B. 有固定的办学场所

C. 有合格的教师　　D. 有充足的生源

答案:C。

【办学程序】第二十八条 学校及其他教育机构的设立、变更和终止,应当按照国家有关规定办理审核、批准、注册或者备案手续。

【教育机构的权利】第二十九条 学校及其他教育机构行使下列权利:

（一）按照章程自主管理；

（二）组织实施教育教学活动；

（三）招收学生或者其他受教育者；

（四）对受教育者进行学籍管理，实施奖励或者处分；

（五）对受教育者颁发相应的学业证书；

（六）聘任教师及其他职工，实施奖励或者处分；

（七）管理、使用本单位的设施和经费；

（八）拒绝任何组织和个人对教育教学活动的非法干涉；

（九）法律、法规规定的其他权利。

国家保护学校及其他教育机构的合法权益不受侵犯。

【教育机构的义务】第三十条 学校及其他教育机构应当履行下列义务：

（一）遵守法律、法规；

（二）贯彻国家的教育方针，执行国家教育教学标准，保证教育教学质量；

（三）维护受教育者、教师及其他职工的合法权益；

（四）以适当方式为受教育者及其监护人了解受教育者的学业成绩及其他有关情况提供便利；

（五）遵照国家有关规定收取费用并公开收费项目；

（六）依法接受监督。

真题面对面

[2019 上半年真题] 某初中向学生收取练习本费用，未向社会公开收费项目。该校做法（ ）

A. 不合法，义务教育学校不能收费 B. 不合法，学校必须公开收费项目

C. 合法，学校有自主管理权 D. 合法，学校是按规定收费

答案：B。

【教育机构管理体制】第三十一条 学校及其他教育机构的举办者按照国家有关规定，确定其所举办的学校或者其他教育机构的管理体制。

学校及其他教育机构的校长或者主要行政负责人必须由具有中华人民共和国国籍、在中国境内定居、并具备国家规定任职条件的公民担任，其任免按照国家有关规定办理。学校的教学及其他行政管理，由校长负责。

学校及其他教育机构应当按照国家有关规定，通过以教师为主体的教职工代表大会

等组织形式,保障教职工参与民主管理和监督。

【教育机构的法人条件】第三十二条 学校及其他教育机构具备法人条件的,自批准设立或者登记注册之日起取得法人资格。

学校及其他教育机构在民事活动中依法享有民事权利,承担民事责任。

学校及其他教育机构中的国有资产属于国家所有。

学校及其他教育机构兴办的校办产业独立承担民事责任。

第四章 教师和其他教育工作者

考频分布 2018 下单选

【教师权利和义务】第三十三条 教师享有法律规定的权利,履行法律规定的义务,忠诚于人民的教育事业。

【教师待遇】第三十四条 国家保护教师的合法权益,改善教师的工作条件和生活条件,提高教师的社会地位。

教师的工资报酬、福利待遇,依照法律、法规的规定办理。

【教师队伍建设】第三十五条 国家实行教师资格、职务、聘任制度,通过考核、奖励、培养和培训,提高教师素质,加强教师队伍建设。

【员工制度】第三十六条 学校及其他教育机构中的管理人员,实行教育职员制度。

学校及其他教育机构中的教学辅助人员和其他专业技术人员,实行专业技术职务聘任制度。

教师资格制度:从事教师工作必须获得教师资格证。

教育职员制度:针对管理人员。

专业技术职务聘任制度:针对教学辅助人员和其他专业技术人员。

真题面对面

[**2018 下半年真题**]依据《中华人民共和国教育法》,学校及其他教育机构中的管理人员应当实行( )

A. 教学辅助人员职务制度　　B. 管理职员制度

C. 专业技术职务聘任制度　　D. 教育职员制度

答案:D。

第五章　受教育者

考频分布　2022 下单选,2021 上单选,2020 下单选

【受教育者的平等权】第三十七条　受教育者在入学、升学、就业等方面依法享有平等权利。

学校和有关行政部门应当按照国家有关规定,保障女子在入学、升学、就业、授予学位、派出留学等方面享有同男子平等的权利。

真题面对面

[**2020 下半年真题**]周老师在某地一所高级中学负责招生录取工作,在招生录取工作中,周老师发现学生张晓的分数虽然比较高,但有过在专门学校就读的经历,于是做了退档处理,周老师的做法(　　)

A. 合法,学校有招生录取的自由　　B. 合法,不妨碍张晓选择第二志愿

C. 不合法,侵犯了张晓的学习自由权　　D. 不合法,侵犯了张晓的平等升学权

答案:D。

【教育经济资助】第三十八条　国家、社会对符合入学条件、家庭经济困难的儿童、少年、青年,提供各种形式的资助。

【特殊教育保障】第三十九条　国家、社会、学校及其他教育机构应当根据残疾人身心特性和需要实施教育,并为其提供帮助和便利。

【违法犯罪的未成年人】第四十条　国家、社会、家庭、学校及其他教育机构应当为有违法犯罪行为的未成年人接受教育创造条件。

【继续教育】第四十一条　从业人员有依法接受职业培训和继续教育的权利和义务。

国家机关、企业事业组织和其他社会组织,应当为本单位职工的学习和培训提供条件和便利。

【终身教育】第四十二条　国家鼓励学校及其他教育机构、社会组织采取措施,为公民接受终身教育创造条件。

【受教育者的权利】第四十三条　受教育者享有下列权利:

(一)参加教育教学计划安排的各种活动,使用教育教学设施、设备、图书资料;

第 43、44 条

(二)按照国家有关规定获得奖学金、贷学金、助学金;

(三)在学业成绩和品行上获得公正评价,完成规定的学业后获得相应的学业证书、

学位证书；

（四）对学校给予的处分不服向有关部门提出申诉，对学校、教师侵犯其人身权、财产权等合法权益，提出申诉或者依法提起诉讼；

（五）法律、法规规定的其他权利。

真题面对面

[2022 下半年真题]因未能及时缴纳寄宿费，学生沈某被班主任陆老师取消了参加学校运动会的资格。陆老师的这种做法（ ）

A. 体现了学校对学生实施奖励或处分的权利

B. 体现了学校组织实施教育教学活动的权利

C. 侵犯了学生参加教育教学安排的各种活动的权利

D. 侵犯了学生在学业成绩和品行上获得公正评价的权利

答案：C。

【受教育者的义务】第四十四条 受教育者应当履行下列义务：

（一）遵守法律、法规；

（二）遵守学生行为规范，尊敬师长，养成良好的思想品德和行为习惯；

（三）努力学习，完成规定的学习任务；

（四）遵守所在学校或者其他教育机构的管理制度。

【身心健康保护】第四十五条 教育、体育、卫生行政部门和学校及其他教育机构应当完善体育、卫生保健设施，保护学生的身心健康。

第六章 教育与社会

【创设良好社会环境】第四十六条 国家机关、军队、企业事业组织、社会团体及其他社会组织和个人，应当依法为儿童、少年、青年学生的身心健康成长创造良好的社会环境。

【社会参与】第四十七条 国家鼓励企业事业组织、社会团体及其他社会组织同高等学校、中等职业学校在教学、科研、技术开发和推广等方面进行多种形式的合作。

企业事业组织、社会团体及其他社会组织和个人，可以通过适当形式，支持学校的建设，参与学校管理。

【社会实践活动】第四十八条 国家机关、军队、企业事业组织及其他社会组织应当为学校组织的学生实习、社会实践活动提供帮助和便利。

【社会公益活动】第四十九条 学校及其他教育机构在不影响正常教育教学活动的

前提下，应当积极参加当地的社会公益活动。

【家庭教育】第五十条　未成年人的父母或者其他监护人应当为其未成年子女或者其他被监护人受教育提供必要条件。

未成年人的父母或者其他监护人应当配合学校及其他教育机构，对其未成年子女或者其他被监护人进行教育。

学校、教师可以对学生家长提供家庭教育指导。

【文化机构的教育】第五十一条　图书馆、博物馆、科技馆、文化馆、美术馆、体育馆(场)等社会公共文化体育设施，以及历史文化古迹和革命纪念馆(地)，应当对教师、学生实行优待，为受教育者接受教育提供便利。

广播、电视台(站)应当开设教育节目，促进受教育者思想品德、文化和科学技术素质的提高。

【校外教育】第五十二条　国家、社会建立和发展对未成年人进行校外教育的设施。

学校及其他教育机构应当同基层群众性自治组织、企业事业组织、社会团体相互配合，加强对未成年人的校外教育工作。

【社会文化教育活动】第五十三条　国家鼓励社会团体、社会文化机构及其他社会组织和个人开展有益于受教育者身心健康的社会文化教育活动。

第七章　教育投入与条件保障

【教育经费制度】第五十四条　国家建立以财政拨款为主、其他多种渠道筹措教育经费为辅的体制，逐步增加对教育的投入，保证国家举办的学校教育经费的稳定来源。

企业事业组织、社会团体及其他社会组织和个人依法举办的学校及其他教育机构，办学经费由举办者负责筹措，各级人民政府可以给予适当支持。

【教育经费所占比例】第五十五条　国家财政性教育经费支出占国民生产总值的比例应当随着国民经济的发展和财政收入的增长逐步提高。具体比例和实施步骤由国务院规定。

全国各级财政支出总额中教育经费所占比例应当随着国民经济的发展逐步提高。

【经费使用】第五十六条　各级人民政府的教育经费支出，按照事权和财权相统一的原则，在财政预算中单独列项。

各级人民政府教育财政拨款的增长应当高于财政经常性收入的增长，并使按在校学生人数平均的教育费用逐步增长，保证教师工资和学生人均公用经费逐步增长。

【专项资金】第五十七条　国务院及县级以上地方各级人民政府应当设立教育专项资金，重点扶持边远贫困地区、少数民族地区实施义务教育。

【税收】第五十八条 税务机关依法足额征收教育费附加，由教育行政部门统筹管理，主要用于实施义务教育。

省、自治区、直辖市人民政府根据国务院的有关规定，可以决定开征用于教育的地方附加费，专款专用。

【优惠措施】第五十九条 国家采取优惠措施，鼓励和扶持学校在不影响正常教育教学的前提下开展勤工俭学和社会服务，兴办校办产业。

【捐资助学】第六十条 国家鼓励境内、境外社会组织和个人捐资助学。

【经费使用】第六十一条 国家财政性教育经费、社会组织和个人对教育的捐赠，必须用于教育，不得挪用、克扣。

【金融信贷】第六十二条 国家鼓励运用金融、信贷手段，支持教育事业的发展。

【教育建设管理】第六十三条 各级人民政府及其教育行政部门应当加强对学校及其他教育机构教育经费的监督管理，提高教育投资效益。

【教育建设保障】第六十四条 地方各级人民政府及其有关行政部门必须把学校的基本建设纳入城乡建设规划，统筹安排学校的基本建设用地及所需物资，按照国家有关规定实行优先、优惠政策。

【教育用品保障】第六十五条 各级人民政府对教科书及教学用图书资料的出版发行，对教学仪器、设备的生产和供应，对用于学校教育教学和科学研究的图书资料、教学仪器、设备的进口，按照国家有关规定实行优先、优惠政策。

【教育信息化保障】第六十六条 国家推进教育信息化，加快教育信息基础设施建设，利用信息技术促进优质教育资源普及共享，提高教育教学水平和教育管理水平。

县级以上人民政府及其有关部门应当发展教育信息技术和其他现代化教学方式，有关行政部门应当优先安排，给予扶持。

国家鼓励学校及其他教育机构推广运用现代化教学方式。

第八章　教育对外交流与合作

【教育合作】第六十七条 国家鼓励开展教育对外交流与合作，支持学校及其他教育机构引进优质教育资源，依法开展中外合作办学，发展国际教育服务，培养国际化人才。

教育对外交流与合作坚持独立自主、平等互利、相互尊重的原则，不得违反中国法律，不得损害国家主权、安全和社会公共利益。

【出国教育】第六十八条 中国境内公民出国留学、研究、进行学术交流或者任教，依照国家有关规定办理。

【入境教育】第六十九条 中国境外个人符合国家规定的条件并办理有关手续后，可以进入中国境内学校及其他教育机构学习、研究、进行学术交流或者任教,其合法权益受国家保护。

【学历认证】第七十条 中国对境外教育机构颁发的学位证书、学历证书及其他学业证书的承认,依照中华人民共和国缔结或者加入的国际条约办理,或者按照国家有关规定办理。

第九章 法律责任

考频分布 2015—2023 年,以单选题形式考查 7 次

【教育经费】第七十一条 违反国家有关规定,不按照预算核拨教育经费的,由同级人民政府限期核拨;情节严重的,对直接负责的主管人员和其他直接责任人员,依法给予处分。

第 72—75 条

违反国家财政制度、财务制度,挪用、克扣教育经费的,由上级机关责令限期归还被挪用、克扣的经费,并对直接负责的主管人员和其他直接责任人员,依法给予处分;构成犯罪的,依法追究刑事责任。

【教学秩序与教育财产】第七十二条 结伙斗殴、寻衅滋事,扰乱学校及其他教育机构教育教学秩序或者破坏校舍、场地及其他财产的,由公安机关给予治安管理处罚;构成犯罪的,依法追究刑事责任。

侵占学校及其他教育机构的校舍、场地及其他财产的,依法承担民事责任。

真题面对面

1. [**2023 下半年真题**]熊某侵占了学校的校舍,用于经营活动。根据《中华人民共和国教育法》,熊某应依法承担(　　)

A. 刑事责任　　B. 民事责任　　C. 行政责任　　D. 补偿责任

答案:B。

2. [**2023 上半年真题**]社会青年杨某到某中学寻衅滋事,扰乱学校的教育教学秩序。依据《中华人民共和国教育法》,应由(　　)

A. 公安机关给予治安管理处罚　　B. 教育行政部门给予行政拘留

C. 公安机关给予行政记过处分　　D. 教育行政部门给予行政处分

答案:A。

【教学设施】第七十三条 明知校舍或者教育教学设施有危险,而不采取措施,造成人员伤亡或者重大财产损失的,对直接负责的主管人员和其他直接责任人员,依法追究刑事责任。

【收取教育机构费用】第七十四条 违反国家有关规定，向学校或者其他教育机构收取费用的，由政府责令退还所收费用；对直接负责的主管人员和其他直接责任人员，依法给予处分。

【违法办学】第七十五条 违反国家有关规定，举办学校或者其他教育机构的，由教育行政部门或者其他有关行政部门予以撤销；有违法所得的，没收违法所得；对直接负责的主管人员和其他直接责任人员，依法给予处分。

【违法招生】第七十六条 学校或者其他教育机构违反国家有关规定招收学生的，由教育行政部门或者其他有关行政部门责令退回招收的学生，退还所收费用；对学校、其他教育机构给予警告，可以处违法所得五倍以下罚款；情节严重的，责令停止相关招生资格一年以上三年以下，直至撤销招生资格、吊销办学许可证；对直接负责的主管人员和其他直接责任人员，依法给予处分；构成犯罪的，依法追究刑事责任。

【徇私舞弊与冒名顶替入学】第七十七条 在招收学生工作中滥用职权、玩忽职守、徇私舞弊的，由教育行政部门或者其他有关行政部门责令退回招收的不符合入学条件的人员；对直接负责的主管人员和其他直接责任人员，依法给予处分；构成犯罪的，依法追究刑事责任。

盗用、冒用他人身份，顶替他人取得的入学资格的，由教育行政部门或者其他有关行政部门责令撤销入学资格，并责令停止参加相关国家教育考试二年以上五年以下；已经取得学位证书、学历证书或者其他学业证书的，由颁发机构撤销相关证书；已经成为公职人员的，依法给予开除处分；构成违反治安管理行为的，由公安机关依法给予治安管理处罚；构成犯罪的，依法追究刑事责任。

与他人串通，允许他人冒用本人身份，顶替本人取得的入学资格的，由教育行政部门或者其他有关行政部门责令停止参加相关国家教育考试一年以上三年以下；有违法所得的，没收违法所得；已经成为公职人员的，依法给予处分；构成违反治安管理行为的，由公安机关依法给予治安管理处罚；构成犯罪的，依法追究刑事责任。

组织、指使盗用或者冒用他人身份，顶替他人取得的入学资格的，有违法所得的，没收违法所得；属于公职人员的，依法给予处分；构成违反治安管理行为的，由公安机关依法给予治安管理处罚；构成犯罪的，依法追究刑事责任。

入学资格被顶替权利受到侵害的，可以请求恢复其入学资格。

【收受受教育者费用】第七十八条 学校及其他教育机构违反国家有关规定向受教育者收取费用的，由教育行政部门或者其他有关行政部门责令退还所收费用；对直接负责的主管人员和其他直接责任人员，依法给予处分。

【考生行为】第七十九条 考生在国家教育考试中有下列行为之一的，由组织考试的教育考试机构工作人员在考试现场采取必要措施予以制止并终止其继续参加考试；组织考试的教育考试机构可以取消其相关考试资格或者考试成绩；情节严重的，由教育行政部门责令停止参加相关国家教育考试一年以上三年以下；构成违反治安管理行为的，由公安机关依法给予治安管理处罚；构成犯罪的，依法追究刑事责任：

（一）非法获取考试试题或者答案的；

（二）携带或者使用考试作弊器材、资料的；

（三）抄袭他人答案的；

（四）让他人代替自己参加考试的；

（五）其他以不正当手段获得考试成绩的作弊行为。

【考试行为】第八十条 任何组织或者个人在国家教育考试中有下列行为之一，有违法所得的，由公安机关没收违法所得，并处违法所得一倍以上五倍以下罚款；情节严重的，处五日以上十五日以下拘留；构成犯罪的，依法追究刑事责任；属于国家机关工作人员的，还应当依法给予处分：

（一）组织作弊的；

（二）通过提供考试作弊器材等方式为作弊提供帮助或者便利的；

（三）代替他人参加考试的；

（四）在考试结束前泄露、传播考试试题或者答案的；

（五）其他扰乱考试秩序的行为。

真题面对面

[**2020 下半年真题**]沈某购买用于考试作弊的隐形耳机，以每副 1000 元的价格向参加高考的考生出售，累计获利 1 万元。依据《中华人民共和国教育法》，当地公安机关可对沈某处以罚款的金额是（　　）

A. 1 千元以上，5 千元以下　　B. 5 千元以上，1 万元以下

C. 1 万元以上，5 万元以下　　D. 5 万元以上，10 万元以下

答案：C。

【教育考试管理】第八十一条 举办国家教育考试，教育行政部门、教育考试机构疏于管理，造成考场秩序混乱、作弊情况严重的，对直接负责的主管人员和其他直接责任人员，依法给予处分；构成犯罪的，依法追究刑事责任。

【责任追究】第八十二条 学校或者其他教育机构违反本法规定，颁发学位证书、学

历证书或者其他学业证书的，由教育行政部门或者其他有关行政部门宣布证书无效，责令收回或者予以没收；有违法所得的，没收违法所得；情节严重的，责令停止相关招生资格一年以上三年以下，直至撤销招生资格、颁发证书资格；对直接负责的主管人员和其他直接责任人员，依法给予处分。

前款规定以外的任何组织或者个人制造、销售、颁发假冒学位证书、学历证书或者其他学业证书，构成违反治安管理行为的，由公安机关依法给予治安管理处罚；构成犯罪的，依法追究刑事责任。

以作弊、剽窃、抄袭等欺诈行为或者其他不正当手段获得学位证书、学历证书或者其他学业证书的，由颁发机构撤销相关证书。购买、使用假冒学位证书、学历证书或者其他学业证书，构成违反治安管理行为的，由公安机关依法给予治安管理处罚。

真题面对面

[**2022上半年真题**]张某为了找工作，购买了假冒硕士研究生毕业证书，构成了违反治安管理行为。依据《中华人民共和国教育法》，公安机关应对张某(　　)

A. 追究民事责任　　B. 予以治安管理处罚

C. 追究刑事责任　　D. 予以教育行政处分

答案：B。

【民事责任】第八十三条　违反本法规定，侵犯教师、受教育者、学校或者其他教育机构的合法权益，造成损失、损害的，应当依法承担民事责任。

《中华人民共和国教育法》中关于某一行为应承担的法律责任，考生可通过以下方法进行区分和记忆。

(1)刑事责任。实施犯罪行为是刑事责任产生的前提，只有达到犯罪程度的违法行为才追究刑事责任。

(2)民事责任。教育法的民事责任是指教育法律关系主体违反教育法律、法规，破坏了平等民事主体之间正常的财产关系或人身关系，依照法律规定应承担的法律责任。

(3)行政责任。行政责任是指行政法律关系主体因违反行政法律规范所规定义务而引起的，依法应当承担的法律责任。根据我国的教育法律、法规的有关规定，承担违反教育法的行政法律责任的方式主要有两类：行政处罚和行政处分。

①行政处罚是国家行政机关依法对违反行政法律规范的组织或个人进行的行政制

裁。教育行政处罚主要有申诫罚、行为罚和财产罚三大类。

②行政处分是由国家机关或企事业单位对其所属人员作出的惩戒措施，属于内部行政行为，处分对象是作为公民的个体，包括警告、记过、记大过、降级、降职、撤职和开除。

处罚措施	实施主体	处罚对象	种类
行政处罚	一般是具有法定行政处罚权的行政机关，如各级人民政府以及公安、工商、卫生、教育等部门	违反行政法规的公民、法人或其他组织，如个体户、民营企业	警告、罚款、行政拘留、没收违法所得、没收非法财物、暂扣或者吊销许可证或执照、责令停产停业等
行政处分	国家机关、企事业单位，如各级人民政府、学校、事业单位等	机关、单位内部的工作人员，如教师、公务员	警告、记过、记大过、降级、撤职、开除等六种

第十章　附　则

【军事学校及宗教学校】第八十四条　军事学校教育由中央军事委员会根据本法的原则规定。

宗教学校教育由国务院另行规定。

【国际办学】第八十五条　境外的组织和个人在中国境内办学和合作办学的办法，由国务院规定。

【施行时间】第八十六条　本法自 1995 年 9 月 1 日起施行。

第三节 《中华人民共和国义务教育法》

思维导图

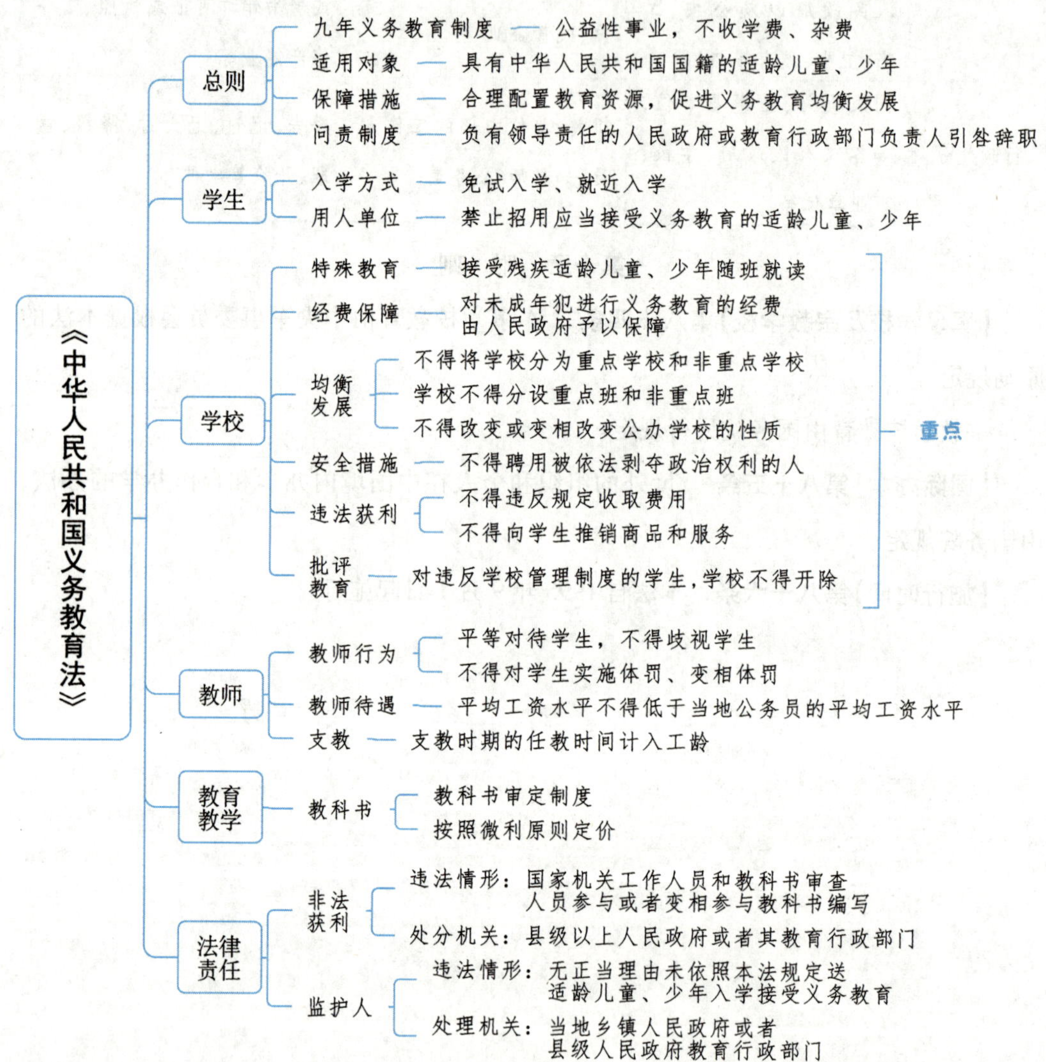

考向分析

本节主要介绍《中华人民共和国义务教育法》的内容，记忆性知识较多，在考试中以单选题的形式进行考查，考生应牢牢把握考点。汇总分析2015至2023年的真题试卷，本节知识考查情况见下表：

知识	考点	考频	题型
总则	义务教育的保障措施、各方义务、问责制度	3	单选
学生	免试入学、社会组织的教育保障义务	2	单选
学校	特殊教育,教育经费、发展、安全保障,不得违法获利等	10	单选
教师	教师行为、工龄统计	2	单选
教育教学	教科书的定价	1	单选
法律责任	学校非法获利的法律责任	2	单选

核心考点

一、《中华人民共和国义务教育法》的性质与意义

《中华人民共和国义务教育法》是新中国成立以来颁布的第一部基础教育方面的法律,是促进和保障我国基础教育健康发展的基本法。《中华人民共和国义务教育法》的颁布与实施有力地推动了我国基础教育的普及和全民素质的提高,标志着我国义务教育制度的正式确立。

二、《中华人民共和国义务教育法》的内容　【9年20考】

第一章　总　则

考频分布　2022下单选,2015下单选×2

【立法宗旨】第一条　为了保障适龄儿童、少年接受义务教育的权利,保证义务教育的实施,提高全民族素质,根据宪法和教育法,制定本法。

【制度概说】第二条　国家实行九年义务教育制度。

义务教育是国家统一实施的所有适龄儿童、少年必须接受的教育,是国家必须予以保障的公益性事业。

实施义务教育,不收学费、杂费。

国家建立义务教育经费保障机制,保证义务教育制度实施。

【实施目标】第三条　义务教育必须贯彻国家的教育方针,实施素质教育,提高教育质量,使适龄儿童、少年在品德、智力、体质等方面全面发展,为培养有理想、有道德、有文化、有纪律的社会主义建设者和接班人奠定基础。

【适用对象】第四条　凡具有中华人民共和国国籍的适龄儿童、少年,不分性别、民

族、种族、家庭财产状况、宗教信仰等，依法享有平等接受义务教育的权利，并履行接受义务教育的义务。

【各方义务】第五条 各级人民政府及其有关部门应当履行本法规定的各项职责，保障适龄儿童、少年接受义务教育的权利。

适龄儿童、少年的父母或者其他法定监护人应当依法保证其按时入学接受并完成义务教育。

依法实施义务教育的学校应当按照规定标准完成教育教学任务，保证教育教学质量。

社会组织和个人应当为适龄儿童、少年接受义务教育创造良好的环境。

【保障措施】第六条 国务院和县级以上地方人民政府应当合理配置教育资源，促进义务教育均衡发展，改善薄弱学校的办学条件，并采取措施，保障农村地区、民族地区实施义务教育，保障家庭经济困难的和残疾的适龄儿童、少年接受义务教育。

国家组织和鼓励经济发达地区支援经济欠发达地区实施义务教育。

真题面对面

[**2022 下半年真题**]某县人民政府不顾薄弱学校的实际需求，将有限的教育资源投入到两所优质初中。该县政府的做法(　　)

A. 合法，有利于提高教育质量

B. 合法，县级政府有权自主管理

C. 不合法，应当均衡配置教育资源

D. 不合法，应当平均分配教育资源

答案：C。

【管理体制】第七条 义务教育实行国务院领导，省、自治区、直辖市人民政府统筹规划实施，县级人民政府为主管理的体制。

县级以上人民政府教育行政部门具体负责义务教育实施工作；县级以上人民政府其他有关部门在各自的职责范围内负责义务教育实施工作。

【督导制度】第八条 人民政府教育督导机构对义务教育工作执行法律法规情况、教育教学质量以及义务教育均衡发展状况等进行督导，督导报告向社会公布。

【问责制度】第九条 任何社会组织或者个人有权对违反本法的行为向有关国家机关提出检举或者控告。

发生违反本法的重大事件，妨碍义务教育实施，造成重大社会影响的，负有领导责任的人民政府或者人民政府教育行政部门负责人应当引咎辞职。

【奖励制度】第十条 对在义务教育实施工作中做出突出贡献的社会组织和个人，各级人民政府及其有关部门按照有关规定给予表彰、奖励。

第二章 学 生

考频分布 2018下单选，2016上单选

第11、12、14条

【入学年龄】第十一条 凡年满六周岁的儿童，其父母或者其他法定监护人应当送其入学接受并完成义务教育；条件不具备的地区的儿童，可以推迟到七周岁。

适龄儿童、少年因身体状况需要延缓入学或者休学的，其父母或者其他法定监护人应当提出申请，由当地乡镇人民政府或者县级人民政府教育行政部门批准。

【免试入学】第十二条 适龄儿童、少年免试入学。地方各级人民政府应当保障适龄儿童、少年在户籍所在地学校就近入学。

父母或者其他法定监护人在非户籍所在地工作或者居住的适龄儿童、少年，在其父母或者其他法定监护人工作或者居住地接受义务教育的，当地人民政府应当为其提供平等接受义务教育的条件。具体办法由省、自治区、直辖市规定。

县级人民政府教育行政部门对本行政区域内的军人子女接受义务教育予以保障。

【保障入学】第十三条 县级人民政府教育行政部门和乡镇人民政府组织和督促适龄儿童、少年入学，帮助解决适龄儿童、少年接受义务教育的困难，采取措施防止适龄儿童、少年辍学。

居民委员会和村民委员会协助政府做好工作，督促适龄儿童、少年入学。

【社会义务】第十四条 禁止用人单位招用应当接受义务教育的适龄儿童、少年。

根据国家有关规定经批准招收适龄儿童、少年进行文艺、体育等专业训练的社会组织，应当保证所招收的适龄儿童、少年接受义务教育；自行实施义务教育的，应当经县级人民政府教育行政部门批准。

第三章 学 校

考频分布 2015—2023年，以单选题形式考查10次

【学校规划】第十五条 县级以上地方人民政府根据本行政区域内居住的适龄儿童、少年的数量和分布状况等因素，按照国家有关规定，制定、调整学校设置规划。新建居民区需要设置学校的，应当与居民区的建设同步进行。

【学校建设】第十六条 学校建设，应当符合国家规定的办学标准，适应教育教学需

要；应当符合国家规定的选址要求和建设标准，确保学生和教职工安全。

【寄宿学校】第十七条 县级人民政府根据需要设置寄宿制学校，保障居住分散的适龄儿童、少年入学接受义务教育。

【民族学校】第十八条 国务院教育行政部门和省、自治区、直辖市人民政府根据需要，在经济发达地区设置接收少数民族适龄儿童、少年的学校（班）。

【特殊教育】第十九条 县级以上地方人民政府根据需要设置相应的实施特殊教育的学校（班），对视力残疾、听力语言残疾和智力残疾的适龄儿童、少年实施义务教育。特殊教育学校（班）应当具备适应残疾儿童、少年学习、康复、生活特点的场所和设施。

普通学校应当接收具有接受普通教育能力的残疾适龄儿童、少年随班就读，并为其学习、康复提供帮助。

真题面对面

[2021 下半年真题] 12 岁的杨盼因交通事故导致右腿残疾，入学时，学校工作人员看他走路一瘸一拐，便对他的父母说："学校不接受身体有残疾的学生，你们把他带到特殊学校去吧。"该校工作人员的做法（　　）

A. 不正确，能否入学应由校长决定　　B. 不正确，杨盼有接受教育的能力

C. 正确，特殊教育学校条件更加便利　　D. 正确，学校是开展普通教育的机构

答案：B。

【未成年犯的义务教育】第二十条 县级以上地方人民政府根据需要，为具有预防未成年人犯罪法规定的严重不良行为的适龄少年设置专门的学校实施义务教育。

【经费保障】第二十一条 对未完成义务教育的未成年犯和被采取强制性教育措施的未成年人应当进行义务教育，所需经费由人民政府予以保障。

真题面对面

[2022 上半年真题] 初三学生雷鸣因抢劫被判处有期徒刑。根据《中华人民共和国义务教育法》，其在服刑期间接受义务教育所需经费应由（　　）

A. 雷鸣本人承担　　B. 雷鸣父母承担

C. 人民政府予以保障　　D. 司法部门予以保障

答案：C。

【均衡发展】第二十二条 县级以上人民政府及其教育行政部门应当促进学校均衡发展，缩小学校之间办学条件的差距，不得将学校分为重点学校和非重点学校。学校不

得分设重点班和非重点班。

县级以上人民政府及其教育行政部门不得以任何名义改变或者变相改变公办学校的性质。

【周边安全】第二十三条 各级人民政府及其有关部门依法维护学校周边秩序，保护学生、教师、学校的合法权益，为学校提供安全保障。

【安全措施】第二十四条 学校应当建立、健全安全制度和应急机制，对学生进行安全教育，加强管理，及时消除隐患，预防发生事故。

县级以上地方人民政府定期对学校校舍安全进行检查；对需要维修、改造的，及时予以维修、改造。

学校不得聘用曾经因故意犯罪被依法剥夺政治权利或者其他不适合从事义务教育工作的人担任工作人员。

真题面对面

[2020 下半年真题] 姜某前往一所初中后勤部门求职，陈校长了解到姜某曾因为故意犯罪被剥夺政治权利，拒绝了姜某的求职。陈校长的做法（　　）

A. 不合法，侵犯了姜某的隐私权

B. 不合法，侵犯了姜某的平等就业权

C. 合法，学校没有自主聘任教师及其他职工的权利

D. 合法，姜某不具备从事义务教育工作的基本条件

答案：D。

【违法获利】第二十五条 学校不得违反国家规定收取费用，不得以向学生推销或者变相推销商品、服务等方式谋取利益。

【校长负责制】第二十六条 学校实行校长负责制。校长应当符合国家规定的任职条件。校长由县级人民政府教育行政部门依法聘任。

【批评教育】第二十七条 对违反学校管理制度的学生，学校应当予以批评教育，不得开除。

第四章　教　师

考频分布　2021 下单选，2019 下单选

【教师的权利与义务】第二十八条 教师享有法律规定的权利，履行法律规定的义务，应当为人师表，忠诚于人民的教育事业。

全社会应当尊重教师。

【教师行为】第二十九条　教师在教育教学中应当平等对待学生，关注学生的个体差异，因材施教，促进学生的充分发展。

教师应当尊重学生的人格，不得歧视学生，不得对学生实施体罚、变相体罚或者其他侮辱人格尊严的行为，不得侵犯学生合法权益。

【教师资格与职称】第三十条　教师应当取得国家规定的教师资格。

国家建立统一的义务教育教师职务制度。教师职务分为初级职务、中级职务和高级职务。

【教师待遇】第三十一条　各级人民政府保障教师工资福利和社会保险待遇，改善教师工作和生活条件；完善农村教师工资经费保障机制。

教师的平均工资水平应当不低于当地公务员的平均工资水平。

特殊教育教师享有特殊岗位补助津贴。在民族地区和边远贫困地区工作的教师享有艰苦贫困地区补助津贴。

【教师培养】第三十二条　县级以上人民政府应当加强教师培养工作，采取措施发展教师教育。

县级人民政府教育行政部门应当均衡配置本行政区域内学校师资力量，组织校长、教师的培训和流动，加强对薄弱学校的建设。

【支教】第三十三条　国务院和地方各级人民政府鼓励和支持城市学校教师和高等学校毕业生到农村地区、民族地区从事义务教育工作。

国家鼓励高等学校毕业生以志愿者的方式到农村地区、民族地区缺乏教师的学校任教。县级人民政府教育行政部门依法认定其教师资格，其任教时间计入工龄。

真题面对面

［2021 下半年真题］张某大学毕业后，作为志愿者到农村地区学校任教两年，随后张某又应聘到一所公立学校，连续工作六年。根据《中华人民共和国义务教育法》，张某的工龄应为(　　)

A. 10　　B. 8　　C. 7　　D. 6

答案：B。

第五章　教育教学

考频分布　2023 上单选

【教育目标】第三十四条　教育教学工作应当符合教育规律和学生身心发展特点，面向全体学生，教书育人，将德育、智育、体育、美育等有机统一在教育教学活动中，注重培养学生独立思考能力、创新能力和实践能力,促进学生全面发展。

【素质教育】第三十五条 国务院教育行政部门根据适龄儿童、少年身心发展的状况和实际情况,确定教学制度、教育教学内容和课程设置,改革考试制度,并改进高级中等学校招生办法,推进实施素质教育。

学校和教师按照确定的教育教学内容和课程设置开展教育教学活动,保证达到国家规定的基本质量要求。

国家鼓励学校和教师采用启发式教育等教育教学方法,提高教育教学质量。

【德育优先】第三十六条 学校应当把德育放在首位,寓德育于教育教学之中,开展与学生年龄相适应的社会实践活动,形成学校、家庭、社会相互配合的思想道德教育体系,促进学生养成良好的思想品德和行为习惯。

【课外活动】第三十七条 学校应当保证学生的课外活动时间,组织开展文化娱乐等课外活动。社会公共文化体育设施应当为学校开展课外活动提供便利。

【教科书编写】第三十八条 教科书根据国家教育方针和课程标准编写,内容力求精简,精选必备的基础知识、基本技能,经济实用,保证质量。

国家机关工作人员和教科书审查人员,不得参与或者变相参与教科书的编写工作。

【教科书审定】第三十九条 国家实行教科书审定制度。教科书的审定办法由国务院教育行政部门规定。

未经审定的教科书,不得出版、选用。

【教科书定价】第四十条 教科书价格由省、自治区、直辖市人民政府价格行政部门会同同级出版主管部门按照微利原则确定。

真题面对面

[**2023上半年真题**]下列选项中,对我国中小学教科书价格的表述,正确的是(　　)

A. 由出版机构和教科书版权人按照市场主导原则协商确定

B. 由各级教育行政部门按照"市场为主,政府补贴"原则确定

C. 由各级价格行政部门会同同级出版主管部门按照微利原则确定

D. 由各级教育部门按照"价低质优"原则面向社会公开招标确定

答案:C。

【教科书使用原则】第四十一条 国家鼓励教科书循环使用。

第六章 经费保障

【经费的行政保障】第四十二条 国家将义务教育全面纳入财政保障范围，义务教育经费由国务院和地方各级人民政府依照本法规定予以保障。

国务院和地方各级人民政府将义务教育经费纳入财政预算，按照教职工编制标准、工资标准和学校建设标准、学生人均公用经费标准等，及时足额拨付义务教育经费，确保学校的正常运转和校舍安全，确保教职工工资按照规定发放。

国务院和地方各级人民政府用于实施义务教育财政拨款的增长比例应当高于财政经常性收入的增长比例，保证按照在校学生人数平均的义务教育费用逐步增长，保证教职工工资和学生人均公用经费逐步增长。

【学生人均经费标准】第四十三条 学校的学生人均公用经费基本标准由国务院财政部门会同教育行政部门制定，并根据经济和社会发展状况适时调整。制定、调整学生人均公用经费基本标准，应当满足教育教学基本需要。

省、自治区、直辖市人民政府可以根据本行政区域的实际情况，制定不低于国家标准的学校学生人均公用经费标准。

特殊教育学校（班）学生人均公用经费标准应当高于普通学校学生人均公用经费标准。

【经费的责任主体】第四十四条 义务教育经费投入实行国务院和地方各级人民政府根据职责共同负担，省、自治区、直辖市人民政府负责统筹落实的体制。农村义务教育所需经费，由各级人民政府根据国务院的规定分项目、按比例分担。

各级人民政府对家庭经济困难的适龄儿童、少年免费提供教科书并补助寄宿生生活费。

义务教育经费保障的具体办法由国务院规定。

【经费预算】第四十五条 地方各级人民政府在财政预算中将义务教育经费单列。

县级人民政府编制预算，除向农村地区学校和薄弱学校倾斜外，应当均衡安排义务教育经费。

【财政转移支付】第四十六条 国务院和省、自治区、直辖市人民政府规范财政转移支付制度，加大一般性转移支付规模和规范义务教育专项转移支付，支持和引导地方各级人民政府增加对义务教育的投入。地方各级人民政府确保将上级人民政府的义务教育转移支付资金按照规定用于义务教育。

【专项资金】第四十七条 国务院和县级以上地方人民政府根据实际需要，设立专项资金，扶持农村地区、民族地区实施义务教育。

【社会经费来源】第四十八条 国家鼓励社会组织和个人向义务教育捐赠，鼓励按照国家有关基金会管理的规定设立义务教育基金。

【经费使用】第四十九条 义务教育经费严格按照预算规定用于义务教育；任何组织和个人不得侵占、挪用义务教育经费，不得向学校非法收取或者摊派费用。

【经费审计】第五十条 县级以上人民政府建立健全义务教育经费的审计监督和统计公告制度。

第七章 法律责任

考频分布 2022 下单选，2018 下单选

【未履行经费保障职责的责任】第五十一条 国务院有关部门和地方各级人民政府违反本法第六章的规定，未履行对义务教育经费保障职责的，由国务院或者上级地方人民政府责令限期改正；情节严重的，对直接负责的主管人员和其他直接责任人员依法给予行政处分。

【地方政府的责任】第五十二条 县级以上地方人民政府有下列情形之一的，由上级人民政府责令限期改正；情节严重的，对直接负责的主管人员和其他直接责任人员依法给予行政处分：

（一）未按照国家有关规定制定、调整学校的设置规划的；

（二）学校建设不符合国家规定的办学标准、选址要求和建设标准的；

（三）未定期对学校校舍安全进行检查，并及时维修、改造的；

（四）未依照本法规定均衡安排义务教育经费的。

【教育行政部门的责任】第五十三条 县级以上人民政府或者其教育行政部门有下列情形之一的，由上级人民政府或者其教育行政部门责令限期改正、通报批评；情节严重的，对直接负责的主管人员和其他直接责任人员依法给予行政处分：

（一）将学校分为重点学校和非重点学校的；

（二）改变或者变相改变公办学校性质的。

县级人民政府教育行政部门或者乡镇人民政府未采取措施组织适龄儿童、少年入学或者防止辍学的，依照前款规定追究法律责任。

【侵占、挪用义务教育经费等行为的责任】第五十四条 有下列情形之一的，由上级人民政府或者上级人民政府教育行政部门、财政部门、价格行政部门和审计机关根据职责分工责令限期改正；情节严重的，对直接负责的主管人员和其他直接责任人员依法给予处分：

（一）侵占、挪用义务教育经费的；

(二)向学校非法收取或者摊派费用的。

【学校、教师的责任】第五十五条 学校或者教师在义务教育工作中违反教育法、教师法规定的,依照教育法、教师法的有关规定处罚。

【非法获利的法律责任】第五十六条 学校违反国家规定收取费用的,由县级人民政府教育行政部门责令退还所收费用;对直接负责的主管人员和其他直接责任人员依法给予处分。

学校以向学生推销或者变相推销商品、服务等方式谋取利益的,由县级人民政府教育行政部门给予通报批评;有违法所得的,没收违法所得;对直接负责的主管人员和其他直接责任人员依法给予处分。

国家机关工作人员和教科书审查人员参与或者变相参与教科书编写的,由县级以上人民政府或者其教育行政部门根据职责权限责令限期改正,依法给予行政处分;有违法所得的,没收违法所得。

真题面对面

[**2022下半年真题**]为改善办学条件,某中学要求所有在校师生按比例集资捐款,用于购买图书资料及教育设施设备。对于该校的行为,应由教育行政部门对直接负责的主管人员和其他直接责任人员给予(　　)

A. 民事制裁　　B. 行政处罚　　C. 刑事处罚　　D. 行政处分

答案:D。

【学校法律责任】第五十七条 学校有下列情形之一的,由县级人民政府教育行政部门责令限期改正;情节严重的,对直接负责的主管人员和其他直接责任人员依法给予处分:

(一)拒绝接收具有接受普通教育能力的残疾适龄儿童、少年随班就读的;

(二)分设重点班和非重点班的;

(三)违反本法规定开除学生的;

(四)选用未经审定的教科书的。

【家长的法律责任】第五十八条 适龄儿童、少年的父母或者其他法定监护人无正当理由未依照本法规定送适龄儿童、少年入学接受义务教育的,由当地乡镇人民政府或者县级人民政府教育行政部门给予批评教育,责令限期改正。

【行政法律责任】第五十九条 有下列情形之一的,依照有关法律、行政法规的规定予以处罚:

(一)胁迫或者诱骗应当接受义务教育的适龄儿童、少年失学、辍学的;

(二)非法招用应当接受义务教育的适龄儿童、少年的;

(三)出版未经依法审定的教科书的。

【刑事责任】第六十条 违反本法规定,构成犯罪的,依法追究刑事责任。

第八章 附 则

【不收杂费】第六十一条 对接受义务教育的适龄儿童、少年不收杂费的实施步骤,由国务院规定。

【民办教育的补充说明】第六十二条 社会组织或者个人依法举办的民办学校实施义务教育的,依照民办教育促进法有关规定执行;民办教育促进法未作规定的,适用本法。

【实施时间】第六十三条 本法自2006年9月1日起施行。

第四节 《中华人民共和国教师法》

思维导图

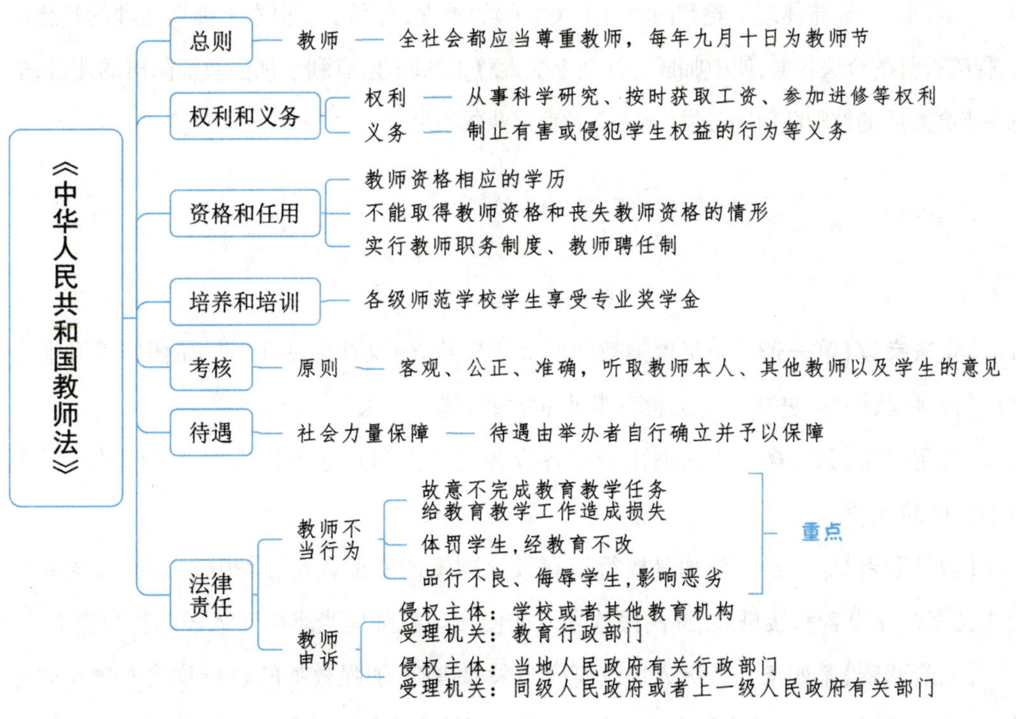

考向分析

本节主要介绍《中华人民共和国教师法》的内容，记忆性知识较多，在考试中以单选题的形式进行考查。汇总分析2015至2023年的真题试卷，本节知识考查情况见下表：

知识	考点	考频	题型
权利和义务	学校对教师权利与义务的保障机制	1	单选
资格和任用	教师资格的限制	1	单选
培养和培训	教师的培养	1	单选
考核	教师的考核原则	1	单选
待遇	社会力量所办学校教师待遇的保障	1	单选
法律责任	对教师不当行为的处理措施、教师申诉	7	单选

核心考点

一、《中华人民共和国教师法》的性质与作用

《中华人民共和国教师法》属于教育单行法，是我国教育史上第一部关于教师的单行法律。它的制定和颁布体现了党和国家对人民教师的重视，有利于从根本上提高教师的社会地位，保障教师的合法权益，使教师成为社会上受人尊重的职业；有利于加强教师队伍的建设，造就一支高素质的教师队伍，促进社会主义教育事业的发展。

二、《中华人民共和国教师法》的内容　【9年12考】

第一章　总　则

【立法宗旨】第一条　为了保障教师的合法权益，建设具有良好思想品德修养和业务素质的教师队伍，促进社会主义教育事业的发展，制定本法。

【适用对象】第二条　本法适用于在各级各类学校和其他教育机构中专门从事教育教学工作的教师。

【教师职责】第三条　教师是履行教育教学职责的专业人员，承担教书育人，培养社会主义事业建设者和接班人、提高民族素质的使命。教师应当忠诚于人民的教育事业。

【政府职责】第四条　各级人民政府应当采取措施，加强教师的思想政治教育和业务培训，改善教师的工作条件和生活条件，保障教师的合法权益，提高教师的社会地位。

全社会都应当尊重教师。

【管理体制】第五条 国务院教育行政部门主管全国的教师工作。

国务院有关部门在各自职权范围内负责有关的教师工作。

学校和其他教育机构根据国家规定，自主进行教师管理工作。

【教师节】第六条 每年九月十日为教师节。

第二章 权利和义务

第7、8条

考频分布 2021上单选

【教师权利】第七条 教师享有下列权利：

（一）进行教育教学活动，开展教育教学改革和实验；

（二）从事科学研究、学术交流，参加专业的学术团体，在学术活动中充分发表意见；

（三）指导学生的学习和发展，评定学生的品行和学业成绩；

（四）按时获取工资报酬，享受国家规定的福利待遇以及寒暑假期的带薪休假；

（五）对学校教育教学、管理工作和教育行政部门的工作提出意见和建议，通过教职工代表大会或者其他形式，参与学校的民主管理；

（六）参加进修或者其他方式的培训。

【教师义务】第八条 教师应当履行下列义务：

（一）遵守宪法、法律和职业道德，为人师表；

（二）贯彻国家的教育方针，遵守规章制度，执行学校的教学计划，履行教师聘约，完成教育教学工作任务；

（三）对学生进行宪法所确定的基本原则的教育和爱国主义、民族团结的教育，法制教育以及思想品德、文化、科学技术教育，组织、带领学生开展有益的社会活动；

（四）关心、爱护全体学生，尊重学生人格，促进学生在品德、智力、体质等方面全面发展；

（五）制止有害于学生的行为或者其他侵犯学生合法权益的行为，批评和抵制有害于学生健康成长的现象；

（六）不断提高思想政治觉悟和教育教学业务水平。

【保障机制】第九条 为保障教师完成教育教学任务，各级人民政府、教育行政部门、有关部门、学校和其他教育机构应当履行下列职责：

（一）提供符合国家安全标准的教育教学设施和设备；

（二）提供必需的图书、资料及其他教育教学用品；

（三）对教师在教育教学、科学研究中的创造性工作给以鼓励和帮助；

（四）支持教师制止有害于学生的行为或者其他侵犯学生合法权益的行为。

真题面对面

[2021 上半年真题]李丁的妈妈情绪一直不好，经常拿李丁撒气，李丁身上总是青一块紫一块。马老师为此多次找李丁妈妈谈话，李丁妈妈就找校长撒泼。了解真相后，校长批评马老师“多管闲事”。校长的做法（　　）

A. 正确，管教孩子是家长的权利，与学校无关

B. 正确，马老师只要管好学校里的事情就行了

C. 不正确，学校应当最大限度地为教师提供条件保障

D. 不正确，学校应当支持教师制止有害于学生的行为

答案：D。

第三章　资格和任用

考频分布　2021 下单选

【教师资格制度】第十条　国家实行教师资格制度。

中国公民凡遵守宪法和法律，热爱教育事业，具有良好的思想品德，具备本法规定的学历或者经国家教师资格考试合格，有教育教学能力，经认定合格的，可以取得教师资格。

【学历要求】第十一条　取得教师资格应当具备的相应学历是：

（一）取得幼儿园教师资格，应当具备幼儿师范学校毕业及其以上学历；

（二）取得小学教师资格，应当具备中等师范学校毕业及其以上学历；

（三）取得初级中学教师、初级职业学校文化、专业课教师资格，应当具备高等师范专科学校或者其他大学专科毕业及其以上学历；

（四）取得高级中学教师资格和中等专业学校、技工学校、职业高中文化课、专业课教师资格，应当具备高等师范院校本科或者其他大学本科毕业及其以上学历；取得中等专业学校、技工学校和职业高中学生实习指导教师资格应当具备的学历，由国务院教育行政部门规定；

（五）取得高等学校教师资格，应当具备研究生或者大学本科毕业学历；

（六）取得成人教育教师资格，应当按照成人教育的层次、类别，分别具备高等、中等学校毕业及其以上学历。

不具备本法规定的教师资格学历的公民，申请获取教师资格，必须通过国家教师资格考试。国家教师资格考试制度由国务院规定。

【过渡办法】第十二条　本法实施前已经在学校或者其他教育机构中任教的教师，未具备本法规定学历的，由国务院教育行政部门规定教师资格过渡办法。

【资格认定】第十三条　中小学教师资格由县级以上地方人民政府教育行政部门认定。中等专业学校、技工学校的教师资格由县级以上地方人民政府教育行政部门组织有关主管部门认定。普通高等学校的教师资格由国务院或者省、自治区、直辖市教育行政部门或者由其委托的学校认定。

具备本法规定的学历或者经国家教师资格考试合格的公民，要求有关部门认定其教师资格的，有关部门应当依照本法规定的条件予以认定。

取得教师资格的人员首次任教时，应当有试用期。

【资格限制】第十四条　受到剥夺政治权利或者故意犯罪受到有期徒刑以上刑事处罚的，不能取得教师资格；已经取得教师资格的，丧失教师资格。

知识再拔高

《教师资格条例》中关于丧失教师资格的规定

第十八条　依照教师法第十四条的规定丧失教师资格的，不能重新取得教师资格，其教师资格证书由县级以上人民政府教育行政部门收缴。

第十九条　有下列情形之一的，由县级以上人民政府教育行政部门撤销其教师资格：（一）弄虚作假、骗取教师资格的；（二）品行不良、侮辱学生，影响恶劣的。被撤销教师资格的，自撤销之日起 5 年内不得重新申请认定教师资格，其教师资格证书由县级以上人民政府教育行政部门收缴。

真题面对面

［**2021 下半年真题**］教师张某因恶意透支信用卡，被人民法院判有期徒刑一年。根据《中华人民共和国教师法》的规定，下列选项中正确的是（　　）

A. 张某永远丧失教师资格

B. 学校可以依法撤销张某的教师资格

C. 张某两年以后方可重新申请认定教师资格

D. 张某必须再次通过教资考试才能获得教师资格

答案：A。

【鼓励任教】第十五条　各级师范学校毕业生，应当按照国家有关规定从事教育教学工作。

国家鼓励非师范高等学校毕业生到中小学或者职业学校任教。

【职务制度】第十六条　国家实行教师职务制度，具体办法由国务院规定。

【教师聘任】第十七条　学校和其他教育机构应当逐步实行教师聘任制。教师的聘任应当遵循双方地位平等的原则，由学校和教师签订聘任合同，明确规定双方的权利、义务和责任。

实施教师聘任制的步骤、办法由国务院教育行政部门规定。

第四章　培养和培训

考频分布　2022 下单选

【教师培养】第十八条　各级人民政府和有关部门应当办好师范教育，并采取措施，鼓励优秀青年进入各级师范学校学习。各级教师进修学校承担培训中小学教师的任务。

非师范学校应当承担培养和培训中小学教师的任务。

各级师范学校学生享受专业奖学金。

真题面对面

[2022 下半年真题] 汪某就读于某师范大学全日制数学教育本科专业，依据《中华人民共和国教师法》，他可以享受(　　)

A. 医疗补贴　　B. 购房补贴　　C. 专业奖学金　　D. 国家奖学金

答案：C。

【教师培训】第十九条　各级人民政府教育行政部门、学校主管部门和学校应当制定教师培训规划，对教师进行多种形式的思想政治、业务培训。

【社会措施】第二十条　国家机关、企业事业单位和其他社会组织应当为教师的社会调查和社会实践提供方便，给予协助。

【政府措施】第二十一条　各级人民政府应当采取措施，为少数民族地区和边远贫困地区培养、培训教师。

第五章　考　核

考频分布　2017 下单选

【考核内容】第二十二条　学校或者其他教育机构应当对教师的政治思想、业务水平、工作态度和工作成绩进行考核。

教育行政部门对教师的考核工作进行指导、监督。

【考核原则】第二十三条　考核应当客观、公正、准确，充分听取教师本人、其他教师以及学生的意见。

【考核结果】第二十四条　教师考核结果是受聘任教、晋升工资、实施奖惩的依据。

第六章 待 遇

考频分布 2022 上单选

【教师工资】第二十五条 教师的平均工资水平应当不低于或者高于国家公务员的平均工资水平,并逐步提高。建立正常晋级增薪制度,具体办法由国务院规定。

【教师津贴】第二十六条 中小学教师和职业学校教师享受教龄津贴和其他津贴,具体办法由国务院教育行政部门会同有关部门制定。

【教育补贴】第二十七条 地方各级人民政府对教师以及具有中专以上学历的毕业生到少数民族地区和边远贫困地区从事教育教学工作的,应当予以补贴。

【教师住房】第二十八条 地方各级人民政府和国务院有关部门,对城市教师住房的建设、租赁、出售实行优先、优惠。

县、乡两级人民政府应当为农村中小学教师解决住房提供方便。

【医疗保险】第二十九条 教师的医疗同当地国家公务员享受同等的待遇;定期对教师进行身体健康检查,并因地制宜安排教师进行休养。

医疗机构应当对当地教师的医疗提供方便。

【养老保险】第三十条 教师退休或者退职后,享受国家规定的退休或者退职待遇。

县级以上地方人民政府可以适当提高长期从事教育教学工作的中小学退休教师的退休金比例。

【非国家教师待遇工资】第三十一条 各级人民政府应当采取措施,改善国家补助、集体支付工资的中小学教师的待遇,逐步做到在工资收入上与国家支付工资的教师同工同酬,具体办法由地方各级人民政府根据本地区的实际情况规定。

【社会力量保障】第三十二条 社会力量所办学校的教师的待遇,由举办者自行确定并予以保障。

真题面对面

[**2022 上半年真题**]李某大学毕业后,应聘到一所民办中学任教。他的工资待遇应由(　　)

A. 国家确定并由举办者予以保障

B. 国家确定并予以保障

C. 举办者确定并由国家予以保障

D. 举办者自行确定并予以保障

答案:D。

第七章 奖 励

【奖励机制】第三十三条 教师在教育教学、培养人才、科学研究、教学改革、学校建设、社会服务、勤工俭学等方面成绩优异的，由所在学校予以表彰、奖励。

国务院和地方各级人民政府及其有关部门对有突出贡献的教师，应当予以表彰、奖励。

对有重大贡献的教师，依照国家有关规定授予荣誉称号。

【其他奖励方式】第三十四条 国家支持和鼓励社会组织或者个人向依法成立的奖励教师的基金组织捐助资金，对教师进行奖励。

第八章 法律责任

【侮辱殴打教师行为】第三十五条 侮辱、殴打教师的，根据不同情况，分别给予行政处分或者行政处罚；造成损害的，责令赔偿损失；情节严重，构成犯罪的，依法追究刑事责任。

【打击报复教师】第三十六条 对依法提出申诉、控告、检举的教师进行打击报复的，由其所在单位或者上级机关责令改正；情节严重的，可以根据具体情况给予行政处分。

国家工作人员对教师打击报复构成犯罪的，依照刑法有关规定追究刑事责任。

【教师不当行为】第三十七条 教师有下列情形之一的，由所在学校、其他教育机构或者教育行政部门给予行政处分或者解聘：

第 37、39 条

（一）故意不完成教育教学任务给教育教学工作造成损失的；

（二）体罚学生，经教育不改的；

（三）品行不良、侮辱学生，影响恶劣的。

教师有前款第（二）项、第（三）项所列情形之一，情节严重，构成犯罪的，依法追究刑事责任。

真题面对面

[**2020 下半年真题**]教师何某时常在微信朋友圈暗示学生家长送礼，还在家长群里展示家长送的礼物，造成了不良影响。依据《中华人民共和国教师法》，当地教育行政部门可对何某采取的措施是（ ）

A. 给予行政拘留或者罚款

B. 给予行政处分或解聘

C. 责令退还礼物，加倍罚款

D. 责令停课,永久取消教师资格

答案:B。

【拖欠工资】第三十八条 地方人民政府对违反本法规定,拖欠教师工资或者侵犯教师其他合法权益的,应当责令其限期改正。

违反国家财政制度、财务制度,挪用国家财政用于教育的经费,严重妨碍教育教学工作,拖欠教师工资,损害教师合法权益的,由上级机关责令限期归还被挪用的经费,并对直接责任人员给予行政处分;情节严重,构成犯罪的,依法追究刑事责任。

【教师申诉】第三十九条 教师对学校或者其他教育机构侵犯其合法权益的,或者对学校或者其他教育机构作出的处理不服的,可以向教育行政部门提出申诉,教育行政部门应当在接到申诉的三十日内,作出处理。

教师认为当地人民政府有关行政部门侵犯其根据本法规定享有的权利的,可以向同级人民政府或者上一级人民政府有关部门提出申诉,同级人民政府或者上一级人民政府有关部门应当作出处理。

真题面对面

[**2023 上半年真题**]某中学教师梁某因旷工被学校解聘。他对学校的处理决定不服,向当地教育行政部门提出申诉。教育行政部门应当(　　)

A. 在接到申诉的十日内作出处理

B. 在接到申诉的十五日内作出处理

C. 在接到申诉的二十日内作出处理

D. 在接到申诉的三十日内作出处理

答案:D。

教育申诉制度主要指学生申诉制度和教师申诉制度,是考试常考点。命题时,会结合例子考查,一般有两种考查形式:一是判断例子中的被申诉人是谁,二是根据例子判断受理申诉的机关是谁。这一知识点的试题,失分的原因通常是考生未理解教育申诉制度的内涵,或审题不严、看错问题,考生只要认真读题、透彻理解相关知识,一般不难作答。

第九章　附　则

【本法用语含义】第四十条　本法下列用语的含义是：

（一）各级各类学校，是指实施学前教育、普通初等教育、普通中等教育、职业教育、普通高等教育以及特殊教育、成人教育的学校。

（二）其他教育机构，是指少年宫以及地方教研室、电化教育机构等。

（三）中小学教师，是指幼儿园、特殊教育机构、普通中小学、成人初等中等教育机构、职业中学以及其他教育机构的教师。

【辅助人员】第四十一条　学校和其他教育机构中的教育教学辅助人员，其他类型的学校的教师和教育教学辅助人员，可以根据实际情况参照有关规定执行。

军队所属院校的教师和教育教学辅助人员，由中央军事委员会依照本法制定有关规定。

【外籍教师聘用】第四十二条　外籍教师的聘任办法由国务院教育行政部门规定。

【实施时间】第四十三条　本法自 1994 年 1 月 1 日起施行。

第五节 《中华人民共和国未成年人保护法》

思维导图

《中华人民共和国未成年人保护法》
- 总则
  - 未成年人的定义 —— 未满十八周岁的公民
  - 未成年人享有的权利 —— 生存权、发展权、受保护权、参与权等
  - 侵犯未成年人合法权益 —— 任何组织或者个人有权劝阻、制止，检举、控告
- 家庭保护
  - 监护人
    - 提供生活、健康、安全等方面的保障
    - 尊重未成年人受教育的权利
  - 禁止行为
    - 虐待、遗弃、非法送养；实施家庭暴力
    - 放任、迫使未成年人失学、辍学
  - 临时照护 —— 不得使未满十六周岁的未成年人单独生活
  - 长期照护 —— 委托具有照护能力的完全民事行为能力人代为照护
- 学校保护
  - 学校、幼儿园的教职员工 —— 禁止实施体罚、变相体罚等行为
  - 学校
    - 不得开除、变相开除未成年学生
    - 对辍学的未成年学生进行劝返；劝返无效应及时向教育行政部门书面报告
  - 学校、幼儿园 —— 不得安排未成年人参加商业性活动
- 社会保护（重点）
  - 鼓励创作 —— 鼓励创作、出版等有利于未成年健康成长的产品
  - 禁止行为
    - 拐卖、绑架、虐待、非法收养
    - 性侵害、性骚扰
    - 胁迫、诱骗、利用未成年人乞讨
    - 未成年人集中活动的公共场所吸烟、饮酒
  - 场所限制 —— 学校、幼儿园周边不得设置不适宜未成年人活动的场所
  - 劳动保护 —— 不得招用未满十六周岁未成年人
- 政府保护
  - 民政部门临时监护 —— 未成年人暂时查找不到父母或监护人
- 司法保护
  - 保护措施 —— 人民法院开庭审理涉及未成年人案件，未成年被害人、证人一般不出庭作证
- 法律责任
  - 经营者违法的法律责任 —— 限期改正，给予警告，没收违法所得
  - 国家机关工作人员渎职的法律责任 —— 给予处分
  - 违规人员的法律责任
    - 民事责任
    - 治安管理处罚
    - 刑事责任

考向分析

本节主要介绍《中华人民共和国未成年人保护法》的内容，记忆性知识较多，在考试

中以单选题的形式进行考查，考生应牢牢把握考点。汇总分析2015至2023年的真题试卷，本节知识考查情况见下表：

知识	考点	考频	题型
总则	对侵犯未成年人权益的检举、控告制度	1	单选
家庭保护	监护人的监护职责、未成年人的照护等	3	单选
学校保护	保障学生受教育权的措施	2	单选
社会保护	国家、组织、个人在未成年人保护方面的责任与义务	4	单选
政府保护	对未成年人进行临时监护的情形	1	单选
司法保护	司法机关对未成年人的保护措施	4	单选
法律责任	违法主体要承担的法律责任	2	单选

一、《中华人民共和国未成年人保护法》的性质

《中华人民共和国未成年人保护法》是一部为了保护未成年人的身心健康，保障未成年人的合法权益，促进未成年人在品德、智力、体质等方面全面发展，培养有理想、有道德、有文化、有纪律的社会主义建设者和接班人，培养担当民族复兴大任的时代新人的法律。

二、《中华人民共和国未成年人保护法》的内容 【9年17考】

第一章 总 则

考频分布 2021下单选

【立法目的和依据】第一条 为了保护未成年人身心健康，保障未成年人合法权益，促进未成年人德智体美劳全面发展，培养有理想、有道德、有文化、有纪律的社会主义建设者和接班人，培养担当民族复兴大任的时代新人，根据宪法，制定本法。

【未成年人的定义】第二条 本法所称未成年人是指未满十八周岁的公民。

【未成年人平等享有权利】第三条 国家保障未成年人的生存权、发展权、受保护权、参与权等权利。

未成年人依法平等地享有各项权利，不因本人及其父母或者其他监护人的民族、种族、性别、户籍、职业、宗教信仰、教育程度、家庭状况、身心健康状况等受到歧视。

【未成年人保护的基本原则和要求】第四条 保护未成年人，应当坚持最有利于未成年人的原则。处理涉及未成年人事项，应当符合下列要求：

（一）给予未成年人特殊、优先保护；

（二）尊重未成年人人格尊严；

（三）保护未成年人隐私权和个人信息；

（四）适应未成年人身心健康发展的规律和特点；

（五）听取未成年人的意见；

（六）保护与教育相结合。

【对未成年人进行教育】第五条 国家、社会、学校和家庭应当对未成年人进行理想教育、道德教育、科学教育、文化教育、法治教育、国家安全教育、健康教育、劳动教育，加强爱国主义、集体主义和中国特色社会主义的教育，培养爱祖国、爱人民、爱劳动、爱科学、爱社会主义的公德，抵制资本主义、封建主义和其他腐朽思想的侵蚀，引导未成年人树立和践行社会主义核心价值观。

【保护未成年人的共同责任】第六条 保护未成年人，是国家机关、武装力量、政党、人民团体、企业事业单位、社会组织、城乡基层群众性自治组织、未成年人的监护人以及其他成年人的共同责任。

国家、社会、学校和家庭应当教育和帮助未成年人维护自身合法权益，增强自我保护的意识和能力。

【监护人和国家在监护方面的责任】第七条 未成年人的父母或者其他监护人依法对未成年人承担监护职责。

国家采取措施指导、支持、帮助和监督未成年人的父母或者其他监护人履行监护职责。

【发展规划及预算】第八条 县级以上人民政府应当将未成年人保护工作纳入国民经济和社会发展规划，相关经费纳入本级政府预算。

【未成年人保护工作协调机制】第九条 县级以上人民政府应当建立未成年人保护工作协调机制，统筹、协调、督促和指导有关部门在各自职责范围内做好未成年人保护工作。协调机制具体工作由县级以上人民政府民政部门承担，省级人民政府也可以根据本地实际情况确定由其他有关部门承担。

【群团组织及社会组织的职责】第十条 共产主义青年团、妇女联合会、工会、残疾人联合会、关心下一代工作委员会、青年联合会、学生联合会、少年先锋队以及其他人民团体、有关社会组织，应当协助各级人民政府及其有关部门、人民检察院、人民法院做好未成年人保护工作，维护未成年人合法权益。

【检举、控告和强制报告制度】第十一条 任何组织或者个人发现不利于未成年人身心健康或者侵犯未成年人合法权益的情形，都有权劝阻、制止或者向公安、民政、教育等有关部门提出检举、控告。

国家机关、居民委员会、村民委员会、密切接触未成年人的单位及其工作人员，在工作中发现未成年人身心健康受到侵害、疑似受到侵害或者面临其他危险情形的，应当立即向公安、民政、教育等有关部门报告。

有关部门接到涉及未成年人的检举、控告或者报告，应当依法及时受理、处置，并以适当方式将处理结果告知相关单位和人员。

真题面对面

[2021下半年真题]小秦是初中二年级学生，父亲稍不顺心就对他进行打骂，甚至拿烟头烫他。学校了解情况后，可以采取的措施是(　　)

A. 对小秦的父亲给予警告或处分

B. 对小秦的父亲给予训诫或罚款

C. 向有关部门提出检举或者控告

D. 向有关部门提出申请或者诉讼

答案：C。

【科学研究】第十二条　国家鼓励和支持未成年人保护方面的科学研究，建设相关学科、设置相关专业，加强人才培养。

【统计调查制度】第十三条　国家建立健全未成年人统计调查制度，开展未成年人健康、受教育等状况的统计、调查和分析，发布未成年人保护的有关信息。

【表彰和奖励】第十四条　国家对保护未成年人有显著成绩的组织和个人给予表彰和奖励。

第二章　家庭保护

考频分布　2023上单选，2022下单选，2016上单选

【监护人及成年家庭成员的家庭教育职责】第十五条　未成年人的父母或者其他监护人应当学习家庭教育知识，接受家庭教育指导，创造良好、和睦、文明的家庭环境。

共同生活的其他成年家庭成员应当协助未成年人的父母或者其他监护人抚养、教育和保护未成年人。

【监护职责】第十六条　未成年人的父母或者其他监护人应当履行下列监护职责：

(一)为未成年人提供生活、健康、安全等方面的保障；

(二)关注未成年人的生理、心理状况和情感需求；

（三）教育和引导未成年人遵纪守法、勤俭节约，养成良好的思想品德和行为习惯；

（四）对未成年人进行安全教育，提高未成年人的自我保护意识和能力；

（五）尊重未成年人受教育的权利，保障适龄未成年人依法接受并完成义务教育；

（六）保障未成年人休息、娱乐和体育锻炼的时间，引导未成年人进行有益身心健康的活动；

（七）妥善管理和保护未成年人的财产；

（八）依法代理未成年人实施民事法律行为；

（九）预防和制止未成年人的不良行为和违法犯罪行为，并进行合理管教；

（十）其他应当履行的监护职责。

真题面对面

[2023 上半年真题]初二学生秦某厌学，想辍学打工，经家长同意后就独自外出打工了。该家长的做法（ ）

A. 正确，有助于锻炼秦某独立生活能力　B. 正确，有益于培养秦某工作能力

C. 不正确，家长应让秦某继续上学　　　D. 不正确，家长应让秦某就近打工

答案：C。

【监护禁止行为】第十七条　未成年人的父母或者其他监护人不得实施下列行为：

（一）虐待、遗弃、非法送养未成年人或者对未成年人实施家庭暴力；

（二）放任、教唆或者利用未成年人实施违法犯罪行为；

（三）放任、唆使未成年人参与邪教、迷信活动或者接受恐怖主义、分裂主义、极端主义等侵害；

（四）放任、唆使未成年人吸烟（含电子烟，下同）、饮酒、赌博、流浪乞讨或者欺凌他人；

（五）放任或者迫使应当接受义务教育的未成年人失学、辍学；

（六）放任未成年人沉迷网络，接触危害或者可能影响其身心健康的图书、报刊、电影、广播电视节目、音像制品、电子出版物和网络信息等；

（七）放任未成年人进入营业性娱乐场所、酒吧、互联网上网服务营业场所等不适宜未成年人活动的场所；

（八）允许或者迫使未成年人从事国家规定以外的劳动；

（九）允许、迫使未成年人结婚或者为未成年人订立婚约；

（十）违法处分、侵吞未成年人的财产或者利用未成年人牟取不正当利益；

（十一）其他侵犯未成年人身心健康、财产权益或者不依法履行未成年人保护义务的行为。

【监护人的安全保障义务】第十八条 未成年人的父母或者其他监护人应当为未成年人提供安全的家庭生活环境，及时排除引发触电、烫伤、跌落等伤害的安全隐患；采取配备儿童安全座椅、教育未成年人遵守交通规则等措施，防止未成年人受到交通事故的伤害；提高户外安全保护意识，避免未成年人发生溺水、动物伤害等事故。

【尊重未成年人的知情权】第十九条 未成年人的父母或者其他监护人应当根据未成年人的年龄和智力发展状况，在作出与未成年人权益有关的决定前，听取未成年人的意见，充分考虑其真实意愿。

【监护人的报告义务】第二十条 未成年人的父母或者其他监护人发现未成年人身心健康受到侵害、疑似受到侵害或者其他合法权益受到侵犯的，应当及时了解情况并采取保护措施；情况严重的，应当立即向公安、民政、教育等部门报告。

【临时照护及禁止未成年人单独生活】第二十一条 未成年人的父母或者其他监护人不得使未满八周岁或者由于身体、心理原因需要特别照顾的未成年人处于无人看护状态，或者将其交由无民事行为能力、限制民事行为能力、患有严重传染性疾病或者其他不适宜的人员临时照护。

未成年人的父母或者其他监护人不得使未满十六周岁的未成年人脱离监护单独生活。

【设立长期照护的条件】第二十二条 未成年人的父母或者其他监护人因外出务工等原因在一定期限内不能完全履行监护职责的，应当委托具有照护能力的完全民事行为能力人代为照护；无正当理由的，不得委托他人代为照护。

未成年人的父母或者其他监护人在确定被委托人时，应当综合考虑其道德品质、家庭状况、身心健康状况、与未成年人生活情感上的联系等情况，并听取有表达意愿能力未成年人的意见。

具有下列情形之一的，不得作为被委托人：

（一）曾实施性侵害、虐待、遗弃、拐卖、暴力伤害等违法犯罪行为；

（二）有吸毒、酗酒、赌博等恶习；

（三）曾拒不履行或者长期怠于履行监护、照护职责；

（四）其他不适宜担任被委托人的情形。

真题面对面

[2022下半年真题]因外出务工,初中生琳琳的父母不能履行对琳琳的监护职责。依据《中华人民共和国未成年人保护法》的有关规定,他们可以采取的做法是(　　)

A. 指定琳琳所在学校代为监护

B. 委托琳琳的伯父代为监护

C. 要求当地人民法院代为监护

D. 要求当地民政部门代为监护

答案:B。

【设立长期照护的监护人的义务】第二十三条　未成年人的父母或者其他监护人应当及时将委托照护情况书面告知未成年人所在学校、幼儿园和实际居住地的居民委员会、村民委员会,加强和未成年人所在学校、幼儿园的沟通;与未成年人、被委托人至少每周联系和交流一次,了解未成年人的生活、学习、心理等情况,并给予未成年人亲情关爱。

未成年人的父母或者其他监护人接到被委托人、居民委员会、村民委员会、学校、幼儿园等关于未成年人心理、行为异常的通知后,应当及时采取干预措施。

【父母离婚对未成年子女的义务】第二十四条　未成年人的父母离婚时,应当妥善处理未成年子女的抚养、教育、探望、财产等事宜,听取有表达意愿能力未成年人的意见。不得以抢夺、藏匿未成年子女等方式争夺抚养权。

未成年人的父母离婚后,不直接抚养未成年子女的一方应当依照协议、人民法院判决或者调解确定的时间和方式,在不影响未成年人学习、生活的情况下探望未成年子女,直接抚养的一方应当配合,但被人民法院依法中止探望权的除外。

第三章　学校保护

考频分布　2023上单选,2019下单选

【全面贯彻国家教育方针政策】第二十五条　学校应当全面贯彻国家教育方针,坚持立德树人,实施素质教育,提高教育质量,注重培养未成年学生认知能力、合作能力、创新能力和实践能力,促进未成年学生全面发展。

学校应当建立未成年学生保护工作制度,健全学生行为规范,培养未成年学生遵纪守法的良好行为习惯。

【幼儿园的保育教育职责】第二十六条　幼儿园应当做好保育、教育工作,遵循幼儿身心发展规律,实施启蒙教育,促进幼儿在体质、智力、品德等方面和谐发展。

【尊重未成年人人格尊严，不得实施体罚】第二十七条 学校、幼儿园的教职员工应当尊重未成年人人格尊严，不得对未成年人实施体罚、变相体罚或者其他侮辱人格尊严的行为。

【保障未成年学生受教育权利】第二十八条 学校应当保障未成年学生受教育的权利，不得违反国家规定开除、变相开除未成年学生。

学校应当对尚未完成义务教育的辍学未成年学生进行登记并劝返复学；劝返无效的，应当及时向教育行政部门书面报告。

真题面对面

[2023上半年真题]小周未完成义务教育就辍学了，班主任多次家访劝返都没有取得效果。依据《中华人民共和国未成年人保护法》，学校应当采取的措施是(　　)

A. 责令小周的父母接受家庭教育指导　B. 依法将小周交由民政部门进行监护

C. 及时向纪检监察部门书面报告　D. 及时向教育行政部门书面报告

答案：D。

【关爱帮扶不得歧视】第二十九条 学校应当关心、爱护未成年学生，不得因家庭、身体、心理、学习能力等情况歧视学生。对家庭困难、身心有障碍的学生，应当提供关爱；对行为异常、学习有困难的学生，应当耐心帮助。

学校应当配合政府有关部门建立留守未成年学生、困境未成年学生的信息档案，开展关爱帮扶工作。

【社会生活指导、心理健康辅导、青春期教育、生命教育】第三十条 学校应当根据未成年学生身心发展特点，进行社会生活指导、心理健康辅导、青春期教育和生命教育。

【加强劳动教育】第三十一条 学校应当组织未成年学生参加与其年龄相适应的日常生活劳动、生产劳动和服务性劳动，帮助未成年学生掌握必要的劳动知识和技能，养成良好的劳动习惯。

【反对浪费文明饮食】第三十二条 学校、幼儿园应当开展勤俭节约、反对浪费、珍惜粮食、文明饮食等宣传教育活动，帮助未成年人树立浪费可耻、节约为荣的意识，养成文明健康、绿色环保的生活习惯。

【保障未成年学生休息权】第三十三条 学校应当与未成年学生的父母或者其他监护人互相配合，合理安排未成年学生的学习时间，保障其休息、娱乐和体育锻炼的时间。

学校不得占用国家法定节假日、休息日及寒暑假期，组织义务教育阶段的未成年学生集体补课，加重其学习负担。

幼儿园、校外培训机构不得对学龄前未成年人进行小学课程教育。

【学校、幼儿园的卫生保健职责】第三十四条 学校、幼儿园应当提供必要的卫生保健条件，协助卫生健康部门做好在校、在园未成年人的卫生保健工作。

【保障未成年人校园安全】第三十五条 学校、幼儿园应当建立安全管理制度，对未成年人进行安全教育，完善安保设施、配备安保人员，保障未成年人在校、在园期间的人身和财产安全。

学校、幼儿园不得在危及未成年人人身安全、身心健康的校舍和其他设施、场所中进行教育教学活动。

学校、幼儿园安排未成年人参加文化娱乐、社会实践等集体活动，应当保护未成年人的身心健康，防止发生人身伤害事故。

【校车安全管理制度】第三十六条 使用校车的学校、幼儿园应当建立健全校车安全管理制度，配备安全管理人员，定期对校车进行安全检查，对校车驾驶人进行安全教育，并向未成年人讲解校车安全乘坐知识，培养未成年人校车安全事故应急处理技能。

【突发事件处置】第三十七条 学校、幼儿园应当根据需要，制定应对自然灾害、事故灾难、公共卫生事件等突发事件和意外伤害的预案，配备相应设施并定期进行必要的演练。

未成年人在校内、园内或者本校、本园组织的校外、园外活动中发生人身伤害事故的，学校、幼儿园应当立即救护，妥善处理，及时通知未成年人的父母或者其他监护人，并向有关部门报告。

【禁止商业行为】第三十八条 学校、幼儿园不得安排未成年人参加商业性活动，不得向未成年人及其父母或者其他监护人推销或者要求其购买指定的商品和服务。

学校、幼儿园不得与校外培训机构合作为未成年人提供有偿课程辅导。

【防治学生欺凌】第三十九条 学校应当建立学生欺凌防控工作制度，对教职员工、学生等开展防治学生欺凌的教育和培训。

学校对学生欺凌行为应当立即制止，通知实施欺凌和被欺凌未成年学生的父母或者其他监护人参与欺凌行为的认定和处理；对相关未成年学生及时给予心理辅导、教育和引导；对相关未成年学生的父母或者其他监护人给予必要的家庭教育指导。

对实施欺凌的未成年学生，学校应当根据欺凌行为的性质和程度，依法加强管教。对严重的欺凌行为，学校不得隐瞒，应当及时向公安机关、教育行政部门报告，并配合相关部门依法处理。

【防治性侵害、性骚扰】**第四十条** 学校、幼儿园应当建立预防性侵害、性骚扰未成年人工作制度。对性侵害、性骚扰未成年人等违法犯罪行为，学校、幼儿园不得隐瞒，应当及时向公安机关、教育行政部门报告，并配合相关部门依法处理。

学校、幼儿园应当对未成年人开展适合其年龄的性教育，提高未成年人防范性侵害、性骚扰的自我保护意识和能力。对遭受性侵害、性骚扰的未成年人，学校、幼儿园应当及时采取相关的保护措施。

【参照适用规定】**第四十一条** 婴幼儿照护服务机构、早期教育服务机构、校外培训机构、校外托管机构等应当参照本章有关规定，根据不同年龄阶段未成年人的成长特点和规律，做好未成年人保护工作。

第四章 社会保护

考频分布 2021下单选，2021上单选，2020下单选，2015下单选

【社会保护的基本内容】**第四十二条** 全社会应当树立关心、爱护未成年人的良好风尚。

国家鼓励、支持和引导人民团体、企业事业单位、社会组织以及其他组织和个人，开展有利于未成年人健康成长的社会活动和服务。

【居民委员会、村民委员会工作职责】**第四十三条** 居民委员会、村民委员会应当设置专人专岗负责未成年人保护工作，协助政府有关部门宣传未成年人保护方面的法律法规，指导、帮助和监督未成年人的父母或者其他监护人依法履行监护职责，建立留守未成年人、困境未成年人的信息档案并给予关爱帮扶。

居民委员会、村民委员会应当协助政府有关部门监督未成年人委托照护情况，发现被委托人缺乏照护能力、怠于履行照护职责等情况，应当及时向政府有关部门报告，并告知未成年人的父母或者其他监护人，帮助、督促被委托人履行照护职责。

【公用场馆的优惠政策】**第四十四条** 爱国主义教育基地、图书馆、青少年宫、儿童活动中心、儿童之家应当对未成年人免费开放；博物馆、纪念馆、科技馆、展览馆、美术馆、文化馆、社区公益性互联网上网服务场所以及影剧院、体育场馆、动物园、植物园、公园等场所，应当按照有关规定对未成年人免费或者优惠开放。

国家鼓励爱国主义教育基地、博物馆、科技馆、美术馆等公共场馆开设未成年人专场，为未成年人提供有针对性的服务。

国家鼓励国家机关、企业事业单位、部队等开发自身教育资源，设立未成年人开放日，为未成年人主题教育、社会实践、职业体验等提供支持。

国家鼓励科研机构和科技类社会组织对未成年人开展科学普及活动。

【未成年人免费或者优惠乘坐交通工具】第四十五条　城市公共交通以及公路、铁路、水路、航空客运等应当按照有关规定对未成年人实施免费或者优惠票价。

【母婴设施的配备】第四十六条　国家鼓励大型公共场所、公共交通工具、旅游景区景点等设置母婴室、婴儿护理台以及方便幼儿使用的坐便器、洗手台等卫生设施，为未成年人提供便利。

【不得限制针对未成年人的照顾或者优惠】第四十七条　任何组织或者个人不得违反有关规定，限制未成年人应当享有的照顾或者优惠。

【鼓励有利于未成年人健康成长的创作】第四十八条　国家鼓励创作、出版、制作和传播有利于未成年人健康成长的图书、报刊、电影、广播电视节目、舞台艺术作品、音像制品、电子出版物和网络信息等。

【新闻媒体的责任】第四十九条　新闻媒体应当加强未成年人保护方面的宣传，对侵犯未成年人合法权益的行为进行舆论监督。新闻媒体采访报道涉及未成年人事件应当客观、审慎和适度，不得侵犯未成年人的名誉、隐私和其他合法权益。

【禁止危害未成年人身心健康的内容】第五十条　禁止制作、复制、出版、发布、传播含有宣扬淫秽、色情、暴力、邪教、迷信、赌博、引诱自杀、恐怖主义、分裂主义、极端主义等危害未成年人身心健康内容的图书、报刊、电影、广播电视节目、舞台艺术作品、音像制品、电子出版物和网络信息等。

【提示可能影响未成年人身心健康的内容】第五十一条　任何组织或者个人出版、发布、传播的图书、报刊、电影、广播电视节目、舞台艺术作品、音像制品、电子出版物或者网络信息，包含可能影响未成年人身心健康内容的，应当以显著方式作出提示。

【禁止儿童色情制品】第五十二条　禁止制作、复制、发布、传播或者持有有关未成年人的淫秽色情物品和网络信息。

【与未成年人有关的广告管理】第五十三条　任何组织或者个人不得刊登、播放、张贴或者散发含有危害未成年人身心健康内容的广告；不得在学校、幼儿园播放、张贴或者散发商业广告；不得利用校服、教材等发布或者变相发布商业广告。

【禁止严重侵犯未成年人权益的行为】第五十四条　禁止拐卖、绑架、虐待、非法收养未成年人，禁止对未成年人实施性侵害、性骚扰。

禁止胁迫、引诱、教唆未成年人参加黑社会性质组织或者从事违法犯罪活动。

禁止胁迫、诱骗、利用未成年人乞讨。

【对生产、销售用于未成年人产品的要求】第五十五条　生产、销售用于未成年人的食品、药品、玩具、用具和游戏游艺设备、游乐设施等，应当符合国家或者行业标准，不得危害未成年人的人身安全和身心健康。上述产品的生产者应当在显著位置标明注意事项,未标明注意事项的不得销售。

【公共场所的安全保障义务】第五十六条 未成年人集中活动的公共场所应当符合国家或者行业安全标准,并采取相应安全保护措施。对可能存在安全风险的设施,应当定期进行维护,在显著位置设置安全警示标志并标明适龄范围和注意事项;必要时应当安排专门人员看管。

大型的商场、超市、医院、图书馆、博物馆、科技馆、游乐场、车站、码头、机场、旅游景区景点等场所运营单位应当设置搜寻走失未成年人的安全警报系统。场所运营单位接到求助后,应当立即启动安全警报系统,组织人员进行搜寻并向公安机关报告。

公共场所发生突发事件时,应当优先救护未成年人。

【住宿经营者安全保护义务】第五十七条 旅馆、宾馆、酒店等住宿经营者接待未成年人入住,或者接待未成年人和成年人共同入住时,应当询问父母或者其他监护人的联系方式、入住人员的身份关系等有关情况;发现有违法犯罪嫌疑的,应当立即向公安机关报告,并及时联系未成年人的父母或者其他监护人。

【不适宜未成年人活动场所设置与服务的限制】第五十八条 学校、幼儿园周边不得设置营业性娱乐场所、酒吧、互联网上网服务营业场所等不适宜未成年人活动的场所。营业性歌舞娱乐场所、酒吧、互联网上网服务营业场所等不适宜未成年人活动场所的经营者,不得允许未成年人进入;游艺娱乐场所设置的电子游戏设备,除国家法定节假日外,不得向未成年人提供。经营者应当在显著位置设置未成年人禁入、限入标志;对难以判明是否是未成年人的,应当要求其出示身份证件。

第 58、59 条

【对未成年人禁售烟、酒和彩票】第五十九条 学校、幼儿园周边不得设置烟、酒、彩票销售网点。禁止向未成年人销售烟、酒、彩票或者兑付彩票奖金。烟、酒和彩票经营者应当在显著位置设置不向未成年人销售烟、酒或者彩票的标志;对难以判明是否是未成年人的,应当要求其出示身份证件。

任何人不得在学校、幼儿园和其他未成年人集中活动的公共场所吸烟、饮酒。

【禁止向未成年人提供、销售危险物品】第六十条 禁止向未成年人提供、销售管制刀具或者其他可能致人严重伤害的器具等物品。经营者难以判明购买者是否是未成年人的,应当要求其出示身份证件。

【劳动保护】第六十一条 任何组织或者个人不得招用未满十六周岁未成年人,国家另有规定的除外。

营业性娱乐场所、酒吧、互联网上网服务营业场所等不适宜未成年人活动的场所不得招用已满十六周岁的未成年人。

招用已满十六周岁未成年人的单位和个人应当执行国家在工种、劳动时间、劳动强度和保护措施等方面的规定,不得安排其从事过重、有毒、有害等危害未成年人身心健康的劳动或者危险作业。

任何组织或者个人不得组织未成年人进行危害其身心健康的表演等活动。经未成年人的父母或者其他监护人同意,未成年人参与演出、节目制作等活动,活动组织方应当根据国家有关规定,保障未成年人合法权益。

【从业查询】第六十二条 密切接触未成年人的单位招聘工作人员时,应当向公安机关、人民检察院查询应聘者是否具有性侵害、虐待、拐卖、暴力伤害等违法犯罪记录;发现其具有前述行为记录的,不得录用。

密切接触未成年人的单位应当每年定期对工作人员是否具有上述违法犯罪记录进行查询。通过查询或者其他方式发现其工作人员具有上述行为的,应当及时解聘。

【通信自由和通信秘密】第六十三条 任何组织或者个人不得隐匿、毁弃、非法删除未成年人的信件、日记、电子邮件或者其他网络通讯内容。

除下列情形外,任何组织或者个人不得开拆、查阅未成年人的信件、日记、电子邮件或者其他网络通讯内容:

(一)无民事行为能力未成年人的父母或者其他监护人代未成年人开拆、查阅;

(二)因国家安全或者追查刑事犯罪依法进行检查;

(三)紧急情况下为了保护未成年人本人的人身安全。

第五章　网络保护

【网络素养】第六十四条 国家、社会、学校和家庭应当加强未成年人网络素养宣传教育,培养和提高未成年人的网络素养,增强未成年人科学、文明、安全、合理使用网络的意识和能力,保障未成年人在网络空间的合法权益。

【健康网络内容创作与传播】第六十五条 国家鼓励和支持有利于未成年人健康成长的网络内容的创作与传播,鼓励和支持专门以未成年人为服务对象、适合未成年人身心健康特点的网络技术、产品、服务的研发、生产和使用。

【监督检查和执法】第六十六条 网信部门及其他有关部门应当加强对未成年人网络保护工作的监督检查,依法惩处利用网络从事危害未成年人身心健康的活动,为未成年人提供安全、健康的网络环境。

【可能影响健康的网络信息】第六十七条 网信部门会同公安、文化和旅游、新闻出版、电影、广播电视等部门根据保护不同年龄阶段未成年人的需要，确定可能影响未成年人身心健康网络信息的种类、范围和判断标准。

【沉迷网络的预防和干预】第六十八条 新闻出版、教育、卫生健康、文化和旅游、网信等部门应当定期开展预防未成年人沉迷网络的宣传教育，监督网络产品和服务提供者履行预防未成年人沉迷网络的义务，指导家庭、学校、社会组织互相配合，采取科学、合理的方式对未成年人沉迷网络进行预防和干预。

任何组织或者个人不得以侵害未成年人身心健康的方式对未成年人沉迷网络进行干预。

【网络保护软件】第六十九条 学校、社区、图书馆、文化馆、青少年宫等场所为未成年人提供的互联网上网服务设施，应当安装未成年人网络保护软件或者采取其他安全保护技术措施。

智能终端产品的制造者、销售者应当在产品上安装未成年人网络保护软件，或者以显著方式告知用户未成年人网络保护软件的安装渠道和方法。

【学校对未成年学生沉迷网络的预防和处理】第七十条 学校应当合理使用网络开展教学活动。未经学校允许，未成年学生不得将手机等智能终端产品带入课堂，带入学校的应当统一管理。

学校发现未成年学生沉迷网络的，应当及时告知其父母或者其他监护人，共同对未成年学生进行教育和引导，帮助其恢复正常的学习生活。

【监护人的网络保护义务】第七十一条 未成年人的父母或者其他监护人应当提高网络素养，规范自身使用网络的行为，加强对未成年人使用网络行为的引导和监督。

未成年人的父母或者其他监护人应当通过在智能终端产品上安装未成年人网络保护软件、选择适合未成年人的服务模式和管理功能等方式，避免未成年人接触危害或者可能影响其身心健康的网络信息，合理安排未成年人使用网络的时间，有效预防未成年人沉迷网络。

【个人信息处理规定以及更正权、删除权】第七十二条 信息处理者通过网络处理未成年人个人信息的，应当遵循合法、正当和必要的原则。处理不满十四周岁未成年人个人信息的，应当征得未成年人的父母或者其他监护人同意，但法律、行政法规另有规定的除外。

未成年人、父母或者其他监护人要求信息处理者更正、删除未成年人个人信息的，信息处理者应当及时采取措施予以更正、删除，但法律、行政法规另有规定的除外。

【私密信息的提示和保护义务】第七十三条 网络服务提供者发现未成年人通过网

络发布私密信息的，应当及时提示，并采取必要的保护措施。

【预防网络沉迷的一般性规定】第七十四条 网络产品和服务提供者不得向未成年人提供诱导其沉迷的产品和服务。

网络游戏、网络直播、网络音视频、网络社交等网络服务提供者应当针对未成年人使用其服务设置相应的时间管理、权限管理、消费管理等功能。

以未成年人为服务对象的在线教育网络产品和服务，不得插入网络游戏链接，不得推送广告等与教学无关的信息。

【网络游戏服务提供者的义务】第七十五条 网络游戏经依法审批后方可运营。

国家建立统一的未成年人网络游戏电子身份认证系统。网络游戏服务提供者应当要求未成年人以真实身份信息注册并登录网络游戏。

网络游戏服务提供者应当按照国家有关规定和标准，对游戏产品进行分类，作出适龄提示，并采取技术措施，不得让未成年人接触不适宜的游戏或者游戏功能。

网络游戏服务提供者不得在每日二十二时至次日八时向未成年人提供网络游戏服务。

【网络直播服务提供者的义务】第七十六条 网络直播服务提供者不得为未满十六周岁的未成年人提供网络直播发布者账号注册服务；为年满十六周岁的未成年人提供网络直播发布者账号注册服务时，应当对其身份信息进行认证，并征得其父母或者其他监护人同意。

【禁止实施网络欺凌】第七十七条 任何组织或者个人不得通过网络以文字、图片、音视频等形式，对未成年人实施侮辱、诽谤、威胁或者恶意损害形象等网络欺凌行为。

遭受网络欺凌的未成年人及其父母或者其他监护人有权通知网络服务提供者采取删除、屏蔽、断开链接等措施。网络服务提供者接到通知后，应当及时采取必要的措施制止网络欺凌行为，防止信息扩散。

【接受投诉、举报】第七十八条 网络产品和服务提供者应当建立便捷、合理、有效的投诉和举报渠道，公开投诉、举报方式等信息，及时受理并处理涉及未成年人的投诉、举报。

【投诉、举报权】第七十九条 任何组织或者个人发现网络产品、服务含有危害未成年人身心健康的信息，有权向网络产品和服务提供者或者网信、公安等部门投诉、举报。

【对用户行为的安全管理义务】第八十条 网络服务提供者发现用户发布、传播可能影响未成年人身心健康的信息且未作显著提示的，应当作出提示或者通知用户予以提示；未作出提示的，不得传输相关信息。

网络服务提供者发现用户发布、传播含有危害未成年人身心健康内容的信息的，应当立即停止传输相关信息，采取删除、屏蔽、断开链接等处置措施，保存有关记录，并向网信、公安等部门报告。

网络服务提供者发现用户利用其网络服务对未成年人实施违法犯罪行为的，应当立即停止向该用户提供网络服务，保存有关记录，并向公安机关报告。

第六章　政府保护

考频分布　2023 下单选

【乡镇、基层自治组织未成年人保护工作的落实主体】第八十一条　县级以上人民政府承担未成年人保护协调机制具体工作的职能部门应当明确相关内设机构或者专门人员，负责承担未成年人保护工作。

乡镇人民政府和街道办事处应当设立未成年人保护工作站或者指定专门人员，及时办理未成年人相关事务；支持、指导居民委员会、村民委员会设立专人专岗，做好未成年人保护工作。

【家庭教育指导服务】第八十二条　各级人民政府应当将家庭教育指导服务纳入城乡公共服务体系，开展家庭教育知识宣传，鼓励和支持有关人民团体、企业事业单位、社会组织开展家庭教育指导服务。

【保障未成年人受教育的权利】第八十三条　各级人民政府应当保障未成年人受教育的权利，并采取措施保障留守未成年人、困境未成年人、残疾未成年人接受义务教育。

对尚未完成义务教育的辍学未成年学生，教育行政部门应当责令父母或者其他监护人将其送入学校接受义务教育。

【发展托育、学前教育事业】第八十四条　各级人民政府应当发展托育、学前教育事业，办好婴幼儿照护服务机构、幼儿园，支持社会力量依法兴办母婴室、婴幼儿照护服务机构、幼儿园。

县级以上地方人民政府及其有关部门应当培养和培训婴幼儿照护服务机构、幼儿园的保教人员，提高其职业道德素质和业务能力。

【职业教育及职业技能培训】第八十五条　各级人民政府应当发展职业教育，保障未成年人接受职业教育或者职业技能培训，鼓励和支持人民团体、企业事业单位、社会组织为未成年人提供职业技能培训服务。

【残疾未成年人接受教育的权利】第八十六条　各级人民政府应当保障具有接受普通教育能力、能适应校园生活的残疾未成年人就近在普通学校、幼儿园接受教育；保障不具有接受普通教育能力的残疾未成年人在特殊教育学校、幼儿园接受学前教育、义务教育和职业教育。

各级人民政府应当保障特殊教育学校、幼儿园的办学、办园条件，鼓励和支持社会力量举办特殊教育学校、幼儿园。

【保障校园安全】第八十七条 地方人民政府及其有关部门应当保障校园安全，监督、指导学校、幼儿园等单位落实校园安全责任，建立突发事件的报告、处置和协调机制。

【保障校园周边安全】第八十八条 公安机关和其他有关部门应当依法维护校园周边的治安和交通秩序，设置监控设备和交通安全设施，预防和制止侵害未成年人的违法犯罪行为。

【未成年人活动场所建设和维护、学校文化体育设施的免费或者优惠开放】第八十九条 地方人民政府应当建立和改善适合未成年人的活动场所和设施，支持公益性未成年人活动场所和设施的建设和运行，鼓励社会力量兴办适合未成年人的活动场所和设施，并加强管理。

地方人民政府应当采取措施，鼓励和支持学校在国家法定节假日、休息日及寒暑假期将文化体育设施对未成年人免费或者优惠开放。

地方人民政府应当采取措施，防止任何组织或者个人侵占、破坏学校、幼儿园、婴幼儿照护服务机构等未成年人活动场所的场地、房屋和设施。

【卫生保健、传染病防治和心理健康】第九十条 各级人民政府及其有关部门应当对未成年人进行卫生保健和营养指导，提供卫生保健服务。

卫生健康部门应当依法对未成年人的疫苗预防接种进行规范，防治未成年人常见病、多发病，加强传染病防治和监督管理，做好伤害预防和干预，指导和监督学校、幼儿园、婴幼儿照护服务机构开展卫生保健工作。

教育行政部门应当加强未成年人的心理健康教育，建立未成年人心理问题的早期发现和及时干预机制。卫生健康部门应当做好未成年人心理治疗、心理危机干预以及精神障碍早期识别和诊断治疗等工作。

【对困境未成年人实施分类保障】第九十一条 各级人民政府及其有关部门对困境未成年人实施分类保障，采取措施满足其生活、教育、安全、医疗康复、住房等方面的基本需要。

【民政部门临时监护】第九十二条 具有下列情形之一的，民政部门应当依法对未成年人进行临时监护：

（一）未成年人流浪乞讨或者身份不明，暂时查找不到父母或者其他监护人；

（二）监护人下落不明且无其他人可以担任监护人；

（三）监护人因自身客观原因或者因发生自然灾害、事故灾难、公共卫生事件等突发事件不能履行监护职责，导致未成年人监护缺失；

（四）监护人拒绝或者怠于履行监护职责，导致未成年人处于无人照料的状态；

（五）监护人教唆、利用未成年人实施违法犯罪行为，未成年人需要被带离安置；

（六）未成年人遭受监护人严重伤害或者面临人身安全威胁，需要被紧急安置；

（七）法律规定的其他情形。

真题面对面

［2023 下半年真题］某县民政部门根据需要设立了未成年人救助保护机构，对流浪乞讨且暂时查找不到父母或者其他监护人的未成年人实施救助。依据《中华人民共和国未成年人保护法》，民政部门对这些未成年人承担（　　）

A. 临时照顾责任　B. 临时监护责任　C. 教育责任　D. 监护责任

答案：B。

【临时监护的具体方式】第九十三条　对临时监护的未成年人，民政部门可以采取委托亲属抚养、家庭寄养等方式进行安置，也可以交由未成年人救助保护机构或者儿童福利机构进行收留、抚养。

临时监护期间，经民政部门评估，监护人重新具备履行监护职责条件的，民政部门可以将未成年人送回监护人抚养。

【长期监护的法定情形】第九十四条　具有下列情形之一的，民政部门应当依法对未成年人进行长期监护：

（一）查找不到未成年人的父母或者其他监护人；

（二）监护人死亡或者被宣告死亡且无其他人可以担任监护人；

（三）监护人丧失监护能力且无其他人可以担任监护人；

（四）人民法院判决撤销监护人资格并指定由民政部门担任监护人；

（五）法律规定的其他情形。

【民政部门长期监护未成年人的收养】第九十五条　民政部门进行收养评估后，可以依法将其长期监护的未成年人交由符合条件的申请人收养。收养关系成立后，民政部门与未成年人的监护关系终止。

【民政部门承担国家监护职责的支持和机构建设】第九十六条　民政部门承担临时监护或者长期监护职责的，财政、教育、卫生健康、公安等部门应当根据各自职责予以配合。

县级以上人民政府及其民政部门应当根据需要设立未成年人救助保护机构、儿童福利机构，负责收留、抚养由民政部门监护的未成年人。

【建设全国统一的未成年人保护热线，支持社会力量共建未成年人保护平台】第九十七条 县级以上人民政府应当开通全国统一的未成年人保护热线，及时受理、转介侵犯未成年人合法权益的投诉、举报；鼓励和支持人民团体、企业事业单位、社会组织参与建设未成年人保护服务平台、服务热线、服务站点，提供未成年人保护方面的咨询、帮助。

【违法犯罪人员信息查询系统】第九十八条 国家建立性侵害、虐待、拐卖、暴力伤害等违法犯罪人员信息查询系统，向密切接触未成年人的单位提供免费查询服务。

【培育、引导和规范社会力量参与未成年人保护工作】第九十九条 地方人民政府应当培育、引导和规范有关社会组织、社会工作者参与未成年人保护工作，开展家庭教育指导服务，为未成年人的心理辅导、康复救助、监护及收养评估等提供专业服务。

第七章 司法保护

考频分布 2021 上单选，2019 下单选，2018 下单选，2017 下单选

【司法机关职责】第一百条 公安机关、人民检察院、人民法院和司法行政部门应当依法履行职责，保障未成年人合法权益。

【专门机构、专门人员及评价考核标准】第一百零一条 公安机关、人民检察院、人民法院和司法行政部门应当确定专门机构或者指定专门人员，负责办理涉及未成年人案件。办理涉及未成年人案件的人员应当经过专门培训，熟悉未成年人身心特点。专门机构或者专门人员中，应当有女性工作人员。

公安机关、人民检察院、人民法院和司法行政部门应当对上述机构和人员实行与未成年人保护工作相适应的评价考核标准。

【未成年人案件中语言、表达方式】第一百零二条 公安机关、人民检察院、人民法院和司法行政部门办理涉及未成年人案件，应当考虑未成年人身心特点和健康成长的需要，使用未成年人能够理解的语言和表达方式，听取未成年人的意见。

【个人信息保护】第一百零三条 公安机关、人民检察院、人民法院、司法行政部门以及其他组织和个人不得披露有关案件中未成年人的姓名、影像、住所、就读学校以及其他可能识别出其身份的信息，但查找失踪、被拐卖未成年人等情形除外。

【法律援助、司法救助】第一百零四条 对需要法律援助或者司法救助的未成年人，法律援助机构或者公安机关、人民检察院、人民法院和司法行政部门应当给予帮助，依法为其提供法律援助或者司法救助。

法律援助机构应当指派熟悉未成年人身心特点的律师为未成年人提供法律援助服务。

法律援助机构和律师协会应当对办理未成年人法律援助案件的律师进行指导和培训。

【检察监督】第一百零五条 人民检察院通过行使检察权,对涉及未成年人的诉讼活动等依法进行监督。

【公益诉讼】第一百零六条 未成年人合法权益受到侵犯,相关组织和个人未代为提起诉讼的,人民检察院可以督促、支持其提起诉讼;涉及公共利益的,人民检察院有权提起公益诉讼。

【继承权、受遗赠权和受抚养权保护】第一百零七条 人民法院审理继承案件,应当依法保护未成年人的继承权和受遗赠权。

人民法院审理离婚案件,涉及未成年子女抚养问题的,应当尊重已满八周岁未成年子女的真实意愿,根据双方具体情况,按照最有利于未成年子女的原则依法处理。

【人身安全保护令、撤销监护人资格】第一百零八条 未成年人的父母或者其他监护人不依法履行监护职责或者严重侵犯被监护的未成年人合法权益的,人民法院可以根据有关人员或者单位的申请,依法作出人身安全保护令或者撤销监护人资格。

被撤销监护人资格的父母或者其他监护人应当依法继续负担抚养费用。

【社会调查】第一百零九条 人民法院审理离婚、抚养、收养、监护、探望等案件涉及未成年人的,可以自行或者委托社会组织对未成年人的相关情况进行社会调查。

【法定代理人、合适成年人到场】第一百一十条 公安机关、人民检察院、人民法院讯问未成年犯罪嫌疑人、被告人,询问未成年被害人、证人,应当依法通知其法定代理人或者其成年亲属、所在学校的代表等合适成年人到场,并采取适当方式,在适当场所进行,保障未成年人的名誉权、隐私权和其他合法权益。

人民法院开庭审理涉及未成年人案件,未成年被害人、证人一般不出庭作证;必须出庭的,应当采取保护其隐私的技术手段和心理干预等保护措施。

【特定未成年被害人司法保护】第一百一十一条 公安机关、人民检察院、人民法院应当与其他有关政府部门、人民团体、社会组织互相配合,对遭受性侵害或者暴力伤害的未成年被害人及其家庭实施必要的心理干预、经济救助、法律援助、转学安置等保护措施。

【同步录音录像等保护措施】第一百一十二条 公安机关、人民检察院、人民法院办理未成年人遭受性侵害或者暴力伤害案件,在询问未成年被害人、证人时,应当采取同步录音录像等措施，尽量一次完成；未成年被害人、证人是女性的，应当由女性工作人员进行。

【违法犯罪未成年人的保护方针和原则】第一百一十三条 对违法犯罪的未成年人，实行教育、感化、挽救的方针，坚持教育为主、惩罚为辅的原则。

对违法犯罪的未成年人依法处罚后，在升学、就业等方面不得歧视。

【司法机关对未尽保护职责单位的监督】第一百一十四条 公安机关、人民检察院、人民法院和司法行政部门发现有关单位未尽到未成年人教育、管理、救助、看护等保护职责的，应当向该单位提出建议。被建议单位应当在一个月内作出书面回复。

【司法机关开展未成年人法治宣传教育】第一百一十五条 公安机关、人民检察院、人民法院和司法行政部门应当结合实际，根据涉及未成年人案件的特点，开展未成年人法治宣传教育工作。

【社会组织、社会工作者参与未成年人司法保护】第一百一十六条 国家鼓励和支持社会组织、社会工作者参与涉及未成年人案件中未成年人的心理干预、法律援助、社会调查、社会观护、教育矫治、社区矫正等工作。

第八章 法律责任

考频分布 2022 上单选，2021 上单选

【违反强制报告义务的法律责任】第一百一十七条 违反本法第十一条第二款规定，未履行报告义务造成严重后果的，由上级主管部门或者所在单位对直接负责的主管人员和其他直接责任人员依法给予处分。

【监护人不履行监护职责或者侵犯未成年人合法权益的法律责任】第一百一十八条

未成年人的父母或者其他监护人不依法履行监护职责或者侵犯未成年人合法权益的，由其居住地的居民委员会、村民委员会予以劝诫、制止；情节严重的，居民委员会、村民委员会应当及时向公安机关报告。

公安机关接到报告或者公安机关、人民检察院、人民法院在办理案件过程中发现未成年人的父母或者其他监护人存在上述情形的，应当予以训诫，并可以责令其接受家庭教育指导。

【学校等机构及其教职员工的法律责任】第一百一十九条 学校、幼儿园、婴幼儿照护服务等机构及其教职员工违反本法第二十七条、第二十八条、第三十九条规定的，由公安、教育、卫生健康、市场监督管理等部门按照职责分工责令改正；拒不改正或者情节严重的，对直接负责的主管人员和其他直接责任人员依法给予处分。

【未给予免费或者优惠待遇的法律责任】第一百二十条 违反本法第四十四条、第四

十五条、第四十七条规定，未给予未成年人免费或者优惠待遇的，由市场监督管理、文化和旅游、交通运输等部门按照职责分工责令限期改正，给予警告；拒不改正的，处一万元以上十万元以下罚款。

【制作、复制、出版、发布、传播危害未成年人出版物的法律责任】第一百二十一条 违反本法第五十条、第五十一条规定的，由新闻出版、广播电视、电影、网信等部门按照职责分工责令限期改正，给予警告，没收违法所得，可以并处十万元以下罚款；拒不改正或者情节严重的，责令暂停相关业务、停产停业或者吊销营业执照、吊销相关许可证，违法所得一百万元以上的，并处违法所得一倍以上十倍以下的罚款，没有违法所得或者违法所得不足一百万元的，并处十万元以上一百万元以下罚款。

【场所运营单位和住宿经营者的法律责任】第一百二十二条 场所运营单位违反本法第五十六条第二款规定、住宿经营者违反本法第五十七条规定的，由市场监督管理、应急管理、公安等部门按照职责分工责令限期改正，给予警告；拒不改正或者造成严重后果的，责令停业整顿或者吊销营业执照、吊销相关许可证，并处一万元以上十万元以下罚款。

【营业性娱乐场所等经营者的法律责任】第一百二十三条 相关经营者违反本法第五十八条、第五十九条第一款、第六十条规定的，由文化和旅游、市场监督管理、烟草专卖、公安等部门按照职责分工责令限期改正，给予警告，没收违法所得，可以并处五万元以下罚款；拒不改正或者情节严重的，责令停业整顿或者吊销营业执照、吊销相关许可证，可以并处五万元以上五十万元以下罚款。

【公共场所吸烟、饮酒的法律责任】第一百二十四条 违反本法第五十九条第二款规定，在学校、幼儿园和其他未成年人集中活动的公共场所吸烟、饮酒的，由卫生健康、教育、市场监督管理等部门按照职责分工责令改正，给予警告，可以并处五百元以下罚款；场所管理者未及时制止的，由卫生健康、教育、市场监督管理等部门按照职责分工给予警告，并处一万元以下罚款。

【未按规定招用、使用未成年人的法律责任】第一百二十五条 违反本法第六十一条规定的，由文化和旅游、人力资源和社会保障、市场监督管理等部门按照职责分工责令限期改正，给予警告，没收违法所得，可以并处十万元以下罚款；拒不改正或者情节严重的，责令停产停业或者吊销营业执照、吊销相关许可证，并处十万元以上一百万元以下罚款。

【密切接触未成年人单位的法律责任】第一百二十六条 密切接触未成年人的单位违反本法第六十二条规定，未履行查询义务，或者招用、继续聘用具有相关违法犯罪记录人员的，由教育、人力资源和社会保障、市场监督管理等部门按照职责分工责令限期改正，给予警告，并处五万元以下罚款；拒不改正或者造成严重后果的，责令停业整顿或者吊销营业执照、吊销相关许可证，并处五万元以上五十万元以下罚款，对直接负责的主管人员和其他直接责任人员依法给予处分。

【网络产品和服务提供者等的法律责任】第一百二十七条 信息处理者违反本法第七十二条规定，或者网络产品和服务提供者违反本法第七十三条、第七十四条、第七十五条、第七十六条、第七十七条、第八十条规定的，由公安、网信、电信、新闻出版、广播电视、文化和旅游等有关部门按照职责分工责令改正，给予警告，没收违法所得，违法所得一百万元以上的，并处违法所得一倍以上十倍以下罚款，没有违法所得或者违法所得不足一百万元的，并处十万元以上一百万元以下罚款，对直接负责的主管人员和其他责任人员处一万元以上十万元以下罚款；拒不改正或者情节严重的，并可以责令暂停相关业务、停业整顿、关闭网站、吊销营业执照或者吊销相关许可证。

【国家机关工作人员渎职的法律责任】第一百二十八条 国家机关工作人员玩忽职守、滥用职权、徇私舞弊，损害未成年人合法权益的，依法给予处分。

【民事责任、治安管理处罚和刑事责任】第一百二十九条 违反本法规定，侵犯未成年人合法权益，造成人身、财产或者其他损害的，依法承担民事责任。

违反本法规定，构成违反治安管理行为的，依法给予治安管理处罚；构成犯罪的，依法追究刑事责任。

真题面对面

[**2022上半年真题**]李某强迫未成年学生沈明装扮残疾人在地铁乞讨。对于李某的行为应当由（　　）

A. 公安机关依法给予处罚

B. 人民法院依法提起公诉

C. 教育行政部门给予处罚

D. 社会公益组织提起公诉

答案：A。根据《中华人民共和国未成年人保护法》第五十四条规定，禁止胁迫、诱骗、利用未成年人乞讨。题干中，李某的行为违反了本法规定，严重违反治安管理，应由公安机关依法给予处罚。

第九章　附　则

【相关概念的含义】第一百三十条 本法中下列用语的含义：

（一）密切接触未成年人的单位，是指学校、幼儿园等教育机构；校外培训机构；未成年人救助保护机构、儿童福利机构等未成年人安置、救助机构；婴幼儿照护服务机构、早期教育服务机构；校外托管、临时看护机构；家政服务机构；为未成年人提供医疗服务的医疗机构；其他对未成年人负有教育、培训、监护、救助、看护、医疗等职责的企业事业单位、社会组织等。

（二）学校，是指普通中小学、特殊教育学校、中等职业学校、专门学校。

（三）学生欺凌，是指发生在学生之间，一方蓄意或者恶意通过肢体、语言及网络等手段实施欺压、侮辱，造成另一方人身伤害、财产损失或者精神损害的行为。

【外国人、无国籍未成年人的保护】第一百三十一条 对中国境内未满十八周岁的外国人、无国籍人，依照本法有关规定予以保护。

【施行日期】第一百三十二条 本法自 2021 年 6 月 1 日起施行。

知识再拔高

我国《刑法》和《民法典》中关于未成年人保护的相关规定

1.《中华人民共和国刑法》

【刑事责任年龄的界定】第十七条 已满十六周岁的人犯罪，应当负刑事责任。

已满十四周岁不满十六周岁的人，犯故意杀人、故意伤害致人重伤或者死亡、强奸、抢劫、贩卖毒品、放火、爆炸、投放危险物质罪的，应当负刑事责任。

已满十二周岁不满十四周岁的人，犯故意杀人、故意伤害罪，致人死亡或者以特别残忍手段致人重伤造成严重残疾，情节恶劣，经最高人民检察院核准追诉的，应当负刑事责任。

对依照前三款规定追究刑事责任的不满十八周岁的人，应当从轻或者减轻处罚。

因不满十六周岁不予刑事处罚的，责令其父母或者其他监护人加以管教；在必要的时候，依法进行专门矫治教育。

2.《中华人民共和国民法典》

【自然人民事权利能力的起止】第十三条 自然人从出生时起到死亡时止，具有民事权利能力，依法享有民事权利，承担民事义务。

【自然人民事权利能力平等】第十四条 自然人的民事权利能力一律平等。

【成年人与未成年人的年龄标准】第十七条 十八周岁以上的自然人为成年人。不满十八周岁的自然人为未成年人。

【完全民事行为能力人】第十八条 成年人为完全民事行为能力人，可以独立实施民事法律行为。

十六周岁以上的未成年人，以自己的劳动收入为主要生活来源的，视为完全民事行为能力人。

【限制民事行为能力的未成年人】第十九条 八周岁以上的未成年人为限制民事行为能力人，实施民事法律行为由其法定代理人代理或者经其法定代理人同意、追认；但是，可以独立实施纯获利益的民事法律行为或者与其年龄、智力相适应的民事法律行为。

【无民事行为能力的未成年人】第二十条 不满八周岁的未成年人为无民事行为能力人，由其法定代理人代理实施民事法律行为。

【未成年人的监护人】第二十七条 父母是未成年子女的监护人。

未成年人的父母已经死亡或者没有监护能力的，由下列有监护能力的人按顺序担任监护人：

（一）祖父母、外祖父母；

（二）兄、姐；

（三）其他愿意担任监护人的个人或者组织，但是须经未成年人住所地的居民委员会、村民委员会或者民政部门同意。

第六节 《中华人民共和国预防未成年人犯罪法》

思维导图

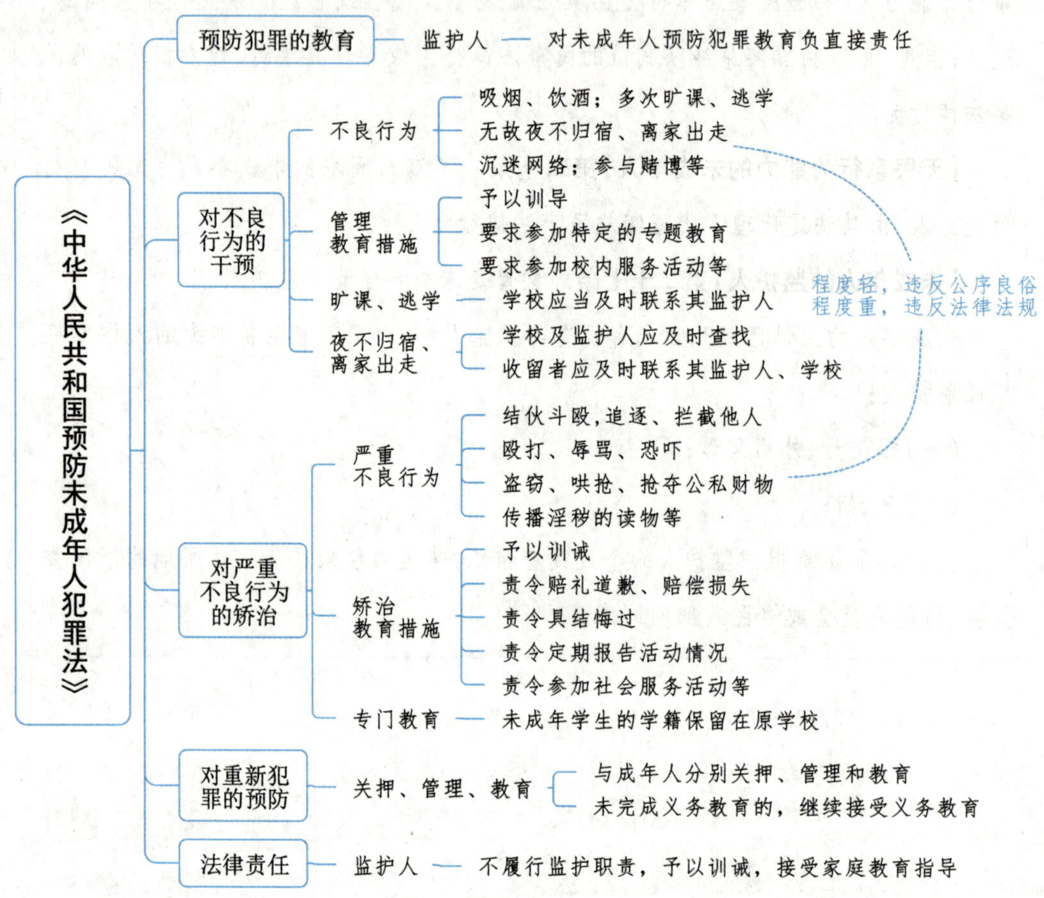

考向分析

本节主要介绍《中华人民共和国预防未成年人犯罪法》的内容，记忆性知识较多，在考试中以单选题的形式进行考查，考生应牢牢把握考点。汇总分析 2015 至 2023 年的真题试卷，本节知识考查情况见下表：

知识	考点	考频	题型
预防犯罪的教育	监护人的责任	2	单选

续表

知识	考点	考频	题型
对不良行为的干预	学生的不良行为、有关单位及人员对学生不良行为的处理措施	3	单选
对严重不良行为的矫治	有关单位及人员对学生严重不良行为的矫治教育措施	6	单选
对重新犯罪的预防	对违法犯罪未成年人的教育、保护措施	3	单选
法律责任	监护人不履行监护职责的处罚机关及措施	2	单选

核心考点

一、《中华人民共和国预防未成年人犯罪法》的立法目的

《中华人民共和国预防未成年人犯罪法》旨在保障未成年人身心健康，培养未成年人良好品行，有效预防未成年人违法犯罪。《中华人民共和国预防未成年人犯罪法》同《中华人民共和国未成年人保护法》关系密切，两者实质上都着眼于未成年人的保护，两者是相互联系、相互补充的关系。

二、《中华人民共和国预防未成年人犯罪法》的内容 【9年16考】

第一章　总　则

【立法目的和依据】第一条　为了保障未成年人身心健康，培养未成年人良好品行，有效预防未成年人违法犯罪，制定本法。

【预防未成年人犯罪的方针原则】第二条　预防未成年人犯罪，立足于教育和保护未成年人相结合，坚持预防为主、提前干预，对未成年人的不良行为和严重不良行为及时进行分级预防、干预和矫治。

【保护未成年人合法权益原则】第三条　开展预防未成年人犯罪工作，应当尊重未成年人人格尊严，保护未成年人的名誉权、隐私权和个人信息等合法权益。

【预防未成年人犯罪综合治理原则】第四条　预防未成年人犯罪，在各级人民政府组织下，实行综合治理。

国家机关、人民团体、社会组织、企业事业单位、居民委员会、村民委员会、学校、家庭等各负其责、相互配合，共同做好预防未成年人犯罪工作，及时消除滋生未成年人违法犯罪行为的各种消极因素，为未成年人身心健康发展创造良好的社会环境。

【各级人民政府预防未成年人犯罪的工作职责】第五条　各级人民政府在预防未成年人犯罪方面的工作职责是：

（一）制定预防未成年人犯罪工作规划；

（二）组织公安、教育、民政、文化和旅游、市场监督管理、网信、卫生健康、新闻出版、电影、广播电视、司法行政等有关部门开展预防未成年人犯罪工作；

（三）为预防未成年人犯罪工作提供政策支持和经费保障；

（四）对本法的实施情况和工作规划的执行情况进行检查；

（五）组织开展预防未成年人犯罪宣传教育；

（六）其他预防未成年人犯罪工作职责。

【专门学校和专门教育】第六条 国家加强专门学校建设，对有严重不良行为的未成年人进行专门教育。专门教育是国民教育体系的组成部分，是对有严重不良行为的未成年人进行教育和矫治的重要保护处分措施。

省级人民政府应当将专门教育发展和专门学校建设纳入经济社会发展规划。县级以上地方人民政府成立专门教育指导委员会，根据需要合理设置专门学校。

专门教育指导委员会由教育、民政、财政、人力资源社会保障、公安、司法行政、人民检察院、人民法院、共产主义青年团、妇女联合会、关心下一代工作委员会、专门学校等单位，以及律师、社会工作者等人员组成，研究确定专门学校教学、管理等相关工作。

专门学校建设和专门教育具体办法，由国务院规定。

【公检法司专门人员负责预防未成年人犯罪工作】第七条 公安机关、人民检察院、人民法院、司法行政部门应当由专门机构或者经过专业培训、熟悉未成年人身心特点的专门人员负责预防未成年人犯罪工作。

【群团组织协助政府机关做好预防未成年人犯罪工作】第八条 共产主义青年团、妇女联合会、工会、残疾人联合会、关心下一代工作委员会、青年联合会、学生联合会、少年先锋队以及有关社会组织，应当协助各级人民政府及其有关部门、人民检察院和人民法院做好预防未成年人犯罪工作，为预防未成年人犯罪培育社会力量，提供支持服务。

【鼓励社会组织参与预防未成年人犯罪工作】第九条 国家鼓励、支持和指导社会工作服务机构等社会组织参与预防未成年人犯罪相关工作，并加强监督。

【禁止教唆未成年人实施不良行为】第十条 任何组织或者个人不得教唆、胁迫、引诱未成年人实施不良行为或者严重不良行为，以及为未成年人实施上述行为提供条件。

【未成年人应当遵纪守法、加强自律】第十一条 未成年人应当遵守法律法规及社会公共道德规范，树立自尊、自律、自强意识，增强辨别是非和自我保护的能力，自觉抵制各种不良行为以及违法犯罪行为的引诱和侵害。

【结合生理、心理特点预防未成年人犯罪】第十二条 预防未成年人犯罪，应当结合未成年人不同年龄的生理、心理特点，加强青春期教育、心理关爱、心理矫治和预防犯罪对策的研究。

【国家鼓励预防未成年人犯罪科学研究】第十三条 国家鼓励和支持预防未成年人犯罪相关学科建设、专业设置、人才培养及科学研究，开展国际交流与合作。

【国家对预防未成年人犯罪工作的表彰和奖励】第十四条 国家对预防未成年人犯罪工作有显著成绩的组织和个人，给予表彰和奖励。

第二章 预防犯罪的教育

考频分布 2022 上单选，2017 下单选

【对未成年人加强社会主义核心价值观教育】第十五条 国家、社会、学校和家庭应当对未成年人加强社会主义核心价值观教育，开展预防犯罪教育，增强未成年人的法治观念，使未成年人树立遵纪守法和防范违法犯罪的意识，提高自我管控能力。

【父母及监护人对未成年人预防犯罪的直接责任】第十六条 未成年人的父母或者其他监护人对未成年人的预防犯罪教育负有直接责任，应当依法履行监护职责，树立优良家风，培养未成年人良好品行；发现未成年人心理或者行为异常的，应当及时了解情况并进行教育、引导和劝诫，不得拒绝或者怠于履行监护职责。

真题面对面

[**2022 上半年真题**]依据《中华人民共和国预防未成年人犯罪法》，对未成年人的预防犯罪教育负有直接责任的是(　　)

A. 未成年人的父母或其他监护人　　B. 当地社区矫正机构

C. 当地人民政府教育行政部门　　D. 未成年人所在学校

答案：A。

【学校应当开展预防犯罪教育】第十七条 教育行政部门、学校应当将预防犯罪教育纳入学校教学计划，指导教职员工结合未成年人的特点，采取多种方式对未成年学生进行有针对性的预防犯罪教育。

【法治教育专职教师和法治副校长】第十八条 学校应当聘任从事法治教育的专职或者兼职教师，并可以从司法和执法机关、法学教育和法律服务机构等单位聘请法治副校长、校外法治辅导员。

【学校应当开展心理健康教育】第十九条 学校应当配备专职或者兼职的心理健康教育教师，开展心理健康教育。学校可以根据实际情况与专业心理健康机构合作，建立心理健康筛查和早期干预机制，预防和解决学生心理、行为异常问题。

学校应当与未成年学生的父母或者其他监护人加强沟通，共同做好未成年学生心理健康教育；发现未成年学生可能患有精神障碍的，应当立即告知其父母或者其他监护人送相关专业机构诊治。

【学生欺凌防控制度】第二十条 教育行政部门应当会同有关部门建立学生欺凌防控制度。学校应当加强日常安全管理，完善学生欺凌发现和处置的工作流程，严格排查并及时消除可能导致学生欺凌行为的各种隐患。

【鼓励社会工作者进驻学校】第二十一条 教育行政部门鼓励和支持学校聘请社会工作者长期或者定期进驻学校，协助开展道德教育、法治教育、生命教育和心理健康教育，参与预防和处理学生欺凌等行为。

【预防犯罪教育计划】第二十二条 教育行政部门、学校应当通过举办讲座、座谈、培训等活动，介绍科学合理的教育方法，指导教职员工、未成年学生的父母或者其他监护人有效预防未成年人犯罪。

学校应当将预防犯罪教育计划告知未成年学生的父母或者其他监护人。未成年学生的父母或者其他监护人应当配合学校对未成年学生进行有针对性的预防犯罪教育。

【预防犯罪工作效果纳入考核】第二十三条 教育行政部门应当将预防犯罪教育的工作效果纳入学校年度考核内容。

【开展多种形式的预防未成年人犯罪宣传教育活动】第二十四条 各级人民政府及其有关部门、人民检察院、人民法院、共产主义青年团、少年先锋队、妇女联合会、残疾人联合会、关心下一代工作委员会等应当结合实际，组织、举办多种形式的预防未成年人犯罪宣传教育活动。有条件的地方可以建立青少年法治教育基地，对未成年人开展法治教育。

【居(村)委会预防未成年人犯罪的协助作用】第二十五条 居民委员会、村民委员会应当积极开展有针对性的预防未成年人犯罪宣传活动，协助公安机关维护学校周围治安，及时掌握本辖区内未成年人的监护、就学和就业情况，组织、引导社区社会组织参与预防未成年人犯罪工作。

【校外活动场所开展预防犯罪教育】第二十六条 青少年宫、儿童活动中心等校外活动场所应当把预防犯罪教育作为一项重要的工作内容，开展多种形式的宣传教育活动。

【职业培训机构、用人单位开展预防犯罪教育】第二十七条 职业培训机构、用人单位在对已满十六周岁准备就业的未成年人进行职业培训时，应当将预防犯罪教育纳入培训内容。

第三章　对不良行为的干预

考频分布　2021 上单选,2017 上单选,2015 下单选

第 28—31 条

【不良行为的界定】第二十八条　本法所称不良行为,是指未成年人实施的不利于其健康成长的下列行为:

(一)吸烟、饮酒;

(二)多次旷课、逃学;

(三)无故夜不归宿、离家出走;

(四)沉迷网络;

(五)与社会上具有不良习性的人交往,组织或者参加实施不良行为的团伙;

(六)进入法律法规规定未成年人不宜进入的场所;

(七)参与赌博、变相赌博,或者参加封建迷信、邪教等活动;

(八)阅览、观看或者收听宣扬淫秽、色情、暴力、恐怖、极端等内容的读物、音像制品或者网络信息等;

(九)其他不利于未成年人身心健康成长的不良行为。

【监护人对不良行为要制止并管教】第二十九条　未成年人的父母或者其他监护人发现未成年人有不良行为的,应当及时制止并加强管教。

【公安机关、居(村)委会要制止不良行为】第三十条　公安机关、居民委员会、村民委员会发现本辖区内未成年人有不良行为的,应当及时制止,并督促其父母或者其他监护人依法履行监护职责。

【学校对有不良行为的未成年学生要加强管教】第三十一条　学校对有不良行为的未成年学生,应当加强管理教育,不得歧视;对拒不改正或者情节严重的,学校可以根据情况予以处分或者采取以下管理教育措施:

(一)予以训导;

(二)要求遵守特定的行为规范;

(三)要求参加特定的专题教育;

(四)要求参加校内服务活动;

(五)要求接受社会工作者或者其他专业人员的心理辅导和行为干预;

(六)其他适当的管理教育措施。

【家校合作机制】第三十二条　学校和家庭应当加强沟通,建立家校合作机制。学校决定对未成年学生采取管理教育措施的,应当及时告知其父母或者其他监护人;未成年学生的父母或者其他监护人应当支持、配合学校进行管理教育。

【对轻微不良行为学校要采取管教措施】第三十三条 未成年学生偷窃少量财物，或者有殴打、辱骂、恐吓、强行索要财物等学生欺凌行为，情节轻微的，可以由学校依照本法第三十一条规定采取相应的管理教育措施。

【对旷课、逃学的处理】第三十四条 未成年学生旷课、逃学的，学校应当及时联系其父母或者其他监护人，了解有关情况；无正当理由的，学校和未成年学生的父母或者其他监护人应当督促其返校学习。

【对夜不归宿、离家出走的处理】第三十五条 未成年人无故夜不归宿、离家出走的，父母或者其他监护人、所在的寄宿制学校应当及时查找，必要时向公安机关报告。

收留夜不归宿、离家出走未成年人的，应当及时联系其父母或者其他监护人、所在学校；无法取得联系的，应当及时向公安机关报告。

【对夜不归宿、离家出走未成年人的救助】第三十六条 对夜不归宿、离家出走或者流落街头的未成年人，公安机关、公共场所管理机构等发现或者接到报告后，应当及时采取有效保护措施，并通知其父母或者其他监护人、所在的寄宿制学校，必要时应当护送其返回住所、学校；无法与其父母或者其他监护人、学校取得联系的，应当护送未成年人到救助保护机构接受救助。

【对参加不良行为团伙的处理】第三十七条 未成年人的父母或者其他监护人、学校发现未成年人组织或者参加实施不良行为的团伙，应当及时制止；发现该团伙有违法犯罪嫌疑的，应当立即向公安机关报告。

第四章　对严重不良行为的矫治

考频分布　2015—2023年，以单选题形式考查6次

【严重不良行为的界定】第三十八条 本法所称严重不良行为，是指未成年人实施的有刑法规定、因不满法定刑事责任年龄不予刑事处罚的行为，以及严重危害社会的下列行为：

（一）结伙斗殴，追逐、拦截他人，强拿硬要或者任意损毁、占用公私财物等寻衅滋事行为；

（二）非法携带枪支、弹药或者弩、匕首等国家规定的管制器具；

（三）殴打、辱骂、恐吓，或者故意伤害他人身体；

（四）盗窃、哄抢、抢夺或者故意损毁公私财物；

（五）传播淫秽的读物、音像制品或者信息等；

（六）卖淫、嫖娼，或者进行淫秽表演；

（七）吸食、注射毒品，或者向他人提供毒品；

(八)参与赌博赌资较大;

(九)其他严重危害社会的行为。

考生注意区分不良行为和严重不良行为。

不良行为(第 28 条)	严重不良行为(第 38 条)
吸烟、饮酒	结伙斗殴,追逐、拦截他人,强拿硬要或者任意损毁、占用公私财物等寻衅滋事行为
多次旷课、逃学	非法携带枪支、弹药或者弩、匕首等国家规定的管制器具
无故夜不归宿、离家出走	殴打、辱骂、恐吓,或者故意伤害他人身体
沉迷网络	盗窃、哄抢、抢夺或者故意损毁公私财物
与社会上具有不良习性的人交往,组织或者参加实施不良行为的团伙	吸食、注射毒品,或者向他人提供毒品
参与赌博、变相赌博,或者参加封建迷信、邪教等活动	参与赌博赌资较大
进入法律法规规定未成年人不宜进入的场所(如网吧、酒吧、舞厅等)	传播淫秽的读物、音像制品或者信息等
阅览、观看或者收听宣扬淫秽、色情、暴力、恐怖、极端等内容的读物、音像制品或者网络信息等	卖淫、嫖娼,或者进行淫秽表演
其他不利于未成年人身心健康成长的不良行为	其他严重危害社会的行为

【对严重不良行为的强制报告义务】第三十九条 未成年人的父母或者其他监护人、学校、居民委员会、村民委员会发现有人教唆、胁迫、引诱未成年人实施严重不良行为的,应当立即向公安机关报告。公安机关接到报告或者发现有上述情形的,应当及时依法查处;对人身安全受到威胁的未成年人,应当立即采取有效保护措施。

【公安机关接到举报后的处理】第四十条 公安机关接到举报或者发现未成年人有严重不良行为的,应当及时制止,依法调查处理,并可以责令其父母或者其他监护人消除或者减轻违法后果,采取措施严加管教。

【对严重不良行为的未成年人的矫治教育措施】第四十一条 对有严重不良行为的未成年人,公安机关可以根据具体情况,采取以下矫治教育措施:

（一）予以训诫；

（二）责令赔礼道歉、赔偿损失；

（三）责令具结悔过；

（四）责令定期报告活动情况；

（五）责令遵守特定的行为规范，不得实施特定行为、接触特定人员或者进入特定场所；

（六）责令接受心理辅导、行为矫治；

（七）责令参加社会服务活动；

（八）责令接受社会观护，由社会组织、有关机构在适当场所对未成年人进行教育、监督和管束；

（九）其他适当的矫治教育措施。

【社会组织及监护人参与配合矫治教育】第四十二条 公安机关在对未成年人进行矫治教育时，可以根据需要邀请学校、居民委员会、村民委员会以及社会工作服务机构等社会组织参与。

未成年人的父母或者其他监护人应当积极配合矫治教育措施的实施，不得妨碍阻挠或者放任不管。

【监护人或者学校无力管教的可以申请接受专门教育】第四十三条 对有严重不良行为的未成年人，未成年人的父母或者其他监护人、所在学校无力管教或者管教无效的，可以向教育行政部门提出申请，经专门教育指导委员会评估同意后，由教育行政部门决定送入专门学校接受专门教育。

【送入专门学校接受专门教育的情形】第四十四条 未成年人有下列情形之一的，经专门教育指导委员会评估同意，教育行政部门会同公安机关可以决定将其送入专门学校接受专门教育：

（一）实施严重危害社会的行为，情节恶劣或者造成严重后果；

（二）多次实施严重危害社会的行为；

（三）拒不接受或者配合本法第四十一条规定的矫治教育措施；

（四）法律、行政法规规定的其他情形。

【对构成违法犯罪行为的专门矫治教育】第四十五条 未成年人实施刑法规定的行为、因不满法定刑事责任年龄不予刑事处罚的，经专门教育指导委员会评估同意，教育行政部门会同公安机关可以决定对其进行专门矫治教育。

省级人民政府应当结合本地的实际情况，至少确定一所专门学校按照分校区、分班级等方式设置专门场所，对前款规定的未成年人进行专门矫治教育。

前款规定的专门场所实行闭环管理，公安机关、司法行政部门负责未成年人的矫治工作，教育行政部门承担未成年人的教育工作。

【专门学校的学期评估】第四十六条 专门学校应当在每个学期适时提请专门教育指导委员会对接受专门教育的未成年学生的情况进行评估。对经评估适合转回普通学校就读的，专门教育指导委员会应当向原决定机关提出书面建议，由原决定机关决定是否将未成年学生转回普通学校就读。

原决定机关决定将未成年学生转回普通学校的，其原所在学校不得拒绝接收；因特殊情况，不适宜转回原所在学校的，由教育行政部门安排转学。

【分级分类教育矫治】第四十七条 专门学校应当对接受专门教育的未成年人分级分类进行教育和矫治，有针对性地开展道德教育、法治教育、心理健康教育，并根据实际情况进行职业教育；对没有完成义务教育的未成年人，应当保证其继续接受义务教育。

专门学校的未成年学生的学籍保留在原学校，符合毕业条件的，原学校应当颁发毕业证书。

真题面对面

［2023 上半年真题］初中学生小航因有严重不良行为被送到专门学校接受教育。依据《中华人民共和国预防未成年人犯罪法》，下列说法正确的是（　　）

A. 学校可以开除小航的学籍

B. 学校应当保留小航的学籍

C. 学校应当为小航办理休学手续

D. 学校应将小航的学籍转至专门学校

答案：B。

【专门学校与监护人的联系沟通】第四十八条 专门学校应当与接受专门教育的未成年人的父母或者其他监护人加强联系，定期向其反馈未成年人的矫治和教育情况，为父母或者其他监护人、亲属等看望未成年人提供便利。

【父母等监护人的行政复议和行政诉讼权利】第四十九条 未成年人及其父母或者其他监护人对本章规定的行政决定不服的，可以依法提起行政复议或者行政诉讼。

第五章　对重新犯罪的预防

考频分布 2019 下单选，2019 上单选，2018 下单选

【公检法机关对未成年人的法治教育】第五十条 公安机关、人民检察院、人民法院办理未成年人刑事案件，应当根据未成年人的生理、心理特点和犯罪的情况，有针对性地进行法治教育。

对涉及刑事案件的未成年人进行教育,其法定代理人以外的成年亲属或者教师、辅导员等参与有利于感化、挽救未成年人的,公安机关、人民检察院、人民法院应当邀请其参加有关活动。

【对未成年人刑事案件的社会调查和心理测评】第五十一条 公安机关、人民检察院、人民法院办理未成年人刑事案件,可以自行或者委托有关社会组织、机构对未成年犯罪嫌疑人或者被告人的成长经历、犯罪原因、监护、教育等情况进行社会调查;根据实际需要并经未成年犯罪嫌疑人、被告人及其法定代理人同意,可以对未成年犯罪嫌疑人、被告人进行心理测评。

社会调查和心理测评的报告可以作为办理案件和教育未成年人的参考。

【未成年人的取保候审】第五十二条 公安机关、人民检察院、人民法院对于无固定住所、无法提供保证人的未成年人适用取保候审的,应当指定合适成年人作为保证人,必要时可以安排取保候审的未成年人接受社会观护。

【未成年人在关押、管理、教育和社区矫正方面的区别对待】第五十三条 对被拘留、逮捕以及在未成年犯管教所执行刑罚的未成年人,应当与成年人分别关押、管理和教育。对未成年人的社区矫正,应当与成年人分别进行。

对有上述情形且没有完成义务教育的未成年人,公安机关、人民检察院、人民法院、司法行政部门应当与教育行政部门相互配合,保证其继续接受义务教育。

【未成年犯的法治教育与职业教育】第五十四条 未成年犯管教所、社区矫正机构应当对未成年犯、未成年社区矫正对象加强法治教育,并根据实际情况对其进行职业教育。

【未成年社区矫正对象的安置帮教】第五十五条 社区矫正机构应当告知未成年社区矫正对象安置帮教的有关规定,并配合安置帮教工作部门落实或者解决未成年社区矫正对象的就学、就业等问题。

【对刑满释放未成年犯的安置帮教措施】第五十六条 对刑满释放的未成年人,未成年犯管教所应当提前通知其父母或者其他监护人按时接回,并协助落实安置帮教措施。没有父母或者其他监护人、无法查明其父母或者其他监护人的,未成年犯管教所应当提前通知未成年人原户籍所在地或者居住地的司法行政部门安排人员按时接回,由民政部门或者居民委员会、村民委员会依法对其进行监护。

【父母等监护人和学校、居(村)委会的协助安置帮教义务】第五十七条 未成年人的父母或者其他监护人和学校、居民委员会、村民委员会对接受社区矫正、刑满释放的未成年人,应当采取有效的帮教措施,协助司法机关以及有关部门做好安置帮教工作。

居民委员会、村民委员会可以聘请思想品德优秀,作风正派,热心未成年人工作的离退休人员、志愿者或其他人员协助做好前款规定的安置帮教工作。

【不得歧视刑满释放和接受社区矫正的未成年人】第五十八条 刑满释放和接受社区矫正的未成年人，在复学、升学、就业等方面依法享有与其他未成年人同等的权利，任何单位和个人不得歧视。

【未成年人犯罪记录等的封存制度】第五十九条 未成年人的犯罪记录依法被封存的，公安机关、人民检察院、人民法院和司法行政部门不得向任何单位或者个人提供，但司法机关因办案需要或者有关单位根据国家有关规定进行查询的除外。依法进行查询的单位和个人应当对相关记录信息予以保密。

未成年人接受专门矫治教育、专门教育的记录，以及被行政处罚、采取刑事强制措施和不起诉的记录，适用前款规定。

【人民检察院对未成年人重新犯罪的预防监督权】第六十条 人民检察院通过依法行使检察权，对未成年人重新犯罪预防工作等进行监督。

第六章 法律责任

考频分布 2018 下单选，2017 上单选

【父母等监护人不履行监护职责的处理】第六十一条 公安机关、人民检察院、人民法院在办理案件过程中发现实施严重不良行为的未成年人的父母或者其他监护人不依法履行监护职责的，应当予以训诫，并可以责令其接受家庭教育指导。

真题面对面

[2018 下半年真题] 初中生冯某经常夜不归宿，其父母放任不管。依据《中华人民共和国预防未成年人犯罪法》的规定，应由公安机关对冯某父母( )

A. 予以拘留 B. 予以罚款 C. 予以训诫 D. 予以劝诫

答案：C。

【学校及教职员工违法行为的法律责任】第六十二条 学校及其教职员工违反本法规定，不履行预防未成年人犯罪工作职责，或者虐待、歧视相关未成年人的，由教育行政等部门责令改正，通报批评；情节严重的，对直接负责的主管人员和其他直接责任人员依法给予处分。构成违反治安管理行为的，由公安机关依法予以治安管理处罚。

教职员工教唆、胁迫、引诱未成年人实施不良行为或者严重不良行为，以及品行不良、影响恶劣的，教育行政部门、学校应当依法予以解聘或者辞退。

【歧视未成年人的法律责任】第六十三条 违反本法规定，在复学、升学、就业等方面歧视相关未成年人的，由所在单位或者教育、人力资源社会保障等部门责令改正；拒不改正的，对直接负责的主管人员或者其他直接责任人员依法给予处分。

【社会组织、机构及工作人员违法行为的法律责任】第六十四条 有关社会组织、机构及其工作人员虐待、歧视接受社会观护的未成年人，或者出具虚假社会调查、心理测评报告的，由民政、司法行政等部门对直接负责的主管人员或者其他直接责任人员依法给予处分，构成违反治安管理行为的，由公安机关予以治安管理处罚。

【教唆未成年人实施不良行为的法律责任】第六十五条 教唆、胁迫、引诱未成年人实施不良行为或者严重不良行为，构成违反治安管理行为的，由公安机关依法予以治安管理处罚。

【国家机关及工作人员的法律责任】第六十六条 国家机关及其工作人员在预防未成年人犯罪工作中滥用职权、玩忽职守、徇私舞弊的，对直接负责的主管人员和其他直接责任人员，依法给予处分。

【刑事责任的追究】第六十七条 违反本法规定，构成犯罪的，依法追究刑事责任。

第七章 附 则

【施行日期】第六十八条 本法自 2021 年 6 月 1 日起施行。

第七节 《学生伤害事故处理办法》

思维导图

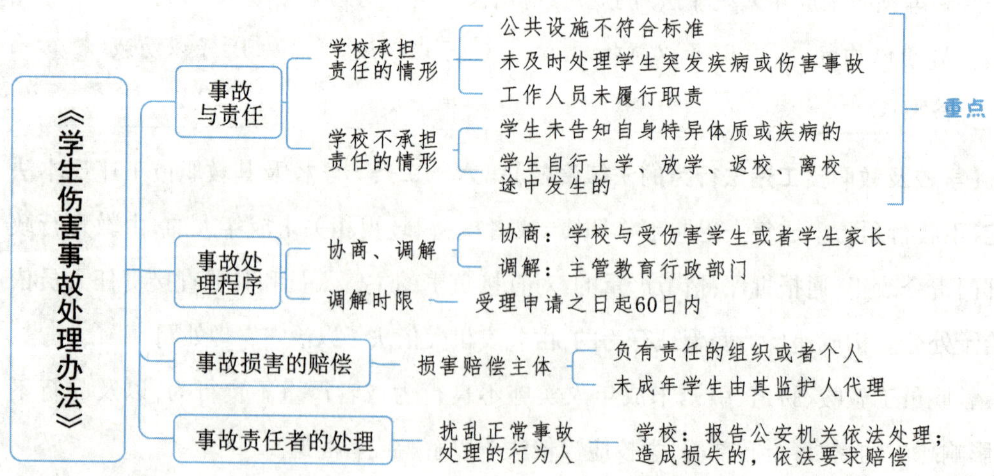

考向分析

本节主要介绍《学生伤害事故处理办法》的内容，记忆性知识较多，在考试中以单选题的形式进行考查。汇总分析2015至2023年的真题试卷，本节知识考查情况见下表：

知识	考点	考频	题型
事故与责任	担责主体及担责程度的判定情形	9	单选
事故损害的赔偿	赔偿责任的担责程度及担责主体的判定	6	单选
事故责任者的处理	对扰乱事故处理人员的制裁	1	单选

一、《学生伤害事故处理办法》的性质

《学生伤害事故处理办法》是教育部制定颁发的，属于教育规章，为实施未成年人安全保护提供了实际操作规则。该法规不仅与学生的权利保护有关，也与教育活动中学校权益、学校教育教学活动秩序相关。

二、《学生伤害事故处理办法》的内容 【9年16考】

第一章　总　则

【立法宗旨】第一条　为积极预防、妥善处理在校学生伤害事故，保护学生、学校的合法权益，根据《中华人民共和国教育法》《中华人民共和国未成年人保护法》和其他相关法律、行政法规及有关规定，制定本办法。

【适用范围】第二条　在学校实施的教育教学活动或者学校组织的校外活动中，以及在学校负有管理责任的校舍、场地、其他教育教学设施、生活设施内发生的，造成在校学生人身损害后果的事故的处理，适用本办法。

【实施原则】第三条　学生伤害事故应当遵循依法、客观公正、合理适当的原则，及时、妥善地处理。

【安全设施】第四条　学校的举办者应当提供符合安全标准的校舍、场地、其他教育教学设施和生活设施。

教育行政部门应当加强学校安全工作，指导学校落实预防学生伤害事故的措施，指导、协助学校妥善处理学生伤害事故，维护学校正常的教育教学秩序。

【学校安全措施】第五条 学校应当对在校学生进行必要的安全教育和自护自救教育；应当按照规定，建立健全安全制度，采取相应的管理措施，预防和消除教育教学环境中存在的安全隐患；当发生伤害事故时，应当及时采取措施救助受伤害学生。

学校对学生进行安全教育、管理和保护，应当针对学生年龄、认知能力和法律行为能力的不同，采用相应的内容和预防措施。

【学生注意事项】第六条 学生应当遵守学校的规章制度和纪律；在不同的受教育阶段，应当根据自身的年龄、认知能力和法律行为能力，避免和消除相应的危险。

【监护人责任】第七条 未成年学生的父母或者其他监护人（以下称为监护人）应当依法履行监护职责，配合学校对学生进行安全教育、管理和保护工作。

学校对未成年学生不承担监护职责，但法律有规定的或者学校依法接受委托承担相应监护职责的情形除外。

第二章 事故与责任

考频分布 2015—2023 年，以单选题形式考查 9 次

【归责原则】第八条 发生学生伤害事故，造成学生人身损害的，学校应当按照《中华人民共和国侵权责任法》及相关法律、法规的规定，承担相应的事故责任。

《中华人民共和国侵权责任法》自 2021 年 1 月 1 日起正式废止，关于侵权责任的具体规定应参考《中华人民共和国民法典》第七编“侵权责任”。

【学校承担事故责任的具体情形】第九条 因下列情形之一造成的学生伤害事故，学校应当依法承担相应的责任：

第 9、10 条

（一）学校的校舍、场地、其他公共设施，以及学校提供给学生使用的学具、教育教学和生活设施、设备不符合国家规定的标准，或者有明显不安全因素的；

（二）学校的安全保卫、消防、设施设备管理等安全管理制度有明显疏漏，或者管理混乱，存在重大安全隐患，而未及时采取措施的；

（三）学校向学生提供的药品、食品、饮用水等不符合国家或者行业的有关标准、要求的；

（四）学校组织学生参加教育教学活动或者校外活动，未对学生进行相应的安全教育，并未在可预见的范围内采取必要的安全措施的；

（五）学校知道教师或者其他工作人员患有不适宜担任教育教学工作的疾病，但未采

取必要措施的；

（六）学校违反有关规定，组织或者安排未成年学生从事不宜未成年人参加的劳动、体育运动或者其他活动的；

（七）学生有特异体质或者特定疾病，不宜参加某种教育教学活动，学校知道或者应当知道，但未予以必要的注意的；

（八）学生在校期间突发疾病或者受到伤害，学校发现，但未根据实际情况及时采取相应措施，导致不良后果加重的；

（九）学校教师或者其他工作人员体罚或者变相体罚学生，或者在履行职责过程中违反工作要求、操作规程、职业道德或者其他有关规定的；

（十）学校教师或者其他工作人员在负有组织、管理未成年学生的职责期间，发现学生行为具有危险性，但未进行必要的管理、告诫或者制止的；

（十一）对未成年学生擅自离校等与学生人身安全直接相关的信息，学校发现或者知道，但未及时告知未成年学生的监护人，导致未成年学生因脱离监护人的保护而发生伤害的；

（十二）学校有未依法履行职责的其他情形的。

【学生或未成年学生监护人的法律责任】第十条 学生或者未成年学生监护人由于过错，有下列情形之一，造成学生伤害事故，应当依法承担相应的责任：

（一）学生违反法律法规的规定，违反社会公共行为准则、学校的规章制度或者纪律，实施按其年龄和认知能力应当知道具有危险或者可能危及他人的行为的；

（二）学生行为具有危险性，学校、教师已经告诫、纠正，但学生不听劝阻、拒不改正的；

（三）学生或者其监护人知道学生有特异体质，或者患有特定疾病，但未告知学校的；

（四）未成年学生的身体状况、行为、情绪等有异常情况，监护人知道或者已被学校告知，但未履行相应监护职责的；

（五）学生或者未成年学生监护人有其他过错的。

真题面对面

1.［2023 下半年真题］中学生郭某在上课时突发疾病，学校发现后未及时采取相应措施，导致不良后果。关于学校在此事故中承担的法律责任，下列说法正确的是（　　）

A. 不承担任何责任　　B. 承担部分法律责任

C. 仅承担道义责任　　D. 承担全部法律责任

答案：D。题干中学校未对突发疾病的学生采取相应措施，导致不良后果，故应由学校承担全部责任。A、B、C 选项均为干扰项，本题选 D。

2. [2020 下半年真题] 某次体育课上因老师迟迟未到，班长刘某组织同学到操场踢足球，在踢球时，学生宋某突然昏倒在地，经抢救无效死亡。经调查得知，宋某患有先天性心脏病，而学校事先并不知晓。在这次事故中，应依法承担责任的是(　　)

A. 学校和宋某的监护人

B. 学校和刘某的监护人

C. 刘某和宋某的监护人

D. 刘某的监护人和宋某的监护人

答案：A。题干中，体育老师上课迟到，违反了工作章程，因此学校应承担相应的责任。宋某有先天性心脏病但并未事先告诉学校，因此其监护人应承担相应的责任。故本题选 A。

【学生因参加活动致害时的责任处理】第十一条　学校安排学生参加活动，因提供场地、设备、交通工具、食品及其他消费与服务的经营者，或者学校以外的活动组织者的过错造成的学生伤害事故，有过错的当事人应当依法承担相应的责任。

【学校可援引的免责抗辩事由】第十二条　因下列情形之一造成的学生伤害事故，学校已履行了相应职责，行为并无不当的，无法律责任：

(一)地震、雷击、台风、洪水等不可抗的自然因素造成的；

(二)来自学校外部的突发性、偶发性侵害造成的；

(三)学生有特异体质、特定疾病或者异常心理状态，学校不知道或者难于知道的；

(四)学生自杀、自伤的；

(五)在对抗性或者具有风险性的体育竞赛活动中发生意外伤害的；

(六)其他意外因素造成的。

真题面对面

[2021 下半年真题] 某中学教室的天花板因地震脱落，学生小林被吓得不敢动弹，刘老师见状急忙冲上前去保护小林，自己被砸伤，班上的另两名同学也受了轻伤。对于这起事故，下列选项中说法正确的是(　　)

A. 学校应承担过错赔偿责任

B. 学校应对教师给予适当补偿

C. 小林的监护人应承担赔偿责任

D. 学校主管人员应承担刑事责任

答案:B。因地震、雷击、台风、洪水等不可抗的自然因素造成的学生伤害事故,学校已履行了相应职责,行为并无不当的,无法律责任。故A、D项可排除。天花板因地震脱落砸伤保护学生的刘老师,学生小林无过错,其监护人无需承担赔偿责任。故C项不选。刘老师履行教师职责,积极保护学生,学校应对受伤的刘老师给予适当补偿,故本题答案为B项。

【校外事故处理原则】第十三条 下列情形下发生的造成学生人身损害后果的事故,学校行为并无不当的,不承担事故责任;事故责任应当按有关法律法规或者其他有关规定认定:

(一)在学生自行上学、放学、返校、离校途中发生的;

(二)在学生自行外出或者擅自离校期间发生的;

(三)在放学后、节假日或者假期等学校工作时间以外,学生自行滞留学校或者自行到校发生的;

(四)其他在学校管理职责范围外发生的。

【致害人承担法律责任的情形】第十四条 因学校教师或者其他工作人员与其职务无关的个人行为,或者因学生、教师及其他个人故意实施的违法犯罪行为,造成学生人身损害的,由致害人依法承担相应的责任。

第三章 事故处理程序

【学校的及时救助义务】第十五条 发生学生伤害事故,学校应当及时救助受伤害学生,并应当及时告知未成年学生的监护人;有条件的,应当采取紧急救援等方式救助。

【学校的报告义务】第十六条 发生学生伤害事故,情形严重的,学校应当及时向主管教育行政部门及有关部门报告;属于重大伤亡事故的,教育行政部门应当按照有关规定及时向同级人民政府和上一级教育行政部门报告。

【行政部门的职责】第十七条 学校的主管教育行政部门应学校要求或者认为必要,可以指导、协助学校进行事故的处理工作,尽快恢复学校正常的教育教学秩序。

【事故的调解和诉讼】第十八条 发生学生伤害事故,学校与受伤害学生或者学生家长可以通过协商方式解决;双方自愿,可以书面请求主管教育行政部门进行调解。

成年学生或者未成年学生的监护人也可以依法直接提起诉讼。

【调解时限】第十九条 教育行政部门收到调解申请,认为必要的,可以指定专门人员进行调解,并应当在受理申请之日起60日内完成调解。

【调解程序】第二十条 经教育行政部门调解,双方就事故处理达成一致意见的,应当在调解人员的见证下签订调解协议,结束调解;在调解期限内,双方不能达成一致意见,或者调解过程中一方提起诉讼,人民法院已经受理的,应当终止调解。

调解结束或者终止,教育行政部门应当书面通知当事人。

【诉讼】第二十一条 对经调解达成的协议,一方当事人不履行或者反悔的,双方可以依法提起诉讼。

【事故处理结果】第二十二条 事故处理结束,学校应当将事故处理结果书面报告主管的教育行政部门;重大伤亡事故的处理结果,学校主管的教育行政部门应当向同级人民政府和上一级教育行政部门报告。

第四章 事故损害的赔偿

考频分布 2015—2023 年,以单选题形式考查 6 次

【损害赔偿主体】第二十三条 对发生学生伤害事故负有责任的组织或者个人,应当按照法律法规的有关规定,承担相应的损害赔偿责任。

【赔偿范围与标准的确定】第二十四条 学生伤害事故赔偿的范围与标准,按照有关行政法规、地方性法规或者最高人民法院司法解释中的有关规定确定。

教育行政部门进行调解时,认为学校有责任的,可以依照有关法律法规及国家有关规定,提出相应的调解方案。

【伤残鉴定】第二十五条 对受伤害学生的伤残程度存在争议的,可以委托当地具有相应鉴定资格的医院或者有关机构,依据国家规定的人体伤残标准进行鉴定。

【学校的赔偿责任】第二十六条 学校对学生伤害事故负有责任的,根据责任大小,适当予以经济赔偿,但不承担解决户口、住房、就业等与救助受伤害学生、赔偿相应经济损失无直接关系的其他事项。

学校无责任的,如果有条件,可以根据实际情况,本着自愿和可能的原则,对受伤害学生给予适当的帮助。

真题面对面

[2019 上半年真题]初中生林某在参加学校组织的春游时不慎摔伤。经认定,学校有一定过错。对于该起事故,学校应当(　　)

A. 对林某补偿经济损失　　B. 对林某补偿精神损失

C. 对林某依法赔偿损失　　D. 与林某平均分担损失

答案:C。在题干所述的学生伤害事故中,学校有一定过错,应当依法承担相应的损害赔偿责任。所以,学校应当对林某依法赔偿损失。

【追偿权】第二十七条　因学校教师或者其他工作人员在履行职务中的故意或者重大过失造成的学生伤害事故,学校予以赔偿后,可以向有关责任人员追偿。

【监护人责任】第二十八条　未成年学生对学生伤害事故负有责任的,由其监护人依法承担相应的赔偿责任。

学生的行为侵害学校教师及其他工作人员以及其他组织、个人的合法权益,造成损失的,成年学生或者未成年学生的监护人应当依法予以赔偿。

真题面对面

[2022 上半年真题]初一学生余亮离校后故意将同学赵刚打伤。依据《学生伤害事故处理办法》,应对赵刚所受伤害承担赔偿责任的是(　　)

A. 余亮的监护人　B. 余亮的班主任　C. 余亮本人　D. 学校

答案:A。

对于在学校职责范围内发生的学生伤害事故,考生需要厘清事故中学校适用的归责原则与举证主体。

事故情况	学校归责原则	举证主体	法律责任
无民事行为能力人(不满八周岁的未成年人)受到侵害	过错推定原则	学校,即学校需要提供证据	学校若能证明已尽到教育、管理职责,可免除侵权责任;学校若无法证明,则承担侵权责任
限制民事行为能力人(八周岁以上的未成年人)受到侵害	过错责任原则	主张人(一般是受害人或其监护人),即"谁主张谁举证"	主张人提供的证据若能证明学校未尽到教育、管理职责,学校须承担侵权责任
无民事行为能力人或者限制民事行为能力人受到第三人的侵害	补充责任	受害人或第三人为举证主体	第三人承担侵权责任。若第三人下落不明或者第三人没有能力全部承担侵权责任,学校在其未尽到管理职责的范围内承担相应的补充责任,可向第三人追偿。如果第三人已经承担全部责任,则学校不再承担责任

【赔偿金的筹措】第二十九条　根据双方达成的协议、经调解形成的协议或者人民法院的生效判决,应当由学校负担的赔偿金,学校应当负责筹措;学校无力完全筹

措的，由学校的主管部门或者举办者协助筹措。

【伤害赔偿准备金】第三十条 县级以上人民政府教育行政部门或者学校举办者有条件的，可以通过设立学生伤害赔偿准备金等多种形式，依法筹措伤害赔偿金。

【保险机制】第三十一条 学校有条件的，应当依据保险法的有关规定，参加学校责任保险。

教育行政部门可以根据实际情况，鼓励中小学参加学校责任保险。

提倡学生自愿参加意外伤害保险。在尊重学生意愿的前提下，学校可以为学生参加意外伤害保险创造便利条件，但不得从中收取任何费用。

第五章 事故责任者的处理

考频分布 2018下单选

【学校责任人的法律制裁】第三十二条 发生学生伤害事故，学校负有责任且情节严重的，教育行政部门应当根据有关规定，对学校的直接负责的主管人员和其他直接责任人员，分别给予相应的行政处分；有关责任人的行为触犯刑律的，应当移送司法机关依法追究刑事责任。

【安全隐患的整顿】第三十三条 学校管理混乱，存在重大安全隐患的，主管的教育行政部门或者其他有关部门应当责令其限期整顿；对情节严重或者拒不改正的，应当依据法律法规的有关规定，给予相应的行政处罚。

【教育部门责任人的法律制裁】第三十四条 教育行政部门未履行相应职责，对学生伤害事故的发生负有责任的，由有关部门对直接负责的主管人员和其他直接责任人员分别给予相应的行政处分；有关责任人的行为触犯刑律的，应当移送司法机关依法追究刑事责任。

【责任学生的法律制裁】第三十五条 违反学校纪律，对造成学生伤害事故负有责任的学生，学校可以给予相应的处分；触犯刑律的，由司法机关依法追究刑事责任。

【对扰乱正常事故处理的行为人的制裁】第三十六条 受伤害学生的监护人、亲属或者其他有关人员，在事故处理过程中无理取闹，扰乱学校正常教育教学秩序，或者侵犯学校、学校教师或者其他工作人员的合法权益的，学校应当报告公安机关依法处理；造成损失的，可以依法要求赔偿。

第六章 附 则

【用语解释】第三十七条 本办法所称学校，是指国家或者社会力量举办的全日制的中小学(含特殊教育学校)、各类中等职业学校、高等学校。

本办法所称学生是指在上述学校中全日制就读的受教育者。

【幼儿园事故的处理】第三十八条 幼儿园发生的幼儿伤害事故，应当根据幼儿为完全无行为能力人的特点，参照本办法处理。

【其他教育机构事故的处理】第三十九条 其他教育机构发生的学生伤害事故，参照本办法处理。

在学校注册的其他受教育者在学校管理范围内发生的伤害事故，参照本办法处理。

【实施时间】第四十条 本办法自2002年9月1日起实施，原国家教委、教育部颁布的与学生人身安全事故处理有关的规定，与本办法不符的，以本办法为准。

在本办法实施之前已处理完毕的学生伤害事故不再重新处理。

在历年考试中，《学生伤害事故处理办法》几乎每次考试都会考查。题干通常会给出一个关于学生伤害事故的例子，要求考生结合例子进行判断，试题的命题角度多是要求判断承担事故责任或赔偿责任的主体，有时还会具体考查主体的担责程度，如承担主要责任、部分或次要责任。

对于这类试题，考生要认真读题，明确问题要求选择的是担责的主体还是担责的程度，然后结合例子和相关法条确认事故发生的具体情形（时间、地点）、致害主体及其所要承担的责任程度，此外可能还需考虑是否与学校有关、学校是否需要担责。

知识再拔高

《中华人民共和国民法典》中关于侵权责任的部分规定

第一千一百六十五条 行为人因过错侵害他人民事权益造成损害的，应当承担侵权责任。

依照法律规定推定行为人有过错，其不能证明自己没有过错的，应当承担侵权责任。

第一千一百六十六条 行为人造成他人民事权益损害，不论行为人有无过错，法律规定应当承担侵权责任的，依照其规定。

第一千一百六十八条 二人以上共同实施侵权行为，造成他人损害的，应当承担连带责任。

第一千一百六十九条 教唆、帮助他人实施侵权行为的，应当与行为人承担连带责任。

教唆、帮助无民事行为能力人、限制民事行为能力人实施侵权行为的，应当承担侵权责任；该无民事行为能力人、限制民事行为能力人的监护人未尽到监护职责的，应当承担相应的责任。

第一千一百八十八条 无民事行为能力人、限制民事行为能力人造成他人损害的，由监护人承担侵权责任。监护人尽到监护职责的，可以减轻其侵权责任。

有财产的无民事行为能力人、限制民事行为能力人造成他人损害的，从本人财产中支付赔偿费用；不足部分，由监护人赔偿。

第一千一百八十九条 无民事行为能力人、限制民事行为能力人造成他人损害，监护人将监护职责委托给他人的，监护人应当承担侵权责任；受托人有过错的，承担相应的责任。

第一千一百九十九条 无民事行为能力人在幼儿园、学校或者其他教育机构学习、生活期间受到人身损害的，幼儿园、学校或者其他教育机构应当承担侵权责任；但是，能够证明尽到教育、管理职责的，不承担侵权责任。

第一千二百条 限制民事行为能力人在学校或者其他教育机构学习、生活期间受到人身损害，学校或者其他教育机构未尽到教育、管理职责的，应当承担侵权责任。

第一千二百零一条 无民事行为能力人或者限制民事行为能力人在幼儿园、学校或者其他教育机构学习、生活期间，受到幼儿园、学校或者其他教育机构以外的第三人人身损害的，由第三人承担侵权责任；幼儿园、学校或者其他教育机构未尽到管理职责的，承担相应的补充责任。幼儿园、学校或者其他教育机构承担补充责任后，可以向第三人追偿。

第一千二百四十五条 饲养的动物造成他人损害的，动物饲养人或者管理人应当承担侵权责任；但是，能够证明损害是因被侵权人故意或者重大过失造成的，可以不承担或者减轻责任。

第八节 教师的权利与义务

思维导图

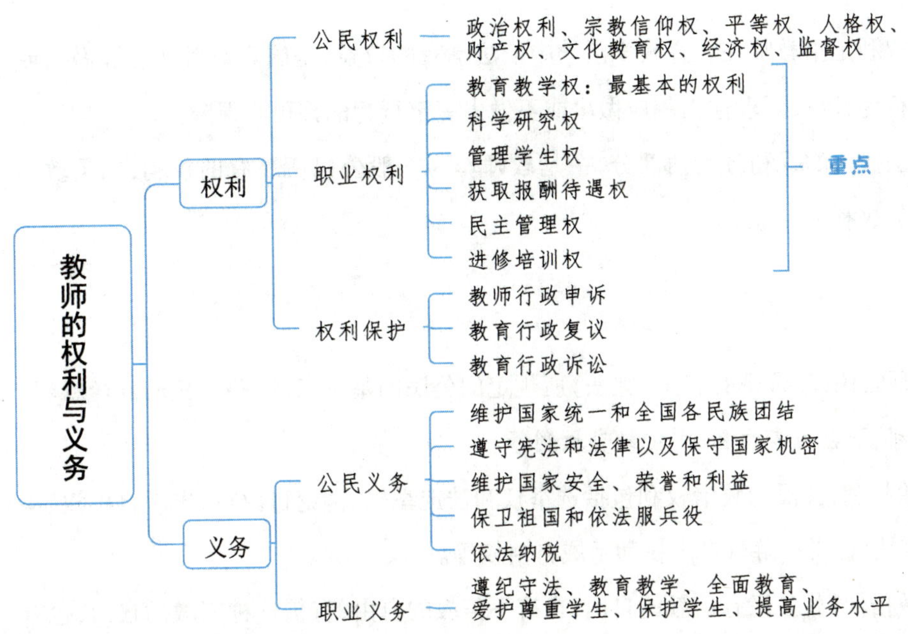

考向分析

本节主要介绍教师权利和义务的内容，要求考生理解记忆，在考试中以单选题的形式进行考查。汇总分析2015年至2023年的真题试卷，本节知识考查情况见下表：

知识	考点	考频	题型
教师的权利	教师的职业权利	5	单选
教师的义务	教师的职业义务	1	单选

一、教师的权利 【9年5考】

考点1 教师权利的内涵

教师的权利是指教师在教育教学活动中依法享有的权益，是国家对教师能够做出或不做出一定行为，以及要求他人相应做出或不做出一定行为的许可与保障。

教师在法律上的权利分为两部分，一是教师作为一般公民所享有的权利；二是教师作为教育者的权利。

考点2 教师的公民权利

作为普通公民，教师享有我国《宪法》所规定的公民的基本权利，如公民的政治权利、宗教信仰权利、社会经济权利、文化教育权利等。

(1)政治权利：公民的政治权利包括选举权和被选举权、言论自由权、出版自由权、集会自由权、结社自由权、游行自由权和示威自由权等。

(2)宗教信仰权：公民有信教的自由，也有不信教的自由；有信这种宗教的自由，也有信那种宗教的自由；同一宗教中有信仰这一教派的自由，也有信仰那一教派的自由；有过去信教现在不信教的自由，也有过去不信教现在信教的自由。

(3)平等权：任何公民在法律面前人人平等，任何组织和个人都不得有超越宪法和法律的特权。

(4)人格权：人格权是指公民基于其法律人格而享有的、以人格利益为客体，为维护其独立人格所必需的权利，包括生命权、健康权、身体权、姓名权、肖像权、名誉权、荣誉权、隐私权等。除规定的人格权外，享有基于人身自由、人格尊严产生的其他人格权益。

(5)财产权：公民的财产权是指权利人直接支配财产而排除他人妨碍的权利。

(6)文化教育权：公民的文化教育权主要包括公民的受教育权和进行科研、文学艺术创作和其他文化活动的权利。

(7)经济权：公民的经济权主要包括劳动权、休息权、物质帮助权、退休人员生活保障权等方面的社会经济权利。

(8)监督权：公民对于任何国家机关和国家工作人员，有提出批评和建议的权利；对于任何国家机关和国家工作人员的违法失职行为,有向有关国家机关提出申诉、控告或者检举的权利,但是不得捏造或者歪曲事实进行诬告陷害。对于公民的申诉、控告或者检举,有关国家机关必须查清事实,负责处理。任何人不得压制和打击报复。

考点3　教师的职业权利

考频分布　2015—2023年,以单选题形式考查5次

作为专业人员,教师在从事教育教学活动中有其特殊的权利。这是一种职业特定的法律权利。

1. 教育教学权

教育教学权即进行教育教学活动,开展教育教学改革和实验的权利。这是教师**最基本的权利**。这一权利的基本含义包括:

(1)作为教师,有权依据其所在学校的教学计划、教育工作量等具体要求,结合自身教学特点自主地组织课堂教学;

(2)作为教师,有权依照教学大纲的要求确定其教学内容、进度,不断完善教学内容;

(3)作为教师,有权针对不同的教育教学对象,在教育教学的形式、方法、具体内容等方面进行改革和实验。

2. 科学研究权

科学研究权即从事科学研究、学术交流,参加专业的学术团体,在学术活动中发表意见的权利。这是教师作为专业技术人员所享有的一项基本权利。这一权利的基本含义包括:

(1)作为教师,在完成规定的教育教学任务的前提下,有权进行科学研究、技术开发、撰写学术论文、著书立说;

(2)作为教师,有权参加有关的学术交流活动,参加依法成立的学术团体并在其中兼任工作;

(3)作为教师,有权在学术研究中发表自己的学术观点,开展学术争鸣。

教师在行使此项权利时,要注意处理好教学与科研的关系,使之相辅相成,更好地提高教育教学质量。

3. 管理学生权

管理学生权即指导学生的学习和发展,评定学生的品行和学业成绩的权利。这是与教师在教育教学过程中的主导地位相适应的一项基本权利。这一权利的基本含义包括:

(1)作为教师,有权根据教育规律和学生的身心发展特点,因材施教,有针对性地指导学生的学习,并在学生的升学、就业等方面给予指导;

(2)有权对学生的思想品德、学习、文体活动、劳动等方面给予客观公正的评价;

(3)有权运用正确的指导思想和科学的方式方法,使学生的个性和能力得到充分发展。

教师在行使管理学生权时,要注意加强对学生的各方面管理,将关心爱护学生与严格要求学生相结合,促进学生德、智、体等方面全面发展。

4. 获取报酬待遇权

获取报酬待遇权即按时获取工资报酬,享受国家规定的福利待遇以及寒暑假期的带薪休假的权利。这是教师的基本物质保障权利。教师的**工资报酬**,一般包括基础工资、职务工资、课时报酬、奖金、教龄津贴、班主任津贴及其他各种津贴在内的工资性收入。这一权利的基本含义包括:

(1)教师的报酬必须按时发放,不得拖欠教师的报酬,不得克扣或变相克扣教师的工资;

(2)作为教师,有权要求所在学校及其主管部门根据国家教育法律、教师聘任合同的规定按时足额地支付工资报酬;

(3)有权享受国家规定的福利待遇,包括教师的医疗、住房、退休等方面的各项待遇和优惠,以及寒暑假期的带薪休假。

另外,我国《义务教育法》中也对教师权利的获取报酬待遇权进行了具体补充。例如,各级人民政府保障义务教育教师工资福利和社会保险待遇,义务教育教师的平均工资水平不得低于当地公务员,义务教育阶段的特殊教育教师享有补助津贴。

真题面对面

[2023 下半年真题]教师江某积极实施教学改革及实验,学校以影响升学率为由予以制止。该校的做法(　　)

A. 正确,学校有提高升学率的义务

B. 正确,学校有自主管理教师的权利

C. 不正确,侵犯了教师的科学研究权

D. 不正确,侵犯了教师的教育教学权

答案:D。题干中教师江某积极实施教学改革及实验,但学校却予以制止,这种做法不正确,侵犯了教师的教育教学权,A、B 项排除。题干并未体现科学研究权,C 选项排除,本题选 D。

5. 民主管理权

民主管理权即对学校教育教学、管理工作和教育行政部门的工作提出意见和建议,通过教职工代表大会或者其他形式,参与学校的民主管理的权利。

这是教师参与教育管理的民主权利,是宪法中所规定的“公民对任何国家机关和国家工作人员,有提出批评和建议的权利”的具体体现,有利于调动教师参政议政的自觉性和积极性,发挥教师的主人翁作用,加强对学校和教育行政部门工作的监督。

作为教师,有权通过教职工代表大会、工会等组织形式以及其他适当方式,参与学校民主管理,讨论学校改革、发展等方面的重大事项,保障自身的民主权利和切身利益,推进学校的民主建设。

教师在行使民主管理权时,应注意遵循民主集中制的原则,并充分发挥自己对学校、教育行政部门工作的监督作用。

6. 进修培训权

教师享有参加进修或者其他方式的培训的权利,简称**进修培训权**。这是教师享有的接受继续教育的权利。这一权利的基本含义包括:

(1)教师有权参加进修或接受其他形式的培训,不断更新知识,调整知识结构,逐渐完善终身学习体制,从而保障教育教学质量;

(2)教育行政部门和学校其他教育机构应当采取多种形式,开辟多种渠道,保证教师进修培训权的行使,如运用现代远程教育网络,为教师提供继续教育、终身学习的机会。

教师行使这一权利,必须保证完成本职工作,有组织、有安排地进行,不得影响学校正常的教育教学工作。

真题面对面

[**2018 下半年真题**]某中学规定,教师因休产假不能工作的,其工资由学校扣除用作其他代课教师的代课费用。该学校的做法(　　)

A. 不合法,侵犯了教师享受国家规定的福利待遇的权利

B. 不合法,代课教师的工资应由学校自筹经费予以保障

C. 合法,学校享有对教师实施奖励或处分的权利

D. 合法,学校享有按照章程进行自主管理的权利

答案:A。

考点4　教师权利的保护

教师在自身权利受到不法侵害时，有权通过合法途径，保护自身的合法权益。教师可以通过行政申诉、行政复议、行政诉讼等方式，也可以通过民事诉讼，保护自身的合法权益。

1. 教师行政申诉

教师行政申诉，是指教师在其合法权益受到侵犯时，依照法律法规的规定，向主管的行政机关申诉理由，请求处理。教师申诉的范围包括：

（1）教师认为学校或其他教育机构侵犯其《中华人民共和国教师法》规定的合法权益的，可以提起申诉。这里的合法权益，包括我国《教师法》规定的教师在职务聘任、教学科研、工作条件、民主管理、培训进修、考核奖惩、工资福利待遇、退休等方面的各项权益。只要教师认为自己的上述权益受到侵犯，都可以提起申诉。

（2）教师对学校或其他教育机构作出的处理决定不服的，可以提出申诉。

（3）教师认为当地人民政府的有关行政部门侵犯其根据我国《教师法》规定享有的合法权益的，可以提出申诉。

考生易混淆教师申诉的对象及处理机关。考生在做此类试题时，可通过以下方法进行区分和记忆。

申诉原因	申诉人	被申诉人	受理机关
教师认为学校或其他教育机构侵犯其合法权益	教师	学校或其他教育机构	当地人民政府的教育行政部门
教师对学校或其他教育机构作出的处理决定不服的	教师		
教师认为当地人民政府的有关行政部门侵犯其合法权益	教师	当地人民政府的有关行政部门	同级人民政府或者上一级人民政府有关部门

2. 教育行政复议

教育行政复议，是指教育行政相对人（如学校、教师）认为教育行政机关作出的具体行政行为侵犯其合法权益，向做出该行为的机关的上一级教育行政机关或该机关所属的本级人民政府提出申请，受理申请的行政机关对发生争议的具体行政行为进行复查并作出决定的活动。教育行政复议的范围主要包括：

(1)对教育行政处罚不服的；

(2)对教育行政强制措施不服的；

(3)对教育行政机关作出的有关许可证、执照、资质证、资格证等证书变更、中止、撤销的决定不服的；

(4)对教育行政机关因不作为违法的；

(5)行政相对人认为教育行政机关违法集资、征收财物、摊派费用或者违法要求履行其他义务的；

(6)认为教育行政机关侵犯其合法的经营自主权的；

(7)认为教育行政机关的其他具体行政行为侵犯其合法权益的。

3. 教育行政诉讼

教育行政诉讼，是指教育行政管理相对人认为教育行政机关的具体行政行为侵犯其合法权益，依法向人民法院起诉，请求给予法律救济，并由人民法院对行政行为进行审查和裁判的诉讼救济活动。教育行政案件的涉案范围主要集中在：

(1)对教育行政处罚不服的；

(2)认为符合法定条件申请教育行政机关颁发许可证或执照，而教育行政机关拒绝颁发或不予答复的；

(3)申请教育行政机关履行保护人格权、财产权的法定职责，而教育行政机关拒绝履行或者不予答复的；

(4)认为教育行政机关违法要求其履行义务的；

(5)认为教育行政机关侵犯其人格权、财产权的。

二、教师的义务　【9年1考】

考点1　教师义务的内涵

教师的义务，是指教师按照我国《教育法》《教师法》及其他有关法律、法规，从事教育教学工作而必须履行的责任，表现为教师在教育教学活动中必须做出一定行为或不得做出一定行为。

从表现形式上看，教师的义务表现为这三种形式：教师贯彻教育方针，完成教育教学工作的义务就是一种积极性义务；教师不得体罚学生的义务是教育法律规定的一项禁止性义务；当教师不顾教育法律的规定，对学生实施体罚且经教育不改的，有关机关将对其进行相应的处罚并强制其履行相应的义务。

如同教师的权利一样，教师的义务也分为两部分：一是教师作为公民应承担的义务；二是教师作为教育者应承担的义务。

考点2 教师的公民义务

依照我国《宪法》的规定，教师作为普通公民，应当履行如下义务。

（1）教师具有维护国家统一和全国各民族团结的义务。我国《宪法》第五十二条规定："中华人民共和国公民有维护国家统一和全国各民族团结的义务。"

（2）教师具有遵守宪法和法律以及保守国家机密的义务。我国《宪法》第五十三条规定："中华人民共和国公民必须遵守宪法和法律，保守国家机密，爱护公共财产，遵守劳动纪律，遵守公共秩序，尊重社会公德。"

（3）教师具有维护国家安全、荣誉和利益的义务。我国《宪法》第五十四条规定："中华人民共和国公民有维护祖国的安全、荣誉和利益的义务，不得有危害祖国的安全、荣誉和利益的行为。"

（4）教师具有保卫祖国和依法服兵役的义务。我国《宪法》第五十五条规定："保卫祖国、抵抗侵略是中华人民共和国每一个公民的神圣职责。依照法律服兵役和参加民兵组织是中华人民共和国公民的光荣义务。"

（5）教师具有依法纳税的义务。我国《宪法》第五十六条规定："中华人民共和国公民有依照法律纳税的义务。"

考点3 教师的职业义务

考频分布 2019 上单选

结合教师的职业特点，根据我国《教育法》和《教师法》的有关规定，我国教师应承担的义务主要有以下六项。

1. 遵纪守法义务

我国《教师法》第八条第一项规定，教师应当"遵守宪法、法律和职业道德，为人师表"，简称遵纪守法义务。

（1）宪法和法律是国家、社会组织和公民活动的基本行为准则。任何组织和公民都必须遵守。教师要教书育人，就应模范地遵守宪法和法律。

(2)教师职业是一种专门化的职业,有着自身的职业道德准则,教师应当自觉遵守职业道德,做到爱岗敬业、关爱学生、诲人不倦、博学多才、关心集体、团结奋进。我国2008年修订的《中小学教师职业道德规范》明确规定了中小学教师应当遵守的职业道德准则,中小学教师应严格遵守。

(3)教师是人类灵魂的工程师,担负着培养下一代的任务,他们在传授科学文化知识的同时,对学生的思想品德、个性形成有着重要影响,所以教师要注意言传身教,做到为人师表。

2. 教育教学义务

教育教学工作是教师的本职工作,也是教师的基本义务。我国《教师法》第八条第二项规定,教师应当"贯彻国家的教育方针,遵守规章制度,执行学校的教学计划,履行教师聘约,完成教育教学工作任务"。

(1)教师在教育教学工作中,必须坚持教育教学为社会主义现代化建设服务,必须与生产劳动相结合,培养德、智、体等方面全面发展的社会主义事业的建设者和接班人。必须坚持教育教学的社会主义方向,对学生进行社会主义教育,不能有违背社会主义方向和党的政策的任何言论和教育内容。

(2)教师除遵守法律、法规外,还必须遵守学校的规章制度,按照教学计划和教学大纲(课程标准)的要求进行教育教学活动,不得任意改变教学计划,不得无故缺勤、旷工,保证学校教育教学工作的有序进行。

(3)教师应按照聘任合同的约定,履行本人的教育教学职责,完成聘任合同约定的工作任务。

3. 全面教育义务

我国《教师法》第八条第三项规定,教师有"对学生进行宪法所确定的基本原则的教育和爱国主义、民族团结的教育,法制教育以及思想品德、文化、科学技术教育,组织、带领学生开展有益的社会活动"的义务。

(1)教师应当对学生进行四项基本原则的教育和爱国主义、民族团结的教育,坚定学生的共产主义信念,培养学生爱祖国、爱人民的思想。

(2)教师应当对学生进行法制教育及思想品德、文化、科学技术的教育,增强学生的法制观念,引导学生树立科学的世界观、人生观、价值观,并使学生掌握现代文化科学技术知识,把学生培养成为有理想、有道德、有文化、有纪律的合格公民。

(3)教师应当根据学生能力培养和健康成长的需要,组织学生开展有益的社会活动,使学生在活动中长知识、长才干，培养学生的社会责任感。

4. 爱护尊重学生义务

我国《教师法》第八条第四项规定，教师有“关心、爱护全体学生，尊重学生人格，促进学生在品德、智力、体质等方面全面发展”的义务。

（1）教师应当关心、爱护学生。关心、爱护学生是教师的天职，也是教师做好教育工作的前提条件。教师关心、爱护学生，不能只是关心、爱护一部分学生，而是应当关心、爱护全体学生，对缺点较多的后进生，教师应当给予更多的关心、爱护。教师关心、爱护学生，有利于学生的健康成长。

（2）教师应当尊重学生人格。人格尊严是宪法赋予公民的一项基本权利。尽管在教育教学活动中教师处于主导地位，学生处于受教育者的地位，但二者在人格上是平等的。

5. 保护学生义务

我国《教师法》第八条第五项规定，教师有“制止有害于学生的行为或者其他侵犯学生合法权益的行为，批评和抵制有害于学生健康成长的现象”的义务。

（1）教师在教育教学活动中有义务制止有害于学生的行为或其他侵犯学生合法权益的行为。保护学生的合法权益和身心健康发展是全社会的共同责任，教师更是责无旁贷。对于来自各方面的不利于学生健康成长的行为或者侵犯学生合法权益的行为，如社会上的无业青年恐吓学生、索要学生财物等，教师有义务加以劝说、制止，必要时向有关机关举报。

（2）教师有义务对社会上出现的有害于学生健康成长的不良现象进行批评和抵制。在社会生活中存在种种有害于学生健康成长的现象，如腐败现象、唯利是图现象、文娱场所对色情和暴力的渲染以及文化传媒对学生的不当引导等，对此，教师有义务通过各种方式加以批评和抵制，以维护学生的健康成长。

6. 提高思想觉悟和业务水平义务

我国《教师法》第八条第六项规定，教师有“不断提高思想政治觉悟和教育教学业务水平”的义务。这项义务可简称“提高思想觉悟和业务水平”。

教育教学工作是一项培养人才且专业性很强的工作，这就要求教师应具有较高的思想道德和业务水平。特别是在当今社会，科学技术发展迅速，知识更新速度不断加快，而且社会生活日趋复杂化，各种道德、价值观念鱼龙混杂。为了适应新形势下教育教学工作的需要，教师应不断学习，更新知识，加强思想道德修养。只有这样，才能真正担负起提高民族素质的历史使命。

第九节　学生的权利

思维导图

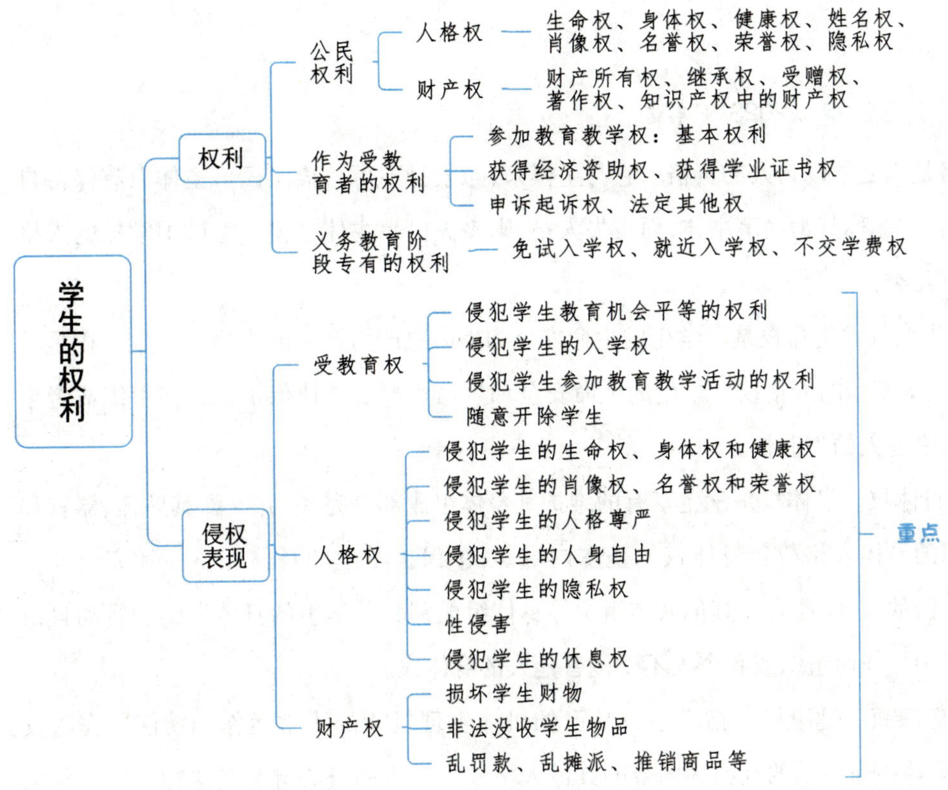

考向分析

本节主要介绍学生的权利和侵犯学生权利的主要表现的内容，记忆性知识较多，需要考生记忆并理解。在考试中以单选题的形式进行考查。汇总分析2015年至2023年的真题试卷，本节知识考查情况见下表：

知识	考点	考频	题型
学生的公民权利	荣誉权	1	单选
侵犯学生权利的主要表现	侵犯学生的受教育权	4	单选
	侵犯学生的人格权	4	单选
	侵犯学生的财产权	4	单选

学生的权利是法定的,可以分为两部分:一是国家宪法和法律授予所有公民的权利;二是教育法律、法规授予尚处于学生阶段的受教育者的权利。

一、学生的公民权利 【9年1考】

1. 人格权

考频分布 2023下单选

人格是人之所以为人的资格。它与生俱来,与人身不可分离。民事主体只有保持自己的人格,才能称其为民事主体;而丧失人格,则丧失民事主体资格。考试中常见的人格权有以下几类:

(1)生命权。生命权是以学生的生命安全和生命尊严为客体的人格权。生命权是学生独立的、最基本的人格权。学生的生命安全和生命尊严受法律保护。任何组织或者个人不得侵害他人的生命权。

(2)身体权。身体权是学生享有的维护其身体组成部分完整,并支配其肢体、器官和身体组织的具体人格权。身体权的基本内容是:①保护学生的身体完整性和完全性。②支配自己的肢体、器官和其他人体组织等身体组成部分。学生的身体完整和行动自由受法律保护。任何组织或者个人不得侵害他人的身体权。

(3)健康权。健康权是指学生以自己的机体生理机能的正常运作和功能的完善发挥,维持人体生命活动的利益为内容的具体人格权。学生的身心健康受法律保护。任何组织或者个人不得侵害他人的健康权。

(4)姓名权。姓名权是学生对其姓名享有的权利。学生享有姓名权,有权依法决定、使用、变更或者许可他人使用自己的姓名,但是不得违背公序良俗。

(5)肖像权。学生享有肖像权,有权依法制作、使用、公开或者许可他人使用自己的肖像。肖像是通过影像、雕塑、绘画等方式在一定载体上所反映的特定自然人可以被识别的外部形象。未经学生监护人的书面同意,任何人不得以营利为目的使用学生的肖像。

(6)名誉权。学生享有名誉权。名誉是对民事主体的品德、声望、才能、信用等的社会评价。任何组织或者个人不得以侮辱、诽谤等方式侵害学生的名誉权。

(7)荣誉权。学生享有荣誉权。任何组织或者个人不得非法剥夺学生的荣誉称号,不得诋毁、贬损学生的荣誉。

(8)隐私权。学生享有隐私权。隐私是学生的私人生活安宁和不愿为他人知晓的私密空间、私密活动、私密信息。任何组织或者个人不得以刺探、侵扰、泄露、公开等方式侵害学生的隐私权。

真题面对面

[2023 下半年真题]中学生赵某在辅导老师的指导下,完成一件科技作品参加比赛并获奖,所获荣誉证书应归(　　)

A. 赵某本人　　B. 辅导老师　　C. 所在学校　　D. 所在班级

答案:A。题干中获奖的作品是由学生赵某完成的,辅导教师虽给予了指导,但并未完全参与作品的制作过程,故荣誉证书应由赵某本人获得。本题选 A 项,B、C、D 选项均为干扰项。

2. 财产权

财产权是指具有物质财富内容,直接和经济利益相联系的民事权利。一般而言,学生财产权包括财产所有权、继承权、受赠权、著作权中的著作财产权以及知识产权中的财产权利等。

(1)财产所有权是指所有人依法对其财产享有占有、使用、收益、处分的权利。学生年龄虽小,但任何人不得随意剥夺、侵犯其权利。

(2)继承权是指依法享有的、能够无偿取得死亡公民遗留的个人合法财产的权利。

(3)受赠权是指接受别人赠予的财物的权利。

(4)著作权分为著作人身权和著作财产权,著作财产权是指著作权人使用作品或者许可他人使用作品而获得报酬的权利。

(5)知识产权中的财产权是指智力成果被法律承认以后,权利人可利用这些智力成果取得报酬或者得到奖励的权利,这种权利也称之为经济权利。

二、学生作为受教育者的权利

1. 参加教育教学权

学生享有“参加教育教学计划安排的各种活动,使用教学设施、设备、图书资料”的权利,简称“**参加教育教学权**”,这是学生的基本权利。这项权利主要包括以下两方面:

(1)参加教育教学活动权。在教学过程中,学生有权参加教育教学计划安排的各种课堂教学、讲座、课堂讨论、观摩、实验、见习、实习、测验和考试等活动。任何组织和个人都不得以任何借口非法剥夺学生参加教育教学活动的权利。这体现了教学民主精神，是广大学生接受教育和获取知识的保障。

(2)使用教育教学设施权。学生有平等使用教育教学设施、设备和图书资料的权利。为保障学生完成学习任务，学校及其他教育机构应当依法按规定提供符合卫生安全标准的教育教学设施、设备、图书资料及其他教育教学用品。

2. 获得经济资助权

学生享有“按照国家有关规定获得奖学金、贷学金、助学金”的权利，简称“**获得经济资助权**”。

对于义务教育阶段的学生，国家已经明确不收学费、杂费，并且由国家财政保障义务教育经费。我国《义务教育法》第四十四条还规定：“各级人民政府对家庭经济困难的适龄儿童、少年免费提供教科书并补助寄宿生生活费。”义务教育阶段的适龄儿童、少年有获得国家经济帮助的权利。

知识再拔高

奖学金、贷学金与助学金

奖学金是指为奖励品学兼优的学生和报考国家重点保证的、特殊的、条件艰苦专业的学生而设立的经济资助制度。

贷学金是指为家庭经济困难的学生提供帮助而设立的经济资助制度。

助学金即勤工助学金，是指为使学生特别是家庭经济困难的学生通过参加劳动获得报酬，资助其完成学业的经济制度。

针对贫困家庭的孩子上不起学的情况，教育部、财政部、人民银行、原银监会联合下发了《关于进一步完善国家助学贷款工作若干意见的通知》，对助学贷款政策做出重大调整，以保障贫困家庭学生的法定受教育权利的有效实现，从而维护教育公平。凡符合规定条件的学生都可以通过学校申请贷学金，这是受教育者享受法律保护的平等权利。对贷学金的款额、对象，国家都有明文规定。

3. 获得学业证书权

学生享有“在学业成绩和品行上获得公正评价，完成规定的学业后获得相应的学业证书、学位证书”的权利，简称“**获得学业证书权**”。主要体现在两个方面：

(1)获得公正评价。按照学生学籍管理的规定，学生的学籍档案里有学习成绩登记表，学校要如实地记录学生各科学习成绩和品行状况。学业成绩的评价是教育机构对学生在受教育的某一时期内学习情况和知识结构、知识水平的概括,具体包括课程考试成绩记录、平时学习情况和总评等。品行评价包括对学生的政治觉悟、道德品质、劳动态度等方面的评价。在学业成绩和品行上获得公正评价是指学生有权在德、智、体、美等方面获得按照国家统一标准的一视同仁的客观评价。教师对学生的评价不应受到学生家长的权势、地位、金钱等影响,也不能受到其他与教育教学无关因素的影响。

(2)获得学业证书。一个学生完成规定的学业后就应该获得相应的学业证书或学位证书,这是学生的一项重大权利。根据国家相关教育法律法规的授权,学校可以制定校规、校纪,对在校学生进行教学管理和违纪处分,但是这一切都必须符合国家宪法和法律的规定,必须保护学生的合法权益。从本质上来看,学业证书和学位证书是对学生受教育时期内的学业成绩、学术水平和品行的最终评定,学生除思想品德等方面合格外,完成或提前完成教育教学计划规定的全部课程,考试、考核及格或修满学分,在该教育阶段结束时均有权获得相应学业证书、学位证书。

4. 申诉起诉权

学生享有“对学校给予的处分不服,向有关部门提出申诉,对学校、教师侵犯其人身权、财产权等合法权益,提出申诉或者依法提起诉讼”的权利,简称“**申诉起诉权**”。

当学生的合法权益受到学校、教师的侵犯时,或者对学校给予的处分不服时,学生有权提出申诉,任何人不得无理阻挠。有关部门应积极受理,并按规定及时予以答复。依据“无救济就无管理”的现代法治思想,各级学校及教育行政部门要建立健全学生申诉制度,确保学生享有申诉权和起诉权。

5. 法定其他权

学生除了享有以上四项权利外,还享有法律、法规规定的其他权利,简称“**法定其他权**”。法律、法规规定的其他权利主要包括三种情况:

(1)教育法之外的法定权,即在其他法律、法规中已经规定,而教育法律、法规中没有重复规定的权利。

(2)新颁布的法定权,即新颁布的法律、法规中对学生权利的新规定,包括新赋予的权利以及对原有权利的修订、撤销等。

(3)变化的法定权,即教育法律、法规中已有规定,但是随着客观形势的发展变化,经法定解释,该项权利具有了新的含义。

考点3　义务教育阶段学生所专有的权利

根据《中华人民共和国义务教育法》的规定,小学和初级中学的学生还享有以下权利：

(1)免试入学权。凡年满六周岁的儿童，其父母或者其他法定监护人应当送其入学接受并完成义务教育。适龄儿童、少年免试入学。免试入学权的规定表明，监护人送子女入学只有一个年龄条件，别无其他条件。同时，为保障适龄儿童免试入学权的真正享有，根据《中华人民共和国义务教育法》的规定，不送子女入学的原因只能有一个，即身体状况，只有适龄子女因疾病或伤残，其监护人提出延缓入学或休学的申请，才能得到乡政府或县教育主管部门的批准。

(2)就近入学权。地方各级人民政府应当保障适龄儿童、少年在户籍所在地学校就近入学。

(3)不交学费权。实施义务教育，不收学费、杂费。这既是义务教育公益性的要求，也是义务教育义务性的要求。

三、侵犯学生权利的主要表现 【9 年 12 考】

1. 侵犯学生的受教育权

考频分布 2023 下单选，2022 上单选，2017 上单选，2016 上单选

受教育权是学生最基本的权利。常见的侵权行为主要表现为：

(1)侵犯学生教育机会平等的权利。教育机会平等主要是指学生享有平等的受教育机会，学生的这项权利主要包括享有和使用学校的教育教学资源、图书资料、实验设备等，教师不能以任何理由歧视和区别对待学生。

(2)侵犯学生的入学权。我国《义务教育法》规定了义务教育对象的入学条件，即凡达到入学年龄，不分性别、民族、种族，只要有接受教育的能力，都必须入学接受规定年限的义务教育。此外，实施义务教育的学校必须依法接收应该在本校就读的适龄儿童入学。

(3)侵犯学生参加教育教学活动的权利。我国《教育法》规定，受教育者享有“参加教育教学计划安排的各种活动”的权利。在教育教学中，学生有权参加教学计划安排的授课、讲座、课堂讨论、观摩、实验、实习和考试等活动。

(4)随意开除学生。我国《未成年人保护法》规定，学校应当尊重未成年学生受教育的权利，关心、爱护学生，对品行有缺点、学习有困难的学生，应当耐心教育、帮助，不得歧视，不得违反法律和国家规定开除未成年学生。一些随意开除学生或者勒令未成年学生退学的行为，就侵犯了学生的受教育权。

真题面对面

[2023 下半年真题] 某校在初三年级中考前进行摸底考试,取消低于一定分数线学生的中考资格。该校的做法(　　)

A. 正确,学校有自主管理学生的权利

B. 正确,学校有组织学生考试的权利

C. 不正确,学校侵犯了学生的受教育权

D. 不正确,学校侵犯了学生的人身自由权

答案: C。

2. 侵犯学生的人格权

考频分布　2021 上单选,2018 下单选,2016 下单选,2015 下单选

侵犯学生的人格权

侵犯学生的人格权的主要表现为:

(1)侵犯学生的生命权、身体权和健康权。学生作为公民享有我国《民法典》赋予的这几项权利。在学校教育中,这类侵害主要是由体罚或变相体罚,教育教学设施不安全以及学校、教师等造成的。

(2)侵犯学生的肖像权、名誉权和荣誉权。除一些特殊情况外,学生有权禁止他人未经允许制作和使用自己的肖像,有权禁止他人对自己的肖像进行毁损、玷污、丑化或歪曲。学生的名誉不得受到歪曲或损害。荣誉是一个人受到外部给予的光荣称誉,每个学生在学校应有平等的机会获得。

(3)侵犯学生的人格尊严。学校和教师必须尊重学生的人格尊严,严禁对学生实施体罚、变相体罚或其他侮辱人格尊严的行为。

(4)侵犯学生的人身自由。人身自由包括身体行动自由和表达的自由。侵害学生人身自由的表现形式:非法拘禁和限制学生、非法搜查学生、非法限制学生表达自由的权利等。

(5)侵犯学生的隐私权。学校和教师侵犯学生隐私的表现形式有:故意隐匿、毁弃或者非法开拆学生信件,披露、宣扬学生自身及家庭成员资料,提供学生成绩的方式不适当等。

(6)性侵害。教师性侵害是指教师用欺哄、武力、讨好、教唆或者物质诱惑及其他方式把未成年学生引向性接触,以满足其需求的行为。这是教师利用学生对自己的崇拜和信任来实施的犯罪行为,也属于教师利用职务之便实施违法行为的范畴。近年来,教师对学生实施性侵犯的现象日趋严重,被侵害的对象绝大部分是 14 周岁以下的中小学生。其中最主要的性犯罪案件是强奸案和猥亵儿童案。

(7)侵犯休息权。休息权是学生的基本权利。教师应保护学生的休息权。保护学生的休息权有利于学生的身体健康,有利于提高学生的学习效率。但实际上,教师侵害学生休息权的现象比较普遍,主要表现为:一些老师不能按时下课,经常拖堂;一些学校不能按时放学,占用课余时间给学生集体补课或训练;还有一些学校占用学生午饭后的休息时间,组织诸如比赛、大扫除等活动;还有少数学校占用学生周末时间组织大型活动等。

真题面对面

[**2021 上半年真题**]班主任李某怀疑班里学生张某早恋,为掌握张某的思想动向,多次翻看张某书包。李某的做法(　　)

A. 正确,教师有管理学生的责任　　B. 正确,教师有教育学生的权利

C. 不正确,侵犯了学生的财产权　　D. 不正确,侵犯了学生的隐私权

答案:D。

3. 侵犯学生的财产权

考频分布　2023 下单选,2017 下单选,2017 上单选,2016 下单选

个人的财产所有权是指公民对个人所有的财产依法进行占有、使用、收益和处分的权利。学生的合法财产受到法律保护,教师不得侵占、破坏或非法扣押、没收等。学生对教师侵犯其财产权的行为可依法申诉或提起诉讼。教师侵犯学生财产权的表现形式有:损坏学生财物、非法没收学生物品、乱罚款、乱摊派、推销商品等。

著作权中的著作财产权、知识产权中与财产有关的权利等均属于财产权的范畴。常见的侵权形式为:非法占有学生因其著作、智力成果所获得的薪酬、奖金,非法利用学生的著作和智力成果营利等。

知识再拔高

未成年人的财产范围

(1)通过法定义务人应尽的抚养义务而获得的财产。这部分专供其个人使用的物质生活资料和费用构成未成年人最基本的合法财产。

(2)通过劳动、营业所获得的收入。我国法律以 16 岁为劳动就业、参军的最低年龄,《中华人民共和国民法典》将凭劳动收入自食其力的 16 周岁以上的未成年人视为完全行为能力人。未成年人通过合法劳动获得的经济收入受法律保护。此外,部分未成年人因具有某种特殊技能或专长而被特定行业、部门招收录用,所获收入理应属于自己。

(3)参加各种竞赛、评选活动,以及因悬赏广告、抽奖、有奖销售等完成规定行为所获得的奖金和奖品。

(4)未成年人在掌握一定知识、技能后,从事文学、艺术创作或者小发明创造而对其智力劳动成果拥有知识产权,对相关收益享有财产权。

(5)接受赠与或遗赠的财产。这部分在法律上是未成年人的个人财产。

(6)继承的财产。根据继承法规定,未成年人是父母的第一顺序的法定继承人,还可以代位继承其祖父母或者外祖父母的遗产,并且可以成为遗嘱继承人,即使尚未出生的胎儿,法律亦明确遗产分割时须为其保留必要份额。

(7)按照国家法律、政策规定给予未成年人的财物。

(8)行使人身损害的赔偿请求权所获的赔偿金,以及行使保险关系中的利益求偿权得到的保险金。

(9)以未成年人的个人财产从事经营、投资活动所获的各项收益。

真题面对面

[2023 下半年真题]某中学班主任孙某规定,学生每迟到一次罚款 5 元,一学期下来总共收到罚款 135 元用于班级文化建设。班主任孙某的做法(　　)

A. 正确,有利于减少学生迟到的现象

B. 正确,有利于班级文化的建设

C. 不正确,教师没有罚款的权利

D. 不正确,应征得家长同意才能罚款

答案:C。

“侵犯学生权利的主要表现”是本节的重要考点,也是历年考试中的高频考点。命题时会结合例子,要求考生判断相应主体所侵犯的学生权利是哪一种。试题中的侵权主体若是学校或教师,一般侵犯的是学生的受教育权、隐私权、财产权、健康权、人身自由等;若侵权主体是学生家长,一般侵犯的是隐私权;若侵权主体是同学或他人,可能侵犯的是名誉权、隐私权、肖像权等。

达标测评

建议用时	实际用时	测评总分	实际得分
20 分钟	____分钟	30 分	____分

单项选择题(每小题 2 分,共 30 分)

1. 根据《中华人民共和国教育法》的规定,教师参与学校民主管理和监督的主要形式是(　　)

A. 校务委员会　　B. 教师工会

C. 教师协会　　D. 教职工代表大会

2. 根据《儿童权利公约》和《中华人民共和国宪法》等法律法规的规定可知,学生享有的最基本的权利是(　　)

A. 生存权利　　B. 受教育权利

C. 受尊重权利　　D. 发展和安全权利

3. 某学校校长以修缮校舍为学生提供更好的学习环境为由,为每个教室安装了空调,但需要向学生收取每月 5 元钱的空调使用费。对此,下列表述正确的是(　　)

A. 合理,为学生提供了良好环境

B. 合理,为学校节省了开支

C. 不合理,空调使用费收取过多,应根据物价正规收取

D. 不合理,学校不得违反国家规定向受教育者收取费用

4. 学生王某平时比较淘气,经常在课堂上捣乱,因此班主任在上公开课时安排王某去和其他班的学生上体育课。该班主任的做法(　　)

A. 正确,能够保证课堂秩序和公开课质量

B. 正确,照顾到王某淘气的特点,发挥学生的主体性

C. 错误,参加教育教学计划安排的各种活动是学生的权利

D. 错误,让王某和其他班学生上课会扰乱正常的教学秩序

5. 学生小张在假期擅自翻越学校围墙导致右腿摔伤,对于小张所受伤害,下列选项中正确的是(　　)

A. 学校存在过错,应当承担赔偿责任

B. 学校没有过错,但要承担赔偿责任

C. 学校没有过错,无需承担赔偿责任

D. 学校存在过错，但可免除赔偿责任

6. 王老师是一位对学生教育有独到见解的老师，前段时间由于教学理念的分歧与校长产生了争执，后来校长一怒之下罚他停课一周进行反思。校长的这种行为侵犯了王老师的( )

A. 教育教学权 B. 专业发展权

C. 参与管理权 D. 人身自由

7. 某初中生在校园内踢球时不小心撞碎了宣传栏的玻璃，黄老师当众对其进行粗暴的言语辱骂。黄老师的做法主要侵犯了该学生的( )

A. 受教育权 B. 人格尊严权 C. 生命健康权 D. 人身自由权

8. 某学校因财政紧缺，对非正式在编教师的暑假和寒假的工资不予发放，该校的做法( )

A. 不正确，违反了《中华人民共和国教师法》

B. 不正确，违反了《中华人民共和国义务教育法》

C. 正确，学校参考公司，上班工作有酬劳，寒暑假不上班，自然没有酬劳

D. 正确，因为没有正式编制，所以没有寒暑假工资

9. 周某是乡镇中学的校长，他偷偷挪用学校用于维修实验器材的公款，导致在一次实验课中实验器材发生爆炸，造成两名学生死亡、五人受伤的严重后果。对于该校长的行为，应当依法( )

A. 给予其行政处分 B. 追究其刑事责任

C. 给予其行政拘留 D. 责令其检讨道歉

10. 全国人民代表大会是最高国家权力机关，下列不属于全国人民代表大会职权的是( )

A. 选举中华人民共和国主席和副主席

B. 依照法律规定决定省、自治区、直辖市的范围内部分地区进入紧急状态

C. 审查和批准国民经济和社会发展计划和计划执行情况的报告

D. 制定和修改刑事、民事、国家机构和其他的基本法律

11. 根据《中华人民共和国义务教育法》的规定，为缩小学校之间办学条件的差距，县级以上人民政府及其教育行政部门应当促进学校( )

A. 稳定发展 B. 持续发展

C. 差异发展 D. 均衡发展

12. 初中生林某因结交朋友不当参与了重大盗窃案，被市公安局拘留，班主任将这件

事写成了一篇通讯报道,文中采用林某的真实姓名详细描述他走上犯罪道路的经过,并在当地的《晨报》上发表,班主任的行为( )

A. 能够体现报道内容的真实性,能更好地发挥对未成年学生的教育作用

B. 表现了教师的社会责任感,通过社会热点问题引起大家对教育的思考

C. 侵犯了学生的荣誉权,不得公开报道学生的负面新闻

D. 侵犯了未成年人的隐私权,违反了《中华人民共和国未成年人保护法》的规定

13. 学生彭某经常参与赌博,且赌资较大。下列没有权利申请将其送到专门学校的是( )

A. 父母　　B. 其他监护人

C. 原所在学校　　D. 班主任

14. 12 岁的小李同学为庆祝小学毕业,与几个同班好友一起去江边大排档聚餐,以下行为合法的是( )

A. 小李找烟酒店老板买了一包烟

B. 同学让小李买一箱啤酒

C. 小李在烧烤店买了 500 元的羊肉串

D. 聚餐后一起去 KTV 唱歌

15.《中华人民共和国宪法》规定,人民行使国家权力的机关是( )

A. 全国人民代表大会和地方各级人民代表大会

B. 地方各级人民代表大会和地方各级人民政府

C. 地方各级人民代表大会及其常务委员会

D. 中央人民政府和地方各级人民政府

参考答案及解析

单项选择题

1. D　[解析]根据《中华人民共和国教育法》第三十一条规定,学校及其他教育机构应当按照国家有关规定,通过以教师为主体的教职工代表大会等组织形式,保障教职工参与民主管理和监督。

2. B　[解析]根据我国相关的法律法规可知,受教育权是学生享有的最基本的权利。

3. D　[解析]根据《中华人民共和国义务教育法》第二十五条规定,学校不得违反国家规定收取费用,不得以向学生推销或者变相推销商品、服务等方式谋取利益。题干中学校

违反国家规定向学生收取空调使用费的做法是不合理的。

4. C [解析]《中华人民共和国教育法》第四十三条规定，受教育者享有参加教育教学计划安排的各种活动，使用教育教学设施、设备、图书资料的权利。班主任不让王某参加正常的课堂教学活动，这种做法侵犯了学生参加教育教学活动的权利，是错误的。

5. C [解析]《学生伤害事故处理办法》第十三条规定，在放学后、节假日或者假期等学校工作时间以外，学生自行滞留学校或者自行到校发生的造成学生人身损害后果的事故，学校行为并无不当，不承担事故责任。题干中学生小张擅自翻越学校围栏，从而导致受伤，在此次事故中，学校行为并无不当，无需承担赔偿责任。

6. A [解析]教育教学权是指教师享有进行教育教学活动、开展教育教学改革和实验的权利。这是教师履行教育教学职责必须具备的最基本的权利。任何人不得非法剥夺在聘教师行使教育教学权。题干中校长罚王老师停课一周进行反思的行为，侵犯了王老师的教育教学权。

7. B [解析]学校和教师必须尊重学生的人格尊严，严禁对学生实施体罚、变相体罚或其他侮辱人格尊严的行为。题干中的黄老师对学生进行粗暴的言语辱骂，侵犯了学生的人格尊严权。

8. A [解析]根据《中华人民共和国教师法》第二条规定，本法适用于在各级各类学校和其他教育机构中专门从事教育教学工作的教师。第七条规定，教师享有"按时获取工资报酬，享受国家规定的福利待遇以及寒暑假期的带薪休假"的权利。因此，非正式在编的教师也受我国《教师法》的保护，享受教师应有的权利，故题干中学校的做法是不正确的。

9. B [解析]《中华人民共和国教育法》第七十一条规定，违反国家财政制度、财务制度，挪用、克扣教育经费的，由上级机关责令限期归还被挪用、克扣的经费，并对直接负责的主管人员和其他直接责任人员，依法给予处分；构成犯罪的，依法追究刑事责任。题干中，校长的行为造成了人员伤亡，已经构成了犯罪，应当依法追究其刑事责任。

10. B [解析]根据《中华人民共和国宪法》第八十九条规定可知，决定全国或者个别省、自治区、直辖市进入紧急状态是国务院行使的职权之一。

11. D [解析]根据《中华人民共和国义务教育法》第二十二条规定，县级以上人民政府及其教育行政部门应当促进学校均衡发展，缩小学校之间办学条件的差距，不得将学校分为重点学校和非重点学校。

12. D [解析]《中华人民共和国未成年人保护法》第一百零三条规定，公安机关、人民检察院、人民法院、司法行政部门以及其他组织和个人不得披露有关案件中未成年人的姓名、影像、住所、就读学校以及其他可能识别出其身份的信息，但查找失踪、被拐卖未成年人等情形除外。

13. D [解析]《中华人民共和国预防未成年人犯罪法》第四十三条规定，对有严重不良行为的未成年人，未成年人的父母或者其他监护人、所在学校无力管教或者管教无效的，可以向教育行政部门提出申请，经专门教育指导委员会评估同意后，由教育行政部门决定送入专门学校接受专门教育。题干中彭某经常参与赌博，且赌资较大，属于严重不良行为，故可以由彭某的父母或者其他监护人、所在学校申请将其送入专门学校。

14. C [解析]根据《中华人民共和国未成年人保护法》第五十九条规定，禁止向未成年人销售烟、酒、彩票或者兑付彩票奖金。A 项、B 项行为不合法。根据《中华人民共和国未成年人保护法》第五十八条规定，营业性歌舞娱乐场所、酒吧、互联网上网服务营业场所等不适宜未成年人活动场所的经营者，不得允许未成年人进入。D 项行为不合法。"小李在烧烤店买了 500 元的羊肉串"属于对自己财产的支配，该行为合法。故选 C 项。

15. A [解析]根据《中华人民共和国宪法》第二条规定，中华人民共和国的一切权力属于人民。人民行使国家权力的机关是全国人民代表大会和地方各级人民代表大会。

即时反思与复盘总结

我于________年____月____日完成了对本章的学习。

复盘一下，我对自己较肯定的地方是________________

（足够努力/心态积极/方法得当……）

我觉得自己需要改进的地方是________________

（懒惰懈怠/心情浮躁/方法不当……）

休息片刻，开启下一站征程！

第四章　文化素养

内容概要

本章包括历史常识、科学常识、传统文化常识、文学常识、艺术常识五节。本章内容在真题试卷中所占分值约16～18分，主要以单项选择题的形式考查。本章各节2015—2023年考频汇总如下：

历史常识	总考频26次
科学常识	总考频45次
传统文化常识	总考频29次
文学常识	总考频30次
艺术常识	总考频16次

第一节　历史常识

思维导图

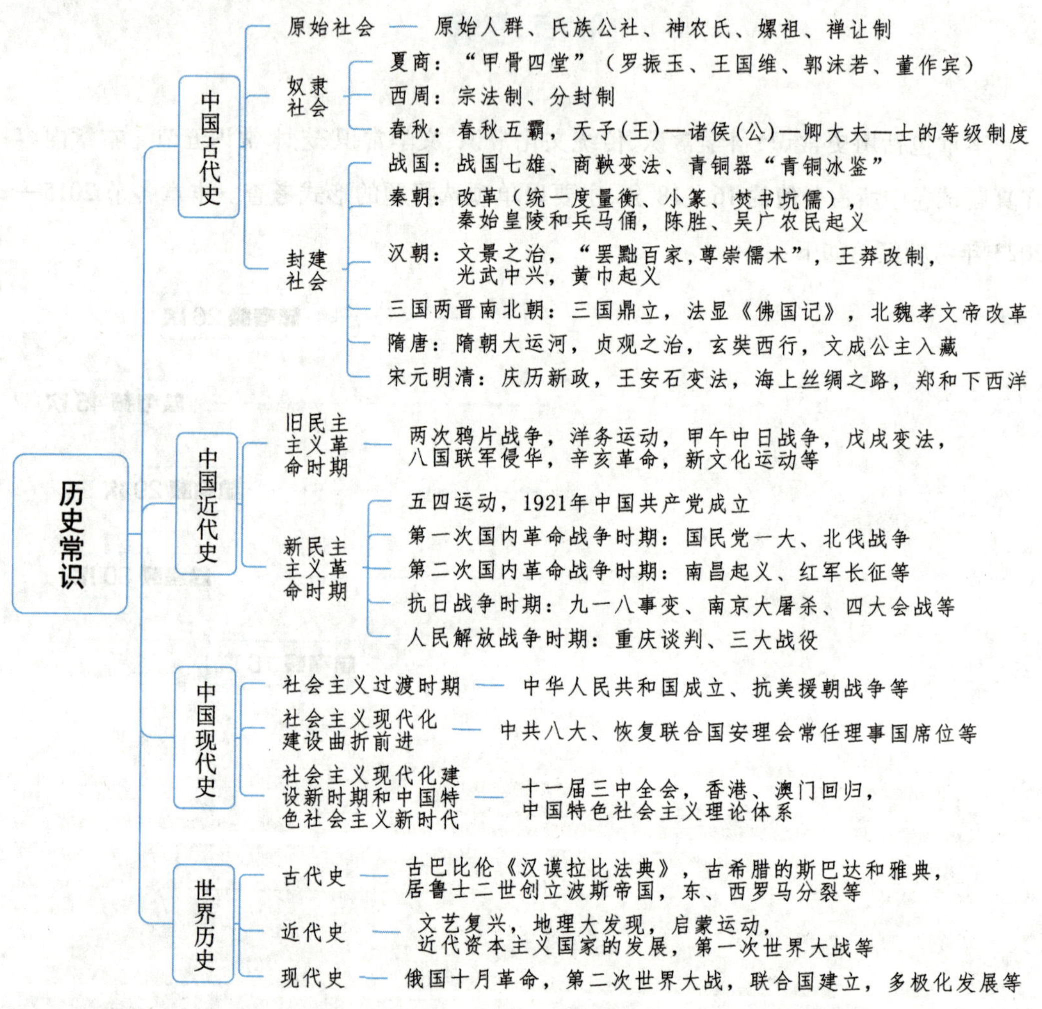

考向分析

本节主要介绍中外历史发展，内容较多且琐碎，记忆性知识较多。在考试中以单选题的形式考查。汇总分析 2015 年至 2023 年的真题试卷，本节知识考查情况见下表：

知识	考点	考频	题型
中国古代史	原始社会	1	单选
	奴隶社会	3	单选
	封建社会	5	单选
中国近代史	旧民主主义革命时期	2	单选
	新民主主义革命时期	3	单选
世界历史	世界古代史	4	单选
	世界近代史	7	单选
	世界现代史	1	单选

一、中国古代史 【9 年 9 考】

考点 1 原始社会

在考古学上，根据人类使用的工具的质料的不同，把人类社会的发展阶段分成石器时代、青铜时代和铁器时代。在原始社会中，由于人们使用的主要工具是石制器具，因而这个阶段也被称为石器时代。

1. 原始人群和氏族公社

我国是世界上发现古人类遗址最多的国家之一。目前发现的中国猿人化石有元谋人、北京人、山顶洞人等。其中，元谋人是我国境内目前已确认的最早的古人类。

母系氏族公社：生产力十分低下，氏族成员共同劳动，成果共享。母系氏族公社阶段的文化遗存最突出的是黄河流域的仰韶文化和长江流域的河姆渡文化。

父系氏族公社：社会贫富分化与不平等开始出现，氏族间的联系趋于紧密，形成较大的部落甚至部落联盟。这个时期的文化遗存中最具代表性的是龙山文化遗址和大汶口文化遗址。

中国发现的古人类遗址

名称	生活年代	发现地点	文明程度
元谋人	距今约 170 万年	云南元谋县上那蚌村附近	能制作工具和使用火
北京人	距今约 70 万到 20 万年	北京西南周口店龙骨山	会制作石器工具，能使用天然火

续表

名称	生活年代	发现地点	文明程度
山顶洞人	距今约3万年	周口店龙骨山顶部的洞穴里	使用打制石器,掌握磨光和钻孔技术,懂得人工取火

2. 部落联盟时期

考频分布　2019上单选

神农氏:神农氏是农业之神,传说他“斫木为耜(古代的一种农具,形状像现在的锹),揉木为耒(古代的一种农具,形状像木叉)”,发明创造了各种用于农耕的劳动工具,并教部落的人如何耕作。民间传说中,神农氏还是“医药之祖”。

黄帝:姓公孙,名轩辕,降于轩辕之丘,定都于有熊。相传黄帝建造宫室,制作衣裳,还教人们挖井,发明舟车,为后世的衣食住行奠定了基础。相传在黄帝时期,仓颉创造文字,伶伦制作音律,隶首发明算盘。

嫘祖:是黄帝的妻子,即黄帝“正妃”。嫘祖首创种桑养蚕之法,抽丝编绢之术,被后人奉为“先蚕圣母”。

禅让制:传说继黄帝之后,我国黄河流域杰出的部落联盟首领还有尧、舜、禹。他们都有高尚的品质,受到百姓爱戴。尧生活俭朴,克己爱民。舜宽厚待人,以身作则。禹领导人民治理洪水,与群众同甘共苦,曾三过家门而不入。相传,尧年老时,征求各部落首领的意见,推举舜做他的继承人。舜年老后,采取同样的办法把位置让给治水有功的禹。这种推举部落联盟首领的办法叫作“禅让”。

真题面对面

[2019上半年真题]中国是丝绸的故乡。下列传说人物中,首创种桑养蚕之法、抽丝织绢之术,被后世奉为“先蚕圣母”的是(　　)

A. 黄帝　　B. 神农　　C. 女娲　　D. 嫘祖

答案:D。

考点2　奴隶社会

我国的奴隶社会一般包括夏、商、西周和春秋。

1. 夏

约公元前2070年,禹建立夏王朝,这是中国历史上第一个王朝。禹的儿子启改“禅让制”为“世袭制”。夏朝是我国最早的奴隶制国家。

夏朝的青铜器标志着我国由石器时代进入了青铜器时代。夏朝的“夏历”是我国最早的历法。

2. 商

考频分布 2019 上单选

约公元前 1600 年，汤建立商朝，都城建在**亳**。商王汤任用贤才，发展农业、手工业和商业，使经济得到发展，人民生活相对安定，商朝很快强大起来。受战乱、环境变化等因素的影响，商朝多次迁都，到商王盘庚时迁到殷（今河南安阳）。盘庚迁殷后，商朝的统治比较稳定，出现了“百姓由宁，殷道复兴”的局面。

我国有文字可考的历史是从商朝开始的。商代的文字主要是刻在甲骨、铜器及其他器物上。**甲骨文**是现存中国最古老的成熟文字。

后母戊鼎

甲骨文大量出土于河南安阳殷墟，甲骨文的发现极大地推动了殷商史的研究。中国近代研究甲骨文成就最高者当属“甲骨四堂”，即罗振玉（号雪堂）、王国维（号观堂）、郭沫若（字鼎堂）、董作宾（字彦堂）。

商朝的青铜器制造业有很大的发展，**后母戊鼎**是迄今为止发现的世界上最重的出土青铜器。

真题面对面

[2019 上半年真题]甲骨文的发现极大地推动了殷商史的研究，学界将中国近代四位研究甲骨文的著名学者合称为“甲骨四堂”。下列人物中，属于“甲骨四堂”的是（　　）

A. 王国维　　B. 孙诒让

C. 季羡林　　D. 陈寅恪

答案：A。

3. 西周

公元前 1046 年，武王伐纣，灭商建周，史称西周。公元前 841 年，周厉王贪财好利，为政暴虐，引发了“国人暴动”。周厉王出逃，大臣召公、周公共同执政，史称“共和行政”。公元前 771 年，周幽王被杀，西周灭亡。

宗法制：周人把血缘纽带同政治关系结合起来的一种制度，确立了严格的大宗小宗体系,无论是周王、诸侯还是卿大夫和士都实行嫡长子继承制。

分封制:西周分封诸侯的制度。周王将宗族、姻亲、贵族、功臣分封到各地,建立诸侯国,受封者可以在自己的封地内进行再分封。

西周的青铜器在夏商两代的基础上继续发展。西周早期青铜器作品有大盂鼎、利簋等。西周中晚期,青铜器制造发生巨大改变,青铜器的铸造与使用都体现了不可僭越的分封等级制度。颂壶、毛公鼎等青铜器具有鲜明的周朝艺术风格特色。

4. 春秋

考频分布 2018 下单选,2015 下单选

周幽王的儿子周平王继位后,王都迁到洛邑,史称东周。东周分为春秋和战国两个阶段,"春秋时期"一名来源于孔子编订的《春秋》一书。"战国时期"一名来源于西汉刘向整理校订的《战国策》一书。

春秋五霸:公元前770年至公元前476年的春秋时期,先后称霸的诸侯有齐桓公、宋襄公、晋文公、秦穆公、楚庄王等。

等级制度:通过分封形成了层层等级序列。统治阶级内部阶层由高到低依次是天子(王)—诸侯(公)—卿大夫—士,平民和奴隶是被统治阶级。

春秋时期,社会经济有很大的发展。尤其是春秋后期,铁制农具和牛耕出现,促进了农业上的深耕细作,并为开发山林、扩大耕地创造了条件。在农业发展的同时,手工业的规模不断扩大,青铜业、冶铁业、纺织业、煮盐业以及漆器制作等都有所发展。春秋时期的著名青铜器有莲鹤方壶、云纹铜禁、春秋牺尊、越王勾践剑等。

考点3 封建社会

封建社会:战国、秦朝、汉朝

1. 战国

考频分布 2022 上单选,2016 上单选

三家分晋:战国前期,晋国衰败,公元前453年,晋国被韩、赵、魏三家大夫瓜分。

战国七雄:公元前475年至公元前221年为战国时期,是我国封建社会形成时期,先后出现齐、楚、燕、韩、赵、魏、秦七个大国,史称"战国七雄"。

商鞅变法:公元前356年,秦孝公任用商鞅实行变法,使秦国迅速成为战国后期最富强的诸侯国,为后来秦国统一天下奠定了基础。同时期,李悝在魏国主持变法,吴起在楚国主持变法。

战国时期的变法运动

诸侯国	名称	变法内容
魏国	李悝变法	政治上:主张废止世袭贵族特权,选贤任能,赏罚严明; 经济上:主要实行尽地力、平籴法; 法律上:制定出中国历史上第一部比较系统的封建成文法典——《法经》
楚国	吴起变法	均爵平禄;废除无用无能的官职,削减官吏俸禄以养兵;纠正楚国风俗,肃清谄媚风气;制定并公布法律
秦国	商鞅变法	政治上:确立县制,由国君直接派官吏治理;废除贵族的世袭特权;改革户籍制度,加强对人民的管理;严明法度,禁止私斗; 经济上:废除井田制,允许土地自由买卖;鼓励耕织,生产粮食、布帛多的人可免除徭役;统一度量衡; 军事上:奖励军功,对有军功者授予爵位并赏赐土地

战国时期,铁制工具和牛耕的使用进一步推广,农业进步推动社会分工,促进了工商业的繁荣,手工业分工更加细密,货币流通广泛。在水利方面,李冰主持修建了都江堰,郑国主持修建了郑国渠。战国时期传统的青铜器制造业逐渐衰落,但仍占有重要地位,著名青铜器有曾侯乙尊盘、青铜冰鉴、云纹铜豆、十五连盏铜灯等。

真题面对面

[2022 上半年真题]下图为国家博物馆馆藏精品青铜冰鉴,是由一个方鉴和一件方尊缶组成的青铜套器,方尊缶置于方鉴内,是古人用来冰酒的,堪称世界上最早的冰箱。下列选项中,青铜冰鉴产生的时代是(　　)

A. 夏朝　　B. 战国　　C. 三国　　D. 唐朝

答案:B。

2. 秦朝

考频分布　2019 下单选

秦国采取远交近攻策略,分化瓦解,各个击破,先后消灭了韩、赵、魏、楚、燕、齐六国,于公元前 221 年建立起我国历史上第一个统一的中央集权的封建王朝——秦朝,定都咸阳。秦统一全国以后，为了巩固政权，颁布了一系列巩固中央集权的统治措施。

秦朝巩固中央集权的措施

领域	内容
政治上	确立至高无上的皇权，秦王独揽大权；在中央设置三公九卿制，地方推行郡县制；统一法令，颁布《秦律》
经济上	在全国实行土地私有制，按亩纳税；统一度量衡（标准量器“商鞅方升”）、货币（外圆内方的半两钱）；统一车轨，修建驰道，开凿灵渠
文化上	统一文字，小篆作为通用文字在全国使用；“焚书坑儒”
军事上	秦朝军队统一，军权高度集中，军队的指挥和管理体制严密，兵役制度也较为完善。阳陵虎符是秦始皇统一中国后颁发给阳陵驻守将领的虎符，用以调动军队。蒙恬率军北击匈奴，收复河套地区；修筑万里长城

秦始皇陵和兵马俑：秦始皇陵是我国历史上第一座规模宏大、设计完善的帝王陵园，其巨大的规模、丰富的陪葬品居历代帝王陵墓之首。秦始皇陵发掘的二号铜马车是中国考古史上出土的体型最大、结构最复杂、系驾关系最完整的古代车马，被誉为“青铜之冠”。秦始皇兵马俑坑位于今西安市临潼区秦始皇陵东侧，是秦始皇帝陵的大型陪葬坑。

陈胜、吴广农民起义：公元前 209 年，陈胜、吴广率领众人发动了中国历史上第一次大规模的农民起义。陈胜自立为王，号为“张楚”。后来，陈胜、吴广被杀死，起义军被秦军残酷镇压，起义失败。

公元前 207 年，刘邦的军队进占咸阳，秦朝灭亡。

3. 汉朝

（1）西汉

秦朝灭亡后，刘邦、项羽进行了四年战争，史称“**楚汉之争**”。公元前 202 年，项羽兵败于垓下。同年，刘邦建立汉朝，定都长安，史称西汉。刘邦即汉高祖。

文景之治：汉初统治集团吸取秦朝速亡的教训，尊奉“无为而治”，采取“与民休息”政策，减轻赋税、徭役和刑罚，提倡节俭，减少财政支出。文帝、景帝在位期间，经济得到了明显恢复，社会稳定。

汉武盛世：汉武帝时期，经过一系列改革措施，国力空前强大，开疆拓土，西汉开始进入鼎盛时期。

汉武帝时期的改革措施

领域	内容
政治上	施行“推恩令”,削弱了诸侯王的势力,使诸侯王的势力不再对中央构成威胁;确立以察举制为代表的新的官吏选拔制度
思想上	采纳董仲舒的建议,“罢黜百家,尊崇儒术”
军事上	派卫青、霍去病“三击匈奴”,解除了来自北方的威胁
外交上	派遣张骞两次出使西域,开拓了汉朝通往西域的“丝绸之路”,路线:长安—河西走廊—今新疆地区—中亚—西亚—欧洲
经济上	改革币制,将铸币权收归中央;实行盐铁官营;推行均输平准;向工商业者征收财产税

王莽改制:公元9年,外戚王莽夺取皇位,改国号为新,史称“新莽”,西汉灭亡。王莽为缓和西汉末年的社会矛盾采取了一系列措施,试图挽救社会危机,具体包括:“更名天下田曰王田”,私人不得买卖,用恢复井田制的办法来解决土地问题;改奴婢为“私属”,亦不得买卖;实行“五均六筦”,即政府管理五均赊贷、控制物价,专营盐、铁、酒、铸造钱币,征收山泽税;改革币制;改革中央机构,调整郡、县划分,改易官名、地名;改变少数民族族名和首领的封号。

(2)东汉

公元25年,参加过反王莽农民起义的西汉宗室刘秀称帝,建立东汉,定都洛阳,东汉初年出现了社会安定、经济恢复、人口增长的局面,史称“**光武中兴**”。

黄巾起义:公元184年,贫苦农民在巨鹿人张角的号令下,揭竿而起,他们头扎黄巾,故称为“黄巾起义”。这次起义虽然以失败而告终,但最终导致了三国局面的形成。

4. 三国两晋南北朝

考频分布 2021上单选

(1)三国鼎立

公元220年,曹丕在洛阳称帝,国号魏;221年,刘备在成都称帝,国号汉,史称蜀;229年,孙权在建业(今南京)称帝,国号吴。三国鼎立的局面形成。

(2)两晋

公元266年,司马炎篡夺曹魏江山,建立西晋。公元280年,西晋灭吴,重新统一南北。316年刘曜攻占长安,西晋灭亡。317年,晋宗亲司马睿在建康(今南京)建立东晋。公元383年,北方的前秦向南方的东晋发起侵略吞并战争。经过**淝水之战**,前秦大败,北方各民族纷纷脱离前秦的统治,先后建立了十余个小国。

法显与《佛国记》:法显为东晋佛教学者,399 年,他从长安出发,经西域至天竺,游历多个国家,收集了大批梵文经典。他把自己的旅行见闻写成《佛国记》(又名《法显传》)。

真题面对面

[**2021 上半年真题**]随着佛教在中国的发展,人们对佛经译文的质量要求日益提高。有一位僧人有感于中国经律残缺,西行求法,前后凡十四年游历三十余国,带回大量梵本佛经并进行翻译,又将其旅行见闻撰成《佛国记》。这位僧人是(　　)

A. 法显

B. 玄奘

C. 朱士行

D. 竺法护

答案:A。

(3)南北朝

公元 420 年,刘宋取代东晋,此后南方历经宋、齐、梁、陈四个朝代,史称“南朝”。公元 439 年,北魏统一黄河流域,之后分裂为东魏和西魏,东魏又为北齐代替,西魏为北周所篡夺。北魏、东魏、西魏、北齐、北周总称为“北朝”。南朝和北朝合称为“南北朝”。

其间,北魏孝文帝为了加强统治,决心开始进行改革。改革的主要内容有:颁布均田令,农民须向国家交纳租税,服徭役和兵役;为接受汉族文化,迁都洛阳;改革鲜卑旧俗,穿汉服,学说汉话,采汉姓,提倡与汉族通婚。孝文帝的这些改革,加速了北方各少数民族封建化的进程,促进了北方各民族的大融合。

5. 隋朝

公元 581 年,隋文帝杨坚建立隋朝,隋文帝时期经济繁荣发展,史称“**开皇之治**”。隋炀帝统治后期,民不聊生,各地爆发农民起义,公元 618 年,隋朝灭亡。

隋朝大运河:公元 605 年,隋炀帝下令开凿大运河。这条人工河以洛阳为中心,北通涿郡,南达余杭,全长 2700 多千米,联通了海河、黄河、淮河、长江和钱塘江五大水系,大大促进了南北经济文化的交流。

6. 唐朝

公元 618 年,李渊在长安(今西安)建立唐朝,李渊就是唐高祖。

贞观之治:公元 627 年至 649 年,是唐太宗李世民统治的贞观时期。在此期间,唐太宗君臣励精图治,政治清明,社会安定,开创了唐代繁荣昌盛的局面,因而被誉为“贞观之治”。

玄奘西行：贞观初年，高僧玄奘不畏艰难，矢志不移，到达天竺（古印度），回国后根据他的口述，由弟子记录写成《大唐西域记》。玄奘的取经事迹为《西游记》的原型。

文成公主入藏：公元7世纪，唐太宗把文成公主嫁给吐蕃赞普松赞干布，唐朝与吐蕃建立了亲密的关系。

武则天称帝：690年，武则天称帝，定都洛阳，改国号为"周"，成为中国历史上唯一的一位女皇帝。公元705年，武则天退位，唐中宗复辟，恢复唐朝。

开元盛世：这是唐玄宗李隆基统治前期所出现的盛世局面。在治国上，以道家"清静无为"思想为宗，任用贤能，使政治稳定，经济迅速发展。唐朝进入全盛时期，国力达到前所未有的强大。

鉴真东渡：唐高僧鉴真不畏艰险，经过6次东渡最终到达日本，为促进中日文化交流做出了重要贡献。

安史之乱：唐玄宗统治后期，节度使安禄山与部将史思明起兵叛乱，攻陷长安。安史之乱历时八年，虽最终被平定，但它造成了唐代藩镇割据的局面。安史之乱是唐朝由盛转衰的转折点。

黄巢起义：875年，黄巢领导的农民起义爆发。起义军横扫大半个中国，一度攻占长安，沉重地打击了唐朝的统治。黄巢起义军的将领朱温后投降唐朝，被封为节度使。他与其他藩镇联合镇压黄巢起义，逐渐控制政权。907年，朱温废唐称帝，国号梁，史称后梁。唐朝灭亡。

7. 五代、辽、西夏

(1)五代十国

从907年朱温灭唐建立后梁，到960年北宋建立，黄河流域相继出现后梁、后唐、后晋、后汉、后周五个朝代，统治北方长达50多年，史称五代。五代除后唐定都洛阳外，其余都定都开封。同时南方各地先后出现吴越、南唐等九个割据政权，连同五代末期在山西建立的北汉，称为"十国"。五代十国是中国历史上的一个分裂时期。

(2)契丹的兴起和辽国的建立

公元10世纪初，耶律阿保机统一契丹各部，并于916年称帝，建立契丹国。耶律阿保机任用汉族人制定典章制度，创制契丹文字。947年，契丹改国号为辽。耶律阿保机就是辽太祖。1125年，辽被金所灭。

(3)西夏

"夏"是党项族李元昊于1038年建立的政权，史称"西夏"。西夏政权建立后，多次与北宋发生战争。1227年被蒙古所灭。

8. 宋朝

考频分布 2019 上单选

(1)北宋

公元960年,赵匡胤在陈桥驿(今河南封丘)发动兵变,黄袍加身,夺取后周政权,定都东京(今河南开封),史称北宋。

杯酒释兵权:宋太祖赵匡胤为防止出现分裂割据的局面,通过一场酒宴,以威逼利诱的方式,胁迫高级将领交出兵权,史称"杯酒释兵权"。

澶渊之盟:宋真宗时期,辽国大举侵宋,经过多次战争,双方于1005年1月签订盟约,规定宋每年送给辽岁币,银10万两、绢20万匹,史称"澶渊之盟"。

庆历新政:庆历三年,宋仁宗任命范仲淹为参知政事,发动了一场变革,其基本方案有:"择长官""均公田""厚农桑""修武备""减徭役"等。但变革触犯了宗室勋贵和大官僚、大地主的利益,最终"新政"被一一废除,改革失败。

王安石变法:宋神宗时期,王安石发动了一场旨在消除宋初以来积弊的改革。变法以发展生产、富国强兵、挽救宋朝政治危机为目的,以"理财""整军"为中心,涉及经济、军事、教育等诸多领域。

王安石变法的具体措施

领域	措施	内容	目的
经济	募役法	征收役钱,用来雇人到官府服役;原先不服役的官僚等,也要交纳役钱	限制官僚等的特权,增加政府收入
	方田均税法	核实土地,按土地的多少、好坏平均征税	使官僚和大地主不能隐瞒土地、逃避赋税,增加国家赋税收入
	农田水利法	鼓励垦荒和兴修水利	促进农业发展
军事	保甲法	把农村人户编制起来,有两个以上成年男子的人户,出一人为保丁;保丁平时种田,农闲练兵	加强对人民的控制,稳定统治秩序,增强国家的军事力量

靖康之变:公元12世纪初,完颜阿骨打建立金政权。1127年,金军占领东京(今河南开封),掳走宋徽宗、宋钦宗,北宋灭亡,史称"靖康之变"。

(2)南宋

1127年,宋钦宗的弟弟赵构在应天(今河南商丘)称帝,为宋高宗,后定都临安,史称南宋。

岳飞抗金:南宋主战派将领岳飞率军北伐,收复失地,并多次痛击金军。但岳飞被秦桧以"莫须有"的罪名迫害，于1142年在杭州大理寺风波亭被赐死。

崖山海战：宋元之间的大决战，最终元军以少胜多，宋军全军覆没。南宋灭亡。南宋宰相文天祥被俘，坚拒劝降，后来在大都从容就义。

海上丝绸之路：宋朝是经济高速发展的发达时期，也是海上丝绸之路繁盛兴旺的高峰期，沿海一带的泉州成了世界级港口城市，还出现了能够远涉重洋的"福船"。值得一提的是，泉州是联合国教科文组织唯一认定的海上丝绸之路起点。

9. 元朝

13世纪初，铁木真（成吉思汗）逐步统一蒙古各部，并于1206年建立蒙古汗国，随后开始西征，先后征服西辽、花剌子模等国。蒙古通过三次大规模西征，征服地域西达中亚及东欧的黑海海滨。公元1260年，成吉思汗之孙忽必烈继位可汗，1271年改国号为大元，次年定都大都（今北京）。

红巾军起义：1351年，刘福通领导农民起义，后遭元军镇压。但红巾军将领朱元璋率领的队伍不断壮大，于1368年攻占大都，元朝灭亡。

10. 明朝

1368年初，参加元末红巾军起义的朱元璋在应天府（今南京）称帝，建立明朝。

靖难之役与迁都北京：建文帝即位后开始削藩。建文元年，燕王朱棣以尊祖训、诛奸臣为名起兵反抗，史称"靖难之役"，靖难之役以燕王朱棣的胜利告终，朱棣称帝，即明成祖，于1421年迁都北京。

郑和下西洋：1405—1433年，郑和先后七次航海，访问了亚非30多个国家和地区，最远到达非洲东海岸和红海沿岸。郑和下西洋是世界航海史上的壮举，比欧洲航海家的远洋航行早半个多世纪。

外来物种的传入：随着对外交流和交往的增多，很多外来物种传入中国，极大丰富了中国人的食物来源。

外国传入我国的物种

种类		传入时期	原产地
粮食作物	占城稻	宋朝	越南
	甘薯、玉米	明朝	美洲
榨油类	花生	明朝	美洲
水果类	石榴、葡萄	西汉	西域
	菠萝	明朝	巴西

种类		传入时期	原产地
蔬菜类	茄子	南北朝	印度
	扁豆	南北朝	东南亚
	菠菜	唐朝	伊朗
	胡萝卜	宋朝	西亚
	南瓜	明朝	美洲
	西红柿	明朝	美洲
	马铃薯	明朝	美洲
其他	核桃	西汉	西域
	开心果	唐朝	西亚
	辣椒、烟草	明朝	美洲

土木之变:1449 年,瓦剌首领也先大举进兵明境,明英宗朱祁镇御驾亲征,结果大败,被俘于土木堡,史称“土木之变”。土木之变后,明朝由盛转衰。

戚继光抗倭:1561 年,倭寇大举侵犯浙江。戚继光率军英勇作战,在台州九战九捷,先后歼灭倭寇一万多人,烧毁倭船无数,平定了浙东地区的倭患。此后,戚继光又率军进入福建、广东地区,与其他抗倭将领一起带领广大军民与倭寇激战,先后消灭了两地的倭寇,使东南沿海的倭患基本解除。

修筑长城:为了防御北方蒙古贵族南扰,明朝先后 18 次修筑长城,形成了东起鸭绿江边、西至嘉峪关,总长万余里的明长城。明代长城以城墙为主体,由关隘、城台、烽火台等组成,沿线设立卫所,驻守军队,开展屯田,进行生产,并修建了相连的道路,形成一个完整的军事防御体系。在长城修筑史上,明代修筑长城的规模最大,历时最久,布局更合理,技术更先进,设施更为完善,工程质量更为优异。

李自成起义:明朝末年,李自成领导农民起义,提出“均田免粮”的口号。1644 年李自成攻入北京,崇祯帝自缢于煤山殉国,明朝灭亡。

11. 清朝(1840 年前)

1616 年,努尔哈赤在赫图阿拉(今辽宁新宾)自立为汗,国号大金,史称后金。1625 年,后金迁都沈阳,1634 年改称盛京,1635 年,皇太极改族名为“满洲”,1636 年,改国号为清。1644 年,清军入关,清朝定都北京。

康乾盛世:清朝皇帝康熙、雍正、乾隆在位期间,出现了 100 多年的鼎盛局面,政局稳定,经济繁荣,疆域开拓并巩固,被称为“康乾盛世”,是中国封建王朝的最后一个盛世,清朝统治的最高峰。

设立台湾府：明朝末年，荷兰殖民者侵占了我国台湾，1662 年，郑成功率军驱逐荷兰殖民者，收复台湾。1683 年，清军渡海远征，郑氏家族战败投降。1684 年，清朝在台湾设府，隶属福建省。1885 年，台湾正式建省，成为中国的一个行省。

册封达赖喇嘛：顺治帝赐予西藏喇嘛教首领五世达赖"达赖喇嘛"封号；康熙帝赐予五世班禅"班禅额尔德尼"封号。乾隆皇帝制定了"金瓶掣签"制度，规定选定喇嘛教活佛转世灵童人选的方法。

二、中国近代史 【9 年 5 考】

考点 1 旧民主主义革命时期

考频分布 2022 下单选，2015 下单选

1. 第一次鸦片战争与《南京条约》

1839 年 6 月，钦差大臣林则徐将收缴的英美等国商人的鸦片在广州虎门海滩当众销毁。1840 年 6 月，英国军舰封锁珠江口，第一次鸦片战争爆发，1841 年 1 月，英军占领香港岛。

1842 年 8 月，英国迫使清政府签订中国近代史上第一个不平等条约——中英《南京条约》。《南京条约》主要内容：割让香港岛给英国；赔偿 2100 万银元；开放广州、厦门、福州、宁波、上海五处为通商口岸，允许英人居住并设立领事馆；协定关税等。鸦片战争使中国由封建社会开始沦为半殖民地半封建社会。

知识再拔高

开眼看世界

林则徐、魏源是近代中国最早开眼看世界的人。

林则徐面对英美官员交涉鸦片烟土需要国际知识，便在广州开办译馆，罗致译员，收集有关西洋各国的消息情报和国际知识，包括国际法知识，汇译成《四洲志》等书稿，供对外交涉时参考。

魏源注意收集外国史地知识，在《四洲志》基础上编成《海国图志》一书。这部书按照世界五大洲介绍各国历史、地理、社会现状以及军事、科技等，是近代中国最早介绍外国历史地理的书籍之一，被誉为了解外国知识的"百科全书"。魏源在书中提出了"师夷长技以制夷"的思想。

2. 太平天国运动

1851 年,洪秀全等在广西桂平金田村发动起义,建号太平天国。1853 年春,太平军占领南京,改名为天京,定为都城。1864 年,太平天国首都天京陷落,标志着太平天国运动的失败。

洪秀全于 1853 年颁布了《天朝田亩制度》,提出了"凡天下田,天下人同耕"的思想。1859 年,太平天国的洪仁玕撰写了《资政新篇》。《资政新篇》具有鲜明的资本主义色彩。

3. 第二次鸦片战争

1856—1860 年,英法在俄美支持下联合发动侵华战争。1860 年英法联军火烧圆明园。第二次鸦片战争后,清政府被迫与英法两国签订《天津条约》《北京条约》和中俄《瑷珲条约》等条约,列强侵略更加深入。

4. 洋务运动

19 世纪 60 年代,清朝统治阶级内部掀起以"自强""求富"为口号,以巩固清朝统治为目的的洋务运动。曾国藩、左宗棠、李鸿章、张之洞等是参与和提倡洋务运动的代表人物。洋务派创办了一批军事工业和官督商办的民用企业,还办了培养翻译和军事人才的学校,建成了以北洋舰队为代表的新式海军。

洋务运动时期创办的企业

时间(年)	1861	1865	1866	1872	1878	1878	1880	1882	1890
创办者	曾国藩	曾国藩、李鸿章	左宗棠	李鸿章	李鸿章	左宗棠	李鸿章	李鸿章	张之洞
湖北织 **企业** 布官局	安庆内军械所	江南制造总局	福州船政局	上海轮船招商局	开平矿务局	兰州织呢局	电报总局	上海机器织布局	汉阳铁厂

5. 甲午中日战争和《马关条约》

1894 年 7 月,日本海军在丰岛海面袭击清军运兵船。1894 年 8 月,甲午战争爆发。1895 年初,日军占领威海卫,北洋舰队全军覆没,标志着洋务运动的破产。

1895 年清政府被迫签订中日《马关条约》。《马关条约》的主要内容:清政府承认朝鲜"独立自主";割辽东半岛、台湾全岛及所有附属各岛屿、澎湖列岛给日本;赔偿日本军费白银两亿两;开放沙市、重庆、苏州、杭州为商埠;允许日本在通商口岸开设工厂等。

6. 戊戌变法

1898 年(农历戊戌年),光绪帝颁布"明定国是"诏令,标志着戊戌变法的开始。变法触及了以慈禧太后为首的顽固派的利益,9 月 21 日,慈禧太后囚禁光绪帝,杀害积极推动变法运动的谭嗣同、杨锐、林旭、刘光第、杨深秀、康广仁六人(史称"戊戌六君子"),历时 103 天的变法失败,故又称"百日维新"。

戊戌变法的失败证明资产阶级改良道路在中国走不通。

7. 八国联军侵华和《辛丑条约》

1900 年 6 月,英、俄、日、法、德、美、意、奥八国联军,以镇压义和团为名,攻陷大沽炮台,向天津进犯,8 月 14 日,联军攻陷北京。八国联军占领北京后,继续派兵侵略其他地方,在所到之处烧杀抢掠,无恶不作,犯下骇人听闻的罪行。八国联军侵华后,英、俄、日、法、德、美、意、奥、荷、比、西 11 国以补偿损失为名同清政府签订《辛丑条约》,《辛丑条约》主要内容:清政府向各国赔款白银 4.5 亿两,分 39 年还清,本息共计 9.8 亿两,以海关等税收做抵押;划定北京东交民巷为"使馆界",允许各国驻兵保护,不准中国人在界内居住;从天津大沽到北京沿线设防的炮台一律拆毁,允许列强各国在北京到山海关铁路沿线各战略要地驻兵;清政府保证严禁中国人民参加任何反帝活动等。

《辛丑条约》是中国近代史上赔款数目最庞大、主权丧失最严重的不平等条约。从此,清政府沦为帝国主义列强统治中国的工具,中国完全陷入半殖民地半封建社会的深渊。

8. 辛亥革命

1894 年,孙中山在檀香山组织革命团体兴中会。次年,在香港设置兴中会总部。1905 年,孙中山在日本东京建立统一的革命组织——中国同盟会,同盟会以"驱除鞑虏、恢复中华、创立民国、平均地权"为政治纲领。孙中山在《民报》发刊词中,将同盟会的政治纲领阐发为"民族""民权""民生"三大主义,即**三民主义**。

1911 年 10 月 10 日,湖北新军工程营革命党人在武昌起义,因 1911 年为农历辛亥年,故这次革命也被称为"辛亥革命"。辛亥革命推翻了清王朝统治,结束了中国两千多年的君主专制制度,传播了民主共和理念,推动了中华民族思想解放,促使社会经济、思想文化和社会风俗等方面发生新的变化,为民族资本主义的发展创造了有利条件。

9. 中华民国成立

1912 年元旦,孙中山在南京宣誓就任中华民国临时大总统,"中华民国"正式成立。3 月,孙中山在南京颁布了《**中华民国临时约法**》,确立了行政、立法、司法三权分立的政治体制,是中国历史上第一部具有资产阶级共和国宪法性质的重要文件。

1912 年 2 月 12 日，在袁世凯和全国革命形势的逼迫下，清宣统帝溥仪宣布退位，至此，清王朝正式灭亡。

10. 新文化运动

1915 年 9 月，陈独秀在上海创办《青年杂志》，是新文化运动兴起的标志。新文化运动前期的指导思想是民主和科学。

考点 2　新民主主义革命时期

考频分布　2023 上单选，2015 下单选，2015 上单选

1. 五四运动

五四运动是新文化运动的高潮。五四运动的导火线是中国在巴黎和会的外交失败。1919 年 5 月 4 日，五四运动爆发，北京学生举行游行示威，高喊"外争主权，内除国贼"等口号。学生的爱国行动遭到北洋军阀政府的镇压。6 月，北京大批学生被捕，上海出现大规模的工人罢工和商人罢市。在巨大压力下，北京政府释放了被捕学生。参加巴黎和会的中国代表也拒绝在和约上签字。

五四运动是一场以先进青年知识分子为先锋、广大人民群众参加的彻底反帝反封建的伟大爱国革命运动，它促进了马克思主义在中国的传播，为中国共产党成立做了思想上干部上的准备，是中国旧民主主义革命走向新民主主义革命的转折点。

2. 中国共产党的成立

1920 年初，陈独秀和李大钊最早提出并推动在中国建立共产党。1921 年 7 月 23 日，中国共产党第一次全国代表大会在上海召开。出席会议的除毛泽东、董必武、李达等 13 名代表外，还有共产国际代表。由于法租界巡捕突然搜查会场，会议最后一天是在浙江嘉兴南湖一艘游船上进行的。大会通过的纲领，首先确定了中国共产党这个名称。大会明确了中国共产党的奋斗目标是推翻资产阶级，建立无产阶级专政，实现社会主义和共产主义。

3. 第一次国内革命战争时期

第一次国内革命战争时期，又称大革命时期，是指 1924—1927 年间中国共产党和中国国民党第一次合作进行反帝反封建的革命时期。

国民党一大：1924 年 1 月，中国国民党第一次全国代表大会在广州召开，会上对国民党进行改组，在实际上确立了"联俄、联共、扶助农工"的三大政策，这次大会标志着国共两党革命合作的正式建立。

北伐战争：1926 年 7 月，国民革命军兵分三路从广州出发，北伐的对象是吴佩孚、孙传芳、张作霖三大军阀。北伐军在不到 9 个月的时间里，打垮了吴佩孚，消灭了孙传芳主力，迫使张作霖势力退回关外。

4. 第二次国内革命战争时期

第二次国内革命战争，指中国共产党领导中国人民反对国民党反动统治的战争。

南昌起义：1927 年 7 月下旬，中共中央决定在江西南昌举行武装起义，并成立以周恩来为书记的中共前敌委员会。8 月 1 日，周恩来、贺龙、叶挺、朱德、刘伯承等人率领在中国共产党掌握或影响下的革命军在南昌发动武装起义，打响了武装反抗国民党反动派的第一枪。

八七会议：1927 年 8 月 7 日，中国共产党召开“八七”会议。会议批判和纠正了陈独秀右倾机会主义错误，确定了土地革命和武装反抗国民党反动派的总方针。会上，毛泽东提出了“须知政权是由枪杆子中取得的”这一著名论断。

秋收起义：1927 年 9 月，毛泽东领导了湘赣边界秋收起义，由于敌强我弱，起义军在进攻长沙途中受挫。毛泽东主持召开会议，决定改向敌人统治力量薄弱的农村进军，创建井冈山革命根据地，将武装斗争的重心转向农村。

红军长征：随着第五次反“围剿”的失败，1934 年 10 月，中央红军被迫实施战略转移，开始长征。1936 年 10 月，红军三大主力会师于甘肃会宁，宣告红军两万五千里长征结束。

遵义会议：1935 年 1 月，长征中的党中央在贵州遵义召开会议，肯定了毛泽东的正确主张，事实上确立了以毛泽东为核心的党中央的正确领导。会后，中央决定由毛泽东、周恩来、王稼祥组成三人军事指挥小组，全权负责军事指挥。遵义会议成为中国共产党历史上一个生死攸关的转折点。

知识再拔高

红军过草地

“草毯泥毡扎营盘”是当年红军过草地的真实写照。红军长征所走过的川西北草原，在历史上一直为松潘所辖，故有松潘草地之称。松潘草地位于青藏高原同四川盆地的连接段，范围大致包括热尔郎山（今若尔盖县北部）以南，浪架岭（今松潘县西端）以西，查针梁子（今红原县南部）以北，面积约一万五千多平方千米，海拔在三千五百米以上。

真题面对面

[2023 上半年真题]雪山草地是红军长征中走过的极为艰难的路段,"草毯泥毡扎营盘"是当年红军过草地的真实写照。在我国现行的行政区划中,下列不属于红军当年过草地经过的是(　　)

A. 红原县　　B. 若尔盖县

C. 平昌县　　D. 松潘县

答案:C。

5. 抗日战争

"九一八"事变:又称沈阳事变。1931 年 9 月 18 日夜,日本关东军炸毁柳条湖附近南满铁路的一段铁轨,并反诬中国军队破坏铁路,并借此炮轰中国东北军驻地北大营和沈阳城,是谓"九一八"事变。19 日,日军占领沈阳,之后,东北三省全部沦陷。"九一八"事变后,中国人民开始了长达十四年的抗日战争。

西安事变:1936 年 12 月 12 日,张学良、杨虎城在多次劝说蒋介石停止内战、一致抗日被拒绝的情况下,发动"兵谏",扣押了蒋介石,并通电全国,要求停止内战,联共抗日,史称"西安事变"。1936 年 12 月 25 日,蒋介石被释放,西安事变和平解决。

七七事变:1937 年 7 月 7 日晚,日军借故炮轰我军防地,驻宛平城及附近的卢沟桥的中国守军奋起抵抗,史称"七七事变"或"卢沟桥事变"。七七事变标志着抗日战争的全面爆发。9 月 22 日,国民党中央通讯社发表了中国共产党提出的国共合作抗战宣言。第二天,蒋介石发表谈话,承认中国共产党的合法地位。至此,在中国共产党推动下,国共第二次合作实现,抗日民族统一战线正式形成。

南京大屠杀:1937 年 12 月 13 日起,侵华日军于南京及附近地区进行长达六周的,有组织、有计划、有预谋的大屠杀和奸淫、放火、抢劫等血腥暴行。南京大屠杀的遇难人数超过 30 万。2014 年 2 月 27 日,第十二届全国人大常委会第七次会议经表决通过,决定将 9 月 3 日确定为中国人民抗日战争胜利纪念日,将 12 月 13 日设立为南京大屠杀死难者国家公祭日。

四大会战:全面抗战爆发之后,国民政府在正面战场组织四大会战,来抵抗日军侵略者。其中,淞沪会战粉碎了日本侵略者快速灭亡中国的计划;太原会战中的平型关大捷,打破了日军不可战胜的神话;徐州会战中的台儿庄战役是抗日战争爆发以来,中国军队取得的最大胜利;1938 年 10 月,武汉会战结束后,抗日战争进入战略相持阶段。

抗日战争胜利:在中国人民和世界反法西斯力量的共同打击下,1945 年 8 月 15 日,日本天皇发表“终战诏书”,接受波茨坦公告,宣布无条件投降。9 月 2 日,日本政府代表在投降书上签字,历时 14 年的中国人民抗日战争结束。

6. 人民解放战争

重庆谈判:抗日战争胜利之际,中国共产党和中国国民党两党就中国未来的发展前途、建设大计在重庆进行和平谈判。从 1945 年 8 月 29 日至 10 月 10 日,经过 43 天谈判,国共双方达成《政府与中共代表会谈纪要》,即“双十协定”。

三大战役:指 1948 年 9 月至 1949 年 1 月,中国人民解放军同国民党军队进行的战略决战,包括辽沈战役、淮海战役、平津战役三大战略性战役。三大战役的胜利,奠定了人民解放战争在全国胜利的基础。

三、中国现代史

考点 1　社会主义过渡时期

1. 中华人民共和国成立

1949 年 9 月,中国人民政治协商会议第一届全体会议在北平召开,会议通过了具有临时宪法性质的《中国人民政治协商会议共同纲领》,决定成立中华人民共和国,改北平为北京作为首都,国旗为五星红旗。1949 年 10 月 1 日,毛泽东主席在天安门上向全世界宣告:中华人民共和国中央人民政府成立。

2. 抗美援朝战争

1950 年,美国派兵武装干涉朝鲜内政,把战火烧到中朝边境。朝鲜请求中国出兵援助。1950 年 10 月,中国人民志愿军赴朝参战。1953 年 7 月,美国被迫在《朝鲜停战协定》上签字,抗美援朝战争取得胜利。

抗美援朝战争的胜利,维护了亚洲和世界和平,巩固了中国新生的人民政权,打破了美帝国主义不可战胜的神话,使中国的国际威望空前提高,极大地增强了中国人民的民族自信心和自豪感,为国内经济建设和社会改革赢得了相对稳定的和平环境。

3. 三大改造的完成和社会主义制度的建立

从 1953 年起,我国全面展开了对农业、手工业、资本主义工商业的社会主义改造。

到1956年底，社会主义改造基本完成，社会主义公有制成为我国主要的所有制形式。三大改造的完成标志着社会主义基本制度在我国建立。

考点2 社会主义现代化建设曲折前进

1. 中国共产党第八次全国代表大会

1956年9月，中国共产党第八次全国代表大会在北京召开。根据社会主义基本制度已经在我国建立起来的新形势，大会分析了当时国内的主要矛盾，指出党和人民的主要任务是集中力量把我国尽快地从落后的农业国变为先进的工业国。中共八大以后，中国开始全面的大规模的社会主义建设。

2. 建设成就

从新中国成立到改革开放前的这段历史，我国在工业、农业、交通等方面取得了巨大成就。

工业方面：建成一大批大中型项目，比如武汉、包头两大钢铁基地，大庆油田、胜利油田和大港油田。新兴的电子工业、原子能工业、航天工业从无到有地发展起来。

交通方面：修建了兰新、兰青、包兰等铁路。

水利、农业方面：兴修水利、开展农田基本建设、培育推广良种、提倡科学种田。

医疗卫生方面：我国首先完成了人工合成结晶牛胰岛素。

在社会主义建设中，广大人民自力更生、艰苦奋斗，涌现出无数先进典型和英雄模范人物，形成了具有特定内涵的时代精神。“铁人”王进喜、党的好干部焦裕禄、解放军好战士雷锋等，都是其中的典型代表。以李四光、钱学森、邓稼先、华罗庚等为代表的一批著名科学家，在科技事业和经济文化建设事业中作出重大贡献，成为知识分子的杰出代表。

3. 恢复联合国安理会常任理事国席位

1971年10月，第26届联合国代表大会以压倒多数，通过了阿尔巴尼亚、阿尔及利亚等23国提案，恢复中华人民共和国在联合国的一切合法权利，包括安理会常任理事国席位。

4. 中美建交

1972年2月，美国总统尼克松访华，双方签署《中美联合公报》。1979年1月1日，《中美建交公报》正式生效，中美正式建交。

5. 中日建交

1972 年 9 月，日本首相田中角荣访问中国，双方发表《中日联合声明》，标志着中日邦交正常化。

考点 3　社会主义现代化建设新时期和中国特色社会主义新时代

1. 十一届三中全会

1978 年 12 月，中国共产党第十一届三中全会在北京召开。全会确定了解放思想、开动脑筋、实事求是、团结一致向前看的方针，否定了“两个凡是”的错误理论，停止了“以阶级斗争为纲”的错误方针，做出把党和国家的工作重心转移到经济建设上来，实行改革开放的伟大决策。中共十一届三中全会是新中国成立以来党的历史上具有深远意义的转折。它完成了党的思想路线、政治路线和组织路线的拨乱反正，是改革开放的开端。从此，中国历史进入社会主义现代化建设的新时期。

2. 香港、澳门回归

1997 年 7 月 1 日，中英两国政府完成香港政权交接仪式，中国对香港恢复行使主权，中华人民共和国香港特别行政区正式成立。1999 年 12 月 20 日，中国对澳门恢复行使主权，中华人民共和国澳门特别行政区正式成立。香港、澳门的回归，标志着祖国统一大业向前迈出重要一步。

3. 中国特色社会主义理论体系

中国特色社会主义理论体系，是包括邓小平理论、“三个代表”重要思想、科学发展观、习近平新时代中国特色社会主义思想在内的科学理论体系。

中国近现代史上的具有转折点意义的重要会议：

由大革命失败到土地革命战争兴起——八七会议。

中国共产党从幼稚走向成熟——遵义会议。

党和国家的工作重心转移，实行改革开放——党的十一届三中全会。

四、世界历史　【9年12考】

考点1　世界古代史

1. 古代文明的产生与扩展

考频分布　2023上单选,2020下单选,2019下单选,2018下单选

(1)古埃及

古埃及文明发源于尼罗河流域,文明的象征是金字塔,金字塔的建造证明了埃及人在建筑和数学方面都达到了较高的水平。古埃及人制定了世界上最早的太阳历,其发明的象形文字是世界上最早的文字之一。

古埃及的国王称“法老”。法老作为全国最高的统治者,集军、政、财、神等大权于一身。在宗教上,法老被认为是“神之子”,具有无上的权威。

(2)古印度

古印度文明发源于印度河、恒河流域。古代印度人创造了灿烂辉煌的文化,如世界上广泛应用的“阿拉伯数字”,实际上起源于印度。

在国家形成过程中,印度出现不平等的种姓制度:婆罗门主掌宗教祭祀;刹帝利主要由以国王为首的武士集团构成,负责统治和保卫国家;吠舍的大多数是普通劳动者,少部分是富有的商人;首陀罗地位最低,需要为前三个等级服务。后来,在四个种姓之外,还出现了“贱民”。

孔雀王朝统治时期是古代印度文明的鼎盛时期。**阿育王**是孔雀王朝的第三位国王,在位期间基本统一了印度。这一时期,农业和工商业都比较繁荣,出现了许多工商业中心城市,首都华氏城是当时世界上最繁华、人口最多的大城市之一。

(3)古巴比伦

古巴比伦文明发源于两河流域(底格里斯河和幼发拉底河)。古巴比伦人发明了楔形文字,根据月亮盈亏制定了阴历,发明了计数法中的60进位制。

古巴比伦王国时期,国王汉谟拉比颁布的《汉谟拉比法典》是世界上现存的第一部比较完备的成文法典,法典全文用楔形文字被刻在黑色的玄武岩上。

(4)玛雅文明

玛雅文明是美洲印第安文明的杰出代表,因印第安玛雅人而得名。其与印加帝国及阿兹特克帝国并列为美洲三大文明。玛雅文明约形成于公元前1500年,在公元800年达

到顶峰后迅速衰落。玛雅文明的代表有玛雅金字塔等。

(5)波斯帝国

公元前6世纪,波斯兴起于伊朗高原,迅速征服了包括两河流域、埃及、小亚细亚和巴尔干半岛北部在内的广大地区,建立起地跨亚、非、欧三大洲的帝国。波斯帝国的创立者是居鲁士二世。波斯帝国实行君主专制制度。国王是整个政权的核心和最高主宰,他的权力被认为来自神。地方实行行省制,行省总督和军事长官相互监督和制约。

(6)古希腊城邦和亚历山大帝国

希腊最早的文明产生于爱琴海地区。爱琴文明包括克里特文明和迈锡尼文明。

①斯巴达和雅典

公元前8世纪,希腊出现了城邦。斯巴达和雅典是古希腊最著名的两个城邦。

斯巴达人从小就接受军事训练,被培养成纪律严明、英勇无畏的战士。雅典建立了民主政体。在伯里克利主政时期,雅典的奴隶制民主政治发展到高峰。伯里克利扩大了公民的权利,公职人员几乎都是从全体公民中抽签产生,使每一名公民都有参政的机会。代表各地的10个主席团轮流主持城邦日常事务,召集公民大会。**公民大会**是最高权力机构,具有立法、司法等多种职能。

②亚历山大帝国

公元前4世纪晚期,希腊北部的马其顿国王亚历山大率军进攻波斯帝国,打败了波斯帝国国王大流士三世,最终建立了地跨欧、亚、非三大洲的帝国。亚历山大继承波斯帝国的基本制度,宣布君权神授,将政治、军事等大权集于一身。

(7)古罗马

公元前509年,罗马人建立了罗马共和国,由元老院、执政官和部族会议三权分立。

公元前450年左右,罗马颁布了成文法,因这部法刻在十二块青铜板上,所以被称为《十二铜表法》。《十二铜表法》涉及诉讼程序、所有权和债务权、宗教法等内容,使量刑定罪有了文字依据。

公元前27年,罗马元老院授予屋大维“奥古斯都”尊号,罗马进入帝国时代。

公元395年,罗马帝国分裂为东罗马和西罗马,东罗马以拜占庭(即君士坦丁堡)为都,西罗马仍以罗马为都。

公元476年,西罗马帝国在日耳曼人的打击下灭亡。东罗马帝国则延续下来,查士丁尼继任为东罗马帝国皇帝后,组建了一个法典编纂委员会。委员会编成《查士丁尼法典》《法学汇纂》《法理概要》。查士丁尼还命人将自己执政时期的法令编辑为《新法典》。这四部法律文献统称为《罗马民法大全》。1453年,东罗马帝国灭亡。

真题面对面

1. [2023 上半年真题]约公元前 2000 年代中期,波斯人从中亚细亚一带迁至伊朗高原西南部,于公元前 550 年建立了波斯帝国。建立该帝国的是(　　)

A. 居鲁士二世　　B. 大流士一世　　C. 阿育王　　D. 克洛维

答案:A。

2. [2020 下半年真题]《汉谟拉比法典》是世界迄今完整保存下来的最早的法典,其中包括了诉讼、财产、家庭以及买卖奴隶等内容。这部法典的呈现形式是(　　)

A. 刻在岩石上　　B. 刻在甲骨上　　C. 写在羊皮上　　D. 写在绢绸上

答案:A。

2. 封建时代的国家

(1)法兰克王国

西罗马帝国灭亡前后,日耳曼人在西欧建立了许多大小不同的王国,被称为"蛮族王国",其中最为强大的是 481 年建立的法兰克王国。

法兰克王国的建立者是**克洛维**。克洛维皈依了基督教,承认罗马教会在欧洲的重要地位。在他的推动下,整个法兰克王国都信仰了基督教。

8 世纪,查理成为法兰克王国国王。继位后,查理四处征伐,并实行鼓励基督教发展的政策,颁布"什一税"(即每个教区的人民把每年收入的 1/10 贡献给教会)。他统治时期的法兰克王国,史称"查理曼帝国"。

843 年,查理曼帝国一分为三。东法兰克王国成了以后的德国,西法兰克王国成了以后的法国,东、西部之间的地区则成了以后的意大利。

(2)阿拉伯帝国

穆罕默德于 7 世纪初创立了伊斯兰教,在麦地那建立了一个以共同信仰为基础的宗教社团,即穆斯林公社。阿拉伯国家的雏形由此诞生。630 年,穆罕默德率穆斯林占领麦加,阿拉伯半岛基本统一。至 8 世纪中期,阿拉伯帝国的版图横跨亚、欧、非三大洲,是当时世界上疆域最大的帝国。阿拉伯帝国的最高首领称"哈里发",实行中央集权统治。

阿拉伯人改造了古印度人从 0 到 9 的计数法,形成了我们现在使用的"阿拉伯数字",并创造了完整的代数学。阿拉伯人还是东西方文化的沟通者,中国的造纸术、指南针、火药等重大发明和印度的棉花、食糖等都是由阿拉伯人传入欧洲的。

3. 文明的交流

农耕、冶铁、雕刻技术和神话:西亚的农耕技术,逐步传到中亚、欧洲和北非一些地区。冶铁技术起源于西亚,扩散到埃及和希腊等地。西亚的神话传入希腊,成为希腊神话的重要内容。希腊最初的雕刻艺术,特别是人像雕刻,在很多方面都模仿埃及。

字母文字的源头:西亚地区的"腓尼基字母"。它在东方演化为阿拉马字母,由阿拉马字母发展出古代西亚、埃及以及印度等地的多种字母;它向西传入希腊,形成希腊字母,再演化出拉丁字母。希腊字母和拉丁字母成为今天欧洲几乎所有字母文字的源头。

经贸和文化交流:公元前后,汉朝和罗马帝国分别兴起于亚欧大陆的东西两端。两大强国之间缺乏官方的直接往来,但通过丝绸之路,双方有间接的经贸和文化交流。早在波斯帝国时期,中国的丝绸已到达地中海东岸。

考点2　世界近代史

1. 文艺复兴

文艺复兴是14世纪中叶至17世纪初在欧洲发生的一场宣扬新思想的新文化运动。文艺复兴始于意大利,以资本主义萌芽为经济基础,以反封建反教会为内容,以打破教会神学世界观,改变维护封建制度的各种传统观念,维护资产阶级的政治、经济利益为目的。

2. 地理大发现

考频分布　2019下单选

"地理大发现"是西方史学家对15—17世纪欧洲航海者一系列航海活动的通称。1488年,葡萄牙人**迪亚士**到达了非洲南端的风暴角(即好望角)。1492年,**哥伦布**航抵"美洲",开辟了欧美航线;1498年,**达·伽马**开辟自西欧绕过非洲南端直达印度的航路;1519—1522年**麦哲伦**船队首次完成环球航行。新航路的开辟和美洲的发现,初步形成了世界市场,开始了西方国家殖民掠夺的狂潮。

3. 殖民掠夺

拉丁美洲的殖民地化:1496年,西班牙在海地建立了第一个永久性殖民地圣多明各。到18世纪晚期,拉丁美洲已完全处于欧洲列强的殖民统治之下,其中绝大部分土地为西班牙和葡萄牙的殖民地,小部分土地被荷兰、英国和法国占据。殖民者在拉丁美洲实行专制统治,推行农奴制,奴役和屠杀印第安人,从非洲贩入黑人奴隶,发展起罪恶的黑奴贸易。

亚洲沦为殖民地半殖民地:从17世纪开始,英国、荷兰和法国成为殖民侵略活动的主角,加快了亚洲的殖民地和半殖民地化。

西方列强瓜分非洲:从15世纪开始,欧洲殖民者就侵入非洲。19世纪70年代以前,欧洲殖民国家只侵占了10%左右的非洲土地;19世纪末20世纪初,它们侵占了几乎整个非洲。

4. 启蒙运动

启蒙运动是17、18世纪欧洲资产阶级的一场反封建、反教会的思想文化运动,是继文艺复兴之后近代欧洲发生的第二次思想解放运动。启蒙运动起源于英国,在法国形成高潮,影响遍及欧洲、美洲和亚洲。代表人物有英国的霍布斯、洛克,法国的伏尔泰、孟德斯鸠、卢梭、狄德罗,德国的康德等。启蒙思想家们宣扬天赋人权、三权分立、自由、平等、民主、法治等思想,批判封建专制制度以及教会、神权,描绘了未来"理性王国"的蓝图,为资产阶级取得统治地位提供了思想上和理论上的准备。

5. 近代资本主义国家的发展

考频分布 2015—2023年,以单选题形式考查5次

(1)英国

1638年,苏格兰人民起义,反对查理一世的专制统治,成为英国资产阶级革命的导火索。1640年,英国议会的召开标志着英国资产阶级革命的开始。1689年,英国议会通过《权利法案》限制国王权力,标志着英国君主立宪制政体的确立。

(2)美国

1773年,以"波士顿倾茶事件"为导火索,1775年春,英军与北美民兵在来克星顿交火,美国独立战争开始。1776年7月4日,大陆会议通过《独立宣言》,宣告北美殖民地脱离英国独立。1777年,美国取得萨拉托加大捷,这是独立战争的转折点。1781年,英军主力在约克镇投降,美国独立战争结束。1783年,英国承认美国独立。

美国独立以后,领土迅速扩张,北方资本主义经济和南方种植园经济都发展起来。美国南北方针对奴隶制存废问题展开激烈斗争,最终导致内战。1862年9月,美国总统林肯发表《解放黑人奴隶宣言》。1865年4月,南方军队投降,南北战争结束。

(3)法国

1789年7月14日,巴黎人民攻占巴士底狱,标志着法国大革命爆发。1789年8月,法国制宪议会通过了《人权宣言》。1792年,法国宣布废除君主制度,建立法兰西第一共和国。1794年7月,雅各宾派专政被热月党人推翻,恢复共和制,法国大革命的高潮结束,这一事件史称"热月政变"。1795年,《马赛曲》被确立为法国国歌。1799年11月,拿

破仑发动“雾月政变”，建立执政府，法国大革命结束。1804年，经公民投票，法国改为帝国，史称“法兰西第一帝国”，拿破仑加冕称帝。1812年，拿破仑远征俄国，大败而归。1815年，法兰西第一帝国覆灭。

1848年法国爆发了由工人阶级领导的“二月革命”，推翻了七月王朝，成立了法兰西第二共和国。1848年，路易·波拿巴（即拿破仑三世）当选为总统，他加强总统的权力和地位，独揽大权，并于1852年称帝，建立了法兰西第二帝国。

1870年，法国人民推翻了第二帝国，恢复了共和政体，成立了法兰西第三共和国。1940年德国法西斯入侵法国，第三共和国结束。

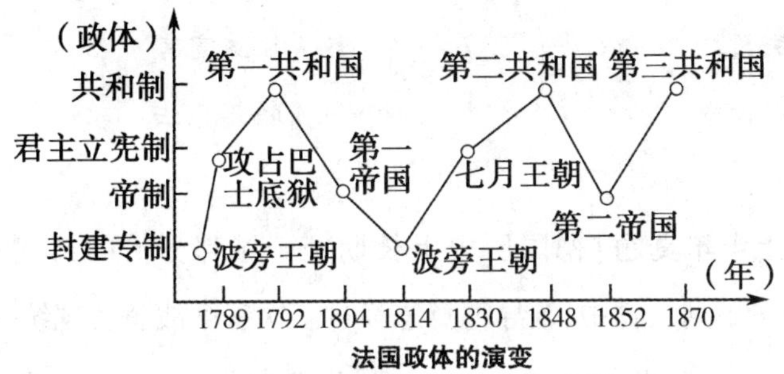

法国政体的演变

（4）俄国

1861年，面临空前危机的俄国沙皇政府进行废除农奴制改革，农奴获得人身自由，通过赎买得到土地。随后沙皇又进行其他改革，如实行地方自治和地方选举、实施统一的司法制度、普及文化教育、实行义务兵役制等，还采取各种措施刺激工业发展。这些自上而下的改革使俄国走上资本主义发展道路，但没有直接触及沙皇专制制度，保留了大量农奴制残余。

（5）德意志帝国

德国长期处于城邦分治的封建割据状态。19世纪60年代，普鲁士的经济发展在德意志各邦中已占据首位，普鲁士统一德意志的条件日益成熟。普鲁士国王启用俾斯麦为宰相，**俾斯麦**通过三次王朝战争，在1864—1871年先后击败丹麦、奥地利和法国，统一了除奥地利以外的德意志，成立了德意志帝国，实行君主立宪制。《德意志帝国宪法》规定，皇帝拥有绝对实权，议会权力有限，德国的君主立宪制是一种不彻底的不完善的代议制。

（6）日本

19世纪中期，日本面临沦为半殖民地的民族危机。日本有识之士于1868年推翻幕府统治，恢复天皇权威，随后进行改革，史称“明治维新”。明治政府建立统一的中央集权，废除封建等级制度，推行“富国强兵”“殖产兴业”“文明开化”三大政策，仿效西方国家制定宪法。宪法肯定了天皇神圣不可侵犯和统揽一切的地位，议会、内阁、军部相互牵制，成为天皇权力的代行机构。明治维新保留了大量封建势力,成为军国主义的社会基础。

(7)意大利

19 世纪中期,意大利和德意志都处于分裂状态。意大利通过革命和反侵略战争,于 1861 年建立意大利王国。以后意大利又先后从奥地利和法国手中收复失地,1870 年实现了国家统一,实行君主立宪制。

真题面对面

1.[2022 下半年真题]北美殖民地人民宣告脱离英国,正式成立美利坚合众国的纲领性文件是(　　)

A.《权利法案》　　B.《独立宣言》

C.《人权宣言》　　D.《联邦宪法》

答案:B。

2.[2019 上半年真题]德国历史上长期处于城邦分治的封建割据状态,直至 1871 年才统一。下列人物中,领导德意志经过三次王朝战争实现统一的是(　　)

A. 拿破仑　　B. 俾斯麦　　C. 黑格尔　　D. 希特勒

答案:B。

6. 科学社会主义的诞生

1848 年 2 月,由马克思和恩格斯起草的《共产党宣言》正式发表,标志着马克思主义的诞生。《共产党宣言》第一次比较完整系统地阐述了社会主义基本原理。

1864 年,国际工人协会(即第一国际)成立。1871 年 3 月 18 日,巴黎市民起义。3 月 28 日,世界上第一个无产阶级政权——巴黎公社宣告成立。

7. 第一次世界大战

考频分布　2023 下单选

1914 年 6 月,奥匈帝国皇储在萨拉热窝被刺杀,成为第一次世界大战的导火索。战争主要在由德国、奥匈帝国等组成的同盟国和英国、法国、俄国等组成的协约国之间进行。

第一次世界大战主要在欧洲战场上进行,形成了东线、西线和南线三条战线。1914 年,德军进攻法国,9 月,双方以 150 多万兵力在马恩河激战,德军战败,标志其“速决战”破产。1915—1916 年,战争处于胶着状态。1916 年,西线相继发生凡尔登战役和索姆河战役,凡尔登战役因死亡人数太多而有“绞肉机”“地狱”“屠场”之称,索姆河战役则是一战中规模最大的一次战役。1917 年,美国参加协约国一方作战。俄国在十月革命胜利后于1918年退出了战争。1918年下半年，协约国不断发动反攻，德军败局已定。

1918年11月11日，德国宣布投降，第一次世界大战以同盟国的投降而告终。

真题面对面

[2023下半年真题]第一次世界大战是1914—1918年间帝国主义国家两大集团为瓜分世界而进行的战争，以同盟国的失败而告终，其规模最大的一次战役是(　　)

A. 索姆河战役　　B. 马恩河战役

C. 凡尔登战役　　D. 伊普尔战役

答案：A。

考点3　世界现代史

1. 俄国十月革命

1917年11月7日(俄历10月25日)，以列宁为首的布尔什维克党领导工人阶级和革命士兵，举行武装起义，推翻俄国资产阶级临时政府。十月革命建立了世界上第一个无产阶级专政的国家。

2. 凡尔赛—华盛顿体系

1919年，第一次世界大战结束后，战胜国分别召开巴黎和会和华盛顿会议，缔结了以《凡尔赛条约》和《九国公约》为代表的一系列国际条约，在全球范围内建立了帝国主义的国际新秩序——凡尔赛—华盛顿体系。这一体系的主要内容包括：德国及其盟国承担战争罪责，战败国向战胜国割地赔款，裁减军备，德国的海外殖民地被战胜国瓜分；承认波兰复国，承认捷克斯洛伐克和南斯拉夫等国家独立；限制美国、英国、日本等国的海军军备；中国收回山东主权，但日本保留了诸多特权；列强同意将“门户开放”“机会均等”作为侵略中国的共同原则。

《凡尔赛条约》对德国的过分压制间接导致了第二次世界大战的爆发。另外，《凡尔赛条约》对战胜国中国的不公正待遇直接导致了中国五四运动的爆发。

3. 第二次世界大战

考频分布　2018下单选

(1)战争概况

1939年9月，德军突袭波兰，作为波兰盟国的英、法两国，迫于舆论压力，于9月3日对德宣战。第二次世界大战全面爆发。

1941 年 6 月，德国入侵苏联，苏联战场成为抵抗纳粹德国的主战场。同年 12 月，日本挑起太平洋战争，美国对日宣战，第二次世界大战发展到全球阶段。

1942 年 1 月，以美、苏、英、中为主签署《联合国家宣言》，建立世界反法西斯同盟。

1943 年春，斯大林格勒战役扭转了二战的局势。

1945 年 5 月 8 日，德国宣告无条件投降。

1945 年 8 月 15 日，日本法西斯宣布投降。9 月 2 日，日本正式签订投降书，至此，第二次世界大战结束。

1945 年 11 月，欧洲国际军事法庭在纽伦堡对纳粹德国的首要战犯和犯罪组织进行长达 10 个多月的审判，史称“纽伦堡审判”。

1946 年 5 月，远东国际军事法庭在东京正式开庭，史称“东京审判”。这是人类历史上规模最大的一次国际审判。

（2）雅尔塔体系

第二次世界大战中后期，反法西斯同盟国的首脑相继在开罗、德黑兰、雅尔塔和波茨坦等地召开会议，缔结了一系列条约和协定，建立了战后国际秩序，史称“雅尔塔体系”。

开罗会议：在反法西斯战争进程取得根本转变的形势下，1943 年 11 月，为了加强反法西斯联合作战的力量，中、美、英三国首脑在开罗举行会议，会议商讨了联合对日作战的计划，并发表了《开罗宣言》，宣言明确规定：日本所窃取的中国领土，例如东北地区、台湾及其附属岛屿、澎湖群岛等，归还中国。

德黑兰会议：1943 年 11 月，英、美、苏三国首领在伊朗的德黑兰举行会议，通过了关于三国对德作战的一致行动和关于战后合作的宣言，并决定在欧洲开辟第二战场。

雅尔塔会议：1945 年 2 月，苏、美、英三国首脑在克里米亚半岛的雅尔塔举行会议，通过了关于彻底击败德国，消灭德国军国主义和法西斯主义，惩办战犯及战后德国民主化等重要决议，并决定在战后建立一个新的国际组织——联合国。苏联答应在欧洲战事结束后三个月内，参加对日作战。

波茨坦会议：1945 年 7 月中旬至 8 月初，苏、美、英三国首脑在波茨坦举行会议，重申雅尔塔会议的精神。中、美、英三国发表《波茨坦公告》，促令日本无条件投降。

4. 联合国建立

联合国是一个由主权国家组成的国际组织。1945 年 10 月 24 日在美国旧金山签订的《联合国宪章》生效标志着联合国正式成立。安理会五大常任理事国包括中国、俄国、美国、英国、法国。

5. 美苏冷战

冷战是指第二次世界大战后的40多年间，以美、苏为首的两大集团之间既非战争又非和平的对峙与竞争状态。1947年杜鲁门主义的出台是美国对苏联发动冷战的标志。1991年苏联解体，导致两极格局崩溃，持续近半个世纪的冷战也随之结束。

6. 世界多极化发展趋势

2021年是冷战结束30年，冷战后形成的“一超多强”格局正在被“不均衡的多极”新格局取代。当今世界正经历百年未有之大变局，多极化是大势所趋。

7. 经济全球化

20世纪70年代以来，以信息技术为代表的第三次科技革命成为经济全球化的主要推动力量。进入90年代，跨国公司迅猛发展，国际投资迅速增加，世界贸易组织的诞生，把贸易、投资和服务的国际化提高到新的水平。进入21世纪，随着以互联网、人工智能等为代表的新一轮科学技术的发展，经济全球化成为强劲的时代潮流。

第二节 科学常识

思维导图

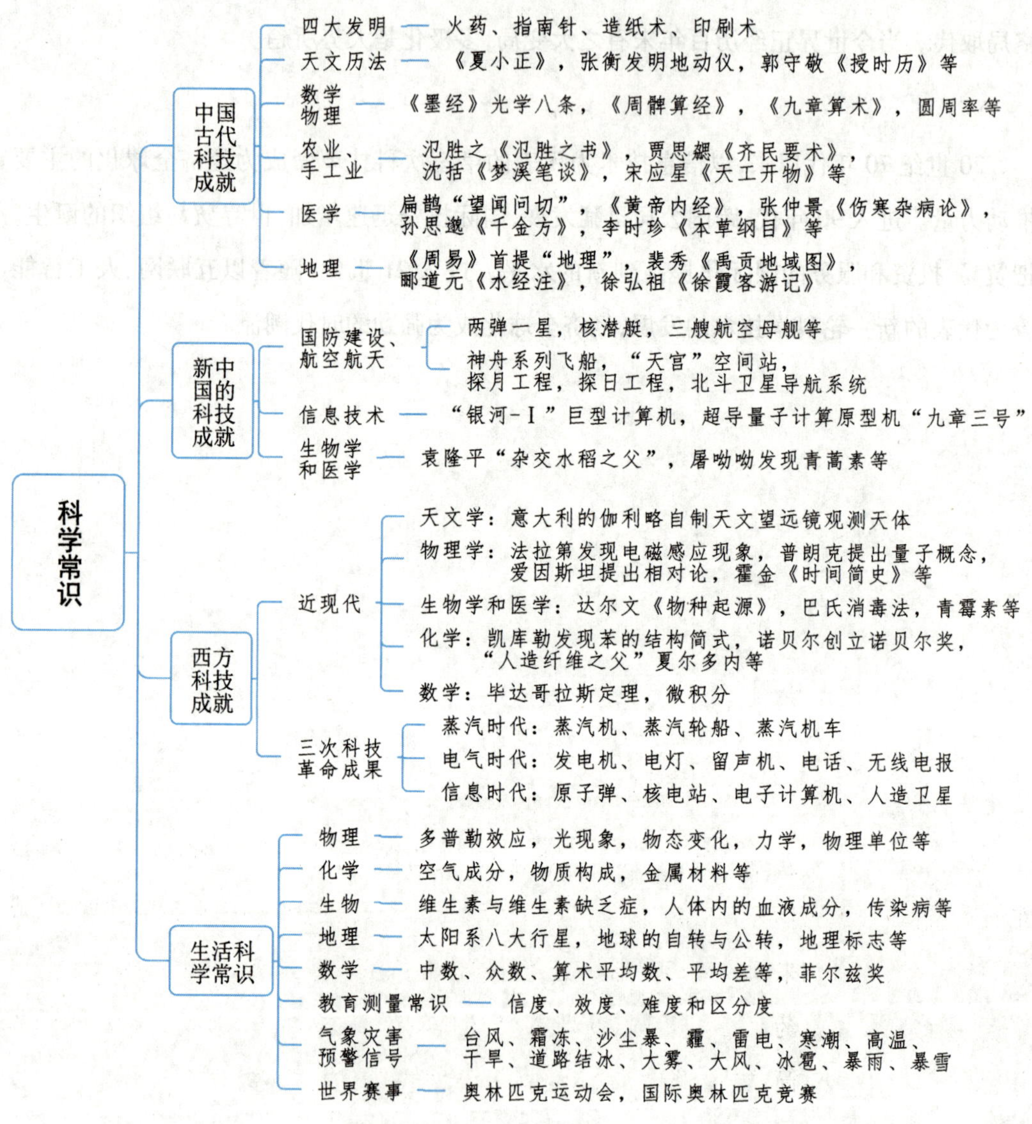

考向分析

本节主要介绍中外各领域的重要人物与重大成就以及生活科学常识，内容繁杂，需要记忆并理解。在考试中会以单选题的形式考查。汇总分析2015年至2023年的真题试

卷,本节知识考查情况见下表:

知识	考点	考频	题型
中国古代科技成就	四大发明	1	单选
	天文历法成就	1	单选
	数学物理成就	1	单选
中国近现代科技成就	航空航天成就	2	单选
	信息技术成就	2	单选
西方科技成就	近现代科学家及其成就	7	单选
	三次科技革命成果	3	单选
生活科学常识	物理常识	4	单选
	化学常识	1	单选
	生物常识	4	单选
	地理常识	6	单选
	数学常识	7	单选
	教育测量常识	4	单选
	世界赛事	2	单选

核心考点

一、中国古代科技成就 【9 年 3 考】

考点 1 四大发明

1. 火药

唐朝时,中国人已经发明了火药。唐朝末年,火药开始运用到军事领域,火箭是最早的火药武器。宋元时期,火药武器广泛用于战争。当时,人们主要利用火药的特性,制成爆炸性武器,或者用来制成管形火器。宋金战争中宋军使用了火器,而金人从宋人那里学会了制造、使用火药武器。蒙古人在灭金、灭宋的战争中,也大量使用了火器。元朝还用金属作筒,取代竹筒,发明了火铳,这比以前的突火枪威力更大。

2. 指南针

考频分布 2021 上单选

中国古代很早就认识到磁石指南的特性。战国时人们利用天然磁铁做成指南工具,称为“司南”。宋代开始用人造磁铁制成指南的工具。乘坐中国海船的阿拉伯商人将指南针传到阿拉伯国家，后来又传到欧洲，大大促进了世界远洋航海技术的发展。

北宋末年，中国的海船上开始使用指南针。宋代朱彧在1119年写成《萍洲可谈》一书，书中写道："舟师识地理，夜则观星，昼则观日，阴晦观指南针。"这是世界航海史上使用指南针航海的最早记录。

3. 造纸术

西汉时期，人们已经懂得了造纸的基本方法。东汉时，蔡伦总结前人经验改进了造纸术。此后纸的使用日益普遍，纸逐渐取代简帛，成为人们广泛使用的书写材料，也便利了典籍的流传。同时，也促进了中国和世界文化的传播与发展。

4. 印刷术

我国在隋唐时期就有了雕版印刷术。北宋时期，工匠毕昇发明了活字印刷术，这一发明比欧洲早约400年。活字印刷术的发明极大提高了制版效率，推动了文化的传播。到了元代，著名的科学家王祯在《农书》中对木活字技术作了系统的总结并有所创新，发明了转轮排字法。元朝中期，出现了铜活字印刷。

真题面对面

[**2021上半年真题**]指南针是中国古代四大发明之一。中国人很早就认识到磁石指南的特性，先后发明了磁针和罗盘。指南针经阿拉伯传到欧洲，大大促进了世界远洋航海技术的发展。下列选项中，中国最早使用指南针航海的朝代是(　　)

A. 唐朝　　B. 北宋　　C. 元朝　　D. 明朝

答案：B。

考点2　天文历法成就

考频分布　2015上单选

夏朝历法《夏小正》记载了一年中各个月份的物候、天象、气象和农事情况。

干支纪日法是商朝历法的最大成就，它是世界上延续时间最长的纪日方法。夏朝有关史料和商朝甲骨文中保留了我国最早的日食、月食和新星记录。

《春秋》中关于哈雷彗星的记载，是世界公认的关于哈雷彗星的最早记录，比欧洲早670多年。春秋时期，历法已经形成自己固定的系统，基本上确立了十九年七闰的规律，比欧洲早160年。

战国时期的《甘石星经》，是世界上最早的天文学著作之一，书中的《石氏星表》是现存世界上最早的星表之一。

汉武帝时制定的《太初历》是我国第一部比较完整的历法。公元前 28 年，西汉关于太阳黑子的记录是世界上最早的太阳黑子记录。东汉时张衡改进浑天仪，发明地动仪以测定地震方位。

唐朝时，僧人一行制定的《大衍历》比较准确地反映了太阳运行的规律，并在世界上首创用科学的方法实测地球子午线长度。

元朝郭守敬改进了简仪和圭表，他主持编制的《授时历》记载的一年的周期与现行公历基本相同，但比现行公历的确立早约 300 年。

考点 3　数学物理成就

考频分布　2019 上单选

战国时墨子著有《墨经》，书中分 8 条论述了光学知识，阐述了影、小孔成像、平面镜、凹面镜、凸面镜成像等，被称为“《墨经》光学八条”。

西汉初期成书的《周髀算经》是中国流传至今的、最早的一部数学著作，主要成就是介绍了勾股定理及其在测量上的应用。同时它也是一部天文学著作，主要阐述了盖天说和四分历法。

东汉时的《九章算术》分九章介绍了许多算术命题及其解法，是当时世界上最先进的应用数学。它的出现标志着中国古代数学形成了完整的体系。

魏晋时期，数学家刘徽运用极限理论提出了计算圆周率的正确方法。南朝的祖冲之精确地算出圆周率是在 3.1415926 与 3.1415927 之间，比欧洲早近一千年。祖冲之父子的《缀术》对数学的发展有杰出贡献。

唐初的王孝通撰写的《缉古算经》是我国现存最早的解三次方程的著作。

“算经十书”是十部著名的数学著作，曾作为隋唐时代国子监算学科的教科书，它们分别是：《周髀算经》《九章算术》《海岛算经》《张丘建算经》《夏侯阳算经》《五经算术》《缉古算经》《缀术》《五曹算经》《孙子算经》。“算经十书”标志着中国古代数学的高峰。

知识再拔高

勾股定理

勾股定理是指直角三角形的两条直角边的平方和等于斜边的平方。中国古代称直角三角形为勾股形，并称直角边中较短者为勾，另一长直角边为股，斜边为弦，所以称这个定理为**勾股定理**。周朝时期的商高提出了“勾三股四弦五”的定理，因此也有人称为商高定理。在西方，勾股定理被称为毕达哥拉斯定理。

考点4 农业、手工业成就

我国古代关于农业、手工业的著作

朝代	作者	著作名称	地位
西汉	氾胜之	《氾胜之书》	我国现存最古老的一部农书
东汉	崔寔	《四民月令》	叙述一年例行农事活动的专著
北魏	贾思勰	《齐民要术》	我国现存最早的一部完整的农书，并标志着中国传统农学的成熟
北宋	沈括	《梦溪笔谈》	一部涉及我国古代自然科学、工艺技术及社会历史现象的综合性笔记体著作，记载了我国古代特别是北宋时期自然科学达到的辉煌成就，被李约瑟评价为**“中国科学史上的里程碑”**
明朝	宋应星	《天工开物》	世界上第一部关于农业、手工业生产的综合性著作，其中记录了利用杂交手段培育优良蚕种的方法。此书被誉为**“中国17世纪的工艺百科全书”**
	徐光启	《农政全书》	全面总结了我国古代生产的先进经验、技术革新和作者关于农学的创新研究成果，与北魏贾思勰的《齐民要术》并列为我国农学著述之两大丰碑

考点5 医学成就

春秋战国之际的名医扁鹊，已经懂得用针刺、按摩、汤药等多种方法治疗疾病。他总结出来的望、闻、问、切四种诊断疾病的方法，一直被中医沿用。

战国问世、西汉编定的《黄帝内经》，是我国现存较早的重要医学文献，它反映了我国古代医学的早期成就，奠定了中医学的理论基础。

东汉时的《神农本草经》是中国第一部完整的药物学著作，是中药学理论发展的源头。**“医圣”**张仲景的《伤寒杂病论》发展了中医学的理论和治疗方法，总结了各种疾病的症候，提出在诊断上要辨证分析病情，然后对症治疗。华佗发明了“麻沸散”，擅长外科手术，被誉为“神医”。华佗还模仿虎、鹿、熊、猿、鸟五种动物的活动姿态，创编出了“五禽戏”，帮助人们强身健体。

唐朝时，**“药王”**孙思邈的《千金方》全面总结了历代和当时的医药学成果，且有许多创新。唐高宗时编修的《唐本草》是世界上最早由国家编定和颁布的药典。

明朝李时珍的《本草纲目》总结了我国古代药物学成就，丰富了我国医药学宝库，在世界医药史上占有重要的地位，被誉为**“东方医药巨典”**。《本草纲目》不仅对药物学作了详细记载，还在植物学、动物学、矿物学、物理学、化学、农学、天文学、气象学等许多方面，有着广泛的论述。

考点 6　地理成就

西周时期，《周易》首先提出了“地理”这一名称。

西晋裴秀绘制出《禹贡地域图》，提出绘制地图的 6 项原则，即“制图六体”。

北魏地理学家郦道元的《水经注》以水道为纲记载区域地理信息，是一部综合性的地理学著作。

明代，《徐霞客游记》一书详细记录了各地的地理、水文、地质、植物等现象，以及经济、交通、城镇聚落、风土文物等，其中对丹霞地貌的考察和记述，居当时世界的先进水平。

二、中国近现代科技成就　【9 年 4 考】

考点 1　国防建设成就

1964 年我国首颗原子弹爆炸成功。1967 年，我国首颗氢弹爆炸成功。1970 年，我国用长征一号运载火箭，成功地发射了第一颗人造地球卫星——东方红一号。

1970 年，我国自行研制的首艘核潜艇下水，试航成功。

2012 年 9 月 25 日，我国首艘航空母舰“辽宁”号交付海军。“辽宁”号航空母舰前身是苏联海军的库兹涅佐夫级航空母舰次舰瓦良格号，后由中国购入并进行建造改进，于 2012 年正式服役。

2019 年 12 月 17 日，我国第二艘也是首艘自主建造的航空母舰“山东”舰在三亚交付海军。“山东”舰在中国首艘航母“辽宁”号使用的经验基础上改进优化而来，是中国真正意义上的第一艘国产航空母舰。

2022 年 6 月 17 日，经中央军委批准，中国第三艘航空母舰命名为“中国人民解放军海军福建舰”，舷号为“18”。“福建”舰是中国完全自主设计建造的首艘弹射型航空母舰。

考点2 航空航天成就

1. 神舟系列

神舟系列飞船的航天活动

时间	航天活动
1999 年	“神舟一号”无人飞船发射升空,这是中国载人航天工程的首次飞行
2003 年	“神舟五号”载人飞船成功发射,杨利伟成为我国进入太空的第一位航天员
2005 年	航天员费俊龙、聂海胜搭乘“神舟六号”飞船发射升空,实现了多人多天飞行
2008 年	“神舟七号”载人飞船发射升空,航天员翟志刚首次出舱
2012 年	“神舟九号”载人飞船与“天宫一号”对接成功,刘洋是我国首位进入太空的女航天员
2013 年	“神舟十号”载人飞船进入太空,航天员王亚平完成中国首次太空授课
2016 年	“神舟十一号”载人飞船成功发射,并与“天宫二号”自动交会对接成功
2021 年	“神舟十二号”载人飞船与天和核心舱对接形成组合体,完成空间站阶段中国航天员的首次空间出舱活动
2022 年	“神舟十四号”载人飞船与天和核心舱对接形成组合体,3 名航天员进行为期 6 个月的在轨驻留
2023 年	“神舟十六号”任务是我国载人航天工程进入空间站应用与发展阶段的首次载人飞行任务。“神舟十六号”航天员乘组由景海鹏、朱杨柱、桂海潮 3 名航天员组成,其中,航天员景海鹏第四次执行飞行任务,成为中国目前为止“飞天”次数最多的航天员 10 月 26 日,“神舟十七号”航天员汤洪波、唐胜杰、江新林入驻空间站

2. 中国空间站

空间实验室是开展空间试验活动的载人航天飞行器,规模上小于空间站,是空间站的雏形。2011 年,“天宫一号”成功升空,它是中国第一个目标飞行器;2016 年,“天宫二号”发射成功,它是中国首个具备补加功能的载人航天科学实验空间实验室和首个真正意义上的空间实验室。

中国空间站包括天和核心舱、梦天实验舱、问天实验舱、载人飞船(即已经命名的“神舟”号飞船)和货运飞船(天舟飞船)五个模块。2022 年 12 月 31 日,国家主席习近平在新年贺词中宣布中国空间站全面建成。

3. 探测任务系列

(1)探月工程

2007 年,我国成功发射月球探测卫星“嫦娥一号”,我国迈出了航天深空探测的第一步。

2013 年,“嫦娥三号”成功实施月面软着陆,“玉兔号”月球车实现月面巡视勘察。

2018 年 12 月 8 日,“嫦娥四号”成功发射。2019 年 1 月 3 日,“嫦娥四号”实现人类探测器首次月背软着陆,传回世界首张近距离拍摄的月背影像图像。

2020 年 12 月 17 日,“嫦娥五号”返回器携带月球土壤样品在内蒙古四子王旗预定区域安全着陆。

(2)火星探测任务

2020 年 7 月 23 日,长征五号遥四运载火箭搭载我国首次火星探测任务“天问一号”探测器,在中国文昌航天发射场点火升空。2021 年 5 月 15 日,火星探测器“天问一号”携带首辆火星车“祝融号”成功着陆火星。这是我国首次实施火星着陆任务。

(3)探日工程

2021 年 10 月 14 日,我国在太原卫星发射中心采用长征二号丁运载火箭,成功发射首颗太阳探测科学技术试验卫星“羲和号”。

4. 北斗卫星导航系统

考频分布 2019 下单选,2018 上单选

四大全球卫星导航系统有美国全球定位系统(GPS)、俄罗斯格洛纳斯卫星导航系统(GLONASS)、欧洲伽利略卫星导航系统和中国北斗卫星导航系统。

北斗卫星导航系统是中国自主建设、独立运行的卫星导航系统,是为全球用户提供全天候、全天时、高精度的定位、导航和授时服务的国家重要时空基础设施。2020 年 6 月 23 日,中国北斗三号最后一颗全球组网卫星发射成功,至此北斗三号全球卫星导航系统星座部署完成,向全球提供服务。

北斗系统提供多个频点的导航信号,能够通过多频信号组合使用等方式提高服务精度。北斗系统创新融合了导航与通信能力,具备定位导航授时、星基增强、地基增强、精密单点定位、短报文通信和国际搜救等多种服务能力。

北斗系统提供服务以来,已在交通运输、农林渔业、水文监测、气象测报、通信授时、电力调度、救灾减灾、公共安全等领域得到广泛应用。基于北斗系统的导航服务已被电子商务、移动智能终端制造、位置服务等厂商采用,广泛进入中国大众消费、共享经济和民生领域,应用的新模式、新业态、新经济不断涌现,深刻改变着人们的生产生活方式。

真题面对面

[2018 上半年真题]中国、俄罗斯、美国和欧盟都发展了自己的全球卫星定位系统。下列选项中,国家或组织与卫星定位系统对应正确的是(　　)

A. 中国——“GPS”　　　　B. 俄罗斯——“北斗”

C. 美国——“格洛纳斯”　　　　D. 欧盟——“伽利略”

答案:D。

考点3　海洋和极地科考成就

1. 海洋科考成就

1970 年,上海江南造船厂建造“向阳红 01 号”。“向阳红 01 号”是国家海洋局建造的第一艘水文气象船,也是我国第一艘吨位比较大的气象船。

1977 年 8 月 31 日,“远望一号”建成下水,它是我国自行设计建造的第一代综合性航天远洋测量船。

“大洋一号”是中国第一艘现代化的综合性远洋科学考察船,也是我国远洋科学调查的主力船舶。

2020 年 11 月 10 日,“奋斗者”号在马里亚纳海沟成功坐底,创造了 10909 米中国载人深潜新纪录,标志着我国在大深度载人深潜领域达到世界领先水平,使我国成为世界上第二个实现万米载人深潜的国家。

2. 极地科考成就

1985 年,中国首个南极科学考察站长城站建立。中国南极科考站包括中国南极长城站、中国南极中山站、中国南极昆仑站、中国南极泰山站以及在建的中国南极罗斯海新站。

2004 年,中国首个北极科考站黄河站建立。除中国北极黄河站外,2018 年 10 月 18 日,我国第二个北极科学考察站中 - 冰北极科学考察站正式运行。

“雪龙 2”号是中国第一艘自主建造的极地科考破冰船,2019 年 7 月正式交付中国极地研究中心使用。

考点4　信息技术成就

考频分布　2021 上单选,2015 上单选

1978 年,王选成功研制汉字激光照排技术。王选被誉为“**当代毕昇**”。

1983 年，中国第一台每秒钟运算一亿次以上的“银河-Ⅰ”巨型计算机，在长沙研制成功。

2000 年，我国独立研制的第一台类人型机器人问世，标志着我国机器人技术已跻身国际先进行列。

2009 年，我国首台千万亿次超级计算机“天河一号”研制成功。

2013 年，“天河二号”研制成功。2010—2015 年的全球超级计算机 500 强榜单中，“天河二号”六度称雄。

2016 年 6 月 20 日，在世界超算大会上，我国第一台全部采用国产处理器构建的“神威·太湖之光”超级计算机系统荣登全球超级计算机 500 强榜单之首，不仅速度比第二名“天河二号”快出近 2 倍，其效率也提高 3 倍。

2017 年，世界首条千公里级量子保密通信干线——“京沪干线”正式开通。

2017 年，世界首台超越早期经典计算机的光量子计算机在中国研制成功，标志着中国在量子计算机研究领域迈入世界一流行列。

2021 年 5 月和 10 月，潘建伟团队先后成功研制出了超导量子计算机“祖冲之号”和“祖冲之二号”。

2023 年 10 月，中国科研团队成功构建量子计算原型机“九章三号”，再度刷新光量子信息技术世界纪录。“九章三号”求解高斯玻色取样数学问题的速度比目前全球最快的超级计算机快一亿亿倍。

考点 5　生物学和医学成就

1943—1945 年在昆明工作期间，病毒学家朱既明研制出中国第一个抗生素——青霉素。

1965 年，中国科学家人工合成结晶牛胰岛素。这是世界上第一次人工合成的具有生物活力的结晶蛋白质。

1973 年，袁隆平在世界上首次培育出可广泛种植的杂交水稻，大幅提高了水稻产量。袁隆平被称为“杂交水稻之父”。

2015 年，屠呦呦获得 2015 年诺贝尔生理学或医学奖，这是中国科学家因为在中国本土进行的科学研究首次获诺贝尔科学奖项。她先驱性地发现了青蒿素，开创了疟疾治疗新方法。

2016 年，我国在世界上首次解析出 NPC1 蛋白的清晰结构，为干预、治疗罕见遗传疾病“尼曼－皮克病”和埃博拉病毒打开了新大门。

三、西方科技成就 【9年10考】

考点1 近现代科学家及其成就

1. 天文学成就

考频分布 2018下单选

哥白尼，波兰天文学家，著有《天体运行论》，确立“日心说”，成为近代天文学的起点。

伽利略，意大利天文学家和物理学家，首次用自制天文望远镜观测天体，进一步论证了哥白尼的学说。伽利略做了自由落体实验，是近代实验物理学的开拓者，被誉为“近代科学之父”。

第谷，丹麦天文学家，发现了仙后星座中的一颗新星，这颗新星的发现动摇了亚里士多德天体不变的学说。

开普勒，德国天文学家，提出了行星运动的三大定律，其中行星运动第一定律认为每个行星都在一个椭圆形的轨道上绕太阳运转，而太阳位于这个椭圆轨道的一个焦点上。

哈雷，英国天文学家和数学家，代表作《彗星天文学论说》，其首先测定哈雷彗星轨道，并预言其周期为76年。

康德，德国哲学家，在《宇宙发展史概论》一书中首先提出了太阳系起源的“星云”假说。

哈勃，美国天文学家，提出了谱线红移定律，即哈勃定律。

真题面对面

[**2018下半年真题**]望远镜的发明推动了近代天文学的发展。1609年，伽利略亲手制造和改进了望远镜，并用来巡视天空。他的国籍是(　　)

A. 法国　　B. 英国　　C. 意大利　　D. 奥地利

答案：C。

2. 物理学成就

考频分布 2023下单选，2018上单选

帕斯卡，法国物理学家。他利用帕斯卡裂桶实验证明了大气压强的存在，发现了帕斯卡定律。

牛顿，英国物理学家、数学家、天文学家。他提出牛顿运动三大定律，发现了万有引

力定律,建立经典力学体系。

奥斯特,丹麦物理学家、化学家。他于1820年发现了电流的磁效应。

法拉第,英国物理学家、化学家。他首次发现电磁感应现象,进而得到产生交流电的方法。1831年,法拉第发明了人类第一台发电机——圆盘发电机。

麦克斯韦,英国物理学家、数学家。他建立了完整的电磁场理论并预言了电磁辐射的存在。

居里夫人,法国物理学家,发现了放射性元素镭,动摇了“经典”力学,为以相对论和量子理论为基础的现代物理学开辟了道路。

普朗克,德国物理学家,量子概念的提出者。

伦琴,德国物理学家,发现了X射线,是首届诺贝尔物理学奖得主。

爱因斯坦,美籍犹太裔物理学家,现代物理学的开创者、奠基人。他提出了狭义相对论和广义相对论,为现代物理学奠定了理论基础,被美国《时代周刊》评选为“世纪伟人”。

卢瑟福,英国物理学家,“原子核物理学之父”。他首先根据α粒子散射实验提出原子的核式结构模型,并于1919年首先发现质子。

玻尔,丹麦物理学家,哥本哈根学派创始人。他提出了互补原理和哥本哈根诠释来解释量子力学。

海森堡,德国物理学家,量子力学创始人之一。他创立了矩阵力学,并提出不确定性原理及矩阵理论。

埃尔温·薛定谔,奥地利物理学家,波动力学的创始人,提出了薛定谔方程,确定了波函数的变化规律,主要著作有《生命是什么》《波动力学论文集》等。

史蒂芬·霍金,英国理论物理学家、宇宙学家,预言了黑洞“蒸发”的量子过程(即“霍金辐射”),提出了黑洞动力学第二定律(即黑洞的表面积不会随时间减小),证明了任何广义相对论宇宙都必须有奇点。著作有《时间简史》《果壳中的宇宙》《时空本性》等书。

真题面对面

[2023下半年真题]科普著作以尽可能通俗易懂的表达方式和语言,将深奥的科学原理介绍给普罗大众,对于提升科学素质、培育理性精神具有不可替代的作用。下列选项中,属于史蒂芬·霍金的科普著作的是( )

A.《上帝的指纹》

B.《时间简史》

C.《生命是什么》

D.《未来时速》

答案:B。

3. 生物学和医学成就

维萨里，比利时解剖学家、医生，发表《人体构造》一书，确立了近代解剖学说。

哈维，英国生理学家，发表著作《心血运动论》，提出了著名的血液循环学说，奠定了近代生理学的基础。

德国植物学家施莱登和动物学家施旺最早提出细胞学说，推动了现代生物学和医学的发展。

达尔文，英国生物学家，发表了《物种起源》，提出了生物进化论。

巴斯德，法国微生物学家、化学家，近代微生物学奠基人，"微生物学之父"，发明了狂犬疫苗、巴氏灭菌法。他把微生物的研究从主要研究微生物的形态转移到研究微生物的生理途径上来，从而奠定了工业微生物学和医学微生物学的基础，并开创了微生物生理学。

孟德尔，奥地利生物学家，遗传学奠基人，"现代遗传学之父"。他通过豌豆实验，发现了遗传学三大基本规律中的两个，分别为分离规律及自由组合规律。

弗莱明，英国细菌学家、微生物学家。他首先发现了青霉素，使人类找到了一种具有强大杀菌作用的药物，结束了传染病几乎无法治疗的时代，进入了合成新药的新时代。

4. 化学成就

考频分布 2023 下单选，2017 上单选，2016 下单选

波义耳，英国化学家、物理学家，被誉为"现代化学之父"。他提出科学的元素概念，使化学成为独立的科学。波义耳提出了波义耳定律，是人类历史上第一个被发现的"定律"。

拉瓦锡，法国化学家，证明了燃烧是一种有氧参加的化学反应，否定了"燃素说"，揭示了燃烧的本质，正式确立了质量守恒定律。

阿伏伽德罗，意大利物理学家、化学家，提出了阿伏伽德罗定律。著名的阿伏伽德罗常量（NA）就是以他的姓氏命名。

凯库勒，德国有机化学家，提出了有机分子的结构理论，发现了苯的结构简式。

诺贝尔，瑞典化学家、发明家，诺贝尔奖创始人，尤其在炸药方面成就卓越。诺贝尔奖分为五种：物理学奖、化学奖、生理学或医学奖、文学奖和和平奖，用于奖励在所在领域有突出贡献的人。

门捷列夫，俄国科学家，发现化学元素的周期性，并依据原子量递增的顺序制作出第一张元素周期表。

海厄特,美国化学家、发明家,发明了“赛璐珞”,“赛璐珞”意为来自纤维的塑料。

夏尔多内,法国化学家,师从巴斯德。夏尔多内受巴斯德研究蚕生物学特性的启示,模仿蚕的吐丝过程研制出了最早的人造纤维,被誉为**“人造纤维之父”**。

卡罗瑟斯,美国化学家,研制出氯丁橡胶,发明了世界上最早进行工业化生产的合成纤维——尼龙。

真题面对面

[**2023 下半年真题**]化学纤维又称人造纤维,随着世界人口增长与耕地减少,棉、麻、毛、丝等天然纤维的生产无法满足人类生活和生产需要,化学纤维的地位日渐重要。下列人物中,被誉为“人造纤维之父”的是(　　)

A. 爱迪生　　B. 海厄特　　C. 卡罗瑟斯　　D. 夏尔多内

答案:D。

5. 数学成就

考频分布　2016 上单选

毕达哥拉斯,古希腊数学家,提出了著名的**毕达哥拉斯定理**,即直角三角形的两条直角边的平方之和等于斜边的平方。毕达哥拉斯还开始了数论的研究,他把数分为奇数、偶数、质数、合数、三角数、平方数等等。

欧几里得,古希腊数学家,被称为“几何之父”。他的著作《几何原本》奠定了几何学的基础,在书中他提出五大公设。欧几里得定理:在直角三角形中,斜边上的高是两直角边在斜边上射影的比例中项,每一条直角边是这条直角边在斜边上的射影和斜边的比例中项。

阿基米德,古希腊数学家。他利用“逼近法”算出了球面积、球体积、抛物线、椭圆面积。

笛卡尔,法国数学家。在《几何学》中,笛卡尔提出了一种用代数来解决几何作图、用方程表示曲线的方法,创立了数学坐标系。

莱布尼茨,德国数学家,和牛顿先后独立发现了微积分。莱布尼茨从几何问题出发,运用分析学方法引进微积分概念,得出运算法则。

欧拉,瑞士数学家。欧拉为著名的哥尼斯堡七桥问题的解答开创了图论的研究。在数论中,欧拉首先引进了重要的欧拉函数 p(n),用多种方法证明了费马小定理。欧拉还创设了许多数学符号,例如 π、i、e、sin 和 cos 等。

高斯,德国数学家,他被誉为历史上伟大的数学家之一,与阿基米德、牛顿并列为“世界三大数学家”。高斯的数学成就遍及各个领域，在数学、代数学、非欧几何学、微分几何、超几何级数等方面均有一系列开创性的贡献，享有“数学王子”的美誉。

柯西，法国数学家。柯西在微积分中引进了清晰和严格的表述方式，进一步完善了微积分的概念，是近代微分学的奠基人。

考点2　三次科技革命成果

考频分布　2016 上单选，2015 下单选，2015 上单选

三次科技革命及其重要发明

项目	第一次科技革命	第二次科技革命	第三次科技革命
时间	18 世纪 60 年代到 19 世纪上半期	19 世纪 70 年代到 20 世纪初	20 世纪四五十年代以来
标志	蒸汽机的发明及应用	电力的应用和内燃机的发明	原子能、航天技术、计算机的应用
影响	“蒸汽时代”到来	“电气时代”到来	“信息时代”到来
重要发明	瓦特，“工业革命之父”，改良蒸汽机； 富尔顿，制造第一艘蒸汽轮船； 英国人斯蒂芬森发明蒸汽机车，修筑了第一条铁路； 戴维，发明矿工安全灯	西门子，发明发电机； 爱迪生，发明电灯、留声机等； 贝尔，“电话之父”，发明第一部可用的电话； 马可尼，发明无线电报； 卡尔·本茨，发明汽车	美国成功爆炸世界第一颗原子弹； 苏联建成世界第一座核电站； 美国制造世界第一台电子计算机（ENIAC）； 美国宇宙飞船“阿波罗 11 号”于 1969 年登上月球，首次实现了人类登上月球的梦想

四、生活科学常识　【9 年 28 考】

考点1　物理常识

考频分布　2021 下单选，2017 下单选，2015 下单选 ×2

1. 声现象常识

声音是由物体的振动产生的。声音的传播需要物质，传声的介质既可以是气体、固体，也可以是液体；但真空不能传声。

共振在声学中亦称“共鸣”,指的是物体因共振而发声的现象,如两个频率相同的音叉靠近,其中一个振动发声时,另一个也会发声。

声作为一种波,既可以传递信息,又可以传递能量。大多数人能够听到的声音频率范围为20~20000 Hz。人们把高于20000 Hz的声叫作超声波,把低于20 Hz的声叫作次声波。次声波传播的距离很远。超声波产生的振动比可闻声更强烈。如蝙蝠在飞行时会发出超声波,这些声波碰到墙壁或昆虫时会反射回来,根据回声到来的方位和时间,蝙蝠可以确定目标的位置。蝙蝠采用的方法叫作回声定位。现在,超声导盲仪、倒车雷达、声呐等都是运用了这个原理。

多普勒效应是指波源与观察者相互靠近或者相互远离时,接收到的波的频率都会发生变化。如在交通应用中,交通警察向行进中的车辆发射频率已知的超声波,同时测量反射波的频率,根据反射波的频率变化的多少就能知道车辆的速度。

真题面对面

[2021下半年真题]为防止车辆车速违规,高速公路上设置了许多测速摄像头。摄像头监测车速所利用的是(　　)

A. 电磁效应　　B. 光电效应　　C. 康普顿效应　　D. 多普勒效应

答案:D。

2. 光现象常识

能够发光的物体叫作光源,光在真空中或均匀介质中沿直线传播。光在真空中的传播速度约为3×10^{8} m/s,与光在空气中的速度非常接近。

光遇到桌面、水面以及其他许多物体的表面都会发生反射。白色衣服能反射所有色光,冬天穿白色的衣服,无法吸收更多的热量;黑色衣服能吸收所有色光,夏天穿黑色的衣服,会吸收更多的热量,使身体的温度升高,容易中暑。所以,“冬不穿白,夏不穿黑”。

光从一种介质斜射入另一种介质时,会发生折射。如筷子在水中“折断”,海市蜃楼等。

白光可以分解为红、橙、黄、绿、蓝、靛、紫各种单色光,它们按照一定的顺序排列成为可见光谱。可见光谱的红光之外是不可见的红外线,紫光之外是不可见的紫外线。红、绿、蓝是光的三原色,它们按不同比例混合后,可以产生各种颜色的光。

3. 物态变化

(1)温度与温标

物体的冷热程度叫作温度。测量温度的工具是温度计。温标是度量温度的标尺,即用数值表示温度高低的方法。

温标的种类

温标类型		制定者	确定时间	温度单位符号
经验温标	华氏温标	德国物理学家华伦海特	1714 年	°F
	列氏温标	法国科学家列奥米尔	1731 年	°R
	摄氏温标	瑞典天文学家摄尔修斯	1742 年	℃
热力学温标		英国物理学家"开尔文勋爵"威廉·汤姆森	1848 年	K

现行使用的 ITS－90 国际温标属于热力学温标，单位为开尔文，符号为 K。

(2)物质变化

固态、液态和气态是物质常见的三种状态。在一定条件下，物质会在各种状态之间变化。

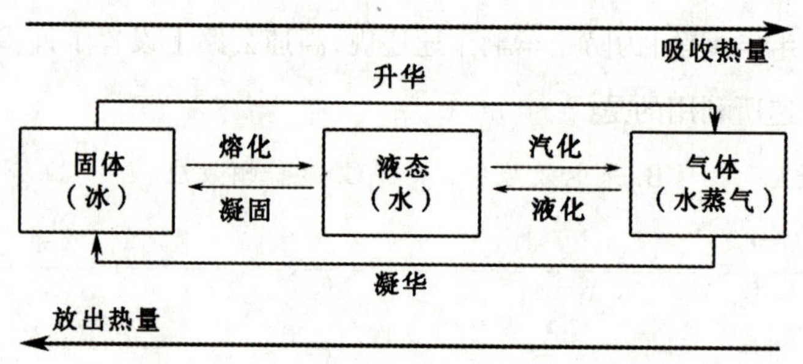

物质的三态变化

有些固体在熔化过程中尽管不断吸热，温度却保持不变，有固定的熔化温度，例如冰、食盐、各种金属，这类固体叫作晶体；有些固体在熔化过程中，只要不断地吸热，温度就不断地上升，没有固定的熔化温度，例如蜡、松香、玻璃，这类固体叫作非晶体。

4. 力学

重力：由于地球的吸引而使物体受到的力。如水总是由高处向低处流。物体所受的重力跟它的质量成正比。

浮力：浸在流体中的物体受到的向上的力。浸在液体中的物体所受到的浮力，其大小等于它排开的液体所受的重力，这就是著名的阿基米德原理。

弹力：亦称"弹性力"，是指物体由于发生弹性形变而产生的力。如拉长橡皮筋时产生的力。撑竿跳高运动运用的便是弹力。

滑动摩擦力：两个互相接触的物体，当它们做相对滑动时，在接触面上产生的一种阻碍相对运动的力。滑动摩擦力的大小与作用在物体表面的压力和接触面的粗糙程度有关。

5. 物理单位

测量某个物理量时用来进行比较的标准量叫作单位。为统一标准，国际计量组织制定了一套国际统一的单位，叫国际单位制。

在国际单位制中，长度的基本单位是米，符号是 m。长度单位还有千米(km)、分米(dm)、厘米(cm)、毫米(mm)、微米(μm)、纳米(nm)。在天文领域，衡量天体间距离的长度单位是“光年”，即光在一年内传播的距离。

在国际单位制中，时间的基本单位是秒，符号是 s。时间单位还有小时(h)、分(min)等。时间的计量包括时间间隔和时刻两方面，前者指物质运动经历的时段，后者指物质运动的某一瞬间。

在国际单位制中，质量的基本单位是千克，符号是 kg。质量单位还有吨(t)、克(g)、毫克(mg)等。

在国际单位制中，体积的基本单位是立方米，符号是 m^3。体积单位还有立方分米(dm^3)、立方厘米(cm^3)等。

考点2　化学常识

考频分布　2016 下单选

1. 空气中的成分

空气是由多种成分组成的。通过实验测定，空气的成分包括氮气、氧气、稀有气体、二氧化碳、其他气体和杂质。由两种或两种以上的物质混合而成的物质叫作混合物，如空气；只由一种物质组成的是纯净物，如氮气。

空气中的成分及其应用

空气成分	应用
氧气	医疗急救时要用到纯氧，燃料燃烧离不开氧气
氮气	常用作保护气，如灯泡中充氮气以延长使用寿命，食品包装中充氮气以防腐
稀有气体(氦、氖、氩、氪、氙和氡)	在通电时能发出不同颜色的光，可制成多种用途的电光源，如航标灯、强照明灯、闪光灯、霓虹灯等；氙可用于医疗麻醉
二氧化碳	灭火器、制冷剂等

2. 物质构成

物质是由分子、原子等微观粒子构成的，这些粒子处于不停的运动之中。如花香在空气中的扩散、湿衣服中的水在晾晒下的挥发都是分子运动的结果。

元素是质子数(即核电荷数)相同的一类原子的总称。我们周围的物质世界是由一百多种元素组成的。如维持生命活动的氧气由氧元素组成。元素可以分为稀有气体元素、非金属元素和金属元素。如氦、氖、氩为稀有气体元素,氢、氧、氮、碳、硅、硫、磷、氯为非金属元素,钠、钾、钙、铁、铜为金属元素。由同种元素组成的纯净物属于单质,如氧气、氮气等。由两种或两种以上的元素组成的纯净物属于化合物,如水、二氧化碳等。

一种或几种物质分散到另一种物质里,形成均一的、稳定的混合物,叫作溶液。如花露水主要是由乙醇、香精、蒸馏水混合在一起制成的。

3. 日常生活中常见的材料

金属材料分为两大类:一类是包括铁、铬、锰及其合金的金属材料,被称为黑色金属;另一类是除此以外的所有其他金属材料,统称为有色金属。如自行车上就使用了锰钢和铬钢等铁的合金。合金是由一种金属和另一种或几种金属(或非金属)熔合形成的具有金属特性的物质。

常见合金的主要成分、性能及用途

名称	主要成分	主要性能	主要用途
镁铝合金	铝、镁	强度及硬度比纯镁、纯铝大	制造火箭、飞机、轮船等
硬铝	铝、铜、镁、锰	质轻而坚硬	制造飞机、汽车,做建筑材料等
不锈钢	铁、铬、镍	抗腐蚀性好	制造医疗器械、炊具、容器、反应釜等
黄铜	铜、锌	坚硬、耐腐蚀	制造机器、电器零件等
钛合金	钛、铝、钒	质轻、耐高温、耐腐蚀、高强度	用于宇航、飞机、造船、化学工业等

无机非金属材料是人类使用较早、使用范围较广的一种材料。如水泥。

有机高分子材料是用有机高分子化合物制成的材料。如棉花、羊毛和天然橡胶等都属于天然有机高分子材料。日常生活中用得最多的塑料、合成纤维和合成橡胶等则属于合成有机高分子材料,简称合成材料。

复合材料是由两种或两种以上不同性质的材料,通过特殊的工艺复合成一体形成的材料。如,钢筋混凝土是由钢筋与混凝土复合而成,用于制造桌、椅、汽艇等的玻璃钢是由玻璃纤维和塑料复合而成。

考点3　生物常识

考频分布　2022上单选,2021下单选,2020下单选,2019上单选

1. 生物的特征

生物的共同特征包括:(1)生物的生活需要营养。动物从外界摄取的营养物质,一方面满足身体生长发育的需要,另一方面在细胞内分解释放出进行各种生命活动所需要的能量。(2)生物能进行呼吸,绝大多数生物需要吸入氧气,呼出二氧化碳,但细菌和真菌在某种特定的生活条件下可以进行无氧呼吸,例如酵母菌在有氧的条件下分解有机物产生二氧化碳和水,在无氧的条件下分解有机物产生酒精和二氧化碳。(3)生物能排出身体内产生的废物。(4)生物能对外界刺激作出反应。(5)生物能生长和繁殖。(6)生物都有遗传和变异的特性等。

2. 生物圈中的人

(1)人体的营养

营养物质可以分为有机物和无机物两大类,其中有机物能够燃烧,如蛋白质、糖类、脂肪等;无机物一般不能燃烧,如水、无机盐等。

食物中含有糖类、脂肪、蛋白质、水、无机盐和维生素等六类营养物质,糖类、脂肪、蛋白质是人体不可缺少的三大类营养物质。其中,糖类提供人体生命活动所需要的能量,又称碳水化合物。脂肪是人体内重要的备用能源物质。蛋白质是建造和修复身体的重要原料,人体的生长发育以及受损细胞的修复和更新,都离不开蛋白质。无机盐的作用多种多样。例如,含钙的无机盐是构成骨骼的重要成分,儿童缺钙会患佝偻病。维生素是一类比较简单的有机物,种类很多,其中大多数是人体自身不能制造的,只能从食物中摄取。

维生素与维生素缺乏症

维生素种类	主要食物来源	主要功能	缺乏症
维生素 A(脂溶性)	动物肝脏、蛋、奶、胡萝卜等	促进人体正常的生长发育,增强抵抗力,维持正常视觉	夜盲症
维生素 B_1(水溶性)	稻、麦等谷物的种皮,豆类,酵母,动物性食物和蛋类等	维持人体正常的新陈代谢和神经系统的正常功能	神经炎、脚气病
维生素 C(水溶性)	新鲜的蔬菜和水果,如青菜、番茄、柑橘、山楂等	维持人体正常的新陈代谢,维持骨骼、肌肉和血管的正常生理作用,增强抵抗力	坏血病
维生素 D(脂溶性)	海洋鱼类的肝脏、禽畜的肝脏、蛋、奶等	促进钙、磷的吸收和骨骼的发育	佝偻病和骨质疏松

续表

维生素种类	主要食物来源	主要功能	缺乏症
维生素 E（脂溶性）	植物油、绿叶蔬菜等	抗氧化、延缓衰老以及与性器官的成熟和胚胎发育等有关	尚未发现典型的缺乏症
维生素 K（脂溶性）	肝、绿叶蔬菜等	参与合成多种凝血因子	成人一般不易缺乏

真题面对面

[2019 上半年真题]大航海时代，长期在海上航行的水手经常得坏血病，有些水手上岸后吃一些柑橘、蔬菜，坏血病就痊愈了。科学家研究发现，果蔬中存在着一种可治愈坏血病的物质。该物质是(　　)

A. 叶酸　　B. 维生素 C　　C. 谷氨酸　　D. 维生素 B

答案：B。

(2)人体内的血液

血液是由血浆和血细胞(包括红细胞、白细胞、血小板)构成的。

血液中的成分及其功能

血液成分		主要功能
血浆		运载血细胞，运输维持人体生命活动所需的物质和体内产生的废物
血细胞	红细胞	在血细胞中数量最多，具有运输氧的功能
	白细胞	体积比较大、数量比较少，当病菌侵入人体内时，白细胞能通过变形而穿过毛细血管壁，集中到病菌入侵部位，将病菌包围、吞噬
	血小板	最小的血细胞，形状不规则，血小板能释放与血液凝固有关的物质，形成凝血块堵塞伤口而止血

血液有不同的类型，分为 A 型、B 型、AB 型和 O 型。安全输血应以输同型血为原则。在没有同型血可输而且情况紧急时，任何血型的人都可以缓慢地输入少量的 O 型血；AB 型血的人，除可输入少量 O 型血外，也可缓慢地输入少量的 A 型或 B 型血。大量输血时，仍需实行同型输血。

真题面对面

[2020 下半年真题]人的血液成分中，主要功能为吞噬异物和产生抗体，以帮助机体防御感染的是(　　)

A. 白细胞　　B. 红细胞　　C. 血小板　　D. 蛋白质

答案：A。

3. 生物圈中的动物

根据动物在形态结构等方面的特征，可以将动物分为不同的类群，如腔肠动物（水母、海葵），扁形动物（涡虫、血吸虫），线形动物（蛔虫、线虫），环节动物（蚯蚓、蛭），软体动物（河蚌、乌贼），节肢动物（蜘蛛、蝴蝶、虾）等无脊椎动物，以及鱼，两栖动物（青蛙、蟾蜍），爬行动物（蜥蜴、龟），鸟和哺乳动物（马、鲸鱼）等脊椎动物。

4. 传染病

传染病是指由致病的病原体引起的，能在人与人、动物与动物或人与动物之间传播的疾病。病原体可以是微生物或者是寄生虫，微生物包括病毒、细菌、真菌、立克次氏体、衣原体、支原体等，寄生虫包括原虫、蠕虫等。

麻疹是由麻疹病毒引起的急性出疹性传染病，以发热、咳嗽、流涕、眼结膜充血、麻疹结膜斑及全身斑丘疹为特征，多见于儿童，主要借助飞沫直接传播，愈后可产生持久免疫力。

乙型肝炎是由乙型肝炎病毒引起的以肝脏病变为主的一种传染病，主要通过血液和血制品、性接触、母婴等途径传播。

鼠疫是由鼠疫耶尔森菌（鼠疫杆菌）借鼠蚤传播引起的烈性传染病。

结核病是由结核杆菌感染引起的慢性传染病。结核菌可能侵入人体全身各种器官，但主要侵犯肺脏，称为肺结核病。

百日咳是由百日咳杆菌引起的一种急性呼吸道传染病，临床特征为咳嗽逐渐加重，呈典型的阵发性、痉挛性咳嗽，咳嗽终末出现深长的鸡啼样吸气性吼声，病程长达 2 ~ 3 个月，故有百日咳之称，多见于儿童。

疟疾是严重危害人体健康的寄生虫病之一，疟疾的病原体是疟原虫。

真题面对面

[2022 上半年真题]细菌是单细胞的微小原核生物，属于微生物的一大类，遍布于土壤、水、空气、有机体物质中及生物体内和体表，对自然界物质循环和全球生物平衡起着巨大作用。有些细菌能引起人和动植物的病害。下列病害中，属于细菌引起的是（　　）

A. 疟疾　　B. 麻疹　　C. 乙型肝炎　　D. 百日咳

答案：D。

5. 生物的遗传

生命在生物圈中的延续，不是靠生物个体的长生不老，而是通过生殖不断地产生新个体。动物的个体发育一般都是从受精卵开始的，精卵中含有来自父母双方的遗传信息，这些遗传信息就是决定后代个体特征的一整套指令。遗传信息包含在基因之中。不同的基因含有控制不同性状的遗传信息。基因是具有遗传效应的 DNA 片段。DNA 和蛋白质组成染色体。染色体数目的稳定对生物的遗传具有重要意义。

『知识再拔高』

DNA 的结构

20 世纪 50 年代初，英国物理学家威尔金斯等用 X 射线衍射技术对 DNA 结构进行研究，意识到 DNA 呈螺旋结构。1953 年，美国生物学家沃森和英国物理学家克里克根据自己的研究和分析，综合各方面对 DNA 研究的信息，达成共识：DNA 是双螺旋结构。于是，他们在实验室中搭建了一个 DNA 双螺旋模型，这个模型被公认为是世界上第一个最正确地反映出 DNA 分子结构的模型。1962 年，威尔金斯、沃森和克里克共同获得诺贝尔生理学或医学奖。

考点 4　地理常识

考频分布　2015—2023 年，以单选题形式考查 6 次

1. 太阳系与地球

(1) 太阳系

太阳系由太阳、行星及其卫星、小行星、彗星、行星际物质等构成，太阳是太阳系的中心天体。太阳系中八大行星按照离太阳由近及远的顺序排列，依次为水星、金星、地球、火星、木星、土星、天王星、海王星。

『记忆有妙招』

为便于考生记忆，编者将太阳系八大行星的顺序总结成以下口诀：**水里淘金在地球，火烧木头成土灰，随风飘散天海间。**

水：水星。**金**：金星。**火**：火星。**木**：木星。**土**：土星。**天**：天王星。**海**：海王星。

(2) 地球

地球是太阳系中一颗既普通又特殊的行星，根据人类目前所掌握的宇宙信息，它是太阳系行星中唯一存在高级智慧生命的星球。

地球自转是指地球围绕地轴的运动，运动方向自西向东，运动周期是一日，运动线速度自赤道向两极递减，运动角速度除极点外各纬度一样。地球自转产生昼夜交替和时间

差异。

地球公转是指地球围绕太阳的运动，运动方向自西向东，运动周期是一年，近日点运动速度较快，远日点运动速度较慢。季节的变化就是由地球公转造成的。

真题面对面

[**2019 下半年真题**]下列不是因地球公转而产生的现象是(　　)

A. 昼夜的变化　　B. 四季的变化

C. 日食　　D. 月食

答案：A。

2. 地表形态

地表形态是内力和外力长期共同作用的结果。

(1)内力作用的能量主要是来自地球内部的热能。内力作用主要表现为地壳运动、岩浆活动、地震和变质作用。典型地貌有褶皱山、断块山、火山等。

(2)外力作用的能量来自地球外部，主要是太阳辐射能。外力作用对地表形态的塑造主要有风化、侵蚀、搬运、堆积等方式。典型地貌有沟谷、瀑布、冲积平原、沙丘、喀斯特地貌等。

3. 大气层

大气的垂直分层：地球大气从地面向上，可延伸到数千千米高空。根据温度、运动状况和密度，大气自下而上可以划分为对流层、平流层和高层大气。

大气层的分布

层序	高度范围	温度	特征
对流层	低纬度地区为 17—18 千米，高纬度地区为 8—9 千米	随高度的增加而递减	对流层的大气上部冷、下部热，有利于大气的对流运动。近地面的水汽和杂质通过对流运动向上输送，在上升过程中随着气温降低，容易成云致雨。云、雨、雾、雪等天气现象都发生在这一层
平流层	自对流层顶部至 50—55 千米高空	随高度增加而升高	含臭氧层，平流层的大气上部热、下部冷，不易形成对流，以平流运动为主。该层大气中水汽和杂质含量很少，无云雨现象，能见度好，适合航空飞行

<table>
<tr><th colspan="2">层序</th><th>高度范围</th><th>温度</th><th>特征</th></tr>
<tr><td rowspan="2">高层大气</td><td>电离层</td><td>80—500 千米高空</td><td>随高度增加而升高</td><td>电离层大气在太阳紫外线和宇宙射线的作用下，处于高度电离状态，能反射无线电波，对无线电通信有重要作用。出现极光、流星等现象</td></tr>
<tr><td>散逸层</td><td>800—3000 千米</td><td>随高度增加而升高</td><td>在 2000—3000 千米的高空，大气的密度与星际空间的密度非常接近。这里的一些高速运动的空气质点经常散逸到宇宙空间</td></tr>
</table>

流星雨：在夜空中有许多的流星从天空中一个所谓的辐射点发射出来的天文现象。这些流星是宇宙中被称为流星体的碎片，在平行的轨道上运行时，以极高速度投射进入地球大气层的流束。

极光：其发生是由于太阳带电粒子流进入地球磁场，在地球南北两极附近地区的高空，与大气中的原子和分子发生碰撞，从而发出灿烂美丽的光辉。在南极被称为南极光，在北极被称为北极光。一般将极光按其形态特征分为五种——极光弧、极光带、极光片、极光芒、极光幔。

繁星闪烁：由于高空中的各层大气密度不均匀，以及气流运动极不稳定，再加上大气的温度、密度瞬息变化，造成高空各气流层时而厚，时而薄，时而密度变大，时而密度变稀，使得来自天体的光线不能沿恒定的方向折射到地球的表面，而发生不停的摇晃、抖动。所以当我们仰望浩瀚天空的繁星时，它们总是不停地闪烁，仿佛星星会眨眼睛似的。

4. 中国地理概况

(1)疆域

中国的疆域

<table>
<tr><td>陆地面积</td><td colspan="4">约 960 万平方千米，仅次于俄罗斯和加拿大，位列世界第三</td></tr>
<tr><td rowspan="2">领土四端</td><td>最东</td><td>最南</td><td>最西</td><td>最北</td></tr>
<tr><td>黑龙江和乌苏里江的主航道中心线的汇合处</td><td>南沙群岛中的曾母暗沙</td><td>新疆的帕米尔高原上</td><td>黑龙江省漠河市北端的黑龙江主航道中心线上</td></tr>
<tr><td>陆疆</td><td colspan="4">中国陆上国界线长约 2.2 万多千米，共 14 个陆地邻国</td></tr>
<tr><td>海疆</td><td colspan="4">我国大陆海岸线长度约 1.8 万多千米，自北向南濒临的近海有：渤海、黄海、东海、南海。内海和边海的水域面积约 470 万平方千米</td></tr>
</table>

记忆有妙招

为便于考生记忆，编者将中国的陆地邻国总结成以下口诀：**朝俄蒙哈吉塔阿，巴印尼泊和不丹，缅甸老挝接越南，陆上邻国依次连。**

朝：朝鲜。**俄**：俄罗斯。**蒙**：蒙古。**哈**：哈萨克斯坦。**吉**：吉尔吉斯斯坦。**塔**：塔吉克斯坦。**阿**：阿富汗。**巴**：巴基斯坦。**印**：印度。**尼泊**：尼泊尔。

(2)河流和湖泊

长江发源于青藏高原的唐古拉山脉主峰各拉丹东峰，奔流向东，注入东海，全长6300千米，是我国长度最长、流域面积最广、水量最大的河流。

黄河发源于青藏高原上的巴颜喀拉山脉，全长5464千米，流域面积约75万平方千米，曲折东流，沿途接纳许多支流，注入渤海，是我国的第二长河。

我国五大淡水湖面积从大到小分别为：鄱阳湖、洞庭湖、太湖、洪泽湖、巢湖。

青海察尔汗盐湖为我国最大盐湖。青海湖为我国面积最大的内陆咸水湖。

(3)山峰、高原、平原、丘陵和盆地

珠穆朗玛峰，简称“珠峰”，位于我国和尼泊尔交界处，是喜马拉雅山脉的主峰，海拔8848.86米，为世界第一高峰。

我国四大高原——青藏高原、内蒙古高原、黄土高原、云贵高原。

我国三大平原——东北平原、华北平原、长江中下游平原。

我国三大丘陵——东南丘陵、辽东丘陵、山东丘陵。

我国四大盆地——塔里木盆地、准噶尔盆地、柴达木盆地、四川盆地。

(4)半岛、岛屿和群岛

我国三大半岛——山东半岛、辽东半岛和雷州半岛。

我国面积超过1000平方千米的岛屿有三个：台湾岛、海南岛和崇明岛。

我国主要群岛有长山群岛、舟山群岛、澎湖列岛、洞头群岛、庙岛群岛以及南海东沙、西沙、中沙、南沙四大群岛。

(5)中国地理之最

中国的地理之最

地位	名称	地位	名称
最大的淡水湖	鄱阳湖	最大的冲积岛	崇明岛
最大的内陆湖、咸水湖	青海湖	最大的半岛	山东半岛
最高的湖泊	纳木错湖	最大的群岛	舟山群岛

续表

地位	名称	地位	名称
最低的湖泊	艾丁湖	最大的岛屿	台湾岛
最长的河流	长江	最高的高原	青藏高原
最长的内流河	塔里木河	最大的平原	东北平原
最高的内流河	雅鲁藏布江	最大的沙漠	塔克拉玛干沙漠

5. 世界地理概况

(1)七大洲和四大洋

全球陆地共分为七个大洲,即亚洲、欧洲、非洲、北美洲、南美洲、大洋洲和南极洲。其中亚洲的面积最大,大洋洲的面积最小。北美洲的格陵兰岛则是世界面积最大的岛屿。

亚洲、欧洲、非洲和大洋洲主要分布在东半球,其中亚洲大陆与欧洲大陆是一个整体,合称为亚欧大陆。北美洲和南美洲主要分布在西半球,合称美洲。南极洲绝大部分位于南极圈内,四周被大洋环绕。

七大洲及其分界线

洲名称	地理分界线
亚洲与欧洲	乌拉尔山、乌拉尔河、里海、黑海、大高加索山、土耳其海峡
亚洲与北美洲	白令海峡
亚洲与非洲	苏伊士运河、红海、曼德海峡
非洲与欧洲	直布罗陀海峡、地中海
北美洲与南美洲	巴拿马运河
南美洲与南极洲	德雷克海峡

地球上的海洋,被陆地分隔成彼此相连的四个大洋。按照它们的面积大小,依次为太平洋、大西洋、印度洋、北冰洋,其中太平洋的面积几乎占了全球海洋面积的一半。

记忆有妙招

为便于考生记忆,编者将七大洲、四大洋总结成以下口诀。

七大洲:**亚非北南美,南极欧大洋**。四大洋:**太大印北**。

(2)世界河流和湖泊

世界上的五大河流:非洲的尼罗河、南美洲的亚马孙河、亚洲的长江、北美洲的密西西比河、亚洲的黄河。

世界著名湖泊

名称	位置	地位
里海	亚欧之间	世界上最大的咸水湖，世界第一大湖
苏必利尔湖	北美洲	世界第一大淡水湖
贝加尔湖	亚洲	世界第一深湖
死海	亚洲	世界上海拔最低的湖，世界最深的咸水湖

(3)世界岛屿和半岛

世界四大岛屿：格陵兰岛、新几内亚岛、加里曼丹岛、马达加斯加岛。

亚洲三大半岛：阿拉伯半岛、印度半岛、中南半岛。

欧洲四大半岛：斯堪的纳维亚半岛、伊比利亚半岛、巴尔干半岛、亚平宁半岛。

(4)世界海峡

世界著名海峡

海峡	地理位置
马六甲海峡	位于马来半岛与苏门答腊岛之间，沟通南海与印度洋的安达曼海
白令海峡	位于亚洲东北端楚科奇半岛和北美洲西北端阿拉斯加州之间，沟通太平洋与北冰洋
麦哲伦海峡	位于南美大陆与火地岛之间，沟通大西洋和太平洋
直布罗陀海峡	位于欧洲和非洲之间，沟通地中海与大西洋

(5)世界著名山脉

世界著名山脉

山脉	特征
安第斯山脉	位于南美洲的西岸，素有“南美洲脊梁”之称。全长约 8900 余千米，是世界上最长的山脉
落基山脉	由许多小山脉组成，被称为“北美洲的脊骨”，纵贯加拿大和美国西南部，全长约 4800 千米
喜马拉雅山脉	是世界海拔最高、最雄伟的山脉，是东亚大陆与南亚次大陆的天然界山，也是中国与印度、尼泊尔、不丹、巴基斯坦等国的天然国界，全长约 2450 千米
阿尔卑斯山脉	欧洲最高大宏伟的山脉，长约 1200 千米。西起法国东南部尼斯附近的地中海海岸，经意大利北部、瑞士南部、列支敦士登、德国南部，东至奥地利的维也纳盆地，呈弧形东西延伸

6. 地理标志

地理标志是在具有特定地理来源、并因该来源而拥有某些品质或声誉的产品上使用的标志。它既指产品也指区域，通常被用于农产品、食品、酒类和酒精饮料、手工艺品和工业品。

中欧双方地理标志资源丰富。为加强中欧地理标志保护与合作，促进地理标志产品贸易，中欧双方于2020年9月14日正式签署《中华人民共和国政府与欧洲联盟地理标志保护与合作协定》（简称《中欧地理标志协定》），2021年3月1日起协定正式生效。

中欧部分地理标志产品及其原产地

中国		欧洲	
地理标志产品	**原产地**	**地理标志产品**	**原产国**
福鼎白茶	福建省宁德市福鼎市	巴伐利亚啤酒	德国
安溪铁观音	福建省泉州市安溪县	苏格兰威士忌	英国
赣南脐橙	江西省赣州市	芬兰伏特加	芬兰
文登苹果	山东省威海市文登区	香槟	法国
郫县豆瓣	四川省成都市郫都区	孔泰（奶酪）	法国
五常大米	黑龙江省哈尔滨市五常市	杜奥（葡萄酒）	葡萄牙
兴隆咖啡	海南省万宁市	蒙切哥乳酪	西班牙
茅台酒	贵州省遵义市茅台镇	帕尔玛火腿	意大利

真题面对面

［2023下半年真题］地理标志是在具有特定地理来源并因该来源而拥有某些品质声誉的产品上使用的一种标志。下列选项中，中国地理标志产品与原产地所在地区匹配不正确是（　　）

A. 福鼎白茶—福建安溪　　B. 郫县豆瓣—四川成都

C. 文登苹果—山东威海　　D. 兴隆咖啡—海南万宁

答案：A。

考点5　数学常识

考频分布　2015—2023年，以单选题形式考查7次

中数：又称中位数、中值，是指按顺序排列在一起的一组数据，若该组数据为奇数个，位于中间位置的数是中位数；若该组数据为偶数个，位于中间两个数的平均数就是中

位数。

众数：又称范数、密集数、通常数等，是指在次数分布中出现次数最多的那个数的数值。

算术平均数：简称平均数或均数、均值，指在一组数据中所有数据之和再除以这组数据的个数。

平均差：次数分布中所有原始数据与平均数离差的绝对值的平均值。平均差的计算公式为：

$$MD=\frac{|x_1-\bar{x}|+|x_2-\bar{x}|+\cdots+|x_n-\bar{x}|}{n}$$

其中 x 为变量，$\bar{x}$ 为平均数，n 为变量值的个数。

方差：也称变异数、均方，是每个数据与该组数据平均数之差乘方后的均值，即离均差平方后的平均数。方差反映了各个数据以平均数为中心的离散程度。方差越大，数据的波动越大；方差越小，数据的波动越小。方差的计算公式为：

$$s^2=\frac{1}{n}[(x_1-\bar{x})^2+(x_2-\bar{x})^2+\cdots+(x_n-\bar{x})^2]$$

其中，n 表示这组数据的个数，x_1、x_2、x_n 表示各数据，$\bar{x}$ 表示平均数。

标准差：即方差的算术平方根。标准差反映一个数据集的离散程度。标准差越大，数据的离散程度越大；标准差越小，数据的离散程度越小。但平均数相同的一组数据，标准差未必相同。标准差的计算公式为：

$$s=\sqrt{\frac{1}{n}[(x_1-\bar{x})^2+(x_2-\bar{x})^2+\cdots+(x_n-\bar{x})^2]}$$

其中，x_1、x_2、x_n 表示各数据，$\bar{x}$ 表示平均数，n 表示这组数据的个数。

标准差系数：又称变异度系数，是标准差与平均数之比的相对值。它有两方面的作用：一是描述和衡量平均数的代表程度，标准差系数越小，平均数的代表性越好；二是对于同类社会经济现象在平均指标不相等的情况下，比较差异度或离散程度。

标准分数：指原始数据与平均数的离差除以标准差所得的一种量数，用符号 Z 表示。计算公式为：

$$Z=\frac{x-\bar{x}}{s}$$

其中，Z 表示标准分数；x 表示原始数据；$\bar{x}$ 表示平均数；S 表示原始数据的标准差。

知识再拔高

菲尔兹奖

菲尔兹奖是为纪念加拿大数学家约翰·查尔斯·菲尔兹设立的国际性数学奖项,于1936年首次颁发。菲尔兹奖是数学领域的国际最高奖项之一,因诺贝尔奖未设置数学奖,故该奖被誉为**“数学届的诺贝尔奖”**。1982年,华裔数学家丘成桐荣获菲尔兹奖,成为获此奖项的第一位华人。

真题面对面

[2023上半年真题]中位数是一组统计数据中的代表性数值。在一次考试后采集到一组数据{54,66,87,74,78,81,73,83,77},则这组数据的中位数是(　　)

A. 74　　B. 75　　C. 77　　D. 78

答案:C。

考点6　教育测量常识

考频分布　2021上单选,2020下单选×2,2018下单选

教育测量是根据测量学的原理和方法对教育现象及其属性进行数量化研究的过程。其研究对象是教育领域的事物。衡量教育测量的质量可以采用四个指标,即信度、效度、难度和区分度。

1. 信度

信度是指测量结果的稳定性或可靠的程度,也指测量的结果是否真实、客观地反映了测量对象的实际水平。表明信度大小的统计量叫作信度系数,其最大值为1。一般是以两次测验结果间的相关程度作为信度指标,它可以表明一项测验在反映受试者实际水平时的可靠程度。任何一种测验,如果能对同一对象实施多次测验,各次所测的结果一致性程度越高,稳定性越大,这项测验越可靠。标准化测验的信度一般要求达到0.90以上。

知识再拔高

测验题目的数量、难度与信度的关系

在其他因素都相同的情况下,测验题目的数量会影响信度。题目越多,信度越高。一部分原因是在题目数量增加的同时,被试的潜在差异会更多地表现出来。增加测验题目是提高测验信度的最有效的途径之一,但并非测验题目越多越好。增加

测验长度的效果遵循报酬递减律,测验过长是得不偿失的,有时还会引起被试的疲劳和反感从而降低可靠性。同时,只有增加的测验题目与原有的题目质量相近时,才能提高信度。加入低质量的题目(如含混不清的题目)只能降低信度。

难度很低或很高的题目都不能测量个体间的差异,因为被试的回答都倾向于一致,大多数人都答对或答错了所有题目,被试间的分数变异性很小,用相关法计算出的信度就会很低。当其他因素都相同时,为了提高测验信度,教师最好能编制难度适中的题目。难度较大的题目会鼓励猜测,从而制造出随机误差,导致低信度。

2. 效度

效度是指测量结果的准确性和有效性的程度,即测量是否达到了预期的目的。效度分为三大类:内容效度、效标关联效度和结构效度。

内容效度是指测试内容与所要测的内容之间的一致性的程度。也可以说是指一份测验试卷的内容对所要考查的全部内容的代表性程度。内容效度主要适用于学业测验,它要求测验的题目必须对所要考查的全部内容有很好的代表性。

效标关联效度是指测验分数与作为效标的另一独立测验结果之间的一致程度。一般可用相关系数来表示。效标作为检定效度的参照尺度,是指能够体现测验目标的量数。

结构效度是指测验成绩依据有关的心理结构能够作出解释的程度。结构的含义是心理学理论所涉及的抽象而且属于假设性的概念、特性或变量,如智力、焦虑、机械能力倾向、成就、动机等。例如,对一组学生实施了某一数学测验,希望利用这一测验分数来推测学生的逻辑推理能力水平如何,而不在于了解学生对这门学科知识学得怎样。要解决这一问题,就要鉴定这个测验是否具有结构效度。

3. 难度

难度是测验的难易程度的指标,是对测验试题分析时最常用的一种统计量。在教育测量中,一般是指能够正确回答试题的人数与参加测验的总人数之比,作为难度的指标。这里需注意的是用试题的通过率 P 作为难度指标,计算所得难度值与试题实际困难程度是相反的。如 $P=0.5$,此题难度大,而 $P=0.7$,此题难度小。另外,难度也是一个相对的概念。难度的高低与被试的水平有直接的相关。

难度的计算公式有以下几种。

(1)计算难度的基本公式

①客观题难度的计算方法

当测验题目是采用二值记分（即 1—0 记分），只有答对和答错两种情况时，可采用以下公式计算难度：

$$P = \frac{R}{N}$$

其中，P 为难度值，R 为答对该题的人数，N 为参加测验的总人数。

②主观题难度的计算方法

当不采用二值记分时，可用以下公式计算难度：

$$P = \frac{\bar{X}}{W}$$

其中，P 为难度值，$\bar{X}$ 为某题全部考生的平均得分，W 为某题的满分。

（2）用极端分组法计算试题的难度

当考生人数较多时，用基本公式计算难度需要对所有考生的得分情况进行统计，工作量很大，而且常常出错，这时应采用极端分组法求试题的难度。

①用极端分组法计算客观性试题难度。公式为：

$$P = \frac{P_H + P_L}{2}$$

其中，P_H 为高分组答对某题的百分比，P_L 为低分组答对某题的百分比。

②用极端分组法计算非客观性试题难度

非客观性试题因无标准简明的答案，一般不可能简单评定为正确或错误。因而计算试题的难度要复杂一些。公式为：

$$P = \frac{X_H + X_L - 2nL}{2n(H - L)}$$

其中，P 表示难度指数，X_H 表示高分组得分总和，X_L 表示低分组得分总和，H 表示这道题的最高得分，L 表示这道题的最低得分，n 为总人数的 25%。

4. 区分度

区分度是指测验对考生实际水平的区分程度，用符号 D 表示。具有良好区分度的测验，实际水平高的学生应该得高分，实际水平低的应得低分。因此，区分度又称鉴别力，它是评价试题质量、筛选试题的主要指标和依据。

区分度 D 值的范围可在 1 ~ -1 之间，D 值越大，即试题的区分度越大，质量就越好。

区分度的计算：

（1）用极端分组法计算客观性试题的区分度

$$D = P_H - P_L$$

其中,D 为区分度的符号,P_H 为高分组通过该题的人数比例,P_L 为低分组通过该题的人数比例。

(2)用极端分组法计算非客观性试题的区分度

$$D = \frac{X_H - X_L}{n(H - L)}$$

其中,D 为区分度指数,X_H 为高分组得分总分,X_L 为低分组得分总分,H 为这道题的最高得分,L 为这道题的最低得分,n 为应试总人数的 25%。

真题面对面

[**2021 上半年真题**]在一次测试中,高分组通过某试题的百分比为 85%,低分组通过该试题的百分比为 25%,则该试题的区分度是(　　)

A. 0.25　　B. 0.55

C. 0.60　　D. 0.85

答案:C。采用极端分组法计算区分度时,计算公式为 $D = P_H - P_L$,其中 P_H 为高分组通过该题的人数比例,P_L 为低分组通过该题的人数比例。则 D = 85% - 25% = 60% = 0.60,选 C。

考点 7　气象灾害预警信号

气象灾害预警信号是指各级气象主管机构所属的气象台站向社会公众发布的预警信息。预警信号由名称、图标、标准和防御指南组成,分为台风、暴雨、暴雪、寒潮、大风、沙尘暴、高温、干旱、雷电、冰雹、霜冻、大雾、霾、道路结冰等。

预警信号的级别依据气象灾害可能造成的危害程度、紧急程度和发展态势一般划分为四级:Ⅳ级(一般)、Ⅲ级(较重)、Ⅱ级(严重)、Ⅰ级(特别严重),依次用蓝色、黄色、橙色和红色表示,同时以中英文标识。

常见的气象灾害预警信号

考点8 世界赛事

1. 奥林匹克运动会

考频分布 2023 下单选

奥林匹克运动是在奥林匹克主义指导下，以体育运动和四年一度的奥林匹克庆典——奥运会为主要活动内容，促进人的生理、心理和社会道德全面发展，沟通各国人民之间的相互了解，在全世界普及奥林匹克主义，维护世界和平的国际社会运动。

截至2023年底，中国共举办了两届奥林匹克运动会，分别是2008年北京夏季奥林匹克运动会、2022年北京冬季奥林匹克运动会，北京也因此成为世界上唯一的“双奥之城”。在2022年北京冬奥会中，挪威以16枚金牌、8枚银牌、13枚铜牌的成绩排名第一，德国以12枚金牌、10枚银牌、5枚铜牌的成绩排名第二，中国以9枚金牌、4枚银牌、2枚铜牌的成绩排名第三。

真题面对面

[2023下半年真题]第24届冬季奥林匹克运动会于2022年在中国北京市和张家口市举办，比赛共设7个大项，15个分项，109个小项。下列图标中，标识“冬季两项”的是(　　)

A.  B.  C. D.

答案：B。

2. 国际奥林匹克竞赛

考频分布 2020 下单选

国际奥林匹克竞赛是由来自世界各国代表队的青少年选手参加的竞赛，主要包括数学、物理、化学、信息学、生物学等领域。

国际奥林匹克竞赛及其创办时间

竞赛	创办时间	竞赛	创办时间
国际数学奥林匹克竞赛(IMO)	1959 年	国际语言学奥林匹克竞赛(IOL)	2003 年
国际物理奥林匹克竞赛(IPhO)	1967 年	国际初中科学奥林匹克竞赛(IJSO)	2004 年
国际化学奥林匹克竞赛(IChO)	1968 年	国际地球科学奥林匹克竞赛(IESO)	2007 年
国际信息学奥林匹克竞赛(IOI)	1989 年	国际天文和天体物理学奥林匹克竞赛(IOAA)	2007 年
国际生物学奥林匹克竞赛(IBO)	1990 年	国际折纸奥林匹克竞赛(IOIO)	2011 年
国际哲学奥林匹克竞赛(IPO)	1993 年	国际历史学奥林匹克竞赛(IHO)	2015 年
国际天文奥林匹克竞赛(IAO)	1996 年	国际经济学奥林匹克竞赛(IEO)	2018 年
国际地理奥林匹克竞赛(IGeO)	1996 年	—	—

第三节　传统文化常识

思维导图

- 传统文化常识
  - 传统思想
    - 春秋战国 —— 儒家、道家、墨家、法家
    - 汉至明清 —— 汉代经学、魏晋玄学、宋明理学和心学、清朝朴学
  - 古代行政与官吏制度
    - 行政制度
      - 中央 —— 秦朝三公九卿制，隋唐三省六部制等
      - 地方 —— 秦朝郡县制，元朝行省制度
    - 官吏制度 —— 世卿世禄制，察举制和征辟制，九品中正制，科举制
  - 古代教育
    - 官学 —— 汉朝设立的太学，西晋设立的国子监等
    - 私学 —— 学塾、村学、蒙学、书院等
  - 古代特殊称谓
    - 古今城市称谓 —— 西安古称长安、镐京，南京有“六朝古都”之称
    - 谥号、庙号、年号
      - 谥号：如岳飞的“武穆”
      - 庙号：如“太祖”“太宗”
      - 年号：如“贞观”“开元”“洪武”
    - 尊称、谦称
      - 尊称：令尊、令堂，尊驾，贤弟，圣人等
      - 谦称：家父、家母，寒舍，舍弟、舍妹等
    - 年龄称谓：垂髫、黄口、总角，豆蔻年华、桃李年华，而立之年、耳顺之年、耄耋之年、期颐之年等
  - 古代传统玩具与游戏
    - 玩具：鲁班锁、七巧板、九连环、陀螺等
    - 游戏：藏钩、射覆、投壶、蹴鞠、角抵等
  - 成语典故及相关人物（重点）
    - 春秋战国 —— 退避三舍、远交近攻、图穷匕见
    - 秦汉 —— 四面楚歌、破釜沉舟、望梅止渴
    - 三国 —— 三顾茅庐、刮骨疗伤、鞠躬尽瘁
    - 魏晋南北朝 —— 入木三分、闻鸡起舞、风声鹤唳
    - 唐宋 —— 请君入瓮、黄袍加身、终南捷径
  - 天文历法
    - 古代星宿 —— 七曜：即日、月、五星（金星、木星、水星、火星、土星）
    - 二十四节气 —— 春雨惊春清谷天，夏满芒夏暑相连。秋处露秋寒霜降，冬雪雪冬小大寒
    - 干支纪年
      - 干：甲、乙、丙、丁、戊、己、庚、辛、壬、癸
      - 支：子、丑、寅、卯、辰、巳、午、未、申、酉、戌、亥
  - 传统节日 —— 春节、元宵节、清明节、端午节、七夕节、中秋节、重阳节
  - 少数民族风俗文化 —— 蒙古族的那达慕，藏族的弦子舞，傣族服饰，苗族芦笙舞等
  - 文化遗产
    - 种类
      - 物质文化遗产：文物、建筑群、遗址
      - 非物质文化遗产：表演艺术、传统手工艺等
    - 中国的世界遗产 —— 苏州古典园林，宣纸传统制作技艺等
    - 中国古代遗迹
      - 文化遗址：河姆渡文化遗址、金沙文化遗址等
      - 古代陵墓：马王堆汉墓、南越王墓等

考向分析

本节主要介绍中国传统文化知识，识记性知识较多。在考试中会以单选题的形式考查。汇总分析2015年至2023年的真题试卷，本节知识考查情况见下表：

知识	考点	考频	题型
传统思想	道家思想	1	单选
古代行政与官吏制度	三省六部制	1	单选
古代特殊称谓	古今城市称谓	2	单选
	谥号、庙号、年号	1	单选
	尊称、谦称	1	单选
	年龄称谓	2	单选
古代传统玩具与游戏	古代传统游戏	1	单选
成语典故及相关人物	各朝代的成语典故及相关人物	6	单选
天文历法	古代星宿	1	单选
	二十四节气	1	单选
传统节日	传统节日	1	单选
少数民族风俗文化	民族服饰及民居、文化	4	单选
中国文化遗产	遗产种类及各类遗产具体内容	7	单选

核心考点

一、传统思想 【9年1考】

考频分布 2015上单选

中国古代的传统思想流派

时期	流派	代表人物	著作	主要思想
春秋战国	儒家	孔子	《论语》	①核心思想："仁"，主张"仁者爱人" ②政治："为政以德"，主张以德治国，反对苛政 ③恢复周礼，主张"克己复礼" ④教育："有教无类"
		孟子	《孟子》	①政治：施行"仁政"，提出"民为贵，社稷次之，君为轻"的思想 ②伦理观："性善论"

续表

时期	流派	代表人物	著作	主要思想
春秋战国	儒家	荀子	《荀子》	①政治:实行“礼治”,明确尊卑等级,以维系社会秩序 ②伦理观:“性恶论”
	道家	老子	《道德经》	①政治:主张“无为而治”,凡事“顺天之时,随地之性,因人之心” ②哲学:“道”是天地万物本原 ③朴素的唯物论思想:“人法地,地法天,天法道,道法自然”,追求“天人合一” ④朴素的辩证法思想:事物存在着相互依存、相互转化、对立统一的矛盾;物极必反,柔能克刚
		庄子	《庄子》	①治国要顺应自然和民心 ②追求精神自由,保持独立人格
	墨家	墨子	《墨子》	“兼爱”“非攻”“尚贤”“尚同”“节用”“节葬”“天志”“明鬼”“非乐”“非命”
	法家	韩非	《韩非子》	强调以法治国,树立君主的权威,建立中央集权专制统治
汉代	经学	董仲舒	《春秋繁露》	汉代“尊崇儒术”,“经”成为儒家经典的专用名称,“经学”以解释、阐述儒家经典《诗》《书》《礼》《易》《乐》《春秋》为主
魏晋	玄学	何晏	《道德论》《论语集解》	①用老庄的思想解释《周易》等儒家经典,主张虚无的“道”,宣扬“无”是产生万物的根本 ②政治上应当“无为”,生活作风上要任其“自然”,社会风气上崇尚“清谈”
		王弼	《周易注》《老子注》	
宋明时期	理学(道学)	周敦颐(尊称“濂溪先生”)	《太极图说》	①“理”是自然界和社会的根本原则,也称“天理”。人生的目标,应当是“存天理,灭人欲”,即通过道德修养克服过度的欲望 ②提出“格物致知”,认为只有深刻探究万物,才能真正得到其中的“理”,达到对普遍天理的认识
		程颢、程颐	《二程集》	
		朱熹(理学的集大成者)	《四书章句集注》	
	心学	陆九渊	《陆九渊全集》	认为“心”是宇宙万物的本原,提出“心”就是“理”的主张,强调“宇宙便是吾心,吾心即是宇宙”
		王守仁(世称“阳明先生”)	《王阳明全集》	宣扬“心外无物”“心外无理”,提出“致良知”“知行合一”的学说

续表

时期	流派	代表人物	著作	主要思想
清朝	朴学	顾炎武	《日知录》	批判理学,抨击封建专制,倡导经世致用
		黄宗羲	《明夷待访录》	
		王夫之	《宋论》	

二、古代行政与官吏制度 【9年1考】

考点1 中央行政制度

1. 三公九卿制

秦朝最早确立皇帝制度,皇帝之下设三公九卿。

三公指丞相、太尉、御史大夫,为主要辅佐大臣。丞相是百官之长,分左、右,秉承皇帝旨意,统领众官,丞相府是行政中枢所在;太尉是最高武官,掌军事;御史大夫是副丞相,协理国政,掌管图籍、文书,同时又是最高监察官。

三公之下是分掌国家各种政务和皇室事务的卿,泛称"九卿"。九卿下设若干部门,处理具体事务。

三公九卿共同组成中央政府,国家重大事务往往由公卿进行廷议,最后由皇帝裁断。

2. 三省六部制

考频分布 2015上单选

隋唐时期,三省六部制确立。

三省指中书省、门下省和尚书省,是由皇帝直接掌控的中枢。中书省是受命于皇帝的决策机构,门下省是审议封驳朝廷政令的机构,尚书省是执行机构。三省长官并称宰相,共议国事。

尚书省下设吏、户、礼、兵、刑、工六部,分工处理各项具体政务。

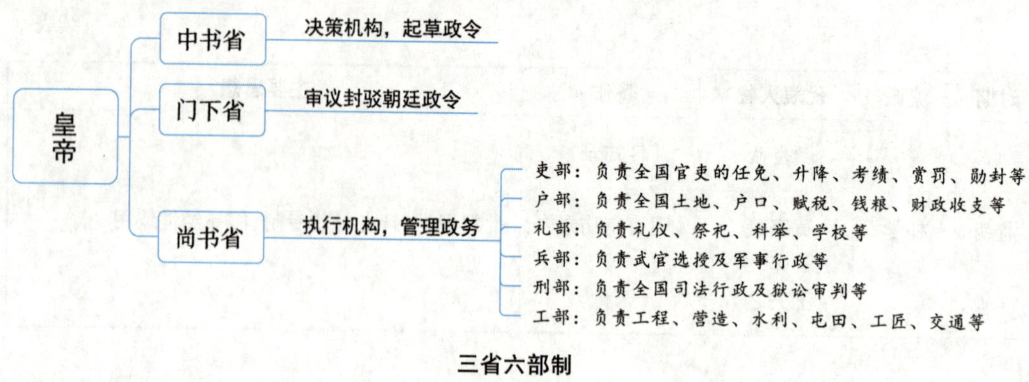

三省六部制

3. 内阁与军机处

明太祖朱元璋废除中书省和宰相，选拔一些文官到宫廷的殿阁值守，称为“内阁”。内阁大学士作为皇帝顾问，协助皇帝处理各种政务，内阁逐渐成为事实上的行政中枢。

清朝雍正帝设立军机处，由军机大臣直接秉承皇帝旨意，处理军国大事。军机处逐渐成为掌管处理全国军政事务的中枢，内阁只负责处理一般文书。

考点2　地方行政制度

1. 郡县制

秦朝地方行政机构分为郡、县两级，郡县主要官吏都由中央直接任命。郡是地方最高行政机构，置郡守、郡丞和郡尉，另设监御史掌监察。郡下设县或道，根据户数的多少，置县令（长）、县丞、县尉。郡县制的实行，开创了此后我国历代王朝地方行政的基本模式。

2. 行省制度

元朝在地方设置行中书省，作为中书省在地方的派出机构，掌管一省政务，简称“行省”。后来，行省演变为地方常设的最高一级行政机构。行省制是中国古代地方行政制度发展史上的一次重大变化，形成了省、路、府、州、县多级行政制度。

考点3　官吏制度

1. 世卿世禄制

春秋以前，官吏主要通过“世卿世禄”制度产生。世卿就是天子或诸侯国君之下的贵族，世世代代、父死子继，连任“卿”这样的高官。禄是官吏所得的享受财物。世禄就是官吏们世世代代、父死子继，享有所封的土地及其赋税收入。

2. 察举制和征辟制

西汉时期确立了以察举制为代表的官吏选拔制度。

察举制是由各郡国每年向朝廷推举有道德、有才能的人，经过考察，授予官职。察举分常科和特科。常科为岁举，有人数规定，有具体标准，如孝廉、茂才等；特科有具体标准但无固定时间，如贤良方正、贤良文学、明经等。

征辟，是由皇帝或地方长官直接进行征聘。

3. 九品中正制

曹魏创立了九品中正制。中央委任中正官为各地人才评定等级，共分九等，依等级授以相应的官职。选官标准从初创时期的重视家世、道德和才能，演变为西晋时期主要看重家世。

4. 科举制

隋朝废除九品中正制，采用分科考试的方式选拔官员。隋炀帝时，始建进士科，科举制度形成。

唐朝继承和完善科举制度。唐太宗增加了考试科目，以进士和明经两科为主；武则天扩大科举取士的人数，首创了武举和殿试。唐玄宗任用高官主持考试，提高了科举考试的地位。

明清时期的科举考试只许在四书五经范围内命题，文体严格限于八股文，应考者不能发挥个人见解，即为八股取士。

科举考试系统分童生试（院试）、乡试、会试和殿试四级，在乡、会、殿三试中连续获得第一名被称为“连中三元”。

明清科举简表

项目	院试	乡试（秋闱）	会试（春闱）	殿试
考场	学政巡回案临考场（府、县）	京城和各省贡院（省城）	京城贡院（礼部）	皇宫（宫殿）
主考人	各省学政	中央政府特派官员	钦差大臣	皇帝
参加者	童生（儒生）	生员及监生	举人	贡士
中者名称	生员（秀才）	举人	贡士	进士
第一名	案首	解元	会元	状元

三、古代教育

考点1 官学

官学指中国历代各级官府所办学校的总称,汉朝设立的太学,以及西晋开始设立的国子监,是中国古代的最高学府和教育行政机构。中央官学之外,还有自汉朝开始设立的地方官学。

考点2 私学

中国历代由私人开办的各类学校统称为"私学",是相对于政府置办的"官学"而言的,是对官学的一种有效补充。

私学产生于春秋时期,其中以儒家代表孔子创办的私学影响最大。唐朝以后,私学得到进一步发展,私人设立的学塾、村学和蒙学构成基层社会教育的重要形式。书院制度的建立,更推动了私学的发展。宋代是书院产生和发展的重要时期。

四、古代特殊称谓 【9年6考】

考点1 古今城市称谓

考频分布 2017上单选,2016下单选

北京、西安、洛阳、开封、安阳、郑州、南京、杭州并称中国"八大古都"。

北京:古称幽州、北平、燕京、大都、蓟城等。元、明、清三个王朝曾在此建都。

西安:古称长安、镐京、西京。先后有西周、秦、西汉、新(王莽建立)、东汉(献帝)、西晋(愍帝)、前赵、前秦、后秦、西魏、北周、隋、唐在此建都,因此,西安有"十三朝古都"之名。

洛阳:古称洛州、洛邑、洛京。洛阳有"十三朝古都,八代陪都"之称,东周、东汉、三国魏、西晋、北魏、隋、唐等都曾以洛阳为都城。

开封:古称汴州、汴梁、汴京、东京,五代的后梁、后晋、后汉、后周和北宋王朝将都城设立在开封。

安阳:古称相、殷、邺、邺城、邺都、邺郡、相州、彰德等。历史上,先后有商朝(商王盘庚)、曹魏、后赵、冉魏、前燕、东魏、北齐等在安阳建都,素有"七朝古都"之称。

郑州:古称荥州、管城、故市,夏、商(商王仲丁)以及西周的管、郑、韩三个诸侯国曾建

都于此。

南京:古称建业、金陵、建康、应天府(明朝)、江宁、石头城。历史上先后有东吴、东晋,南朝的宋、齐、梁、陈等王朝在南京建都,因此南京被称为“六朝古都”。

杭州:古称临安、钱塘,五代的吴越国和南宋王朝建都杭州。

考点2　谥号、庙号、年号

考频分布　2017上单选

谥号:古代帝王、大臣死后,朝廷根据其生平事迹和地位,为他选择某个评价性的字词。帝王之谥,由礼官议上;臣下之谥,由朝廷赐予。如隋文帝杨坚、岳武穆,杨坚的“文”和岳飞的“武穆”都是谥号。

庙号:我国封建时代,皇帝死后,在太庙立室奉祀时特起的名号。皇帝的庙号多为某祖、某宗,如唐太宗李世民、宋太祖赵匡胤,“太祖”“太宗”都是庙号。庙号始于殷代,汉承其制,其后历代封建帝王,均有庙号。

年号:皇帝用来纪年的称号。年号起源于汉代,为皇帝当政的时代标志。汉武帝是第一位开始有年号的皇帝。汉武帝即位的第一年,立年号为建元,所以这一年称为建元元年,第二年称为建元二年,其他依此类推。新皇帝登基,都要改变年号,叫做“改元”。同一皇帝在位时,也可改变年号。如李世民的年号为“贞观”,李隆基的年号有“先天”“开元”“天宝”,朱元璋的年号为“洪武”,朱棣的年号是“永乐”。

文献中对于从汉到隋的皇帝,习惯上都用谥号相称。自唐朝开始,庙号成为皇帝在文献中最常用的代称。对于清朝入关后的皇帝,习惯上多用年号相称。

考点3　尊称、谦称

考频分布　2015下单选

1. 尊称

尊称也叫“尊称”,表示尊敬客气的态度。

(1)古代对皇室人员的敬称

“皇帝”一般称万岁、圣上、圣驾、天子、陛下、官家(宋朝使用)等。皇帝的子女一般称“殿下”。

(2)古人用于称呼对方或对方亲属的敬称

①令,用于称呼对方的亲属,如令尊(称对方父亲)、令堂(称对方母亲)、令正或令阃

（称对方妻子）、令兄（称对方哥哥）、令郎（称对方儿子）、令爱或令媛（称对方女儿）。

②尊，用来称与对方有关的人或物，如尊上（称对方父母），尊公、尊君、尊府（称对方父亲），尊堂（称对方母亲），尊亲（称对方亲戚），尊驾（称对方），尊命（对方的嘱咐），尊意（对方的意思）。

③贤，用于称平辈或晚辈，如贤家（称对方）、贤郎（称对方儿子）、贤弟（称对方弟弟）。

④仁，表示爱重，应用范围较广，如称同辈友人中长于自己的人为仁兄，称地位高的人为仁公等。

（3）对尊长者和朋辈的敬称

君、子、公、足下、夫子、先生、大人等。

（4）其他敬称

①对品格高尚、智慧超群的人用"圣"来表敬称，如称孔子为"圣人"，"亚圣"孟子。

②称谓前面加"先"，表示已死，用于敬称地位高的人或年长的人，如先帝、先父或先考、先慈或先妣、先贤。

③称妻子的父亲为丈人、泰山，称妻子的母亲为丈母、泰水。

2. 谦称

谦称是表示谦逊的自称。

（1）古代帝王的自谦辞：①孤，小国之君。②寡，少德之人。③不穀，指不善。

（2）古代官吏的自谦辞：下官、末官、微臣、末将（武将使用）。

（3）读书人的自谦辞：①小生、晚生、晚学等，表示自己是新学后辈。②不才、不敏、不佞、不肖，表示自己没有才能或才能平庸。

（4）用于自称的谦辞：①愚，谦称自己不聪明。②鄙，谦称自己学识浅薄。③敝，谦称自己或自己的事物不好。④卑，谦称自己身份低微。⑤窃，有私下、私自之意，使用时常有冒失、唐突的含义在内。⑥臣，谦称自己不如对方的身份地位高。⑦仆，谦称自己是对方的仆人，使用时含有为对方效劳之意。

（5）古人称自己一方的亲属朋友的谦辞：

①家，对别人称自己的辈分高或年纪大的亲属时使用的谦辞，如家父（家严或家君或家尊）、家母（家慈）、家兄等。

②舍，一是谦称自己的家，如寒舍、敝舍；二是谦称比自己辈分低或年龄小的亲属，如舍弟、舍妹、舍侄等。

（6）其他自谦辞：

①在下，古人坐席时尊长者在上，故晚辈或地位低的人谦称"在下"。

②小可，有一定身份的人的自谦，表示自己很平常、不足挂齿。

③小子，子弟晚辈，面对父兄尊长的自称。

④老朽、老夫、老汉等，老人的自谦辞。

⑤妾、奴家，女子的自称，老年妇女谦称“老身”。

⑥拙荆、内人、内子等，丈夫对自己妻子的谦称。

⑦小儿或小女、弱息、犬子等，对别人称自己的儿女时的谦称。

考点4　年龄称谓

考频分布　2022上单选，2021上单选

古代年龄称谓

称谓	年龄	称谓	年龄
襁褓	未满周岁	舞勺之年	男子十三岁至十五岁
孩提	两三岁	束发	男子十五岁
始龀	七八岁	舞象之年	男子十五岁至二十岁
垂髫	三四岁至八九岁。女孩七岁称“髫年”，男孩八岁称“龆年”	弱冠	男子二十岁
黄口	十岁以下	而立之年	三十岁
总角	八九岁至十三四岁	不惑之年、强壮之年	四十岁
金钗之年	女子十二岁	知命之年、艾服之年	五十岁
豆蔻年华	女子十三四岁	花甲、耳顺之年	六十岁
及笄之年	女子十五岁	古稀之年	七十岁
碧玉年华、破瓜年华	女子十六岁	杖朝之年	八十岁
桃李年华	女子二十岁	耄耋之年	八九十岁
花信年华	女子二十四岁	鲐背之年	九十岁
半老徐娘	女子三十岁	期颐之年	一百岁

记忆有妙招

为便于考生记忆，编者将三十岁之后的古代年龄称谓编成以下口诀：

四十而不惑，五十而知天命，六十而耳顺，七十古来稀，八十九十曰耄耋，百岁之年曰期颐。

真题面对面

[2022 上半年真题]古人用一些特殊的名称指代不同的年龄或年龄段，正确理解这些名称，有助于理解古代文化。下列选项中，不用于指代老年的是(　　)

A. 垂髫　　B. 耳顺　　C. 耄耋　　D. 期颐

答案:A。

考点5　职业、行业称谓

冰人:媒人，"冰上为阳，冰下为阴，阴阳事也。君在冰上与冰下人语，为阳语阴，媒介事也"。

伶官:乐官。

伶人:乐官、戏曲演员。

杏林:医学界别称。三国董奉隐居庐山，为人治病不收钱，但使重病愈者植杏五株，轻者一株，积年蔚然成林。

梨园:戏曲界别称。唐玄宗曾教乐工、宫女在"梨园"演习音乐舞蹈。

杏坛:教育界别称。相传为孔子聚徒授业讲学之处。

考点6　其他特殊称谓

百姓的称谓:布衣、黔首、黎民、生民、庶民、黎庶、苍生、黎元、氓等。

兄弟排行次序:伯(孟)、仲、叔、季。"伯(孟)"是老大，"仲"是老二，"叔"是老三，"季"是老四。

江东:又称江左，指长江以东的地区。古人以东为左，以西为右。

河南、河北:分别指黄河以南和黄河以北的地区。"河"在古时特指黄河。

关东:古指函谷关或潼关以东的地区，今指山海关以东的东北地区。

山水阴阳:古代以山南、水北为阳；以山北、水南为阴。

五、古代传统玩具与游戏　【9 年 1 考】

考点1　传统玩具

鲁班锁:又称孔明锁，是一种立体拼插玩具，起源于中国古代房屋的榫卯结构。鲁班锁的种类各式各样，最常见的是六根鲁班锁。

华容道:一种移块玩具，名字取自典故"曹操败走华容道"。它是一个带有很多小方格的棋盘,棋盘上有多个棋子,仅有两个小方格空着,华容道的玩法就是通过这两个空格移动棋子,用最少的步数把棋子从棋盘下方的出口移出来。华容道游戏常见的还有数字华容道。

七巧板:又称唐图,是一种拼板玩具,由七块板组成,包括两个大等腰直角三角形、一个中等腰直角三角形、两个小等腰直角三角形、一个正方形、一个平行四边形。七巧板可通过不同的组合方式拼成不同的图形,如三角形、平行四边形、人物、动物、桥、房、中英文字母等。

九连环:一种解环玩具。九连环是在长方形的框架上排列着九个圆环和九根立柱,圆环之间环环相扣,其间还贯穿着一枚细长的叉套,并且叉套也被重重的立柱相隔。解连环就是通过一系列动作取下叉套。

陀螺:中国民间最早的娱乐工具之一,形状略像海螺,多用木头制成,玩时用鞭子抽打,使其直立旋转。有的用铁皮制成,利用发条的弹力旋转。

考点2　传统游戏

考频分布　2022 下单选

围棋:古称"弈",相传为尧所作。南北朝时定型为纵横各十九道,共三百六十一个交叉点,与今制相同。双方用黑白子对弈,以围困对方吃子多少定胜负。为文人雅士的消遣工具,故有手谈、坐隐等别称。

藏钩:传统猜物游戏。玩时,众人分成两组,一组人背手传钩,一组人猜钩止于谁手,以猜中与否较胜负,负者应起座拜谢胜者。

射覆:传统猜物游戏。源于藏钩。射,猜测。于覆器(如巾、盂等)之下置诸物,令人猜之,由此得名。在最后报出所射之物的名称之前,一般要以几句概括的话语来描述此物特征。

投壶:古代宴会礼制。亦用于游戏。以席间酒壶口为目标,宾主在离壶五尺开外,用矢投入。以多中者为胜,负者饮酒。

步打球:又称"步打",是一种徒步以杖击球的球类运动,类似于今天的曲棍球。

蹴鞠:古人以脚蹴、蹋、蹋皮球的活动,类似今日的足球。早在战国时期汉族民间就流行娱乐性的蹴鞠游戏,而从汉代开始又成为兵家练兵之法,宋代出现了蹴鞠组织与蹴鞠艺人。

跳丸:杂技艺人用手熟练而巧妙地抛接玩弄丸铃的一种游戏。

角抵:一种类似现在摔跤、相扑一类的两两较力的活动。

真题面对面

[2022 下半年真题]下图是古代士大夫玩的一种投掷游戏，同时也是一种礼仪，在春秋战国时期就已经出现，直至明末都较为流行。该游戏是(　　)

A. 射覆　　B. 藏钩　　C. 投壶　　D. 击壤

答案：C。

六、成语典故及相关人物　【9年6考】

考频分布　2015—2023 年，以单选题形式考查 6 次

考点1　先秦时期的成语典故及相关人物

先秦时期的成语典故及相关人物

时期	成语典故	人物	成语典故	人物	成语典故	人物	成语典故	人物
夏、商、西周	网开一面	商汤	一窍不通	比干、商纣王	助纣为虐	商纣王	烽火戏诸侯	周幽王、褒姒
春秋战国	一鸣惊人	楚庄王	尊王攘夷	齐桓公	问鼎中原	楚庄王	退避三舍	重耳（晋文公）
	卧薪尝胆	越王勾践	完璧归赵	蔺相如	负荆请罪	廉颇、蔺相如	围魏救赵	孙膑
	孙庞斗智	孙膑、庞涓	韦编三绝	孔子	纸上谈兵	赵括	惊弓之鸟	更羸
	徙木为信	商鞅	讳疾忌医	蔡桓公、扁鹊	狡兔三窟	冯谖	合纵连横	苏秦、张仪
	毛遂自荐	毛遂、平原君	**远交近攻**	**范雎**	老马识途	齐桓公、管仲	三令五申	孙武
	一鼓作气	曹刿	竭泽而渔	晋文公、雍季	鸡鹜争食	屈原、楚怀王	**图穷匕见**	**荆轲、秦王嬴政**

考点2　秦汉至唐宋时期的成语典故及相关人物

秦汉至唐宋时期的成语典故及相关人物

时期	成语典故	人物	成语典故	人物	成语典故	人物	成语典故	人物
秦汉、三国、两晋、南北朝	焚书坑儒	嬴政	一字千金	吕不韦	指鹿为马	赵高	揭竿而起	陈胜、吴广
	约法三章	刘邦	暗度陈仓	韩信	**四面楚歌**	**项羽、韩信**	破釜沉舟	项羽
	孺子可教	张良	背水一战	韩信	一败涂地	刘邦	楚汉相争	刘邦、项羽
	霸王别姬	项羽、虞姬	孔融让梨	孔融	投笔从戎	班超	马革裹尸	马援
	金屋藏娇	刘彻	封狼居胥	霍去病	鸿雁传书	苏武	文姬归汉	蔡文姬
	望梅止渴	**曹操**	三顾茅庐	刘备、诸葛亮	鞠躬尽瘁	诸葛亮	初出茅庐	诸葛亮
	宝刀未老	黄忠	刮骨疗伤	关羽、华佗	才高八斗	曹植	相煎何急	曹丕、曹植
	顾曲周郎	周瑜	折节下士	袁绍	乐不思蜀	刘禅	洛阳纸贵	左思
	入木三分	**王羲之**	闻鸡起舞	祖逖	东山再起	谢安	草木皆兵	苻坚
	狗尾续貂	司马伦	风声鹤唳	谢玄	穷途之哭	阮籍	画龙点睛	张僧繇
唐	力士脱靴	李白、高力士	请君入瓮	周兴	桃李满天下	狄仁杰	一字之师	郑谷
	终南捷径	卢藏用	走马观花	孟郊	口蜜腹剑	李林甫	力透纸背	颜真卿
宋	黄袍加身	赵匡胤	精忠报国	岳飞	东窗事发	秦桧	胸有成竹	文与可

真题面对面

[**2023上半年真题**]我国的成语大多与历史事件和历史人物有关。“四面楚歌”比喻四面受敌，处于孤立危急的困境。这一成语出自《史记》，与这个成语相关的历史人物是(　　)

A. 毛遂与平原君

B. 韩信与项羽

C. 廉颇与蔺相如

D. 屈原与怀王

答案：B。

七、天文历法 【9 年 2 考】

考点 1 古代星宿

考频分布 2022 上单选

四象：古人把东、南、西、北四方每一方位的“七宿”联系起来加以想象而成的四种动物的形象。其中，东方称为苍龙象；北方称为玄武象；西方称为白虎象；南方称为朱雀象。

七曜：中国古代对日月五星的合称，也叫“七政”，日月即太阳、月亮，五星即金星、木星、水星、火星、土星。金星在古代称为太白、启明、长庚、昏星、明星等；木星称岁星、纪星、应星、重华、摄提；水星称辰星；火星称荧惑；土星称填星或镇星。

二十八宿：古代将星座称为星宿，又称二十八舍或二十八星，是古人为观测日、月、五星运行而划分的二十八个星区，用来说明日、月、五星运行所到的位置。

真题面对面

[**2022 上半年真题**]太阳系中的一些行星在中国古代有独特的名称，这些名称反映了古人对其特征的认识。其中公转周期接近 12 年，因用以纪年而被称为“岁星”的是（　　）

A. 土星　　B. 木星

C. 金星　　D. 水星

答案：B。

考点 2 二十四节气

考频分布 2018 下单选

“二十四节气”是中国人通过观察太阳周年运动而形成的时间知识体系及其实践。它形成于黄河流域，以观察该区域的天象、气温、降水和物候的时序变化为基准，是中国古代农耕社会的生产生活的时间指南。

二十四节气分列在一年的十二个月份中，每月有两个节气，每个节气十五天左右，月首叫“节气”，月中叫“中气”。它又被分为七十二候，五日为一候，三候为一气，每一候都有动物、植物、鸟类、天气等随季节变化的周期性自然现象，这些现象称“物候”。

二十四节气及其物候特点

季节	节气	物候及特点
春季	立春	①一候东风解冻,二候蛰虫始振,三候鱼陟负冰 ②有迎春、打春(鞭打春牛)、咬春(嚼萝卜)等民俗
	雨水	①一候獭祭鱼,二候鸿雁来,三候草木萌动 ②农人开始选种、春耕、施肥等春耕春播准备工作
	惊蛰	①一候桃始华,二候仓庚(黄鹂)鸣,三候鹰化为鸠 ②春雷萌动,万物复苏,是春耕开始的日子
	春分	①一候玄鸟(燕子)至,二候雷乃发生,三候始电 ②太阳直射赤道,南、北半球昼夜等长 ③有吃春菜、送春牛、竖蛋等民俗
	清明	①一候桐始华,二候田鼠化为鴽,三候虹始见 ②"清明前后,种瓜种豆",此时春耕繁忙 ③有植树、戴柳、扫墓祭祖、踏青、吃青团等民俗
春季	谷雨	①一候萍始生,二候鸣鸠拂其羽,三候戴胜降于桑 ②春将尽,夏将至,降雨增多,各类作物苗壮成长
夏季	立夏	①一候蝼蝈鸣,二候蚯蚓出,三候王瓜生 ②炎暑将临,农作物进入旺季生长
	小满	①一候苦菜秀,二候靡草死,三候麦秋至 ②江南一带正是早稻追肥、中稻插秧的时节,故有"小满动三车"的说法,"三车"即水车、纺车、油车
	芒种	①一候螳螂生,二候鵙始鸣,三候反舌无声 ②有送花神、安苗、打泥巴仗、煮梅等民俗
	夏至	①一候鹿角解,二候蝉始鸣,三候半夏生 ②太阳几乎直射北回归线,是北半球一年中夜最短、昼最长的一天
	小暑	①一候温风至,二候蟋蟀居宇,三候鹰始鸷 ②季夏时节正式开始,气温还未到最热的时候 ③有祭谷神、食新等民俗
	大暑	①一候腐草为萤,二候土润溽暑,三候大雨时行 ②正值"中伏"前后,是一年中最热的时期

续表

季节	节气	物候及特点
秋季	立秋	①一候凉风至,二候白露生,三候寒蝉鸣 ②有盼秋雨、贴秋膘、悬秤称人等民俗
	处暑	①一候鹰乃祭鸟,二候天地始肃,三候禾乃登 ②暑气终结,开始秋收 ③有吃鸭子、开渔节、踏秋等民俗
	白露	①一候鸿雁来,二候玄鸟归,三候群鸟养羞 ②天气由热转凉,秋收繁忙 ③有吃龙眼、祭禹王等民俗
	秋分	①一候雷始收声,二候蛰虫坯户,三候水始涸 ②太阳直射赤道,南、北半球昼夜等长 ③有吃秋菜、吃螃蟹、送秋牛等民俗
	寒露	①一候鸿雁来宾,二候雀入大水为蛤,三候菊有黄华 ②天气由凉转寒,秋收秋种进入高潮 ③有饮菊花酒、登高的民俗
	霜降	①一候豺乃祭兽,二候草木黄落,三候蛰虫咸俯 ②温度骤降,农作物要防霜冻 ③吃柿子、菊花会
冬季	立冬	①一候水始冰,二候地始冻,三候雉入大水为蜃 ②秋季作物收晒完毕,收藏入库,抓紧播种冬小麦 ③有吃饺子、迎冬等民俗
	小雪	①一候虹藏不见,二候天气上升地气下降,三候闭塞而成冬 ②气温逐步降到零下,逐渐进入严冬,做好越冬工作
	大雪	①一候鹖鴠不鸣,二候虎始交,三候荔挺出 ②有腌肉、赏冰雕等民俗
	冬至	①一候蚯蚓结,二候麋角解,三候水泉动 ②太阳几乎直射南回归线,是北半球一年中昼最短、夜最长的一天 ③有吃饺子汤圆、祭拜祖先等民俗
	小寒	①一候雁北乡,二候鹊始巢,三候雉始雊 ②梅花绽放,年味渐浓,人们开始为春节做准备
	大寒	①一候鸡乳,二候征鸟厉疾,三候水泽腹坚 ②除旧饰新,准备年货

记忆有妙招

为便于记忆，考生可通过以下口诀识记二十四节气的顺序：

春雨惊春清谷天，夏满芒夏暑相连。秋处露秋寒霜降，冬雪雪冬小大寒。

考点3 阴历、阳历、农历

阴历以月亮的一轮圆缺代表一个月，以朔日（月亮正好位于太阳和地球之间）为初一，大月30天，小月29天；其年份分为平年和闰年，平年为12个月，闰年为12个月另加1个闰月。

阳历又叫“太阳历”，以地球绕太阳运行一周的时间为1年，平年365天，闰年366天，年分12个月。

农历是中国传统历法的现代版本，属阴阳合历，其编算规则可以上溯到西汉制定的《太初历》。《太初历》同时采用了阴历的12个月份和阳历的24个节气，并规定以雨水所在的月份为一月（正月），每个月一定要有一个“中气”。由于两个节气的天数比一个月要多，所以每过几年，就会出现某个月的“中气”跑到下个月的情况。这时就要把这个月作为前一个月的闰月，以恢复月份与节气之间的正常对应关系。中国传统节日和许多民俗都同这种历法有关，所以在正式采用公历后，这种传统形式的历法还在流传，慢慢地就有了“农历”这个名称。

考点4 干支纪年法

干支是天干地支的合称，我国古代用天干地支来记录年代。

干，即天干，共十位：甲、乙、丙、丁、戊、己、庚、辛、壬、癸。

支，即地支，共十二位：子、丑、寅、卯、辰、巳、午、未、申、酉、戌、亥。

十天干和十二地支依次两两相配，组成六十个基本单位，用以纪年，如2024年是农历甲辰年、2025年是农历乙巳年……十和十二的最小公倍数为六十，故十天干和十二地支共配成六十个干支，六十年是一个纪年的循环周期。因第一个纪年是甲子年，故六十年又称“一甲子”。下表为六十个干支的组合：

干支纪年表

序号	干支	序号	干支	序号	干支	序号	干支	序号	干支	序号	干支
01	甲子	11	甲戌	21	甲申	31	甲午	41	甲辰	51	甲寅
02	乙丑	12	乙亥	22	乙酉	32	乙未	42	乙巳	52	乙卯
03	丙寅	13	丙子	23	丙戌	33	丙申	43	丙午	53	丙辰
04	丁卯	14	丁丑	24	丁亥	34	丁酉	44	丁未	54	丁巳

续表

序号	干支	序号	干支	序号	干支	序号	干支	序号	干支	序号	干支
05	戊辰	15	戊寅	25	戊子	35	戊戌	45	戊申	55	戊午
06	己巳	16	己卯	26	己丑	36	己亥	46	己酉	56	己未
07	庚午	17	庚辰	27	庚寅	37	庚子	47	庚戌	57	庚申
08	辛未	18	辛巳	28	辛卯	38	辛丑	48	辛亥	58	辛酉
09	壬申	19	壬午	29	壬辰	39	壬寅	49	壬子	59	壬戌
10	癸酉	20	癸未	30	癸巳	40	癸卯	50	癸丑	60	癸亥

考点5　纪时法

我国古代纪时法主要有天色纪时法和地支纪时法两种。

古代纪时与现代纪时对应表

地支纪时	子	丑	寅	卯	辰	巳	午	未	申	酉	戌	亥
天色纪时	夜半	鸡鸣	平旦	日出	食时	隅中	日中	日昳	晡时	日入	黄昏	人定
夜晚五更	三更	四更	五更	—	—	—	—	—	—	—	一更	二更
对应现代纪时	23~1	1~3	3~5	5~7	7~9	9~11	11~13	13~15	15~17	17~19	19~21	21~23

八、传统节日　【9年1考】

考频分布　2015上单选

古代传统节日

节日	别称	时间	习俗	有关诗句
春节	元日、正日、岁旦、年节、新岁、元首	农历正月初一	贴门神、贴春联、贴年画、守岁、拜年	王安石《元日》:爆竹声中一岁除,春风送暖入屠苏。 陆游《除夜雪》:半盏屠苏犹未举,灯前小草写桃符
元宵节	元夜、元夕、上元节、灯节	农历正月十五	赏花灯、吃元宵、猜灯谜、舞龙舞狮	张祜《正月十五夜灯》:千门开锁万灯明,正月中旬动帝京。 欧阳修《生查子·元夕》:去年元夜时,花市灯如昼。月上柳梢头,人约黄昏后

续表

节日	别称	时间	习俗	有关诗句
清明节	踏青节、三月节、行清节、祭祖节	公历四月五日前后	扫墓、祭祖、插柳、踏青、禁火寒食	杜牧《清明》：清明时节雨纷纷，路上行人欲断魂。 黄庭坚《清明》：佳节清明桃李笑，野田荒冢只生愁
端午节	端阳节、龙舟节、正阳节、重五节、天中节	农历五月初五	吃粽子、赛龙舟、编五彩绳、插艾草	欧阳修《渔家傲·五月榴花妖艳烘》：绿杨带雨垂垂重。五色新丝缠角粽。 张耒《和端午》：竞渡深悲千载冤，忠魂一去讵能还
七夕节	乞巧节、女儿节、七夕祭、巧夕	农历七月初七	乞巧、拜魁星、吃巧果	杜牧《秋夕》：天阶夜色凉如水，坐看牵牛织女星。 范成大《鹊桥仙·七夕》：双星良夜，耕慵织懒，应被群仙相妒
中秋节	祭月节、拜月节、仲秋节、团圆节、月夕	农历八月十五	赏月、观潮、饮桂花酒、吃月饼	张九龄《望月怀远》：海上生明月，天涯共此时。 苏轼《水调歌头·明月几时有》：但愿人长久，千里共婵娟
重阳节	重九节、登高节、双九节、晒秋节、敬老节	农历九月初九	登高、赏菊、插茱萸、吃重阳糕	王维《九月九日忆山东兄弟》：遥知兄弟登高处，遍插茱萸少一人。 杜牧《九日齐山登高》：尘世难逢开口笑，菊花须插满头归

我国四大传统节日：春节、清明节、端午节、中秋节。

我国传统祭祖的四大节日：清明节、中元节、重阳节、除夕。

九、少数民族风俗文化 【9年4考】

考频分布 2021下单选，2017下单选，2016上单选，2015上单选

我国是一个统一的多民族国家，有56个民族，除汉族外，其他55个民族都是少数民族。民族总体呈现“大杂居、小聚居、交错居住”的分布特点。

我国部分少数民族及其风俗文化

少数民族	传统节日	民族文学	民族乐器	民族舞蹈	特色民居
蒙古族	那达慕、白节、敖包节	《嘎达梅林》	马头琴	摔跤舞、筷子舞、安代舞、马刀舞、盅碗舞	圆形蒙古包
藏族	雪顿节、望果节	《格萨尔王传》	扎年（即藏族六弦琴）	弦子舞	农区多垒石建屋，牧区则用帐篷
维吾尔族	古尔邦节、开斋节（肉孜节）	《乌古斯传》	独他尔、热瓦甫、达甫鼓	赛乃姆、多朗舞、夏地亚纳、顶碗舞、大鼓舞、普塔舞	庭院式住宅，大致分外间、餐室、后室，墙壁挂壁毯
彝族	火把节、赛装节	《阿诗玛》	月琴	花鼓舞、烟盒舞、披毡舞、左脚舞	凉山为瓦板房；云贵为土掌房、方型碉楼等；广西和云南东是“干栏式”住宅
壮族	三月三、牛魂节、中元节	《布洛陀》	天琴、铜鼓	扁担舞、铜鼓舞	“干栏”式建筑，分上下两层，上层住人，下层关养牲畜和存放杂物
苗族	芦笙节、赶秋节、跳花节、四月八	《亚鲁王》	芦笙	芦笙舞、铜鼓舞、木鼓舞、板凳舞、猴儿鼓舞	多为木结构建筑，以瓦或杉木皮、茅草等盖屋顶；山区住房多为“吊脚楼”
傣族	泼水节、关门节、开门节	《兰嘎西贺》	嘎腊萨、玎、象脚鼓、葫芦丝	孔雀舞、象脚鼓舞、鱼舞	“干栏”式建筑，多为竹楼
朝鲜族	回婚节、回甲节、洗头节	《阿里郎》	伽琴、筒箫、奚琴	农乐舞、长鼓舞、顶水舞、扇子舞	多为土木结构的草房或瓦房，屋顶多为四面斜坡，间数多
柯尔克孜族	马奶节、喀尔戛托依节	《玛纳斯》	考姆兹（三弦琴）	单人舞、双人舞、集体舞	毡房、土房、木房、石房等

十、中国文化遗产 【9年7考】

文化遗产泛指一个民族、国家或特定群体在历史发展过程中创造的一切物质财富和精神财富,这种财富代代相传,构成该民族、国家或群体区别于其他民族、国家或群体的重要文化特征。

考点1 文化遗产的种类

考频分布 2022下单选

文化遗产包括物质文化遗产和非物质文化遗产两大类。

1. 物质文化遗产

平常所说的文化遗产一般指"物质文化遗产",即"有形"的文化遗产,以区别于"非物质文化遗产"。按照《保护世界文化和自然遗产公约》定义,文化遗产主要包括三个方面:

(1)**文物**。从历史、艺术或科学角度看具有突出的普遍价值的建筑物、碑雕和碑画、具有考古性质成分或结构、铭文、窟洞以及联合体。

(2)**建筑群**。从历史、艺术或科学角度看在建筑式样、分布均匀或与环境景色结合方面具有突出的普遍价值的单立或连接的建筑群。

(3)**遗址**。从历史、审美、人种学或人类学角度看具有突出的普遍价值的人类工程或自然与人联合工程以及考古地址等地方。

2. 非物质文化遗产

非物质文化遗产即非物质形态的文化遗产，主要体现为以下五大领域：(1)口头传统和表现形式，包括作为非物质文化遗产媒介的语言；(2)表演艺术；(3)社会实践、仪式、节庆活动；(4)有关自然界和宇宙的知识和实践；(5)传统手工艺。

真题面对面

[**2022 年下半年真题**]1972 年 10 月 17 日至 11 月 21 日，联合国教科文组织在巴黎举行第 17 届会议，通过了《保护世界文化和自然遗产公约》，明确了文化遗产的定义和范围。下列选项中，不能作为“文物”系列申报世界文化遗产的是(　　)

A. 铭文　　B. 洞窟

C. 碑雕碑画　　D. 人类工程

答案：D。

考点 2　中国的世界遗产

考频分布　2023 上单选，2019 下单选，2018 下单选

1. 世界遗产

“世界自然遗产”“世界文化遗产”“世界记忆遗产”并称为联合国教科文组织“三大遗产旗舰项目”。我国 1985 年加入《世界遗产公约》以来，截至 2023 年 9 月，已成功申报世界遗产 57 项，其中，文化遗产 39 项、自然遗产 14 项、自然与文化双遗产 4 项；非物质文化遗产 43 项；世界记忆遗产 15 项。

(1)中国入选世界文化遗产的项目(39 项)

周口店北京人遗址，明清故宫(北京故宫、沈阳故宫)，莫高窟，秦始皇陵及兵马俑，长城，拉萨布达拉宫历史建筑群(含罗布林卡和大昭寺)，承德避暑山庄及其周围寺庙，曲阜孔庙、孔林和孔府，武当山古建筑群，庐山国家公园，平遥古城，苏州古典园林，丽江古城，北京皇家园林——颐和园，北京皇家祭坛——天坛，大足石刻，青城山—都江堰，龙门石窟，明清皇家陵寝，皖南古村落——西递、宏村，云冈石窟，高句丽王城、王陵及贵族墓葬，澳门历史城区，殷墟，开平碉楼与村落，福建土楼，五台山，登封“天地之中”历史建筑群，杭州西湖文化景观，元上都遗址，红河哈尼梯田文化景观，丝绸之路“长安—天山廊道的路网”，大运河，土司遗址，广西左江花山岩画文化景观，鼓浪屿：历史国际社区，良渚古城

遗址，泉州：宋元中国的世界海洋商贸中心，普洱景迈山古茶林文化景观。

(2)中国入选世界自然遗产的项目(14 项)

九寨沟风景名胜区，黄龙风景名胜区，武陵源风景名胜区，云南三江并流保护区，四川大熊猫栖息地，中国南方喀斯特，三清山国家公园，中国丹霞，澄江化石遗址，新疆天山，湖北神农架，青海可可西里，梵净山，黄(渤)海候鸟栖息地(一期)。

(3)中国入选世界文化与自然双重遗产的项目(4 项)

泰山，黄山，峨眉山—乐山大佛，武夷山。

2. 世界非物质文化遗产(43 项)

(1)中国列入《人类非物质文化遗产代表作名录》的项目

2008 年：古琴艺术，昆曲，蒙古族长调民歌，新疆维吾尔木卡姆艺术。

2009 年：中国篆刻，中国雕版印刷技艺，中国书法，中国剪纸，中国传统木结构建筑营造技艺，南京云锦织造技艺，端午节，中国朝鲜族农乐舞，格萨(斯)尔，侗族大歌，花儿，玛纳斯，妈祖信俗，蒙古族呼麦歌唱艺术，南音，热贡艺术，中国传统桑蚕丝织技艺，藏戏，龙泉青瓷传统烧制技艺，宣纸传统制作技艺，西安鼓乐，粤剧。

2010 年：中医针灸，京剧。

2011 年：中国皮影戏。

2013 年：中国珠算——运用算盘进行数学计算的知识与实践。

2016 年：二十四节气——中国人通过观察太阳周年运动而形成的时间知识体系及其实践。

2018 年：藏医药浴法——中国藏族有关生命健康和疾病防治的知识与实践。

2020 年：太极拳，送王船——有关人与海洋可持续联系的仪式及相关实践(与马来西亚联合申报)。

2022 年：中国传统制茶技艺及其相关习俗。

(2)中国列入《急需保护的非物质文化遗产名录》的项目

2009 年：羌年，黎族传统纺染织绣技艺，中国木拱桥传统营造技艺。

2010 年：麦西热甫，中国水密隔舱福船制造技艺，中国活字印刷术。

2011 年：赫哲族伊玛堪。

(3)中国列入优秀实践名册的项目

2012 年：福建木偶戏后继人才培养计划。

知识再拔高

细说中国各级文化遗产

1. 苏州古典园林

苏州古典园林亦称"苏州园林",是位于江苏省苏州市境内的中国古典园林的总称。苏州古典园林中的拙政园、留园、网师园、环秀山庄、沧浪亭、狮子林、耦园、艺圃和退思园被列为世界文化遗产。

2. 南京云锦织造技艺

"织彩为文曰锦",锦是用染好颜色的彩色经纬线,经提花、织造工艺织出图案的织物,对工艺要求高,织造难度大,代表着中国古代纺织最高水平。云锦因用料考究,锦文优美典雅,色彩绚丽宛如云霞而得名。南京云锦与四川蜀锦、苏州宋锦并称为我国的三大名锦。

3. 宣纸传统制作技艺

宣纸始于唐代、产于泾县,因唐代泾县隶属宣州府管辖,故因地得名。宣纸具有百折不损、吸水润墨、不腐不蛀等特点,其特有的晕染效果满足了中国书法、绘画的需要,是中国书法、绘画艺术的最佳载体,与中国书画艺术同气连枝,相互促进,共同发展。同时,宣纸因能保存数百上千年,不蛀不腐、经久不脆,从而赢得"千年寿纸""纸中之王"的美誉,被大量地运用为典籍珍藏载体。

4. 烹饪技艺

我国菜系众多,有鲁菜、川菜、粤菜、苏菜、闽菜、浙菜、湘菜、徽菜八大菜系。其中,"徽菜烹饪技艺""川菜烹饪技艺"入选第五批国家级非物质文化遗产代表性项目名录。下表为各菜系的风味特点与经典菜肴。

中国八大菜系的风味特点与经典菜肴

菜系	风味特点	经典菜肴
川菜	以"一菜一格,百菜百味""清鲜醇浓,麻辣辛香"著称	麻婆豆腐、夫妻肺片、川味火锅、回锅肉、鱼香肉丝、水煮肉片、辣子鸡、酸菜鱼等
徽菜	以鲜辣为主,突出本味,讲究火功,注重食补	臭鳜鱼、李鸿章大杂烩、八公山豆腐、符离集烧鸡、徽州毛豆腐、三河酥鸭、中和汤等
鲁菜	讲究原料优良、喜欢用盐提鲜、以汤壮鲜,菜品多以咸鲜为主	德州扒鸡、九转大肠、糖醋鲤鱼、葱烧海参、把子肉、四喜丸子等
粤菜	注重质和味,口味比较清淡,力求清中鲜、淡中求美	脆皮烧肉、白切鸡、红烧乳鸽、老火靓汤、糖醋咕噜肉等

续表

菜系	风味特点	经典菜肴
苏菜	用料广泛，刀工精细，烹调方法多样，追求本味，清鲜平和	松鼠鳜鱼、**文思豆腐**、盐水鸭、狮子头、鸡汤煮干丝等
闽菜	以烹制山珍海味著称，汤菜考究，味道清鲜淡爽，偏于甜酸	佛跳墙、荔枝肉、鸡汤氽海蚌、武夷熏鹅、白斩河田鸡等
浙菜	选料讲究、烹饪独到、注重本味、制作精细	湖醋鱼、东坡肉、宋嫂鱼羹、清汤越鸡、冰糖甲鱼、龙井虾仁、荷叶粉蒸肉等
湘菜	注重香辣，口味浓郁，用料广泛，制作精细，油重色浓	剁椒鱼头、腊味合蒸、毛氏红烧肉、组庵鱼翅、东安鸡等

真题面对面

[2023 上半年真题]宣纸是产自中国的一种书写绘画用纸，具有纯白、细密、均匀、柔软、经久不变色等特点，能更好地表现中国书法绘画艺术的神采和风韵。下列选项中，与宣纸名称由来有关的是(　　)

A. 材质　　B. 用途　　C. 产地　　D. 工艺

答案：C。

3. 世界记忆遗产(15 项)

“世界记忆遗产”又称“世界记忆工程”或“世界文献遗产”，是继“世界文化遗产”和“世界自然遗产”之后联合国教科文组织于 1992 年启动的一个文献档案保护项目。该名录主要收录具有世界意义的手稿、图书馆和档案馆保存的各种介质的珍贵档案、文件等。

中国列入《世界记忆遗产名录》的有：

1997 年：中国传统音乐录音档案。

1999 年：清代内阁秘本档(有关十七世纪在华西洋传教士活动的档案)。

2003 年：纳西东巴古籍。

2005 年：清代科举大金榜。

2007 年：清代“样式雷”建筑图档。

2011 年：《本草纲目》《黄帝内经》。

2013 年：侨批档案—海外华侨银信、元代西藏官方档案。

2015 年：南京大屠杀档案。

2017 年:甲骨文、近现代中国苏州丝绸档案、清代澳门地方衙门档案。

2023 年:《四部医典》《澳门功德林寺档案和手稿(1645—1980)》。

考点 3　中国古代遗迹

考频分布　2021 下单选,2018 下单选,2018 上单选

1. 古代文化遗址

河姆渡文化遗址:位于长江流域,以距今约 7000 年的浙江余姚河姆渡遗址最具代表性。河姆渡人的房屋主要是干栏式建筑,以木桩插于地下,上面用木板等拼接成屋。这是中国最早的木构建筑。河姆渡遗址还出土了迄今发现年代最早的木结构水井。河姆渡人会制作陶器、玉器和简单的乐器骨哨。河姆渡文化的居民种植水稻,并且掌握了养蚕缫丝技术。

半坡文化遗址:位于黄河流域,因被发现于陕西西安东部半坡村一带而得名。半坡人的房屋主要是半地穴式圆形房屋,多用木头做柱子,屋内有灶坑。半坡人的生活用具主要是陶器,最具特色的为彩陶,彩陶以红底黑色纹饰为主,出土的文物最具代表性的是人面鱼纹彩陶盆。

大汶口文化遗址:首次发现于山东省泰安市大汶口镇,是新石器时代晚期父系氏族社会遗址。大汶口人从事原始手工业,会制作黑陶和白陶,出土文物有白陶鬶。

龙山文化遗址:首次发现于山东省济南市龙山镇,它的代表器物是黑陶,胎壁薄如蛋壳,被称为“蛋壳陶”。

仰韶文化遗址:位于河南省三门峡市,是中国最早发掘的新石器时代文化遗址,它的发现为人们揭示出中国新石器时代中晚期黄河流域主流文化的面貌。它的典型器物是彩绘陶器,以粟等为主要栽培作物。

二里头遗址:因发现于河南偃师西南二里头村而得名。遗址中有宫殿建筑群、大型墓葬和手工业作坊,还有平民生活区和墓葬群,反映了夏王朝的阶级分化和等级界限。二里头遗址出土的铜鼎,是中国目前已发现的最早的青铜礼器。

殷墟文化遗址:位于河南省安阳市,是中国第一个有文献记载并经甲骨文和考古发掘所证实的商代晚期都城遗址。殷墟出土大量的铜器、玉器、石器,其中有武器、装饰品等,而最著名的则是大量刻有文字的甲骨。

金沙文化遗址:位于四川省成都市,主体文化遗存的时代约为商代晚期至西周时期。金沙遗址的发掘是 21 世纪中国第一个重大的考古发现,对研究古蜀国历史和成都城市发展史具有极为重要的意义。金沙遗址出土的“太阳神鸟”金饰(也称“四鸟绕日”)于

2005 年被国家文物局定为中国文化遗产标志。

三星堆遗址:位于四川省广汉市,是迄今为止在西南地区发现的范围最大、延续时间最长、文化内涵最丰富的古城、古国、古蜀文化遗址。三星堆遗址被称为 20 世纪人类最伟大的考古发现之一,昭示了长江流域与黄河流域一样,同属中华文明的母体,被誉为"长江文明之源"。三星堆遗址出土的文物有青铜大立人、青铜面具、青铜神树等。

真题面对面

[2021 下半年真题]"巢居"与"穴居"同为中华先民最早的居住方式,后来"巢居"逐渐发展,在基址上打木桩,加铺板,再加盖,成为"干栏式建筑"。下面所列"新石器时期"文化遗址中,居室采用干栏式建筑的是(　　)

A. 河姆渡文化遗址　　B. 仰韶文化遗址

C. 大汶口文化遗址　　D. 龙山文化遗址

答案:A。

2. 古代陵墓

曾侯乙墓:战国时期曾国国君曾侯乙的墓葬,位于湖北省随州市。

茂陵:汉武帝刘彻的陵墓,位于陕西省咸阳市,是汉代帝王陵墓中规模最大、修造时间最长、陪葬品最丰富的一座,被称为"中国的金字塔"。

马王堆汉墓:西汉初期长沙国丞相、轪侯利苍的家族墓地,位于湖南省长沙市。马王堆一号墓中发掘的辛追夫人尸体历经千年仍未腐烂,保存完好,世所罕见。

满城汉墓:西汉中山靖王刘胜及其妻窦绾之墓,位于河北省保定市。墓中出土的文物有金缕玉衣、长信宫灯、错金博山炉等,充分反映了西汉盛世时期高度发达的物质文明。

狮子山汉墓:西汉早期分封在彭城的某位楚王的陵墓,位于江苏省徐州市。墓中出土的文物,如雕龙玉璜、弦纹玉环、螭虎纹玉饰、镶玉漆棺、铜扁壶等,均是国内考古的首次发现。

南越王墓:西汉南越国第二代国王赵眛的陵墓,位于广东省广州市。南越王墓的出土,被誉为近代中国五大考古新发现之一。出土文物中以"文帝行玺"金印和"丝缕玉衣"最具价值。

第四节　文学常识

思维导图

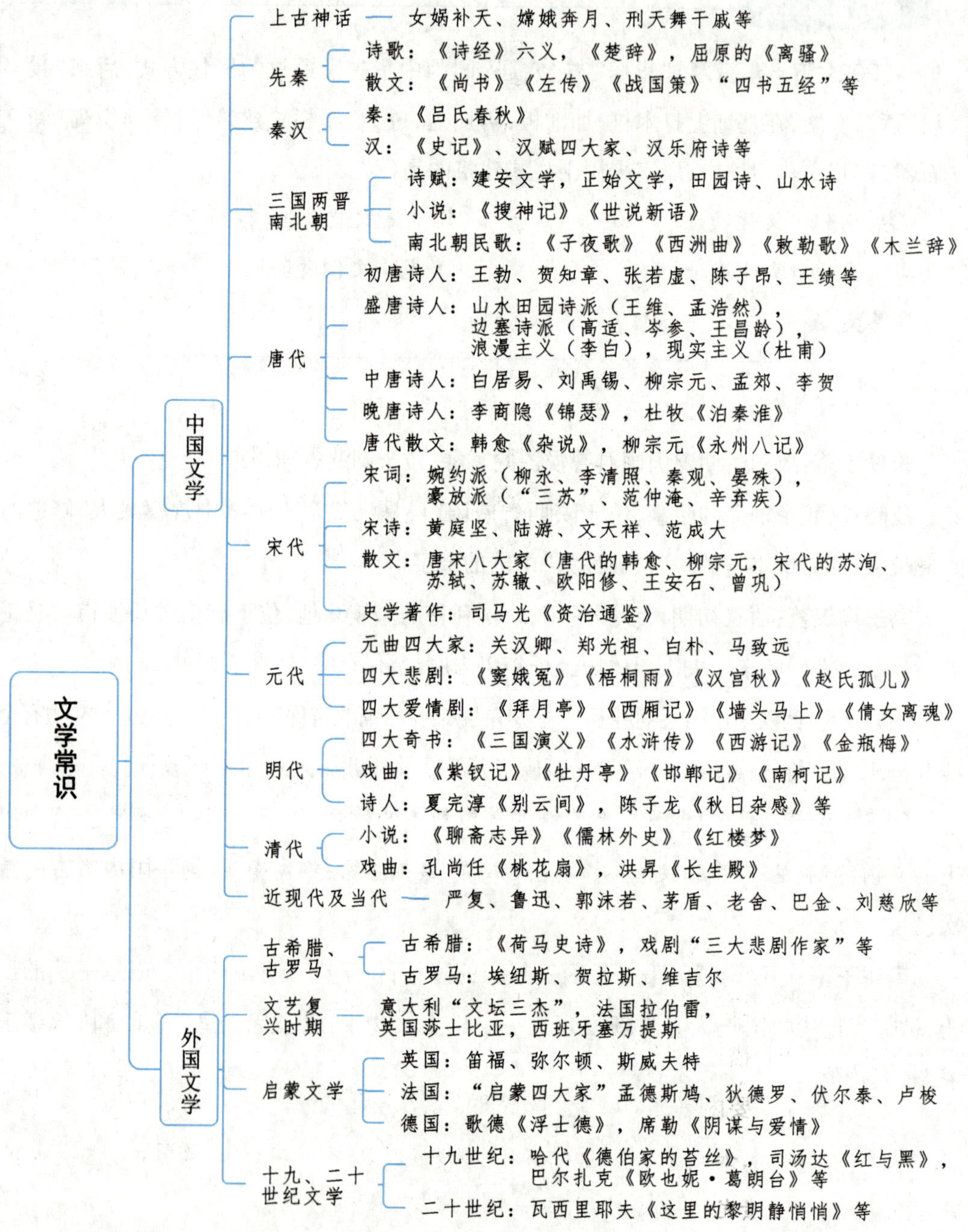

考向分析

本节主要介绍古今中外文学方面的重要人物与作品，记忆性知识较多。在考试中会以单选题的形式考查。汇总分析 2015 年至 2023 年的真题试卷，本节知识考查情况见下表：

知识	考点	考频	题型
中国文学	上古神话	1	单选
	先秦文学	7	单选
	三国两晋南北朝文学	1	单选
	唐代文学	3	单选
	宋代文学	1	单选
	明代文学	2	单选
	清代文学	1	单选
	近现代及当代文学	4	单选
外国文学	古希腊、古罗马文学	2	单选
	文艺复兴时期文学	3	单选
	十九世纪文学	4	单选
	二十世纪文学	1	单选

核心考点

一、中国文学 【9 年 20 考】

考点 1 上古神话

考频分布 2018 上单选

所谓神话，是上古时代的人们，对其所接触的自然现象、社会现象所幻想出来的具有艺术意味的解释和描述的集体口头创作。

上古神话的主要内容有：(1)解释自然现象的，如女娲补天、盘古开天辟地；(2)反映人类同自然斗争的，如大禹治水、后羿射日、嫦娥奔月、精卫填海、夸父逐日；(3)反映社会斗争的，如黄帝战蚩尤、共工怒触不周山、刑天舞干戚。

记载上古神话的主要作品有《淮南子》《山海经》等。

考点2　先秦文学

考频分布　2015—2023年，以单选题形式考查7次

1. 先秦诗歌

(1)《诗经》

《诗经》是我国现存第一部诗歌总集。它收集了自西周初年至春秋中叶约五百年间的作品。《诗经》通称为《诗》或《诗三百》。到汉代，儒家把它奉为经典，才称为《诗经》。《诗经》共305篇。结构上采用重章叠唱的写法。形式多以四言为主，隔句入韵。《诗经》开创了我国现实主义创作的先河。

《诗经》六义：风、雅、颂、赋、比、兴。前三个说的是内容，后三个说的是手法。

“风”也叫国风，是带有地方色彩的音乐，是《诗经》中的精华。共分十五国风，共160篇；“雅”是周王朝京都地区的乐歌，分为大雅和小雅，多系西周王室贵族文人的作品，也有少数民谣，内容大都是记叙周贵族历史、歌功颂德的，共105篇；“颂”是王室宗庙祭祀或举行重大典礼时的乐歌，内容多为歌颂祖先功业，共40篇，分为周颂、鲁颂和商颂。其中周颂是周王室的宗庙祭祀诗。

赋、比、兴是《诗经》中的三种艺术表现手法。“赋”是指铺陈直叙事物的方法；“比”即比喻或比拟；“兴”即托物起兴，先言他物，以引起所咏之词。

(2)《楚辞》

《楚辞》是中国文学史上第一部浪漫主义诗歌总集。西汉刘向将屈原、宋玉等人的作品共16篇辑录成集，定名为《楚辞》。楚辞遂又成为诗歌总集的名称。

屈原，战国末期楚国人，我国浪漫主义诗歌的奠基人。他创立了“楚辞”这种文体，开创了“香草美人”的传统。代表作有《离骚》《天问》《九歌》《九章》等。《九歌》共十一篇，其中《湘夫人》和《湘君》是姊妹篇。

《离骚》是一首浪漫主义政治抒情诗。作为《楚辞》的代表和巅峰之作，在文学史上与《诗经》中的《国风》并称“风骚”。《离骚》中有名句“路漫漫其修远兮，吾将上下而求索”“惟草木之零落兮，恐美人之迟暮”“亦余心之所善兮，虽九死其犹未悔”。

2. 先秦散文

先秦散文分为历史散文与诸子散文两个部分。

(1)历史散文的发展，大致可分为三个阶段：

①第一阶段(夏到春秋时期)

此时史官分司，言、事不混，《尚书》记言，《春秋》记事，文字古朴简洁。以《尚书》和《春秋》为代表。

《尚书》是我国最早的一部历史文献汇编，在中国古代散文史上具有奠基的意义。《尚书》中现存《吕刑》一篇，是吕侯制定法律后遗存的官方档案文献。《吕刑》是西周时期的法典，是我国现存文献中第一部系统性的刑法典。作为法典的《吕刑》，其原件已失传，但其有关内容由于《尚书·吕刑》篇得以保存下来。

《春秋》是我国第一部编年体断代史，是编年体史书之祖。

②第二阶段(从春秋末到战国初期)

此时的创作，既记言又记事，言事相融，篇幅加长，记事曲折，内容详细。以《左传》和《国语》为代表。

《左传》是我国第一部记事详备的编年体史书，也是先秦历史散文中思想性和艺术性最为突出的著作。

《国语》是我国最早的一部国别体史书，是由各国的史料汇集而成。

③第三阶段(战国中期到战国后期)

历史散文发展到新的高峰。以《战国策》为代表。《战国策》是一部国别体史书，主要记叙的是战国时期谋臣策士们的言行。

(2)诸子散文的发展，大致也可分为三个阶段：

战国时期的诸子散文发展

阶段	体裁	人物	作品	名言或成语
第一阶段(春秋末期到战国初期)	语录体	孔子	《论语》	名言：博学而笃志，切问而近思；敏而好学，不耻下问；学而不厌，诲人不倦；知之者不如好之者，好之者不如乐之者 成语：升堂入室、诲人不倦、有教无类
		老子	《道德经》	名言：上善若水，水利万物而不争；千里之行，始于足下
		墨子	《墨子》	“兼爱”“非攻”“天志”“明鬼”等
第二阶段(战国中期)	对话体	孟子	《孟子》	名言：富贵不能淫，贫贱不能移，威武不能屈；老吾老以及人之老，幼吾幼以及人之幼；天时不如地利，地利不如人和 成语：揠苗助长、一曝十寒、事半功倍、出尔反尔
		庄子	《庄子》	成语：庖丁解牛、邯郸学步、井底之蛙、东施效颦

续表

阶段	体裁	人物	作品	名言或成语
第三阶段（战国末期）	论说文	荀子	《荀子》	名言：君子博学而日三省乎己，则知明而行无过矣；锲而不舍，金石可镂；不积跬步无以至千里，不积小流无以成江海
		韩非子	《韩非子》	成语：守株待兔、滥竽充数、郑人买履、老马识途、买椟还珠

孔子作为儒家学派的创始人，整理修订了《诗经》《尚书》《礼记》《周易》《乐经》《春秋》等书。《诗经》《尚书》《礼记》《周易》《春秋》即儒家学派的"五经"，《大学》《中庸》《论语》《孟子》则称为"四书"。

考点3　秦汉文学

1. 秦代文学

秦朝历时短暂，文学上少有建树，较有代表性的作品仅是"一书两歌"（李斯的《谏逐客书》、刘邦的《大风歌》、项羽的《垓下歌》）。

《吕氏春秋》又称《吕览》，是秦国丞相吕不韦组织属下门客集体编纂的杂家著作，全书共160篇，成书于秦始皇统一中国前夕。此书以"道家学说"为主干，兼儒、墨、法、兵、农、纵横、阴阳家等各家思想。此书记载了不少古史旧闻、古人遗语、古籍佚文及一些古代科学知识。

2. 汉代史书

《史记》，又名《太史公书》，由西汉司马迁所著，记载了自黄帝到汉武帝时期3000多年的历史。《史记》是我国第一部纪传体通史，被称为我国第一部"正史"。它既开创了中国纪传体史学，又开创了中国传记文学，鲁迅赞之为"史家之绝唱，无韵之离骚"。

《汉书》，又称《前汉书》，是中国第一部纪传体断代史，由东汉班固所著，全书记载了自汉高祖元年到王莽地皇四年，共230年的政治、经济、文化的发展情况。与《史记》《后汉书》《三国志》并称为"前四史"。

3. 汉代辞赋

（1）骚体赋

汉初骚体赋最为流行，代表作家是贾谊。贾谊著作主要有辞赋和散文两类，辞赋代表作有《吊屈原赋》等。散文的主要成就是政论文，评论时政，风格朴实峻拔，议论酣畅，代表作有《过秦论》《论积贮疏》《陈政事疏》等。

(2)汉赋四大家

汉赋四大家指汉代以创作大赋出名的司马相如、扬雄、班固、张衡四人。

司马相如,汉代大赋的奠基者和成就最高的代表作家,代表作品有《子虚赋》《上林赋》《大人赋》《长门赋》等。

扬雄,西汉著名辞赋家,代表作有《羽猎赋》《河东赋》《甘泉赋》《长杨赋》。

班固,东汉史学家、文学家,代表作为《两都赋》。

张衡,东汉著名天文学家、文学家,代表作有《二京赋》《归田赋》《思玄赋》。

4. 诗歌

(1)汉乐府诗

乐府诗是指汉朝的音乐管理部门——乐府搜集整理的汉朝诗歌,最大的特色是可以配乐演唱。汉武帝时,乐府除了组织文人创作朝廷所用的诗歌外,还广泛搜集各地的民歌。以《孔雀东南飞》《长歌行》为代表。其中,《孔雀东南飞》取材于东汉末年,是我国文学史上第一部长篇叙事诗,也是古代汉民族最长的叙事诗。最早见于《玉台新咏》,题为《古诗为焦仲卿妻作》。

(2)《古诗十九首》

《古诗十九首》是我国古代最早的文人五言抒情诗,是汉代文人创作的并由南朝萧统从无名氏《古诗》中选录十九首编入《文选》而成,这十九首诗是乐府古诗文人化的显著标志。以《迢迢牵牛星》《青青河畔草》为代表。刘勰在《文心雕龙》中称其为“五言之冠冕”。

考点 4　三国两晋南北朝文学

考频分布　2022 下单选

1. 诗赋

(1)建安文学

建安文学指东汉末期建安年间及其前后撰写的各种文学作品。以“三曹”“建安七子”为代表。

①“三曹”指曹操、曹丕和曹植。

曹操,“建安文学”的开创者。代表作有《蒿里行》《苦寒行》《龟虽寿》《观沧海》等。

曹丕,曹操次子,魏文帝,三国时期文学家,代表作《燕歌行二首》是现存最早的完整的文人七言诗。

曹植,曹操第三子,对五言诗的发展起到了巨大的推动作用,被誉为“建安之杰”。代表作品有《洛神赋》《白马篇》《七哀诗》。《洛神赋》中有名句“悼良会之永绝兮,哀一逝而异乡。无微情以效爱兮,献江南之明珰”。

②“建安七子”指东汉建安年间孔融、陈琳、王粲、徐干、阮瑀、应玚、刘桢七位文学家。其中以王粲、刘桢成就最高,王粲代表作品有《七哀诗三首》,刘桢代表作品有《赠从弟》。

(2)正始文学

正始是魏厉公曹芳的年号,但一般所说的“正始文学”还包括正始以后直到西晋建国这一时期的文学。正始时期著名的文人有“竹林七贤”,即嵇康、阮籍、山涛、向秀、阮咸、王戎、刘伶。其中,阮籍、嵇康二人的成就较大,阮籍代表作品有《咏怀诗》,嵇康代表作品有《幽愤诗》。

(3)田园诗

陶渊明,东晋大诗人,自称“五柳先生”,是中国第一位田园诗人,代表作有散文《桃花源记》《五柳先生传》《归去来兮辞》,诗歌《归园田居》《饮酒》等。《归园田居》中有名句“羁鸟恋旧林,池鱼思故渊”;《饮酒》中有名句“采菊东篱下,悠然见南山”。

(4)山水诗

谢灵运,南朝诗人、文学家,诗歌史上自觉以山水入诗的第一人。其代表作品有《登池上楼》《登江中孤屿》。

2. 小说

魏晋南北朝小说可以分为志怪小说和志人小说两类,志怪与志人小说的分类最早由鲁迅提出。

志怪小说记述神仙方术、鬼魅妖怪、佛法灵异,如干宝的《搜神记》、王嘉的《拾遗记》等。《搜神记》是古代志怪小说的最高成就,包括《董永》《吴王小女》《李寄斩蛇》《干将莫邪》等名篇。

志人小说记述人物的逸闻轶事、言谈举止,从中可以窥见当时社会生活面貌,如葛洪的《西京杂记》、裴启的《语林》等,其中南朝宋刘义庆的《世说新语》是成就和影响最大的一部。《世说新语》主要记录了魏晋名士的轶事和清谈,也可以说是一部魏晋风流的故事集。它注重表现人物的特点,通过言谈举止的描写表现人物的独特性格,使之活灵活现、跃然纸上。

3. 南北朝民歌

南北朝时期,南方与北方的民歌各具特色。

南朝民歌细腻委婉、优美精致，以《子夜歌》《读曲歌》《西洲曲》为代表。

北朝民歌粗犷豪放、质朴刚健，以《敕勒歌》《木兰辞》《陇上歌》为代表。其中，《木兰辞》又称《木兰诗》，是一首长篇叙事诗，叙述了木兰女扮男装，替父从军，荣立赫赫战功后重返故乡的故事。汉代的《孔雀东南飞》和北朝的《木兰辞》并称为“乐府双璧”。

知识再拔高

诸葛亮

诸葛亮，字孔明，时人称“卧龙”，三国时期蜀汉丞相，杰出的政治家、军事家和文学家，代表作有《出师表》《诫子书》等。著名学者郭沫若曾题联“志见《出师表》，好为《梁父吟》”来称赞诸葛亮。

真题面对面

[**2022 下半年真题**]我国古人善用对联吟咏杰出历史人物。“志见《出师表》，好为《梁父吟》”这副对联所说的三国时期的人物是(　　)

A. 司马懿　　B. 诸葛亮　　C. 刘备　　D. 周瑜

答案:B。

考点 5　唐代文学

考频分布　2017 上单选，2016 下单选，2015 下单选

1. 初唐诗人

“初唐四杰”:王勃、杨炯、卢照邻、骆宾王。王勃代表作有《送杜少府之任蜀州》《滕王阁序》,《送杜少府之任蜀州》“海内存知己，天涯若比邻”;《滕王阁序》中有名句“落霞与孤鹜齐飞，秋水共长天一色”。杨炯代表作有《从军行》。卢照邻代表作有《长安古意》。骆宾王代表作有《在狱咏蝉》。

“吴中四士”:贺知章、张旭、张若虚、包融。其中，贺知章的代表作有《回乡偶书》《咏柳》,《回乡偶书》中有名句“儿童相见不相识，笑问客从何处来”;《咏柳》中有名句“不知细叶谁裁出，二月春风似剪刀”。张若虚的诗现存仅两首，其中《春江花月夜》有“以孤篇压倒全唐”之誉，被闻一多誉为“诗中的诗，顶峰上的顶峰”，诗中有名句“江畔何人初见月？江月何年初照人。人生代代无穷已，江月年年望相似”。

杜审言，大诗人杜甫的祖父、唐代“近体诗”奠基人之一，与李峤、崔融、苏味道被称为**“文章四友”**。作品多朴素自然，后人辑有《杜审言诗集》。

陈子昂，初唐诗文革新先驱之一，被后人称为“诗骨”，代表作有《感遇》诗三十八首和《登幽州台歌》。《登幽州台歌》中有名句“前不见古人，后不见来者”。

王绩，字无功，号“东皋子”。其诗多写田园山水，诗风清新朴素，语言平淡自然。代表作有《王无功文集》五卷存世，诗作有《野望》《春晚园林》《秋夜喜遇王处士》等。

2. 盛唐诗人

(1)以王维、孟浩然为代表的“山水田园诗派”

王维，字摩诘，世称“**诗佛**”，代表作有《相思》《山居秋暝》《使至塞上》。苏轼赞曰：“味摩诘之诗，诗中有画，观摩诘之画，画中有诗。”《山居秋暝》中有名句“明月松间照，清泉石上流”；《使至塞上》中有名句“大漠孤烟直，长河落日圆”。

孟浩然，唐代著名山水田园诗人，代表作有《春晓》《宿建德江》《过故人庄》《岁暮归南山》。《春晓》中有名句“夜来风雨声，花落知多少”。

(2)以高适、岑参、王昌龄为代表的“边塞诗派”

高适的代表作有《燕歌行》《别董大二首》；岑参的代表作有《白雪歌送武判官归京》。《白雪歌送武判官归京》中有名句“忽如一夜春风来，千树万树梨花开”；《别董大》中有名句“莫愁前路无知己，天下谁人不识君”。

王昌龄，擅长七绝，多写当时边塞军旅生活，气势雄浑，格调高昂，被后人称为“**七绝圣手**”，代表作有《从军行》七首、《芙蓉楼送辛渐》和《出塞》。《出塞》中有名句“但使龙城飞将在，不教胡马度阴山”。

(3)浪漫主义诗人李白

李白，字太白，号“青莲居士”，我国伟大的浪漫主义诗人，有“**诗仙**”之称。杜甫在《春日忆李白》中写道：“白也诗无敌，飘然思不群。清新庾开府，俊逸鲍参军”。李白的代表作有《蜀道难》《将进酒》《梦游天姥吟留别》等，有《李太白集》传世。《蜀道难》中有名句“蜀道之难，难于上青天”；《将进酒》中有名句“君不见，黄河之水天上来，奔流到海不复回”；《梦游天姥吟留别》中有名句“安能摧眉折腰事权贵，使我不得开心颜”！

(4)现实主义诗人杜甫

杜甫，字子美，自号“少陵野老”，我国伟大的现实主义诗人，有“**诗圣**”之称，与李白合称“李杜”。他的诗歌被后人评价为“**诗史**”。代表作有《茅屋为秋风所破歌》《春望》《望岳》《闻官军收河南河北》《兵车行》以及“三吏”(《石壕吏》《新安吏》《潼关吏》)、“三别”(《新婚别》《无家别》《垂老别》)，并有《杜工部集》传世。诗作《茅屋为秋风所破歌》中有名句“安得广厦千万间，大庇天下寒士俱欢颜”；《春望》中有名句“感时花溅泪，恨别鸟惊心”；《望岳》中有名句“会当凌绝顶，一览众山小”；《闻官军收河南河北》中有名句

"白日放歌须纵酒,青春作伴好还乡"。

3. 中唐诗人

白居易,字乐天,号"香山居士",我国伟大的现实主义诗人,与元稹共同发起"新乐府运动",有"**诗魔**"和"**诗王**"之称。他主张"文章合为时而著,歌诗合为事而作",代表作有长篇叙事诗《长恨歌》《琵琶行》,有七言古诗《卖炭翁》,有诗歌集《白氏长庆集》。《琵琶行》中有名句"千呼万唤始出来,犹抱琵琶半遮面""同是天涯沦落人,相逢何必曾相识"等。《卖炭翁》中有名句:"可怜身上衣正单,心忧炭贱愿天寒"。

刘禹锡,有"**诗豪**"之称,代表作有《西塞山怀古》《乌衣巷》等。《酬乐天扬州初逢席上见赠》中有名句"沉舟侧畔千帆过,病树前头万木春";《乌衣巷》中有名句"旧时王谢堂前燕,飞入寻常百姓家"。

柳宗元,与韩愈并称"韩柳",代表作有《溪居》**《江雪》**《渔翁》等。其诗歌内容主要是抒写谪贬的抑郁悲伤之情和思乡之情。《江雪》中有名句"孤舟蓑笠翁,独钓寒江雪"。

孟郊,有"**诗囚**"之称,代表作有《游子吟》《秋怀》;贾岛,代表作有《寻隐者不遇》。孟郊与贾岛并称为"郊岛",后人以孟郊、贾岛为苦吟诗人的代表,苏轼称之为"郊寒岛瘦"。《游子吟》中有名句"慈母手中线,游子身上衣"。《寻隐者不遇》中有名句"只在此山中,云深不知处"。

李贺,有"**诗鬼**"之称。他长于歌行体,善于驰骋奇特的想象,运用绮丽的词语,营造新颖的意境。代表作有《雁门太守行》《李凭箜篌引》等。其与李白、李商隐并称唐代"诗中三李"。《雁门太守行》中有名句"报君黄金台上意,提携玉龙为君死"。

4. 晚唐诗人

李商隐和杜牧合称"小李杜"。

李商隐,独创"无题诗",代表作有《隋宫》《贾生》《夜雨寄北》《锦瑟》等。《锦瑟》中有名句"此情可待成追忆,只是当时已惘然";《夜雨寄北》中有名句"何当共剪西窗烛,却话巴山夜雨时"。

杜牧,代表作有《清明》《江南春》《泊秦淮》《过华清宫》《山行》等。

5. 唐代散文

唐代散文以韩愈和柳宗元成就最高。韩愈的散文,雄奇恣肆,有浩大奔放的气势和充沛的逻辑力量,代表作有《杂说》《祭十二郎文》等。柳宗元的散文代表作有《天说》《封建论》等,其中山水游记成就最高,奠定了我国游记文学的基础,代表作有《永州八记》。

考点6　宋代文学

考频分布　2018 上单选

1. 宋词

词是隋唐时兴起的一种文学体裁，又称为诗余、长短句、曲子词、乐府等。其特点是：调有定格、句有定数、字有定声。词发展到宋代，达到顶峰，分婉约派和豪放派两大派别。唐诗和宋词是中国古代文学史上的两颗明珠。

(1)婉约派

柳永，北宋第一位专业词人，婉约派代表，是两宋词坛上创用词调最多的词人，代表作有《雨霖铃·寒蝉凄切》《望海潮·东南形胜》等。《雨霖铃》中有名句“多情自古伤离别，更那堪，冷落清秋节”；《望海潮》中有名句“市列珠玑，户盈罗绮，竞豪奢”。

李清照，号“易安居士”，婉约词派代表，有“千古第一才女”之称。前期词作多写悠闲的生活，后期多感叹身世，有时也流露出对中原的怀念。其词善用白描手法，独辟蹊径，语言清丽，被称为“易安体”。代表作有《一剪梅·红藕香残玉簟秋》《声声慢·寻寻觅觅》等。《一剪梅》中有名句“此情无计可消除，才下眉头，却上心头”；《声声慢》中有名句“寻寻觅觅，冷冷清清，凄凄惨惨戚戚”。

秦观，字少游，又字太虚，号“淮海居士”。代表作有《鹊桥仙》，词中名句有“两情若是久长时，又岂在朝朝暮暮”。

晏殊，字同叔，北宋政治家、文学家。代表作有《浣溪沙》，词中名句有“无可奈何花落去，似曾相识燕归来”。

(2)豪放派

苏洵，苏轼之父，代表作有《六国论》。

苏轼，字子瞻，号“东坡居士”，宋代文学最高成就的代表，词开豪放一派，代表作有《念奴娇·赤壁怀古》《水调歌头·明月几时有》等。《念奴娇·赤壁怀古》中有名句“人生如梦，一尊还酹江月”；《水调歌头》中有名句“人有悲欢离合，月有阴晴圆缺”“但愿人长久，千里共婵娟”。林语堂曾称赞苏轼“是一个无可救药的乐天派、一个伟大的人道主义者、一个百姓的朋友、一个大文豪、大书法家、创新的画家、造酒试验家……”

苏辙，苏轼之弟，人称“小苏”，代表作有《栾城集》。

范仲淹，北宋词人。其词境界壮阔，风格苍凉，突破了唐五代词的绮靡风气，代表作有《渔家傲·秋思》等。《渔家傲·秋思》中有名句“浊酒一杯家万里，燕然未勒归无计”。

辛弃疾，南宋爱国词人，其词多倾诉壮志难酬的悲愤，代表作有《永遇乐·京口北固亭怀古》《水龙吟·登建康赏心亭》，有词集《稼轩长短句》。《永遇乐·京口北固亭怀古》中有名句“想当年，金戈铁马，气吞万里如虎”；《水龙吟·登建康赏心亭》中有名句“把吴钩看了，栏杆拍遍，无人会，登临意”。

2. 宋诗

黄庭坚，字鲁直，号山谷道人，又号涪翁。北宋文学家、书法家、江西诗派开山之祖，与秦观、晁补之、张耒并称“**苏门四学士**”。代表作有《山谷词》，与苏轼齐名，世称“苏黄”。

陆游，字务观，号放翁，南宋爱国诗人，诗坛领袖。陆游现存诗 9000 多首，是我国现有存诗最多的诗人。其与范成大、尤袤和杨万里并称为“**南宋四大诗人**”。代表作有《游山西村》《示儿》《临安春雨初霁》等。《游山西村》中有名句“山重水复疑无路，柳暗花明又一村”；《示儿》中有名句“王师北定中原日，家祭无忘告乃翁”；《临安春雨初霁》中有名句“小楼一夜听春雨，深巷明朝卖杏花”。

文天祥，南宋抗元名将，著名爱国诗人，代表作有《过零丁洋》《正气歌》等。《过零丁洋》中的“人生自古谁无死？留取丹心照汗青”是千古流传的名句。《正气歌》中有名句“天地有正气，杂然赋流形”。

范成大，南宋诗人，字致能，号“石湖居士”，代表作有《四时田园杂兴》《元夕》等。其中《四时田园杂兴》共六十首，分别描绘了春、夏、秋、冬四季不同的田园景色和当时农民的真实生活，超越了以往同类题材的诗作，对南宋以后的田园诗产生很大影响。《四时田园杂兴》中有名句“梅子金黄杏子肥，麦花雪白菜花稀”。

3. 宋代散文

欧阳修，字永叔，号醉翁，晚年又号“六一居士”。北宋史学家、文学家，“唐宋八大家”之一。提倡“文”“道”并重，反对浮靡文风，所作散文说理畅达，抒情委婉。他的《六一诗话》开创了“诗话”这一新体裁，对后世影响甚大。其代表作还有《醉翁亭记》《五代史伶官传序》等。《醉翁亭记》中有名句“醉翁之意不在酒，在乎山水之间也”。

王安石，北宋政治家，“唐宋八大家”之一，被列宁誉为“11 世纪中国最伟大的改革家”，其散文雄健峭拔，代表作有《答司马谏议书》《伤仲永》《游褒禅山记》等。

“唐宋八大家”：唐宋时期八位散文作家的合称，即唐代的韩愈、柳宗元，宋代的苏洵、苏轼、苏辙、欧阳修、王安石、曾巩。

4. 史学著作

司马光，政治家、文学家，编写了我国第一部编年体通史——《资治通鉴》，记录了从周威烈王二十三年(公元前403年)到五代后周世宗显德六年(公元959年),共一千三百多年的历史。《资治通鉴》与《史记》一起被誉为“**史学双璧**”。

考点7 元代文学

“**元曲四大家**”:元代的四位著名的杂剧作家,即关汉卿、白朴、马致远、郑光祖。

关汉卿,戏曲作家、元杂剧奠基人。其代表作有《窦娥冤》《救风尘》《望江亭》《拜月亭》《单刀会》等。

郑光祖,著名杂剧家和散曲家,所作杂剧在当时“名闻天下,声振闺阁”,代表作有《倩女离魂》《王粲登楼》等。

白朴,杂剧家,代表作有《梧桐雨》《墙头马上》等。《梧桐雨》主要取材于白居易的《长恨歌》,描写的是唐明皇与杨贵妃之间的爱情故事。

马致远,有“曲状元”之称。其代表作为《汉宫秋》。他的小令《天净沙·秋思》脍炙人口,独具匠心,被誉为“**秋思之祖**”。

王实甫,元代戏曲作家。其代表作《西厢记》歌颂反封建爱情,具有强烈的反封建思想,在元代杂剧中具有“天下夺魁”的艺术成就。

元曲四大悲剧:《窦娥冤》(关汉卿)、《梧桐雨》(白朴)、《汉宫秋》(马致远)、《赵氏孤儿》(纪君祥)。

元曲四大爱情剧:《拜月亭》(关汉卿)、《西厢记》(王实甫)、《墙头马上》(白朴)、《倩女离魂》(郑光祖)。

考点8 明代文学

考频分布 2023上单选,2016上单选

1. 小说

(1)“四大奇书”

明代在文学艺术方面成就卓著,特别是小说,已达到很高的艺术水准。《三国演义》《水浒传》《西游记》和《金瓶梅》被称为“明代四大奇书”。

《三国演义》,作者罗贯中,它是我国古代长篇章回体历史演义小说的开山之作,具有“七分事实,三分虚构”的构思特点。该书以东汉末年到西晋建立期间的社会历史为背

景，着重叙述魏、蜀、吴三国的兴衰过程，反映了东汉末年及三国时期政治腐败、生灵涂炭、农民起义、诸侯割据的社会现实。

《水浒传》，作者施耐庵，它是我国第一部歌颂农民起义的长篇白话章回体小说。全书围绕“官逼民反”这一中心思想展开情节，描述了一群不堪暴政欺压的绿林好汉揭竿而起，聚义水泊梁山对抗朝廷，最后在封建思想的指引下接受招安，导致起义失败的全过程。

《西游记》，作者吴承恩，它是我国古代第一部浪漫主义长篇神魔小说。小说主要讲述了唐僧、孙悟空、猪八戒、沙僧师徒四人前往西天取经，经历八十一难的故事。

《金瓶梅》，作者署名兰陵笑笑生，它是中国文学史上第一部由文人独立创作的章回体长篇小说。这部小说通过西门庆一家荣辱盛衰的始末，实际反映了一个新旧交替的历史转折时期，它的核心是钱、权、色。

(2)“三言二拍”

“三言”：明代冯梦龙的《喻世明言》《警世通言》《醒世恒言》三部白话短篇小说集，是中国古代白话短篇小说的经典代表。

《喻世明言》中有《金玉奴棒打薄情郎》《沈小霞相会出师表》《滕大尹鬼断家私》等作品。

《警世通言》中有《杜十娘怒沉百宝箱》《白娘子永镇雷峰塔》《乐小舍拼生觅偶》等作品。

《醒世恒言》中有《白玉娘忍苦成夫》《闹樊楼多情周胜仙》《乔太守乱点鸳鸯谱》等作品。

“二拍”：即《初刻拍案惊奇》《二刻拍案惊奇》，作者凌濛初，作品多是取材于古往今来的一些新鲜有趣的逸事，以迎合市民的需要，同时也寓有劝惩之意。

《初刻拍案惊奇》中有《宣徽院仕女秋千会，清安寺夫妇笑啼缘》《程元玉店肆代偿钱，十一娘云冈纵谭侠》《李公佐巧解梦中言，谢小娥智擒船上盗》等作品。

《二刻拍案惊奇》中有《伪汉裔夺妾山中，假将军还姝江上》《同窗友认假作真，女秀才移花接木》《吕使君情媾宦家妻，吴太守义配儒门女》等作品。

2. 戏曲

《牡丹亭》，全名《牡丹亭还魂记》，也称《还魂记》或《牡丹亭梦》，是明代戏曲家、文学家汤显祖的作品。它深刻揭露了封建礼教对青年的摧残，热情歌颂了青年们对自由的执着追求和对个性解放的热烈向往。“临川四梦”是指汤显祖的四部戏曲作品，即《紫钗记》《牡丹亭》《邯郸记》《南柯记》。

3. 其他文学家

归有光，明代散文家，人称“震川先生”。所作散文善抓住日常生活中富有典型意义的细节，表现自己的感受，具有浓厚的抒情色彩，文笔朴素自然，亲切感人，善于叙事，代表作有《项脊轩志》。

袁宏道，明代文学家，与兄袁宗道、弟袁中道合称“**公安三袁**”，为公安派创始人之一，其作品真率自然，内容多写闲情逸致，著有《袁中郎全集》。

夏完淳，明末抗清将领，少年诗人。夏完淳自幼束发从军，14 岁随父亲夏允彝、老师陈子龙起兵抗清。被捕后不屈被杀，年仅 17 岁。代表作有《别云间》《一剪梅·咏柳》《精卫·北风荡天地》《烛影摇红·辜负天工》等。

陈子龙，明末官员、文学家。陈子龙为婉约词名家、云间词派盟主，被誉为“明代第一词人”，其诗被誉为“明诗殿军”。代表作有《秋日杂感》《清平乐·绣帘花散》《望江南·思往事》《千秋岁·章台西弄》等。

真题面对面

[2023 上半年真题]夏完淳是南明抗清将领、诗人。顺治二年清军下江南，14 岁的夏完淳随父亲夏允彝、老师陈子龙起兵抗清，被捕后不屈被杀，年仅 17 岁。所作近 400 首诗词，慷慨悲壮，几乎字字血泪，多为人传诵。下列诗篇中，属于夏完淳作品的是(　　)

A.《别云间》　　B.《正气歌》　　C.《秋日杂感》　　D.《己亥杂诗》

答案：A。

考点 9　清代文学

考频分布　2020 下单选

1. 小说

蒲松龄，清代文学家，他用数十年时间写成我国第一部文言短篇小说集《聊斋志异》，简称《聊斋》，堪称中国古典文言短篇小说之巅峰。小说题材多样，或叙述狐鬼花妖与书生交往的故事，或指斥不公，刺贪刺虐，或揭露科举腐败，或讥讽社会失德，大都运用浪漫主义手法，描绘奇幻的世界，表达美好的希望，表现出对社会的关注和批判意识。

吴敬梓，清代小说家，所作《儒林外史》是我国文学史上一部杰出的现实主义的章回体长篇讽刺小说，主要描写明清时期科举制度下读书人及官绅的活动和精神面貌，是我国古代讽刺文学的典范。

曹雪芹,清代小说家。他在贫困潦倒的生活中,呕心沥血,“批阅十载,增删五次”,写下了“字字看来皆是血,十年辛苦不寻常”的《红楼梦》。《红楼梦》是一部长篇章回体小说,代表了清代小说的最高成就,是中国古典小说的最高峰。小说以贾宝玉、林黛玉的爱情悲剧为线索,讲述了以贾家为代表的四大家族的兴衰史,反映了封建社会晚期广阔的社会现实。《红楼梦》开篇词“都云作者痴,谁解其中味”言简意赅,意味深长。

晚清四大谴责小说:李宝嘉《官场现形记》、吴沃尧《二十年目睹之怪现状》、刘鹗《老残游记》、曾朴《孽海花》。

知识再拔高

四大名著经典情节

《三国演义》:三顾茅庐(刘备),桃园三结义(刘备、关羽、张飞),草船借箭(诸葛亮),三英战吕布(刘备、关羽、张飞),败走麦城、千里走单骑、温酒斩华雄(关羽)等。

《水浒传》:怒杀阎婆惜(宋江),智取生辰纲(吴用),风雪山神庙(林冲),武松打虎,倒拔垂杨柳、拳打镇关西(鲁智深)等。

《西游记》:孙悟空三打白骨精、大闹天宫、火焰山三借芭蕉扇、真假美猴王等。

《红楼梦》:黛玉葬花,王熙凤弄权铁槛寺、毒设相思局,贾宝玉怒摔通灵宝玉,元春省亲,刘姥姥进大观园,宝钗戏蝶,史湘云醉眠芍药裀等。

真题面对面

[**2020 下半年真题**]“都云作者痴,谁解其中味”言简意赅,意味深长。它出自中国四大古典文学名著之一,这部著作是(　　)

A.《红楼梦》　　B.《水浒传》

C.《西游记》　　D.《三国演义》

答案:A。

2. 戏曲

孔尚任,清初戏曲作家、诗人。代表作《桃花扇》是一部通过男女主人公侯方域(朝宗)和李香君的爱情故事反映明末南明灭亡的历史戏曲。世人将他与《长生殿》作者洪昇并论,称“**南洪北孔**”。

洪昇,清代戏曲作家、诗人。代表作《长生殿》主要以唐玄宗李隆基和杨贵妃的爱情故事为主线,从多方面反映社会矛盾,将百姓的困苦和宫廷的奢华生活作了对比。后人将孔尚任的《桃花扇》和《长生殿》称为清代戏曲的“双璧”。

3. 清代其他文学家

方苞，清代散文家，桐城派创始人。论文提倡“义法”，即言之有物有序；散文多为经说及书序、碑传一类，代表作有《狱中杂记》。

龚自珍，清末诗人、文学家，今文经学派代表人物，代表作有《己亥杂诗》315 首。

考点 10 近现代及当代文学

考频分布 2021 下单选，2019 上单选，2018 下单选，2017 下单选

严复，近代启蒙思想家、翻译家。他创办了《国闻报》，提出的“信、达、雅”的翻译标准，对后世的翻译工作产生了深远影响，是中国近代史上向西方国家寻找真理的“先进的中国人”之一。严复一生翻译了多部西方著作，意图唤醒国人救亡图存意识，因此被誉为“中国西学第一人”。

严复翻译的著作及其中文译名

原书作者	中文译名	原书作者	中文译名
赫胥黎	《天演论》	甄克思	《社会通诠》
亚当·斯密	《原富》(即《国富论》)	孟德斯鸠	《法意》(即《论法的精神》)
约翰·穆勒	《群己权界论》	耶方斯	《名学浅说》
约翰·穆勒	《穆勒名学》	斯宾塞	《群学肄言》

王国维，中国近现代之交的著名学者，学贯中西的国学大师，在文学、美学、史学、哲学、古文字学、考古学等方面造诣颇深，代表作有《人间词话》《宋元戏曲史》。

梁启超，中国近代维新派领袖、学者，代表作《少年中国说》《谭嗣同传》等收录于《饮冰室合集》。

鲁迅，原名周树人，伟大的无产阶级文学家。1918 年发表了中国现代文学史上第一篇白话短篇小说《狂人日记》。鲁迅的著作以小说、杂文为主，代表作有小说集《呐喊》《彷徨》《故事新编》，散文集《朝花夕拾》，散文诗集《野草》，杂文集《南腔北调集》《坟》《华盖集》《准风月谈》《花边文学》等。

郭沫若，中国新诗的奠基人。1921 年，郭沫若出版第一本诗集《女神》，堪称中国现代新诗的奠基之作。他的代表作有诗集《女神》《恢复》，历史剧《屈原》《蔡文姬》《武则天》等。

茅盾，原名沈德鸿，现代杰出作家，开创中国式“三部曲”的写作方式。代表作有长篇小说《子夜》，中篇小说“《蚀》三部曲”(《幻灭》《动摇》《追求》)，短篇小说“农村三部曲”

(《春蚕》《秋收》《残冬》)、《林家铺子》。以其名字命名的"茅盾文学奖"是我国具有最高荣誉的文学奖项之一,也是中国第一次以个人名字命名的文学奖。

朱自清,中国现代散文家、诗人、学者、民主战士。代表作有长诗《毁灭》,诗集《踪迹》,散文集《背影》《荷塘月色》等。

老舍,原名舒庆春,1951 年因话剧《龙须沟》的巨大影响力被授予"人民艺术家"的称号。主要作品有长篇小说《骆驼祥子》《四世同堂》,中篇小说《月牙儿》,剧本《龙须沟》《茶馆》等。

沈从文,京派代表作家之一,其大部分文学作品都以湘西为背景,在中国文坛被誉为"乡土文学之父"。他的主要作品有中篇小说《边城》、小说集《老实人》《蜜柑》、散文集《湘行散记》《湘西》。

巴金,原名李尧棠,现代文学家、翻译家,主要作品有"激流三部曲"(《家》《春》《秋》)、"爱情三部曲"(《雾》《雨》《电》)、长篇小说《寒夜》和散文集《随想录》。

曹禺,中国现代杰出的戏剧家。1934 年曹禺的处女作四幕话剧《雷雨》问世,被公认为是中国现代话剧真正成熟的标志。曹禺的主要作品有《雷雨》《日出》《原野》《北京人》等。

莫言,原名管谟业,中国当代著名作家,属于"寻根文学"作家。2012 年获得诺贝尔文学奖。他的主要作品有长篇小说《红高粱家族》《丰乳肥臀》《蛙》,中篇小说《透明的红萝卜》。

刘慈欣,当代作家,2015 年 8 月 23 日,凭借《三体》获得第 73 届世界科幻大会颁发的雨果奖最佳长篇小说奖,成为首位获得该奖项的亚洲人。他的主要作品有长篇小说《超新星纪元》《球状闪电》《三体》,中短篇小说《流浪地球》《乡村教师》《朝闻道》。

真题面对面

[2021 下半年真题]严复是近代启蒙思想家、翻译家,他通过译述英国生物学家赫胥黎的《进化与伦理》宣传了"物竞天择,适者生存"的思想,对当时我国思想界有很大影响。其译作是(　　)

A.《原富》　　B.《天演论》

C.《社会通诠》　　D.《群己权界论》

答案:B。

二、外国文学 【9年10考】

考点1 古希腊、古罗马文学

考频分布 2023下单选,2021下单选

1. 古希腊文学

《荷马史诗》:古希腊文学的最高成就,包括《伊利亚特》和《奥德赛》。荷马史诗相传为一位叫荷马的诗人所作,故称荷马史诗。

《伊索寓言》:寓言集,收录有300多则寓言。书中讲述的故事简短精练,刻画出来的形象鲜明生动,每则故事都蕴含哲理,或揭露和批判社会矛盾,或抒发对人生的感悟,或总结日常生活经验。

(1)**戏剧**:

埃斯库罗斯、索福克勒斯、欧里庇得斯并称为"**古希腊三大悲剧作家**"。

埃斯库罗斯,被称为"**悲剧之父**",代表作有《被缚的普罗米修斯》《波斯人》等。

索福克勒斯,被誉为"**戏剧艺术的荷马**",代表作有《安提戈涅》《俄狄浦斯王》等。

欧里庇得斯,被称为"**舞台上的哲学家**",代表作有《美狄亚》《海伦》等。

阿里斯托芬,被称为"**喜剧之父**",代表作有《阿卡奈人》《蛙》《鸟》《和平》等。

(2)**文艺理论**:

柏拉图,提出了"理念论"和"模仿说",否认了文艺的真实性,代表作有《理想国》等。

亚里士多德,继承和发展了柏拉图的学说,肯定了文艺的认识作用和教育作用,代表作有《诗学》等。

真题面对面

[**2023下半年真题**]悲剧是戏剧类型之一,发源于古希腊,由春季祭祀酒神仪式上的酒神颂演变而成。古希腊产生了三大悲剧作家,下列选项中,不属于古希腊悲剧作家的是( )

A. 埃斯库罗斯　B. 欧里庇得斯　C. 阿里斯托芬　D. 索福克勒斯

答案:C。

2. 古罗马文学

埃纽斯,被尊为"**罗马文学之父**",代表作有《编年纪》。

贺拉斯,著名的抒情诗人、讽刺诗人和文艺评论家。他的代表作有《歌集》《诗艺》

等。他提出了“寓教于乐”的原则。

维吉尔,古罗马最伟大的诗人。他的代表作有史诗《埃涅阿斯纪》《牧歌》等,《埃涅阿斯纪》是欧洲文学史上第一部文人史诗。

考点2　文艺复兴时期文学

考频分布　2022 上单选,2017 下单选,2016 下单选

1. 意大利“文坛三杰”

但丁,人文主义的先驱者,恩格斯称他为“中世纪的最后一位诗人,同时又是新时代的最初一位诗人”。代表作有《神曲》,分为《地狱》《炼狱》《天堂》三部,用中世纪流行的梦幻文学的形式描写了一个幻游地狱、炼狱、天堂三界的故事。

彼特拉克,被誉为“**人文主义之父**”,第一个指出“人学”和“神学”是两个对立概念的人,代表作有抒情诗集《歌集》(以十四行诗为主)。

薄伽丘,是意大利民主文学奠基者,代表作为《十日谈》。《十日谈》是欧洲文学史上第一部现实主义作品。

真题面对面

[**2022 上半年真题**]对意大利民族语言的统一有着重大贡献,并被恩格斯称为“中世纪的最后一位诗人,同时又是新时代的最初一位诗人”的文艺复兴时期先驱性人物是(　　)

A. 但丁　　B. 薄伽丘　　C. 彼特拉克　　D. 马基雅维利

答案:A。

2. 法国文学

文艺复兴时期的法国文学以拉伯雷为代表。拉伯雷,被称为人文主义的“巨人”,代表作是《巨人传》。这部讽刺小说借巨人伽刚丘的成长教育过程,揭露了经院主义教育的落后性,赞颂了人文主义教育的进步性。

3. 英国文学

莎士比亚,被马克思誉为“人类最伟大的戏剧天才”。代表作有历史剧《亨利四世》《亨利五世》《理查二世》等、四大悲剧(《哈姆莱特》《奥赛罗》《麦克白》《李尔王》)、四大喜剧(《仲夏夜之梦》《威尼斯商人》《第十二夜》《皆大欢喜》)。

4. 西班牙文学

塞万提斯,西班牙文学世界里最伟大的作家,被称为“**现代小说之父**”,他的代表作

《堂吉诃德》被评论家们称为欧洲文学史上的第一部现代小说，同时也是世界文学的瑰宝之一。

维加，被称为“**西班牙民族戏剧之父**”，代表作有戏剧《羊泉村》。

考点3 十七世纪文学

古典主义文学是十七世纪欧洲的主要文学思潮，它形成和繁荣于法国。其中，莫里哀是法国古典主义最杰出的代表，代表作有《太太学堂》《伪君子》《恨世者》《吝啬鬼》等。《吝啬鬼》塑造了著名的吝啬鬼形象阿巴贡。

阿巴贡与巴尔扎克《欧也妮·葛朗台》中的葛朗台、果戈理《死魂灵》中的泼留希金、莎士比亚《威尼斯商人》中的夏洛克并称为“**四大吝啬鬼**”。

考点4 启蒙文学

1. 英国启蒙文学

笛福，英国现实主义小说的奠基人，代表作为《鲁滨逊漂流记》。鲁滨逊是欧洲文学史上第一个资产阶级的正面形象。

弥尔顿，英国诗人，是文艺复兴运动和十八世纪启蒙思想运动的桥梁，代表作有《失乐园》。

斯威夫特，开创英国文学的讽刺传统，代表作有《格列佛游记》。

2. 法国启蒙文学

“**启蒙四大家**”：孟德斯鸠、伏尔泰、狄德罗和卢梭。

孟德斯鸠，他的代表作是书信体小说《波斯人信札》。

狄德罗，代表作有《拉摩的侄儿》《修女》等。

伏尔泰，代表作有《路易十四时代》《老实人》《天真汉》等。

卢梭，代表作有《爱弥儿》《忏悔录》等。

3. 德国启蒙文学

歌德，德国伟大诗人，恩格斯称其为“天才少年”，代表作有《少年维特之烦恼》《浮士德》等，其中《浮士德》被文学史家认为是史诗性的巨著。

席勒，被公认为德国文学史上地位仅次于歌德的伟大作家，代表作有《阴谋与爱情》《强盗》。

考点5 十九世纪文学

考频分布 2023上单选,2022上单选,2021上单选,2019下单选

1. 英国

拜伦,浪漫主义文学作家,代表作有《唐璜》《恰尔德·哈洛尔德游记》。

雪莱,浪漫主义文学作家,代表作有《解放了的普罗米修斯》《西风颂》。

狄更斯,现实主义文学作家,代表作有《大卫·科波菲尔》《艰难时世》《双城记》《雾都孤儿》。

哈代,诗人、小说家,代表作有《德伯家的苔丝》《无名的裘德》《还乡》《卡斯特桥市长》等。

夏洛蒂·勃朗特,勃朗特三姐妹之一,现实主义文学作家,代表作有《简·爱》《维莱特》。

艾米莉·勃朗特,勃朗特三姐妹之一,现实主义文学作家,代表作有《呼啸山庄》。

安妮·勃朗特,勃朗特三姐妹之一,现实主义文学作家,代表作有《艾格尼丝·格雷》《怀尔德菲尔府上的房客》。

真题面对面

[**2022上半年真题**]世界文学人物画廊中,不乏经典的人物形象。下列人物中,由英国作家哈代塑造的是(　　)

A. 卡门　　B. 简·爱　　C. 娜拉　　D. 苔丝

答案:D。

2. 法国

雨果,浪漫主义文学作家,代表作有《海上劳工》《巴黎圣母院》《悲惨世界》。

大仲马,浪漫主义文学作家,代表作有《基督山伯爵》《三个火枪手》。

小仲马,浪漫主义文学作家,代表作有《茶花女》《福朗西雍》。

司汤达,现实主义文学作家,代表作有《红与黑》(主人公是于连)、《阿尔芒斯》。

梅里美,现实主义作家、剧作家,代表作有长篇小说《查理九世的轶事》和中、短篇小说《卡门》《马特奥·法尔哥内》《攻占棱堡》《塔曼果》《高龙巴》《伊尔的美神》等。

巴尔扎克,现代法国小说之父,现实主义文学作家,代表作有《人间喜剧》(《高老头》《欧也妮·葛朗台》等)。

福楼拜,现实主义文学作家,代表作有《包法利夫人》《圣安东尼的诱惑》《情感

教育》。

莫泊桑，世界短篇小说之王，现实主义文学作家，代表作有《羊脂球》《项链》《我的叔叔于勒》《漂亮朋友》。

都德，现实主义文学作家，代表作有《小东西》《最后一课》《柏林之围》。

凡尔纳，法国科幻小说作家，被誉为“科幻小说之父”。代表作有《海底两万里》《格兰特船长的儿女》《神秘岛》《地心游记》等。

真题面对面

[2023 上半年真题] 世界文学人物画廊中，有许多经典的女性形象。下列人物形象中，由法国作家巴尔扎克塑造的是(　　)

A. 娜拉　　B. 卡门

C. 卡秋莎·玛丝洛娃　　D. 欧也妮·葛朗台

答案:D。

3. 美国

马克·吐温，现实主义文学作家，代表作有《百万英镑》《汤姆·索亚历险记》《哈克贝里·费恩历险记》《竞选州长》。

欧·亨利，现实主义文学作家，代表作有《警察与赞美诗》《麦琪的礼物》。

4. 苏联

普希金，俄国文学之父，浪漫主义文学作家，代表作有《上尉的女儿》《叶甫盖尼·奥涅金》。

契诃夫，现实主义文学作家，代表作有《变色龙》《套中人》。契诃夫与莫泊桑、欧·亨利并称为“世界三大短篇小说家”。

列夫·托尔斯泰，现实主义文学作家，代表作有《战争与和平》《安娜·卡列尼娜》《复活》。

果戈理，现实主义文学作家，代表作有《死魂灵》《钦差大臣》。

高尔基，小说家、剧作家和文艺理论家，苏联社会主义文学的奠基人，被列宁称为“无产阶级艺术的最杰出代表”。代表作是“自传体三部曲”(《童年》《在人间》《我的大学》)。

5. 挪威

易卜生，剧作家，代表作有《玩偶之家》(女主人公是娜拉)、《群鬼》、《人民公敌》。

比昂松，挪威作家，1903 年诺贝尔文学奖获奖者。代表作有《破产》《挑战的手套》。

考点6　二十世纪文学

考频分布　2018 下单选

泰戈尔，印度诗人、文学家，代表作有《吉檀迦利》《飞鸟集》《新月集》等。

卡夫卡，奥地利小说家，著作有《变形记》《审判》等。

加西亚·马尔克斯，哥伦比亚作家，代表作《百年孤独》《霍乱时期的爱情》等。

海明威，美国文学家，“新闻体”小说的创始人，其笔锋一向以“文坛硬汉”著称，1954年荣获诺贝尔文学奖。主要作品有《太阳照常升起》《丧钟为谁而鸣》《老人与海》等。

罗曼·罗兰，法国小说家、戏剧家和散文家，代表作有长篇小说《约翰·克利斯朵夫》。

瓦西里耶夫，俄罗斯当代作家，代表作是一部反法西斯题材的小说《这里的黎明静悄悄》。

阿尔贝·加缪，法国存在主义代表作家之一，主要作品有小说《局外人》《鼠疫》。

第五节　艺术常识

思维导图

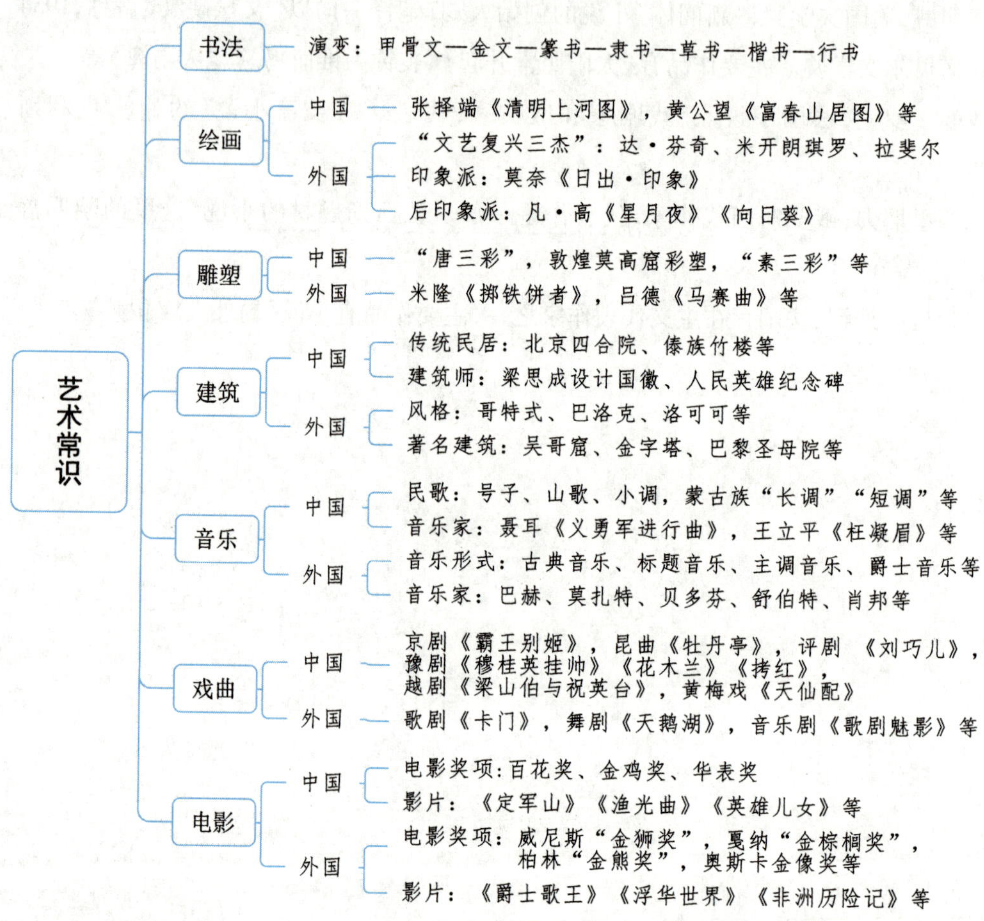

考向分析

本节主要介绍古今中外各艺术领域的重大成就，重点介绍具有代表性的艺术家及其作品，记忆性知识较多。在考试中会以单选题的形式考查。汇总分析 2015 年至 2023 年的真题试卷，本节知识考查情况见下表：

知识	考点	考频	题型
绘画	中、外绘画	4	单选

续表

知识	考点	考频	题型
雕塑	中、外雕塑	3	单选
建筑	中国建筑师及其成就	1	单选
音乐	中、外音乐	6	单选
戏剧	中国戏剧剧种	1	单选
电影	国际电影节奖项	1	单选

核心考点

一、书法

我国汉字的演变,在字体上由繁到简,在书法艺术上由简到繁。文字各显特色,书法风采多姿。

汉字的演变

时期	文字	代表人物或作品
商周	甲骨文是商周时期刻写在龟甲和牛、羊等兽骨上的文字,使用象形、指事、会意、形声、假借等多种造字方法,已具备汉字的基本结构	《祭祀狩猎涂朱牛骨刻辞》
	金文起于商代,盛行于周代,是铸刻在青铜器上的文字,故又称钟鼎文、铭文。金文字形较甲骨文更为粗壮,浑圆质朴	毛公鼎铭文(目前发现的铭文字数最多的青铜器)
秦朝	官方字体为小篆,小篆由大篆稍加整理简化而成,笔画规整,字形修长,转角处较圆滑;后来出现更加简易的隶书	《泰山刻石》《会稽刻石》
汉朝	隶书成为主要字体,字形趋扁,用笔变圆为方折,笔画轻重顿挫富有变化,撇、捺舒展 汉初出现草书,在隶书基础上连笔简省,后逐渐发展为章草,至汉末已演变为今草	西岳《华山庙碑》(汉代隶书石刻作品) 张芝,汉代草书大家,被誉为“**草书之祖**”

时期	文字	代表人物或作品
三国魏晋	楷书萌芽于东汉中后期,在三国、魏晋时期广泛流行。楷书的点画结构均已成型,产生了横、竖、撇、捺、钩、折、点、挑的基本笔画形态,严谨、端庄、正大 行书萌芽于西汉,盛行于魏晋,至东晋产生了以“二王”(王羲之、王献之)为代表的行书风格	钟繇,推动了楷书的发展,被后世尊为“**楷书之祖**” 王羲之,主要成就在行书上,被誉为“书圣”,代表作《兰亭序》被称为“天下第一行书”
唐朝	书学鼎盛,楷书发展到巅峰,草书发展出大草(即狂草),颜体行书以其雄强的体势独立于“二王”行书之外	**初唐四大家**:欧阳询、虞世南、褚遂良、薛稷 “颜筋柳骨”:颜真卿自创“颜体”,代表作《勤礼碑》《多宝塔碑》《祭侄文稿》(天下第二行书);柳公权自创“柳体”,代表作《玄秘塔碑》《神策军碑》 张旭,世称“草圣”,作品有《古诗四帖》《肚痛帖》等 怀素,与张旭齐名,世称“颠张狂素”,传世作品《自叙帖》被称为“天下第一草书”
宋朝	帖学大行,书法发展较为缓慢	**宋四家**:苏轼、黄庭坚、米芾、蔡襄。其中,苏轼代表作《黄州寒食诗帖》被誉为“天下第三行书” 宋徽宗赵佶创“瘦金体”
元朝	兴起复古书潮,追求魏晋书风,遵循古法、崇尚“二王”	赵孟頫,代表作《兰亭帖十三跋》,其与唐代欧阳询、颜真卿、柳公权并称为“**楷书四大家**”

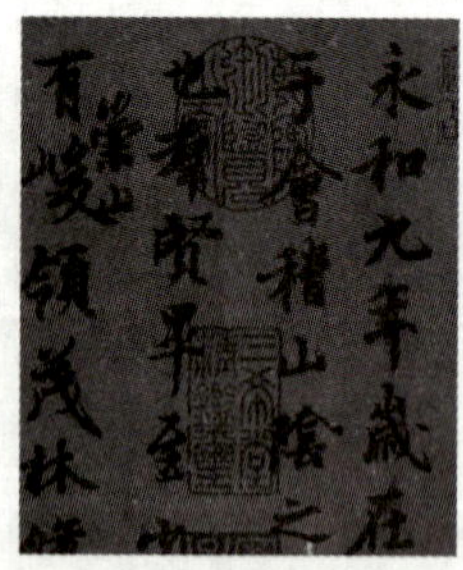
王羲之《兰亭序》(局部)

颜真卿《祭侄文稿》(局部)

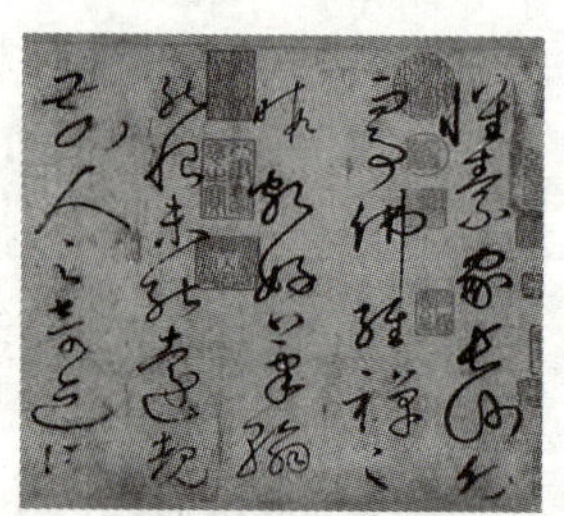
怀素《自叙帖》(局部)

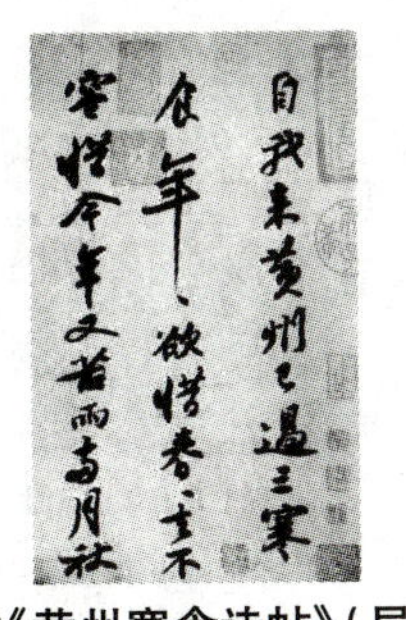
苏轼《黄州寒食诗帖》(局部)

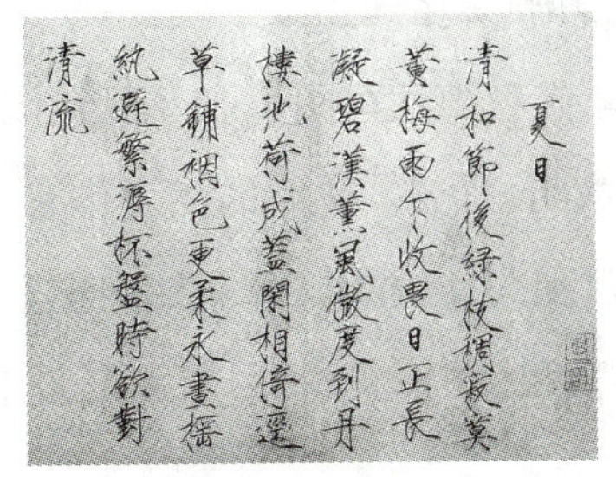
宋徽宗《夏日诗帖》

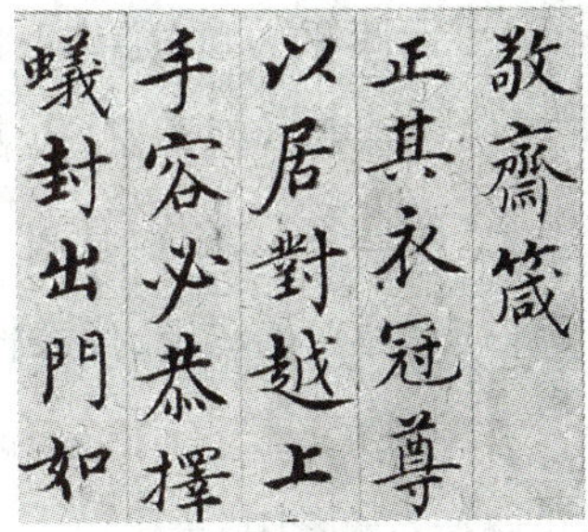

沈度《敬斋箴册》(局部)

二、绘画　【9 年 4 考】

考点 1　中国绘画

考频分布　2015 下单选

中国画的表现手法是以线为主的笔墨,“以线造型—书法入画—讲究笔墨”是中国画发展的一条主线。从绘画题材分,有人物画、山水画、花鸟画;从绘画技法分,有工笔、写意、兼工带写等。

中国画以“**写意**”为艺术特点,遵循“**以形写神,形神兼备**”的原则,巧妙运用比兴、拟人等手法,表现自然和人类感情的推移。

顾恺之,东晋画家,擅长画人物、佛像、山水等,有“才绝、画绝、痴绝”之称,其绘画的传世摹本有《女史箴图》《洛神赋图》《列女仁智图》等。顾恺之与陆探微、张僧繇并称“六朝三杰”。

阎立本,唐代画家,以道释人物画著称,代表作有《步辇图》《历代帝王图》《职贡图》等。

吴道子,唐代画家,被称为“**画圣**”,民间画工尊其为祖师爷,代表作有《送子天王图》《明皇受箓图》等。

张萱,唐代画家,代表作有《捣练图》《虢国夫人游春图》等。

周昉,唐代画家,代表作有《挥扇仕女图》《簪花仕女图》等。

顾闳中,五代南唐画家,存世作品为《韩熙载夜宴图》。

张择端,北宋画家,故宫博物院所藏《清明上河图》是其传世名作。另外,天津博物馆藏有署名“张择端”的小幅作品《金明池争标图》。

李公麟,北宋文人画家,人物、山水、鞍马、花鸟皆精,工写兼长,创白描人物画,作品有纸本白描《五马图》。

“元四家”：黄公望、王蒙、倪瓒、吴镇。

赵孟頫，元朝画家，代表作有《秋郊饮马图》《鹊华秋色图》。

“明四家”：沈周、唐寅、文徵明、仇英。沈周的代表作有《庐山高图》《夜坐图》；唐寅，字伯虎，号六如居士，代表作有《王蜀宫妓图》《秋风纨扇图》等。

“清初四僧”：石涛、朱耷、髡残和弘仁。朱耷，号八大山人，代表作有《荷鸭图》《松谷山村图》《荷石水禽图》等。

郑燮（郑板桥），“扬州八怪”之一，以画兰竹最负盛名，代表作《兰竹图》《竹石图》等。

齐白石，善于画花鸟虫鱼，代表作有《群虾图》《蛙声十里出山泉》《牡丹图》《墨蟹图》等。

张大千，近现代画坛罕见的多面手，其绘画造诣高深，人物、山水、花鸟、走兽等题材均有涉及，工笔、写意无不擅长。代表作《爱痕湖》《振衣千仞岗》《鱼石图》《梅清山水》等。

徐悲鸿，以画马著称。代表作有《奔马图》《愚公移山》等。

丰子恺，中国现代漫画的开路先锋，画作有《人散后，一钩新月天如水》《阿宝两只脚，凳子四只脚》《儿童散学归来早，忙趁东风放纸鸢》等。

傅抱石，现代画家，代表作有《江山如此多娇》《潇潇暮雨》《万竿烟雨》等。

知识再拔高

中国十大传世名画

年代	画家	作品名称	馆藏地
东晋	顾恺之	《洛神赋图》	辽宁省博物馆、北京故宫博物院、美国弗利尔美术馆
唐	阎立本	《步辇图》	北京故宫博物院
	—	组画《唐宫仕女图》（五幅）	张萱《捣练图》，美国波士顿美术博物馆
			张萱《虢国夫人游春图》，辽宁省博物馆
			周昉《簪花仕女图》，辽宁省博物馆
			周昉《挥扇仕女图》，北京故宫博物院
			晚唐时期画作《宫乐图》，台北故宫博物院
	韩滉	《五牛图》	北京故宫博物院
五代	顾闳中	《韩熙载夜宴图》	北京故宫博物院
北宋	王希孟	《千里江山图》	北京故宫博物院
	张择端	《清明上河图》	北京故宫博物院
元	黄公望	**《富春山居图》**	前段《剩山图》在浙江省博物馆 后段《无用师卷》在台北故宫博物院
明	仇英	《汉宫春晓图》	台北故宫博物院
清	郎世宁	《百骏图》	台北故宫博物院

赵孟頫《秋郊饮马图》(局部)

阎立本《步辇图》(局部)

张择端《清明上河图》(局部)

黄公望《富春山居图》(局部)

丰子恺《儿童散学归来早,忙趁东风放纸鸢》

顾恺之《洛神赋图》(局部)

张萱《捣练图》(局部)

韩滉《五牛图》(局部)

顾闳中《韩熙载夜宴图》(局部)

王希孟《千里江山图》(局部)

仇英《汉宫春晓图》(局部)

郎世宁《百骏图》(局部)

考点2 外国绘画

考频分布 2021 下单选,2018 下单选,2016 下单选

1."文艺复兴三杰"

文艺复兴时期的艺术"三杰"

人物	作品风格及地位	代表作
达·芬奇	意大利文艺复兴时期最卓越的代表人物之一,将科学知识与艺术想象结合起来,把解剖、透视、明暗和构图等零碎知识整理成系统的理论	《最后的晚餐》《蒙娜丽莎》《岩间圣母》
米开朗琪罗	意大利画家、雕刻家、建筑师和诗人,文艺复兴时期雕塑艺术最高峰的代表	《创世纪》《最后的审判》
拉斐尔	意大利著名画家,古典主义的典范,笔下人物具有温和高贵的气质,尤其以描绘圣母形象著称	《西斯廷圣母》《雅典学院》《大公爵的圣母》

达·芬奇《最后的晚餐》

米开朗琪罗《创世纪》

拉斐尔《西斯廷圣母》

2.17—18 世纪欧洲美术

鲁本斯:巴洛克画派早期的代表人物,其作品场面宏大、富于想象力和戏剧性,代表作有《强劫留西帕斯的女儿》《阿玛戎之战》《美惠三女神》。

伦勃朗：荷兰画家，在肖像画、风俗画、历史画等方面成就惊人，代表作有《杜普教授的解剖学课》《夜巡》《木匠家庭》《三棵树》《浪子回头》等。

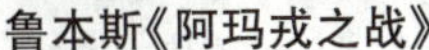
鲁本斯《阿玛戎之战》

伦勃朗《木匠家庭》

3. 19 世纪欧洲美术

19 世纪欧洲的美术流派及代表人物、作品

美术风格	人物	作品风格及地位	代表作
新古典主义	达维特	擅长历史题材和人物肖像画，侧重英雄化理内容的描绘	《荷拉斯兄弟的誓言》《马拉之死》
	安格尔	具有东方华丽的唯美风格	《大宫女》《泉》《土耳其浴室》
现实主义	米勒	题材多为平民的生活写照	《拾穗者》《晚钟》《牧羊女》
浪漫主义	德拉克洛瓦	色彩艳丽，被誉为“法国浪漫主义的狮子”	《自由引导人民》《萨达纳巴尔之死》
印象派	马奈	法国印象派奠基人之一，是最早打破传统的棕褐色调，使画面明亮、有外光新鲜感的画家	《草地上的午餐》
	莫奈	印象主义画派代表。作品注重颜色与光的融合，重颜色轻线条	《日出 · 印象》《睡莲》《鲁昂大教堂》
后印象派	凡 · 高	以极富情绪化的颜色著称	《星月夜》《向日葵》《有乌鸦的麦田》
	塞尚	善画静物	《圣维克多山》《玩纸牌者》《有一筐苹果的静物》
	高更	画风原始，颜色细腻厚实	《手捧果物的女人》《我们从哪里来？我们是谁？我们到哪里去?》

达维特《荷拉斯兄弟的誓言》

米勒《拾穗者》

德拉克洛瓦《自由引导人民》

马奈《草地上的午餐》

莫奈《日出·印象》

凡·高《星月夜》

塞尚《有一筐苹果的静物》

高更《我们从哪里来？我们是谁？我们到哪里去？》

真题面对面

[2021 下半年真题]近现代西方美术家因其主张题材风格不同，形成许多美术流派，每一流派都有自己的代表画家。法国莫奈属于(　　)

A. 印象派　　B. 学院派

C. 古典主义　　D. 浪漫主义

答案：A。

4. 现代艺术

毕加索，西班牙立体主义代表人物。他的画法和风格分为“蓝色时期”“玫瑰色时期”“黑人时期”以及后来的立体主义时期。其代表作有《亚威农少女》《格尔尼卡》《卡恩韦勒肖像》。

毕加索《亚威农少女》

毕加索《格尔尼卡》

三、雕塑 【9年3考】

考点1 中国雕塑

1. 秦汉时期

秦始皇陵兵马俑:陕西临潼出土,是迄今为止世界上出土的最大的艺术宝库,被誉为“世界第八大奇迹”。

马踏匈奴:马踏匈奴石刻是西汉霍去病墓纪念碑群雕的主体,是思想性与艺术性完美统一的典范。

铜奔马(又名马超龙雀、马踏飞燕等):出土于甘肃武威市雷台汉墓的东汉青铜器铜马,其形象为中国旅游标志。

秦始皇陵兵马俑

马踏匈奴

铜奔马

2. 魏晋南北朝时期

魏晋南北朝石窟艺术:四大石窟。

莫高窟(甘肃敦煌)——“佛教艺术宝库”;云冈石窟(山西大同)——“中国古代雕刻艺术的宝库”;龙门石窟(河南洛阳)——“中国石刻艺术的最高峰”;麦积山石窟(甘肃天水)——“东方雕塑馆”。

记忆有妙招

为便于考生记忆,编者将四大石窟总结成以下口诀:**云龙卖馍**。

云:云冈石窟。**龙**:龙门石窟。**卖**:麦积山石窟。**馍**:莫高窟。

3. 唐宋时期

考频分布 2021 上单选

昭陵六骏指位于陕西唐太宗李世民陵墓昭陵北面祭坛东西两侧的六块骏马青石浮雕石刻。

唐三彩的塑造达到了中国雕塑艺术的高峰。唐三彩是低温釉陶器,釉色有黄、绿、赭、蓝、紫等，以黄、绿和器胎上的白色为主调，故称“**唐三彩**”。

唐代是敦煌莫高窟彩塑发展的顶峰，这一时期的莫高窟彩塑不仅能表现大型佛像，更善于表现与真人等大的群像，代表作品为第45窟彩塑。

罗汉像：位于山东济南灵岩寺，塑像大都完成于宋代，少量是明代塑的，被近代学者梁启超誉为“海内第一名塑”。

大足石刻：大足石刻位于重庆市大足区，雕刻手法简练朴实，粗犷豪放，艺术夸张，具有鲜明的民族艺术风格和地方色彩。

罗汉像

大足石刻

真题面对面

[2021上半年真题]彩塑是中国民间手工艺品之一，以黏土加上纤维物、河沙、水揉合的胶泥为材质，在木制骨架上进行形体塑造，阴干后填缝、打磨，再着色描绘。我国的彩塑到盛唐达到了顶峰，这一时期的代表作品是(　　)

A. 云冈石窟像　　B. 山西晋祠像　　C. 麦积山石窟像　　D. 甘肃敦煌塑像

答案：D。

4. 明清时期

考频分布　2023下单选

素三彩是创烧于明代的一种彩色低温釉，釉色以黄、绿、紫三色为主。因为不用红彩，故称“素三彩”。其烧造工艺是在湿胎上以彩釉填绘在已刻划好的纹样上，再经低温烧成。

珐琅彩瓷始烧于清代康熙年间，是瓷器中的新品种，雍正时得到迅速发展。珐琅彩为釉上彩，它是受到法国传入的画珐琅技艺的影响而产生的，将铜胎画珐琅的技法移植于瓷器，因此也被称为“瓷胎画珐琅”。珐琅彩瓷多为碗、盘、壶、瓶、盒等小件器皿。

真题面对面

[2023下半年真题]素三彩始于明正德年间，在未上釉的素胎上，施以三色而烧成。之所以称“素”，是因不用某一种颜色，这种颜色是(　　)

A. 绿色　　B. 紫色　　C. 黄色　　D. 红色

答案：D。

考点2 外国雕塑

考频分布 2018 下单选

外国不同时期的著名雕塑作品

时期	代表人物及代表作
古希腊时期	米隆《掷铁饼者》、菲狄亚斯《命运三女神》、阿格桑德罗斯及其两个儿子共同创作的《拉奥孔》 传世之作《萨莫色雷斯的胜利女神》《米洛斯的维纳斯》与文艺复兴时期的油画《蒙娜丽莎》并称为“卢浮宫三宝”。其中,《米洛斯的维纳斯》被法国雕塑家罗丹称为“古代的神品”
文艺复兴时期	米开朗琪罗的《哀悼基督》《大卫像》《摩西像》
近代	法国雕塑家吕德的《马赛曲》;罗丹的《巴尔扎克》《思想者》

《掷铁饼者》

《拉奥孔》

《米洛斯的维纳斯》

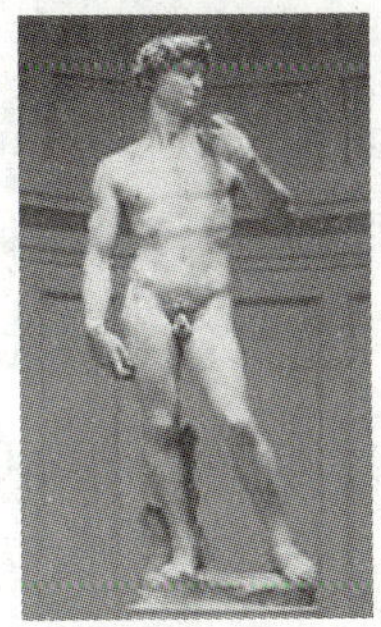
《大卫像》

《马赛曲》

《思想者》

四、建筑 【9 年 1 考】

考点1 中国建筑

1. 中国建筑风格

以木架构为主的结构方式;中轴对称、方正严整的庭院式组群布局;在造型上,人字屋顶和飞檐斗拱体现了最典型的东方风格。

中国的建筑类型及其特点

建筑类型	特点	代表建筑
宫殿	中国古代宫殿的四大特点是“高、大、深、庄”	故宫
陵墓	我国古代陵墓一般都是利用地形，靠山建坟	秦始皇陵、乾陵、清东陵、明十三陵
寺庙	形制和布局都十分讲究，仿造皇家建筑风格	少林寺、寒山寺、白马寺
园林	核心是情趣，且以自然情趣为主，主要供人游玩	颐和园、拙政园、豫园等

中国仅存的唐代木结构建筑是五台山佛光寺和南禅寺；仅存的千年木塔是山西应县木塔（原名“佛宫寺释迦塔”）。

2. 中国传统民居

北京四合院。四合院是北方院落民居的典型形式。名称由来是因为这种民居有正房（北房）、倒座（南座）、东厢房和西厢房在四面围合，形成一个“口”字形，里面是一个中心庭院。四合院是封闭式的住宅，对外只有一个大门。院内，四面房子都向院落中心开门。四合院在形制上有一进、二进、三进、四进和套院等，大门多开在东南角。

陕西窑洞。窑洞是中国北方黄土高原上特有的传统民居形式，分土窑洞、石窑洞、砖窑洞等多种样式。黄土高原上的下沉式窑洞是中国窑洞民居中最珍贵的形式。它的特点是节省建筑材料，隔音性能好，冬暖夏凉。

皖南民居。外部造型像一个个方盒子，房屋上部用水平马头墙围合，白墙黑瓦，外墙上开窗很小也很少，因此，形成强烈的疏密对比。有些村落的规划将池塘、古树、青山和穿过村中的小溪等组合在一起，犹如山水画一般，集中体现了中国民居所特有的素雅清淡之美。安徽省黟县的西递、宏村两处古村落以其保存良好的传统风貌于 2000 年被列入《世界文化遗产名录》。

福建土楼。大型夯土民居建筑，是兼有聚族而居和防御作用的多层高楼住宅。形状有圆形、方形、椭圆形等，其中圆形土楼是福建客家民居的代表形式之一。土楼外墙用夯土，内部用木屋架，中心为内庭院，安置有厅堂、水井、厨房等公用设施，楼上是统一规格的卧房，并以走廊相连。

山西民居。山西民居有窑洞、大院、四合院等多种类型。其中，山西大院以深邃富丽著称，多为明清时期晋商所建，代表建筑有乔家大院（祁县）、王家大院（灵石县）、李家大院（万荣县）、马家大院（平遥县）等。

傣族竹楼。干栏式民居是傣族最富特色的传统住宅形式，以竹或木为主要材料，底层架空搭成小楼。上层住人，下层圈养牲畜和储存杂物等，也可防野兽。

土家族吊脚楼。吊脚楼属于干栏式建筑，依山傍水而建，多为三层建筑，第一层常用来饲养家禽、放置农具和重物；第二层是饮食起居的地方，内设堂屋、火堂和卧室，常用来接待客人、做手工活和休息；第三层通风透气，十分宽敞，用来做居室、储存粮食和杂物。

蒙古族蒙古包。北方游牧民族的一种住所，又称"穹庐"。由骨架和毛毡组成，看起来外形虽小，但使用面积却很大。室内空气流通，采光条件好，冬暖夏凉，不怕风吹雨打。其最大优点是拆装容易、搬迁简便，非常适合经常转场的牧民居住和使用。

藏族碉房。多见于西藏、青海、甘肃南部及四川西部。外观为方形，整体呈下大上小的形式，上为平顶，可供瞭望和晒粮食。碉房的墙体由土和石块混合砌筑而成，非常坚固。此宅带有鲜明的藏式民居特点，五层平顶式结构的底层为堆放饲草粮食的辅助用房，上层为居室和经堂。

北京四合院

福建土楼

傣族竹楼

土家族吊脚楼

蒙古族蒙古包

藏族碉房

3. 中国建筑师及其成就

考频分布　2023 下单选

我国著名建筑师及其成就

建筑师	主要成就
李春[隋]	建造赵州桥
李诫[北宋]	编写《营造法式》，该书是我国古代最全面、最科学的建筑手册，也是世界上最早、最完备的建筑学著作
蒯祥[明]	负责建造北京宫殿

续表

建筑师	主要成就
吕彦直	设计建造了南京中山陵、广州中山纪念堂
刘敦桢	主持南京瞻园的修复工程
梁思成	系统调查、整理、研究了中国古代建筑的历史和理论,著有《中国建筑史》;参与中华人民共和国国徽、人民英雄纪念碑、鉴真和尚纪念堂等几项重大工程的方案设计,是新中国首都城市规划工作的推动者
童寯	中国近代造园理论和西方现代建筑研究的开拓者,设计了上海大戏院、南京首都饭店、南京中山文化教育馆、南京地质矿产陈列馆等多个项目
吴良镛	人居环境科学的创建者,参与北京图书馆新馆设计、天安门广场扩建规划设计、广西桂林中心区规划、中央美术学院校园规划设计、孔子研究院规划设计等多项重大工程项目

知识再拔高

贝聿铭

贝聿铭,美籍华裔建筑师,是中国工程院外籍院士,土木专家。贝聿铭的作品以公共建筑、文教建筑为主,被归类为现代主义建筑,善用钢材、混凝土、玻璃与石材,代表作品有巴黎卢浮宫扩建工程、香港中银大厦、苏州博物馆新馆、北京香山饭店、美国得克萨斯州达拉斯市政厅等。贝聿铭曾获得1979年美国建筑学会金奖、1981年法国建筑学金奖、1994年中国建筑学会杰出成就金奖、1983年第五届普利兹克奖等,被誉为"现代建筑的最后大师"。

真题面对面

[**2023下半年真题**]有这样一位建筑学家,他毕生从事中国古建筑的研究和事业,系统地调查、整理了中国古代建筑的历史和理论,是国徽的主要设计人。他是(　　)

A. 李诚　　B. 童寯

C. 梁思成　　D. 吴良镛

答案:C。

考点2　外国建筑

1. 西方主要建筑风格

西方主要建筑风格及其特点

建筑风格	盛行时间	特点	代表建筑
哥特式	12～15世纪	建筑高耸挺拔，门窗为尖拱券，建筑立面布满垂直线条，形成向上升腾的气势；窗户上镶有彩色玻璃画	巴黎圣母院、米兰大教堂
巴洛克	17～18世纪	外形自由，追求动态，喜好富丽的装饰和雕刻以及强烈的色彩，常用穿插的曲面和椭圆形空间	罗马的圣卡罗教堂 罗马耶稣会教堂
洛可可	18世纪	纤弱娇媚、华丽精巧、甜腻温柔、纷繁琐细	巴黎苏俾士府邸 公主沙龙
概念式	20世纪90年代	力求摆脱对建筑本身的限制和约束，个性化色彩很强	—

另外，在美洲还盛行一种木条式建筑风格，其特点是水平式、木架骨的结构。

哥特式建筑

巴洛克建筑

洛可可建筑

2. 外国著名建筑

外国的著名建筑

国家	著名建筑
柬埔寨	**吴哥窟**：为供奉毗湿奴而建，以建筑宏伟与浮雕细致闻名于世
泰国	**曼谷大皇宫**：汇聚了泰国的建筑、绘画、雕刻和装潢艺术的精粹，被称为“泰国艺术大全” **玉佛寺**：位于曼谷大皇宫的东北角，是泰国最著名的佛寺，也是泰国三大国宝之一
土耳其	**圣索菲亚大教堂**：有近一千五百年的历史，因巨大的圆顶而闻名于世 **蓝色清真寺**：又名苏丹艾哈迈德清真寺，属拜占庭风格的圆顶建筑，周围有六座宣礼塔，象征伊斯兰教六大信仰
印度	**泰姬陵**：被誉为“完美建筑”和“印度明珠”

续表

国家	著名建筑及特点
埃及	**金字塔**:是古埃及的帝王(法老)陵墓,世界七大奇迹之一 **阿布辛贝神庙**:位于埃及南方城市阿斯旺,由古埃及法老拉美西斯二世修建
俄罗斯	**克里姆林宫**:历代沙皇的皇宫,世界闻名的古代宫殿建筑群之一 **莫斯科红场**:是俄罗斯重大历史事件的见证场所,是莫斯科最古老的广场 **冬宫**:即艾尔米塔什博物馆,最早曾是叶卡捷琳娜二世的私人博物馆 **瓦西里升天教堂**:位于莫斯科红场南端,教堂中央的塔高 65 米,共有九个彩色洋葱头状的教堂顶
德国	**科隆大教堂**:被誉为哥特式教堂建筑中最完美的典范 **勃兰登堡门**:位于德国首都柏林市中心,纪念普鲁士国王在七年战争取得的胜利而建 **新天鹅城堡**:迪士尼城堡的灵感来源
法国	**巴黎圣母院**:欧洲最著名的哥特式大教堂之一 **凡尔赛宫**:与中国故宫、英国白金汉宫、美国白宫、俄罗斯克里姆林宫并称世界五大宫殿 **埃菲尔铁塔**:巴黎最高的建筑物,为举行 1889 年世界博览会及纪念法国大革命 100 周年而建立 **卢浮宫**:法国古典主义时期最珍贵的建筑物之一,以收藏丰富的古典绘画和雕刻而闻名于世 **凯旋门**:法国著名的历史纪念碑,由法兰西第一帝国皇帝拿破仑主持修建 **巴黎歌剧院**:19 世纪法国折衷主义的代表作 **圣心大教堂**:教堂有三扇拱形门,门顶两侧有两座骑马的雕像,一座是国王圣·路易,另一座是民族女英雄贞德 **蓬皮杜国家艺术文化中心**:以馆藏世界现代艺术作品而闻名,卢浮宫博物馆、奥赛美术馆、蓬皮杜国家艺术文化中心是巴黎三大艺术博物馆
梵蒂冈	**圣彼得大教堂**:文艺复兴时期最伟大的建筑,被誉为“最伟大的人工纪念碑”
希腊	**雅典卫城**:希腊最杰出的古建筑群之一 **帕提农神庙**:建于公元前 5 世纪,是为了向智慧女神雅典娜致敬
意大利	**比萨斜塔**:是比萨大教堂的钟塔,因其塔身倾斜而广为人知 **罗马斗兽场**:位于意大利首都罗马市内台伯河东岸,为古罗马的象征 **米兰大教堂**:世界第二大教堂,也是世界上最大的哥特式教堂 **斯卡拉歌剧院**:1778 年 8 月 3 日正式启用,首日上演安东尼奥·萨列里的歌剧《重建欧洲》

续表

国家	著名建筑及特点
英国	**伦敦塔桥**:是一座上开悬索桥,横跨泰晤士河 **大本钟**:是威斯敏斯特宫的附属钟塔,每隔一小时报时一次,哥特式建筑风格 **白金汉宫**:英国王室的主要居住地,宫殿前面有维多利亚女王像
美国	**帝国大厦**:是一座多功能写字楼,“现代世界七大奇迹”之一 **金门大桥**:又称“金门海峡大桥”,是美国境内连接旧金山市区和北部的马林郡的跨海通道 **白宫**:是美国总统的官邸,为白色新古典风格砂岩建筑 **五角大楼**:美国国防部办公大楼,因建筑物为五角形而得名,是世界最大单体行政建筑
澳大利亚	**悉尼歌剧院**:由丹麦建筑师约恩·乌松设计,是一座贝壳形屋顶,下方是结合剧院和厅室的水上综合建筑

五、音乐　【9年6考】

考点1　基本乐理知识

节奏:用强弱组织起来的音的长短关系。

节拍:有强有弱的相同时间片段按照一定的次序循环重复。

音程:乐音体系中两个音之间音高的距离。音程分为旋律音程与和声音程。音程中的两个音先后发声,叫作“旋律音程”;音程中的两个音同时发声,叫作“和声音程”。

和弦:三个或三个以上不同音高的乐音,按照一定的原则组合在一起。

调:由基本音级所构成音列的音高位置。

旋律:也称曲调,是一系列乐音按照音高和节奏的组织,形成各种形态的连续进行。旋律是音乐的基础和灵魂,是音乐的内容、风格、形象等的载体和主要表现形式。

考点2　中国音乐

1. 中国古典乐器

五声音阶体系:宫、商、角、徵、羽,相当于现代音乐的do、re、mi、sol、la。

七声音阶体系:在五声音阶体系的角和徵、羽和宫之间各增加一个偏音,构成七声音阶。

按照演奏方式分为吹管乐器、弹拨乐器、打击乐器和拉弦乐器四类。

中国的古典乐器类型

种类	典型乐器
吹管乐器	笙、芦笙(苗族、侗族、水族、瑶族、仡佬族等)、葫芦丝(傣族、阿昌族、德昂族等)、笛、管子、巴乌(彝族、苗族、哈尼族)、埙、唢呐、箫
弹拨乐器	琵琶、筝、七弦琴(古琴)、热瓦普和弹布尔(维吾尔族、乌孜别克族)、冬不拉(哈萨克族)、阮、柳琴、三弦、月琴
打击乐器	堂鼓(大鼓)、碰铃、缸鼓、定音缸鼓、铜鼓、朝鲜族长鼓、大锣、小锣、小鼓、排鼓、手鼓(维吾尔族、乌孜别克族)、大钹、编钟、磬
拉弦乐器	二胡、板胡、马头琴(蒙古族)、艾捷克(维吾尔族、乌孜别克族和塔吉克族)、京胡、中胡、高胡

按照制作材料分为金、石、土、革、丝、木、匏、竹八种,史称"八音",最早见于《周礼·春官》。

"八音"及其对应乐器

金	石	土	革	丝	木	匏	竹
钟、镈、铙	磬	埙、缶	鼓	琴、瑟	敔、柷	笙、竽	箫、笛、篪

2. 中国民歌

考频分布 2023 下单选

民歌多为群众在口头相传中不断加工提高的集体创作,其音乐语言简明洗练,音乐形象鲜明生动,表现手法丰富多样。

(1)汉族民歌

汉族民歌是我国民歌的重要组成部分,常见的体裁有号子、山歌、小调等。

号子又称劳动号子,是产生并应用于劳动,具有协调与指挥劳动实际功用的民间歌曲。在劳动号子中,最常见的歌唱方式是一领众和,领唱者往往就是劳动的指挥者。领唱部分的歌词是劳动指挥者对劳动大众的召唤,曲调富于变化;和唱部分的歌词是应和领唱者的衬词,或是劳动中的吆喝,或者是对领唱者歌词的简单重复,其曲调也常常比较简单而缺少变化。号子主要有以下几类:搬运号子、工程号子、农事号子、船渔号子。《军民大生产》《码头工人歌》《黄河船夫曲》等都属于劳动号子。

山歌多在户外演唱,其曲调往往高亢、嘹亮,节奏自由、悠长,是劳动人民用以自由抒发感情的民歌种类。山歌的歌词多为即兴创作,其中淳朴的感情、大胆的想象和巧妙的比喻,生动鲜活、真挚感人。山歌多无规整的节拍,旋律起伏大、音域广、音区较高。山歌又可分为一般山歌、田秧山歌和放牧山歌三类。

小调又被称为小曲、俗曲等。与号子和山歌有所不同的是，小调除了在农村流传外，在城镇集市上也多有传唱。小调的形式规整匀称，旋律性强，易于流传。其歌唱的题材十分广泛，从重大的社会政治事件，到日常生活、风俗、爱情、游戏等，涉及生活的各个层面。**《沂蒙山小调》**《十送红军》《姑苏风光》等都属于民歌中的小调。

(2)少数民族民歌

蒙古族民歌的体裁众多，其中以“长调”和“短调”最具代表性。长调的节奏自由、旋律舒展悠长，富有浓郁的草原气息。短调的结构规整、节奏整齐、乐句短小、字多腔少，具有叙述性的特征。蒙古族长调歌曲有《辽阔的草原》《走马》等，短调民歌有《森吉德玛》《阴山》等。

维吾尔族民歌的内容广泛、形式多样、风格浓郁。其歌词多采用比兴的手法，寓意深刻；衬词中有长有短，在歌曲中发挥着重要作用；旋律生动活泼、热情奔放。维吾尔族民歌有《牡丹汗》《卡拉库逊的后代》等。

侗族的代表性民歌叫作“大歌”，侗语称“嘎劳”，无指挥，无伴奏。大歌是一种结构较大、采用集体方式演唱的多声部歌曲，其包含支声复调因素。大歌通常是在节日里由男女各队坐在鼓楼里演唱的。侗族民歌有《蝉之歌》《珠郎娘美》《莽岁流美》等。

真题面对面

[2023下半年真题]“号子”是劳动歌的一种。号子伴随劳动的动作歌唱，节奏感很强，具有协调劳动动作、鼓舞和调剂情绪的作用。下列歌曲中，不是根据民间号子创作的是(　　)

A.《码头工人歌》　　B.《黄河船夫曲》

C.《军民大生产》　　D.《沂蒙山小调》

答案:D。

3. 中国著名音乐家

考频分布　2019上单选

俞伯牙，古代传说人物，生于春秋战国时代，相传琴曲《水仙操》《高山》《流水》是他的作品。

师旷，春秋时代晋国音乐家，相传《阳春》《白雪》《玄默》是他的作品。

嵇康，三国时期魏国著名文学家、哲学家、音乐家，以善弹《广陵散》知名。

华彦钧，现代民间音乐家，人称“瞎子阿炳”。其所作《听松》《二泉映月》《寒春风曲》等二胡曲最为著名。

聂耳,我国无产阶级革命音乐奠基者,1933 年加入中国共产党。他的作品有《义勇军进行曲》(田汉作词)、《开路先锋》《卖报歌》等。

冼星海,现代作曲家、人民音乐家。作品有合唱声乐套曲《黄河大合唱》等,歌曲《在太行山上》等,交响曲《民族解放》、交响组曲《满江红》等。

贺绿汀,著名音乐家和教育家,主要音乐作品有《嘉陵江上》《游击队歌》《牧童短笛》等。

王立平,国家一级作曲家,代表作有《少林寺》《驼铃》《牧羊曲》《枉凝眉》等。

苏聪,现代作曲家,因参加《末代皇帝》影片配乐获奥斯卡金像奖最佳作曲奖,代表作品有《交响序曲》《李斯特钢琴幻想曲》等。

秦咏诚,作曲家,代表作品有小提琴曲《海滨音诗》,歌曲《我为祖国献石油》《我和我的祖国》《毛主席走遍祖国大地》,电影音乐《创业》,声乐协奏曲《海燕》等。

真题面对面

[2019 上半年真题] 1987 版电视连续剧《红楼梦》的插曲《枉凝眉》《红豆曲》《葬花吟》等,风格各异而又主题鲜明。这些作品的曲作者是( )

A. 谭盾　　B. 王立平　　C. 苏聪　　D. 徐沛东

答案:B。

知识再拔高

中国传统乐器的经典曲目

乐器	经典曲目		
古琴	《高山》《流水》	《梅花三弄》	《醉渔唱晚》
	《渔樵问答》	《胡笳十八拍》	《广陵散》
	《平沙落雁》	《阳关三叠》	《潇湘水云》
琵琶	《汉宫秋月》	《夕阳箫鼓》	《十面埋伏》
二胡	《二泉映月》	《赛马》	《听松》

考点3　外国音乐

1. 西洋乐器

常用的西洋乐器有:琴类乐器、拨弦乐器、木管乐器、铜管乐器、弓弦乐器、打击乐器等。

(1)**琴类乐器**:钢琴、风琴、管风琴、古钢琴、羽管键琴、电钢琴、手风琴、电子合成器。

(2)**拨弦乐器**:吉他、电吉他、竖琴、低音吉他。

(3)**木管乐器**:单簧管、双簧管、英国管、大管、萨克斯管、长笛、短笛、口琴、巴松管、竖笛、风笛。

(4)**铜管乐器**:小号、短号、长号、大号、次中音号、小低音号、圆号、冲锋号。

(5)**弓弦乐器**:小提琴、中提琴、大提琴、低音提琴。

(6)**打击乐器**:定音鼓、木琴、钟琴、马林巴、锣、钹、小军鼓、大鼓。

2. 音乐形式

考频分布 2023 上单选,2020 下单选,2017 下单选

古典音乐:亦称“古典主义音乐”或“古典乐派”,是现代派音乐或爵士音乐的对称。古典音乐泛指过去时代具有典范意义或代表性的音乐。古典主义音乐作品以简洁、明快的主调音乐为主,结构严谨、手法洗练,具有强烈的感染力,并形成了一系列音乐体裁和曲式的规范,如歌剧、清唱剧、协奏曲、交响曲、奏鸣曲、室内乐等,对后世音乐艺术的发展产生了深远的影响。

浪漫主义音乐:亦称“浪漫乐派”或“浪漫派音乐”。浪漫主义音乐承袭古典乐派的传统,在此基础上进行了新的探索。它强调音乐与诗歌、戏剧、绘画等其他艺术的结合,提倡音乐的标题性。其作品多富于色彩和感情,或寄情于远离现实的神话传说,或沉醉于个人的情感体验,深刻而细腻地表现了知识阶层的心态。

民族乐派:19 世纪东欧、北欧各国音乐家为改变西欧音乐在本国的统治地位、发展本民族音乐而产生。他们致力于民族音乐的复兴,以民族民间音乐为素材,创作反映本国历史和人民生活的音乐作品,表现了强烈的爱国主义精神和民族情怀,音乐具有鲜明的民族风格。

印象主义音乐:19 世纪末 20 世纪初,以法国作曲家德彪西为代表的音乐流派。作品多以自然景物或诗歌绘画为题材,突出瞬间的主观印象或感受;在音乐语言上突破大小调体系,重视和声、织体和配器的色彩;擅长表现幽静朦胧、飘忽空幻的意境。

新古典主义音乐:现代主义音乐的一种。20 世纪初开始盛行的针对后期浪漫主义在音乐上的标题性、主观性而产生的一种创作思潮。

标题音乐:指采用标题或说明文字提示作品文学性、绘画性或戏剧性内容的器乐曲。常用造型性表现手法,题材鲜明具体,如柏辽兹的《幻想交响曲》等。

复调音乐：多声部音乐的一种。同时进行的若干旋律具有相对独立性，同时又组成相互关联的有机整体。对位法是其主要创作手法。

主调音乐：多声部音乐的一种。整部作品的进行以其中某一个声部的旋律为主，其他的声部以和声或节奏等手法进行陪衬和伴奏。

爵士音乐：19 世纪末 20 世纪初产生于美国新奥尔良的一种舞曲性质的音乐，主要来源于黑人劳动歌曲及在婚丧仪式或社交场合所唱或奏的散拍乐、灵歌和怨曲等。

[**2023 上半年真题**]音乐通过一定形式的音响组合表现人们的思想情感和生活情态，有不同的流派与风格。下列选项中，19 世纪末产生于美国新奥尔良，主要来源于黑人劳动歌曲等形式的音乐是(　　)

A. 古典音乐　　B. 爵士音乐　　C. 标题音乐　　D. 主调音乐

答案：B。

3. 外国著名音乐家

考频分布　2017 上单选

外国近代著名音乐家

国家	人物	地位	作品
德国	巴赫	“西方近代音乐之父”	《小步舞曲》《b 小调弥撒》《马太受难曲》
奥地利	海顿	“交响曲之父”	《伦敦》《惊愕》《告别》《时钟》
奥地利	莫扎特	“音乐神童”	《费加罗的婚礼》《唐璜》
德国	贝多芬	“乐圣”	《第三(英雄)交响曲》《第五(命运)交响曲》《第六(田园)交响曲》《第九(合唱)交响曲》《致爱丽丝》
奥地利	舒伯特	“艺术歌曲之王”	《魔王》《野玫瑰》
奥地利	(小)约翰·施特劳斯	“圆舞曲之王”	《蓝色多瑙河》《维也纳森林的故事》
奥地利	约翰·施特劳斯	“圆舞曲之父”	《拉德茨基进行曲》
俄罗斯	柴可夫斯基	“俄罗斯音乐大师”“旋律大师”	《罗密欧与朱丽叶》《天鹅湖》《胡桃夹子》
匈牙利	李斯特	“钢琴之王”	《匈牙利狂想曲》《但丁神曲》《浮士德》
波兰	肖邦	“钢琴诗人”	《革命练习曲》《小狗圆舞曲》

续表

国家	人物	地位	作品
法国	狄盖特	国际无产阶级革命音乐家	《国际歌》《共产党之歌》

六、戏剧 【9年1考】

考点1 中国戏曲

考频分布 2021 下单选

中国戏曲的种类

剧种	概述	代表人物	代表作
京剧	国粹。唱腔以“西皮”“二黄”为主，简称“皮黄”。角色分为生、旦、净、丑四大行当。列入《人类非物质文化遗产代表作名录》	谭鑫培、周信芳、盖叫天及“四大名旦”	《霸王别姬》《白蛇传》《贵妃醉酒》
昆曲	戏剧之母。现存最早的戏曲形式。列入“人类口头和非物质遗产代表作”名单	周传瑛、张娴	《牡丹亭》《桃花扇》《长生殿》
评剧	原名蹦蹦戏、落子戏，后改名为“评剧”，吸收东北二人转的音乐和剧目，融合京剧、皮影等音乐和表演艺术	新凤霞、小白玉霜等	《刘巧儿》《花为媒》《杨三姐告状》等
豫剧	由河南梆子发展而来，中国第一大地方剧种	马金凤、常香玉、牛得草	《穆桂英挂帅》《花木兰》《拷红》《七品芝麻官》《朝阳沟》
越剧	由浙江嵊州“落地唱书”发展而来，主要曲调有“四工腔”“尺调腔”和“弦下腔”三种。列入“国家级非物质文化遗产代表性项目名录”	袁雪芬、尹桂芳	《梁山伯与祝英台》《红楼梦》《西厢记》
黄梅戏	安徽地方剧种，原名“黄梅调”“采茶戏”。列入“国家级非物质文化遗产代表性项目名录”	严凤英、王少舫、马兰、张云风	《天仙配》《女驸马》《牛郎织女》

真题面对面

[**2021 下半年真题**]我国的地方戏曲剧种多样、精彩纷呈,各个剧种都有自己的经典剧目,有些唱段甚至在民间广为传唱。《刘巧儿》塑造了一个反对包办婚姻、追求恋爱自由的农村女子形象,在国民中产生了极大的影响。该剧的剧种是( )

A. 越剧　　B. 评剧

C. 黄梅戏　　D. 豫剧

答案:B。

考点2　外国戏剧

西方戏剧起源于古希腊的悲喜剧。以戏剧所依靠的文化生态环境为依据,戏剧的样式大致可以分为歌剧、舞剧、音乐剧等形式。

歌剧:歌剧是将音乐、戏剧、文学、舞蹈、舞台美术等融为一体的综合性表演艺术,包括咏叹调(抒情调)、宣叙调、重唱、合唱、序曲、间奏曲等多种形式。经典歌剧有威尔第的《茶花女》、普契尼的《蝴蝶夫人》《图兰朵》、柴可夫斯基的《叶甫盖尼·奥涅金》、比才的《卡门》、莫扎特的《费加罗的婚礼》等。

舞剧:舞剧是结合舞蹈、戏剧、音乐等进行叙事、抒情的表演形式,以舞蹈为主要表现手段。舞剧历史悠久,西方一般称为"芭蕾"或"芭蕾舞剧",中国统称为"舞剧"。经典舞剧有《天鹅湖》《睡美人》《胡桃夹子》《吉赛尔》《堂·吉诃德》等。

音乐剧:19 世纪末起源于英国的一种歌剧体裁,融合了传统歌剧、轻歌剧和近代流行音乐。在创作上,注重观众的审美需求和生活经验。在题材选择、音乐风格、舞蹈风格上较为自由。著名的音乐剧有《俄克拉荷马》《音乐之声》《西区故事》《悲惨世界》《歌剧魅影》等。英国伦敦西区和美国纽约百老汇是世界上的两个音乐剧中心,是世界上音乐剧演出最为频繁的地方。

七、电影　【9 年 1 考】

考点1　电影常识

电影分为艺术片(故事片)、纪录片、美术片、科教片四大类。

(1)艺术片(故事片)是取材于生活,具有完整的故事情节,由演员扮演角色的影片,包括政治片、战争片、社会片、伦理片、历史片、传记片、侦探片、武打片、惊险片、歌舞片、科幻片、儿童片等。

(2)纪录片是对某一政治、经济、军事、文化生活或历史性事件做完整的记录报道的影片。

(3)美术片是不用真人实景而以各种美术手段塑造形象,表现情节和主题的影片。如动画片、木偶片、剪纸片等。

(4)科教片指运用电影的形象化手段解释自然现象和社会现象,向人们普及各种知识的影片。

考点2　中国电影

1. 中国电影奖项

大众电影百花奖是由中国电影家协会和中国文学艺术界联合会联合主办的电影奖项。创办于1962年,是中国大陆电影界的观众奖。

中国电影金鸡奖是由中国电影家协会和中国文学艺术界联合会联合主办的电影奖项,创办于1981年,是中国大陆电影界权威、专业的电影奖。

中国电影华表奖是由国家电影局主办的电影奖项,其前身为“文化部优秀影片奖”,1995年经中宣部批准同意正式定名为“中国电影华表奖”。它是中国电影界的政府奖,与中国电影金鸡奖、大众电影百花奖并称“中国电影三大奖”。

2. 中国经典影片

1905年,北京丰泰照相馆创办人任庆泰拍摄了由著名京剧演员谭鑫培主演的《定军山》片段,这是中国人自己摄制的第一部影片,标志着中国电影的诞生。

1934年,《渔光曲》在上海首映。该影片被推介参加莫斯科国际电影节,获得第九名,成为中国首部获得国际荣誉的影片。

新中国电影从1949年制作第一部以工人阶级作为主人翁的影片《桥》开始,在很短的时间,拍摄了《白毛女》《钢铁战士》《上饶集中营》《新儿女英雄传》等优秀故事片,以及新闻纪录片《百万雄师下江南》《红旗漫卷西风》等。

1957年,文化部举办了中华人民共和国成立以后第一次优秀影片评奖,奖励了1949～1955年摄制的《南征北战》、《渡江侦察记》、《鸡毛信》、《董存瑞》、《祝福》、《李时珍》、《神笔》(美术片)、《淡水养鱼》(科教片)等69部优秀影片。

1964年由长春电影制片厂制作并出品了一部战争片《英雄儿女》,影片改编自巴金小说《团圆》。该片讲述了抗美援朝时期，志愿军战士王成阵亡后，他的妹妹王芳在政委王文清的帮助下坚持战斗，最终和养父王复标、亲生父亲王文清在朝鲜战场上团圆的故事。

1988 年，张艺谋导演的《红高粱》获得第 38 届柏林国际电影节最佳影片金熊奖，成为中国影史上第一部在世界三大国际电影节中获奖的作品。

1993 年，陈凯歌执导的《霸王别姬》获得戛纳国际电影节金棕榈奖，这是中国第一部获此殊荣的电影。

2001 年，李安执导的《卧虎藏龙》获得奥斯卡金像奖最佳外语片奖，是华语电影历史上第一部获得奥斯卡金像奖最佳外语片奖的电影。

考点 3　外国电影

1. 外国电影奖项

考频分布　2022 上单选

意大利威尼斯国际电影节创办于 1932 年，是世界上第一个国际电影节，故被称为“国际电影节之父”。威尼斯电影节最高奖是“金狮奖”。

法国戛纳国际电影节创立于 1946 年，最高奖是“金棕榈奖”。

德国柏林国际电影节创立于 20 世纪 50 年代初，最高奖是“金熊奖”。

美国奥斯卡金像奖是全世界最具影响力的电影类奖项，与欧洲三大国际电影节并称为世界影坛最重要的四大电影奖。

2. 外国经典影片

1895 年，法国人卢米埃尔兄弟在巴黎一家咖啡馆第一次用自己发明的摄影、放映兼用机放映了《火车进站》影片，标志电影的正式诞生。

1914 年，卓别林第一部电影《谋生》上映。卓别林一生创作了近八十部喜剧电影，其中《移民》《淘金记》《摩登时代》《大独裁者》等代表作具有永久的魅力。

1927 年，华纳兄弟电影公司上映了一部音乐片《爵士歌王》，在里面使用了一段声音，标志着电影从此进入了有声时代。

1928 年，华纳兄弟电影公司又推出了“百分之百的有声电影”《纽约之光》。自此，有声电影全面推开。

1935 年，世界上第一部彩色电影《浮华世界》上映。

1952 年,讲述非洲探险的《非洲历险记》被认定为电影史上第一部真正的 3D 长片。

2008 年上映的《钢铁侠》是“漫威电影宇宙”系列的首部电影,随后又推出了基于漫威漫画角色制作的一系列电影,如《绿巨人》《雷神》《美国队长》《蜘蛛侠》《黑豹》等。

真题面对面

[**2022 上半年真题**]国际电影节是国际性的电影展映评比活动,各大电影节都设置了自己的奖项。下列选项中,属于柏林国际电影节的最高奖项的是(　　)

A. 金狮奖　　B. 金鹰奖

C. 金马奖　　D. 金熊奖

答案:D。

达标测评

建议用时	实际用时	测评总分	实际得分
40 分钟	____分钟	68 分	____分

单项选择题(每小题 2 分,共 68 分)

1. “三皇五帝”是中国古代文明形成过程中几大发展阶段中的代表人物,孙中山诗句“中华开国五千年,神州轩辕自古传”中的该人物是指(　　)

A. 黄帝　　B. 炎帝　　C. 尧　　D. 禹

2. 中国古代有个统一王朝,它最先在全国范围内推行了郡县制,建立起中央集权制的政治模式。据此判断,这个王朝是(　　)

A. 西周　　B. 东汉　　C. 秦朝　　D. 明朝

3. 第一次工业革命中蒸汽机的出现带动了一系列的发明,人们利用蒸汽机在各领域改进生产,提高效率。(　　)设计并制造了世界上第一台蒸汽机车。

A. 瓦特　　B. 富尔顿　　C. 惠特尼　　D. 史蒂芬孙

4. 在我国历史上,创造和改进了简仪、仰仪、高表等观测天象的仪器,主持编制了《授时历》,将一个回归年的天数精确到 365.2425 天的数学家、天文学家是(　　)

A. 张衡　　B. 祖冲之

C. 郭守敬　　D. 徐光启

5. 文艺复兴时期的意大利“艺术三杰”是(　　)

A. 达·芬奇、米开朗琪罗、拉斐尔

B. 达·芬奇、泰戈尔、拉斐尔

C. 莎士比亚、达·芬奇、但丁

D. 米开朗琪罗、拉斐尔、托尔斯泰

6. 微量元素,顾名思义,指的是在人体内含量非常少的元素。但是微量元素对人体的作用却非常大,缺少某些微量元素会导致身体发育不正常,甚至产生病变。李先生在单位组织的体检中发现自己甲状腺肿大,这最有可能是其体内缺乏(　　)元素。

A. 铁　　B. 碘　　C. 钙　　D. 锌

7. 第一次世界大战的导火线是(　　)

A. 萨拉热窝事件　　B. 德军闪击波兰

C. 珍珠港事件　　D. 斯大林格勒战役

8. 19 世纪六七十年代,随着光学研究的发展,一个以“光”和“色”和谐统一的画派出现了,下列画家中,属于这一画派的代表人物的是(　　)

A. 德拉克洛瓦　　B. 莫奈

C. 罗丹　　D. 毕加索

9. 如果太阳不发光,那么地球上的人们仍然能够用眼直接看到的天体是(　　)

A. 彗星　　B. 金星　　C. 流星　　D. 月亮

10. 年号是中国历代帝王用以纪年的名称,起源于汉代,为皇帝当政的时代标志。下列选项中,年号与帝王对应错误的是(　　)

A. 贞观—李世民　　B. 开元—李隆基

C. 洪武—朱元璋　　D. 永乐—朱翊钧

11. 在高层室内遭遇火灾时逃生的正确做法是(　　)

A. 大声呼救,等待救援

B. 用湿毛巾捂住口鼻,弯腰低头贴墙走

C. 乘坐电梯直达一楼

D. 立即开门往高处通风口跑,防止窒息

12. “屈氏已沉死,楚人哀不容”,这句诗中蕴含我国哪一个节日(　　)

A. 中秋节　　B. 重阳节

C. 端午节　　D. 中元节

13. 下列选项中的民族与节日对应有误的一项是(　　)

A. 苗族—芦笙节　　B. 蒙古族—火把节

C. 维吾尔族—开斋节　　D. 壮族—三月三

14. 二战后,世界两极格局形成,美国和苏联开始了长达四十多年的冷战。美国对苏联发动"冷战"的标志是(　　)

A. 杜鲁门主义的出台　　B. 马歇尔计划的提出

C. "北约"的成立　　D. "华约"的成立

15. 近代诗人吴迈曾写过"群峰倒影山浮水,无山无水不入神",诗句中呈现的光学现象是(　　)

A. 光的直线传播　　B. 光的反射

C. 光的折射　　D. 光的色散

16. 下列不属于明朝章回体小说的是(　　)

A.《水浒传》　　B.《西游记》　　C.《金瓶梅》　　D.《红楼梦》

17. 谦称用于自称,以示谦虚。下列称谓不属于谦称的有(　　)

A. 令郎　　B. 舍妹　　C. 老朽　　D. 家严

18. 如果研究明朝的手工业技术,应查阅的重要文献是(　　)

A.《天工开物》　　B.《农政全书》

C.《梦溪笔谈》　　D.《齐民要术》

19. 威廉·莎士比亚是英国文学史上最杰出的戏剧家,也是欧洲文艺复兴时期最伟大的作家之一。下列不属于莎士比亚的著作的是(　　)

A.《仲夏夜之梦》　　B.《奥赛罗》

C.《堂吉诃德》　　D.《李尔王》

20. 王羲之是我国著名的书法家,他的(　　)被誉为"天下第一行书"。

A.《黄庭经》　　B.《兰亭序》

C.《三希堂法帖》　　D.《快雪时晴帖》

21. 中国空间站包括 1 个核心舱和 2 个实验舱,其中核心舱的名称是(　　)

A. 天宫　　B. 天问　　C. 天和　　D. 梦天

22. 新中国取得的下列成就中,按时间先后顺序排列正确的是(　　)

①第一颗人造地球卫星发射成功

②第一台巨型计算机研制成功

③第一颗原子弹爆炸成功

④培育出被誉为“第二次绿色革命”的籼型杂交水稻

A. ①②③④　　B. ③①④②

C. ④②①③　　D. ③④①②

23. 北宋张择端的一幅反映当时社会生活的风俗画，有很高的艺术价值和史料价值，这幅画是(　　)

A.《人物龙凤图》　　B.《洛神赋图》

C.《步辇图》　　D.《清明上河图》

24. 在欧洲19世纪浪漫主义音乐的代表人物当中，有“钢琴诗人”之称的作曲家是(　　)

A. 李斯特　　B. 贝多芬　　C. 莫扎特　　D. 肖邦

25. 宋元时期是我国科技发展的第二个黄金时期，居于世界领先地位的科技成就有(　　)

①沈括创制的“十二气历”

②郭守敬的《授时历》

③张衡发明的地动仪

④印刷术、指南针、火药和火器的发明和使用

A. ①②③④　　B. ①②③　　C. ①②④　　D. ②③④

26. 中国古代奠定曹魏统一中国北方的基础，以少胜多的典型战役是(　　)

A. 赤壁之战　　B. 官渡之战

C. 淝水之战　　D. 长平之战

27. 俗话说：人有旦夕祸福，月有阴晴圆缺。月亮的圆缺变化是由(　　)引起的。

A. 地球的自转　　B. 地球的公转

C. 月球的自转　　D. 月球绕地球的公转

28. 巴金的“爱情三部曲”不包括(　　)

A.《雾》　　B.《电》　　C.《雨》　　D.《春》

29. 京剧《贵妃醉酒》是梅派经典剧目之一，源于一部古代戏曲。该戏曲是(　　)

A.《桃花扇》　　B.《长生殿》　　C.《牡丹亭》　　D.《南柯梦》

30. “生当作人杰，死亦为鬼雄。至今思项羽，不肯过江东”是(　　)的作品。

A. 李白　　B. 杜甫　　C. 李商隐　　D. 李清照

31.《天体运行论》的出版，标志“日心说”正式创立，这是天文学上的一次革命，引起人类宇宙观的重大变革，使西方文明从宗教的束缚中解脱出来。《天体运行论》的作者是(　　)

A. 哥白尼　　B. 牛顿　　C. 伽利略　　D. 开普勒

32. 下列作品属于巴尔扎克代表作的是(　　)

A.《包法利夫人》　　B.《红与黑》

C.《人间喜剧》　　D.《雾都孤儿》

33. 魏晋时期，建安七子是当时文学的代表人物，下列属于建安七子的是(　　)

A. 嵇康　　B. 曹植　　C. 山涛　　D. 阮瑀

34. 被称为“史家之绝唱，无韵之离骚”的著作是(　　)

A.《诗经》　　B.《史记》　　C.《左传》　　D.《资治通鉴》

参考答案及解析

单项选择题

1. A　**[解析]**题干中的诗句是孙中山于民国元年(公元 1912 年)撰写的歌颂黄帝的祭文。轩辕黄帝是传说中的中原各民族的共同祖先。

2. C　**[解析]**秦统一后，为加强中央集权而推行郡县制，郡守和县令由皇帝一人任免，郡县制的实行加强了中央对地方的控制。

3. D　**[解析]**第一次工业革命的重要成就有：瓦特改良蒸汽机；富尔顿制造第一艘蒸汽轮船；惠特尼发明轧棉机；史蒂芬孙发明蒸汽机车。

4. C　**[解析]**元朝郭守敬改进了简仪和圭表，主持全国范围的天文测量，他编成的《授时历》一书中，以365.2425 日为一年，与现行公历基本相同，早于现行公历的确立约 300 年。张衡发明了地动仪；祖冲之首次将圆周率精确到小数点后第七位数；徐光启所著的《农政全书》是一部农业百科全书，总结了我国历代农业生产的理论、技术和经验方法。

5. A　**[解析]**意大利文艺复兴时期，艺术成就最高的“三杰”是达·芬奇、米开朗琪罗、拉斐尔。

6. B　**[解析]**碘是合成甲状腺激素的主要元素，缺碘会患甲状腺肿大，故选 B。

7. A　**[解析]**1914 年，帝国主义国家矛盾激化，两大军事集团之间的战争一触即发。萨拉热窝事件成为第一次世界大战的导火线。

8. B [解析]题干描述的画派是印象派,莫奈是印象派画家。德拉克洛瓦是浪漫主义画家;毕加索是立体派画家;罗丹是法国现实主义雕塑家。

9. C [解析]行星与卫星本身不发光,它们都是靠反射恒星的光而发亮,B选项金星是太阳系八大行星之一,D选项月亮是太阳系中体积第五大的卫星,故排除B、D选项。彗星本身不发光,只有当它走近太阳,在太阳辐射和太阳风的作用下,表面蒸发出气体和尘埃,气体、尘埃反射太阳光才使彗星发亮,故A项错误。流星是指运行在星际空间的流星体(通常包括宇宙尘粒和固体块等空间物质)在接近地球时由于受到地球引力的摄动而被地球吸引,进入地球大气层后与大气摩擦燃烧所产生的光迹,与太阳光无关。故答案是C选项。

10. D [解析]永乐为明朝第三位皇帝明成祖朱棣的年号。明神宗朱翊钧年号万历,在位四十八年,是明朝在位时间最长的皇帝。

11. B [解析]用湿毛巾捂住口鼻可以防止有害气体和粉尘进入呼吸道,所以逃生时应该用湿毛巾捂住口鼻,蹲下靠近地面或沿墙壁跑离着火区域。

12. C [解析]该句诗的意思是:屈原已经沉在江底死去,楚国百姓哀叹再也不能看见他的容貌。与屈原有关的节日是端午节。

13. B [解析]火把节主要是彝族、白族、纳西族的传统节日。

14. A [解析]冷战是指第二次世界大战后的40多年间,以美、苏为首的两大集团之间既非战争又非和平的对峙与竞争状态。1947年杜鲁门主义的出台标志着冷战的开始。

15. B [解析]“群峰倒影山浮水”的意思是群山叠立水中,水中有群山的倒影,是光的反射现象。

16. D [解析]《红楼梦》的作者是清朝的曹雪芹,所以不属于明朝的章回体小说。故本题选D。

17. A [解析]谦称是表示谦逊的自称,古人称自己的亲属朋友时,常用“家”“舍”等谦辞。B、D选项属于谦称。C选项老朽是指老年人的自称,是一种谦辞。尊称又叫敬称,是尊敬对方的称谓,对于对方或对方亲属的敬称有令、尊、贤等。A项“令郎”属于敬称,故该题选A。

18. A [解析]《天工开物》初刊于明崇祯十年,作者是宋应星。《天工开物》是世界上第一部关于农业和手工业生产的综合性著作,被誉为“中国17世纪的工艺百科全书”。

19. C [解析]莎士比亚的代表作有四大悲剧(《哈姆雷特》《奥赛罗》《麦克白》《李

尔王》)、四大喜剧(《仲夏夜之梦》《威尼斯商人》《第十二夜》《皆大欢喜》)。ABD 三项均是莎士比亚的作品,《堂吉诃德》的作者是塞万提斯,故本题选 C。

20. B [解析]《兰亭序》被誉为“天下第一行书”,也称《兰亭集序》《临河序》等。

21. C [解析]中国的空间站包括天和核心舱、问天实验舱和梦天实验舱,故本题选 C。天宫是我国空间站的名称。天问系列是中国行星探测任务名称。

22. B [解析]1964 年,我国第一颗原子弹爆炸成功;1970 年,我国第一颗人造卫星“东方红 1 号”唱着《东方红》飞出地球,进入了太空;1973 年,被世界称为“杂交水稻之父”的袁隆平在世界上首次培育成功籼型杂交水稻;1983 年,中国第一台亿次电子计算机系统“银河”计算机研制成功。

23. D [解析]《清明上河图》是北宋画家张择端的一幅精品,属国宝级文物。作品以长卷形式,采用散点透视的构图法,生动地记录了中国 12 世纪城市生活的面貌,这在中国乃至世界绘画史上都是独一无二的。

24. D [解析]肖邦被誉为“钢琴诗人”,李斯特被誉为“钢琴之王”,贝多芬被誉为“乐圣”,莫扎特被誉为“音乐神童”。

25. C [解析]张衡是东汉时期天文学家。

26. B [解析]官渡之战奠定了曹魏统一中国北方的基础。此战中,曹操以少量兵力,出奇制胜,击破袁绍军十万,官渡之战也随之成为中国历史上以少胜多的战役的典范。

27. D [解析]月球发生圆缺变化的现象,其实是月球绕地球运转时,在地球上看到月球光亮部分的多少而已。月球每个月都要绕地球公转一周,所以,在地球上每个月都能看到月球受光部分的面积有时大,有时小。故选 D。

28. D [解析]巴金的“爱情三部曲”包括《雾》《雨》《电》,“激流三部曲”包括《家》《春》《秋》。

29. B [解析]京剧《贵妃醉酒》又名《百花亭》,取材于中国唐朝历史人物杨贵妃的故事,源自洪昇的《长生殿》。

30. D [解析]李清照的《夏日绝句》:“生当作人杰,死亦为鬼雄。至今思项羽,不肯过江东。”

31. A [解析]《天体运行论》是波兰天文学家哥白尼所著的一本讲述他自己的天文学说的著作。

32. C [解析]巴尔扎克,法国 19 世纪批判现实主义文学的伟大代表。其代表作有

《人间喜剧》(《高老头》《欧也妮·葛朗台》等)。《包法利夫人》是福楼拜的作品,《红与黑》是司汤达的作品,《雾都孤儿》是狄更斯的作品。

33. D [解析]建安七子是建安年间七位文学家的合称,包括:孔融、陈琳、王粲、徐干、阮瑀、应玚、刘桢。

34. B [解析]司马迁的《史记》是伟大的历史著作,也是传记文学名著,被鲁迅称为"史家之绝唱,无韵之离骚"。

即时反思与复盘总结

我于________年____月____日完成了对本章的学习。

复盘一下,我对自己较肯定的地方是____________________

(足够努力/心态积极/方法得当……)

我觉得自己需要改进的地方是____________________

(懒惰懈怠/心情浮躁/方法不当……)

休息片刻,开启下一站征程!

第五章 基本能力

内容概要

本章包括信息处理能力、逻辑思维能力、阅读理解能力、写作能力四节。本章内容在真题试卷中所占分值约 72 ~ 74 分，主要以单项选择题、材料分析题和写作题的形式考查。本章各节 2015 - 2023 年考频汇总如下：

信息处理能力	总考频 35 次
逻辑思维能力	总考频 34 次
阅读理解能力	总考频 17 次
写作能力	总考频 17 次

第一节 信息处理能力

思维导图

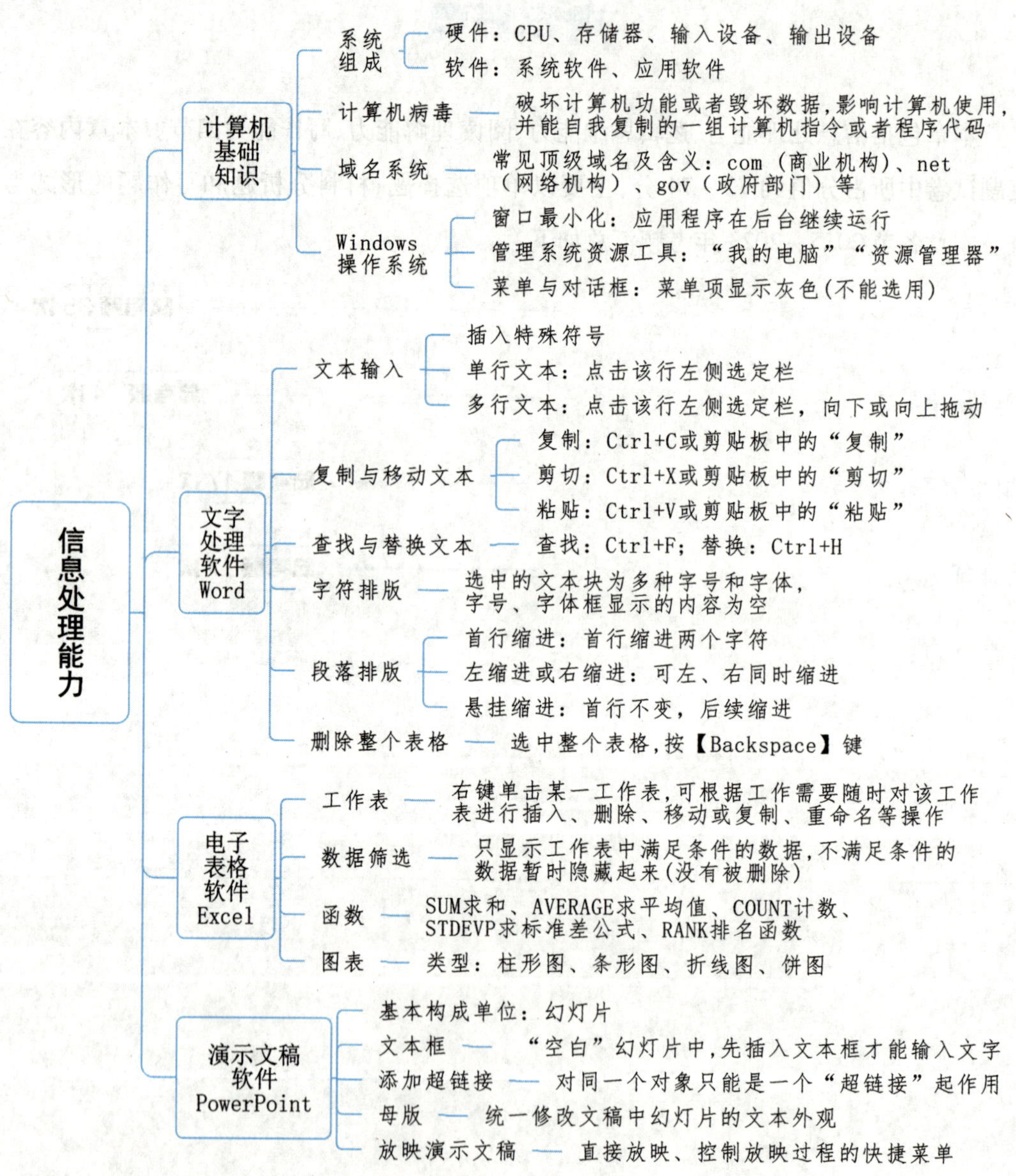

考向分析

本节主要介绍计算机基础知识与办公软件 Office 的基础知识和操作，内容琐碎繁杂，识记性知识较多。在考试中会以单选题的形式考查。汇总分析 2015 年至 2023 年的真题试卷，本节知识考查情况见下表：

知识	考点	考频	题型
计算机基础知识	域名系统	1	单选
文字处理软件 Word	基础知识与软件操作	14	单选
电子表格软件 Excel	基础知识与软件操作	15	单选
演示文稿软件 PowerPoint	基础知识与软件操作	5	单选

一、计算机基础知识 【9 年 1 考】

考点 1 计算机系统的组成

计算机系统由硬件系统和软件系统组成。计算机系统的基本组成如下图。

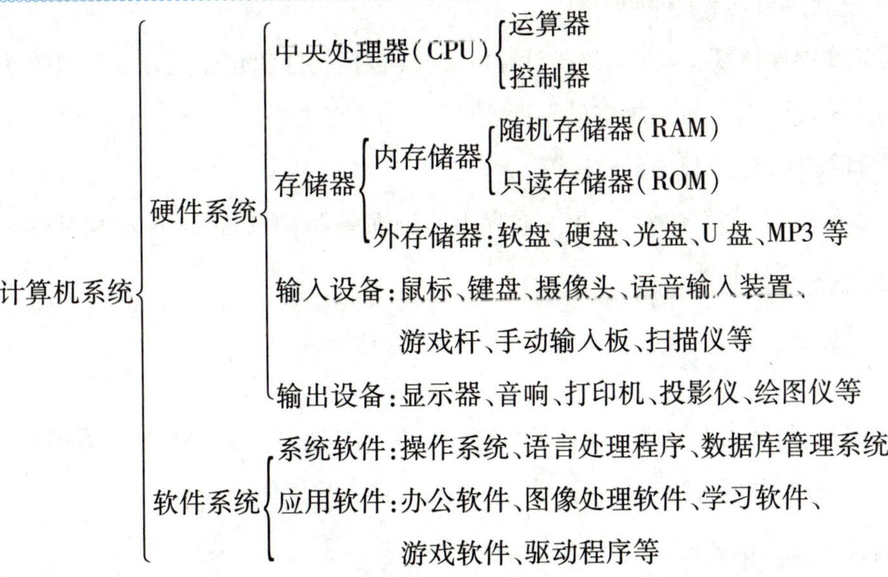

1. 硬件系统

计算机的硬件系统通常由运算器、控制器、存储器、输入设备和输出设备组成，这五大部分具有相对独立的功能,分别完成不同的工作。

(1)**运算器**:运算器是计算机中执行各种算术和逻辑运算操作的部件。计算机运行时,运算器的操作和操作种类由控制器决定。运算器处理的数据来自存储器;处理后的结果数据通常送回存储器,或暂时寄存在运算器中。

(2)**控制器**:整个计算机系统的控制中心,它指挥计算机各部分协调工作,保证计算机按照预先规定的目标和步骤有条不紊地进行操作及处理。

通常把控制器和运算器合称为中央处理器(CPU)。它是计算机的核心部件,是计算机的"大脑"。

(3)存储器:存储器是计算机系统中的记忆设备,用来存放程序(计算机操作的依据)和数据(计算机操作的对象)。计算机中全部信息,包括输入的原始数据、计算机程序、中间运行结果和最终运行结果都保存在存储器中。计算机的存储器分为内存储器和外存储器。内存又称为主存,与 CPU 合在一起一般称为主机。

(4)输入设备:用于计算机各种信息的输入,负责将数据、程序及其他信息从人们熟悉的形式转换为计算机能够识别和处理的形式输入计算机,是计算机信息的入口。

(5)输出设备:将计算机运算处理的结果(二进制形式的数据)转换成人们所需要的或其他设备能够接受或识别的信息形式进行输出,是计算机信息的出口。

2. 软件系统

软件系统是指在计算机上运行的各种程序及相应的各种文档资料。计算机软件通常分为系统软件和应用软件两大类。

(1)**系统软件**:管理、监控和维护计算机资源(包括硬件和软件)、开发应用软件的软件。系统软件居于计算机系统中最靠近硬件的一层,它主要包括操作系统、语言处理程序、数据库管理系统、支撑服务软件等。

(2)**应用软件**:为解决计算机各类应用问题而编写的软件,如办公软件 Microsoft Office、WPS、IE 浏览器等。

考点2　计算机病毒

计算机病毒,是指编制或者在计算机程序中插入的破坏计算机功能或者毁坏数据,影响计算机使用,并能自我复制的一组计算机指令或者程序代码。

1. 计算机病毒的特点

计算机病毒的特点:(1)可触发性;(2)破坏性;(3)传染性;(4)潜伏性;(5)针对性;(6)寄生性;(7)抗反病毒软件性。

2. 计算机病毒的预防

计算机病毒的传染是通过一定途径来实现的，因此必须重视制定措施、法规，加强职业道德教育，不得传播更不能制造病毒。另外，还应采取一些有效方法来预防和抑制病毒的传染。

(1)谨慎地使用公用软件或硬件。

(2)任何新使用的软件或硬件(如磁盘)必须先检查。

(3)定期检测计算机上的磁盘和文件并及时消除病毒。

(4)对系统中的数据和文件要定期进行备份。

(5)对所有系统盘和文件等关键数据要进行写保护。

考点3　域名系统

考频分布　2021 上单选

在互联网上，IP 地址就相当于计算机的数字门牌号，它是为标识 Internet 上的主机位置而设置的。Internet 上的每一台计算机都被赋予一个世界上唯一的 32 位 Internet 地址(简称 IPAddress)，这一地址可用于与该计算机有关的全部通信。但 IP 地址是数字型的，用户记忆这类数字十分不方便，于是人们又发明了字符型的地址方案，即域名地址。IP 地址和域名地址是一对多的关系。域名地址的信息存放在一个服务器上，使用者只需了解易记的域名地址，其对应转换工作就留给了服务器上的域名系统(DNS)。

为了避免重名，主机的域名采用层次结构，各层次结构的子域名之间用圆点“.”隔开。域名包括第一级域名(也称顶级域名)，第二级域名，主机名(最低级域名)等。

顶级域名由两种基本类型组成：以机构性质命名的域名和以国家地区代码命名的域名。常见的以机构性质命名的域名，一般由三个字符组成。以国家或地区代码命名的域名，一般用两个字符表示，如 cn(中国)、jp(日本)、uk(英国)、us(美国)，是为世界上每个国家和一些特殊的地区设置的。

常见顶级域名及其含义

顶级域名	含义	顶级域名	含义	顶级域名	含义
firm	公司企业	info	信息服务	net	网络机构
arts	文化娱乐	edu	教育机构	nom	个人
gov	政府部门	int	国际机构	org	非营利组织
com	商业机构	mil	军事机构	—	—

真题面对面

[2021 上半年真题]下列选项中,属于商业机构网址后缀名的是(　　)

A. . gov　　B. . edu　　C. . org　　D. . com

答案:D。

考点4　Windows 操作系统

1. Windows 系统的窗口及操作

Windows 系统及其应用程序采用图形化界面,只要运行某个应用程序或打开某个文档,就会对应出现一个矩形区域,这个矩形区域称为窗口。窗口包括标题栏、地址栏、搜索栏、菜单栏、导航窗口、工作区、状态栏等几部分。如下图:

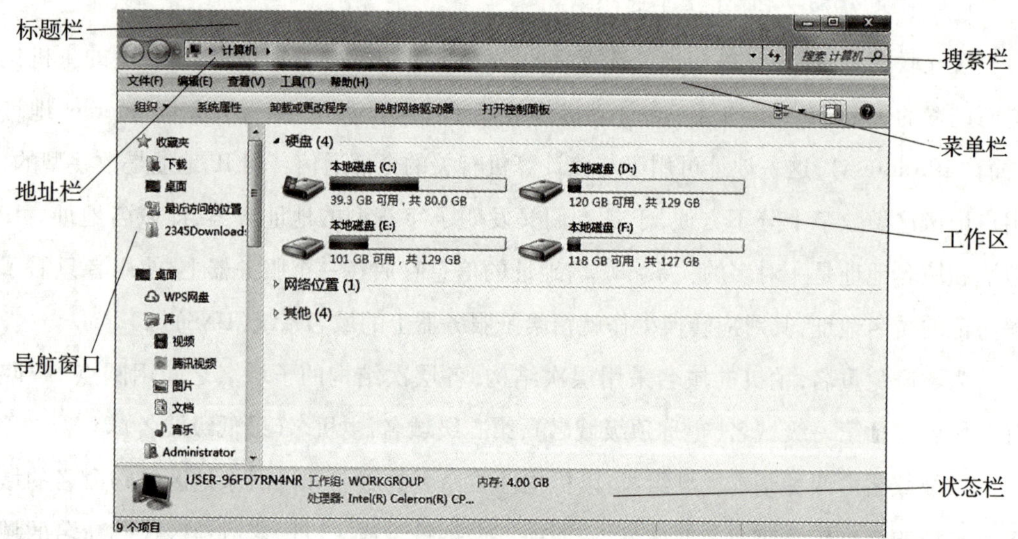

Windows 系统的窗口界面

2. 资源管理器

资源管理器是 Windows 中进行各种文件操作的场合,在 Windows 系统中,"资源管理器"和"我的电脑"是管理系统资源的两个工具。

3. 菜单与对话框

菜单也是计算机操作系统的操作名条,指展示操作系统的命令的目录,如开始菜单、右键菜单、应用菜单等。在 Windows 系统中,某些菜单项显示为灰色,表示该菜单项当前不能选用。

对话框是人机交流的一种方式,用户对对话框进行设置,计算机就会执行相应的命令。

对话框主要由选项卡、复选框、单选按钮、命令按钮等组成。与窗口相比,对话框没有最大化按钮和最小化按钮,不能改变大小。

4. 文件的命名

文件名一般由“主文件名”和“扩展名”两部分组成,中间用小圆点“.”隔开。扩展名表示文件的类型和创建此文件的程序,如常见的文件类型及其扩展名:文本文档(.txt)、电子表格(.xlsx)、应用程序(.exe)等。

文件和文件夹的命名遵循以下规则:

(1)文件名是文件的名称,通过它可以大概知道文件的作用或内容,组成文件名字的字符可以是英文字母、数字、下划线、空格、汉字等,但不能包含\、/、:、*、"、<、>、|等符号。文件夹的命名规则同文件命名规则一致。

(2)文件和文件夹的命名长度不超过255个字符,其中包含空格。

(3)命名字母不区分大小写,例如,TOOL和tool为同一文件名,所以不能利用大小写来区分文件名。在同一个文件夹内不允许有名字相同(文件名和扩展名都相同)的文件或子文件夹。

二、文字处理软件 Word 【9年14考】

考频分布 2015—2023年,以单选题形式考查14次

考点1 Word 的工作界面

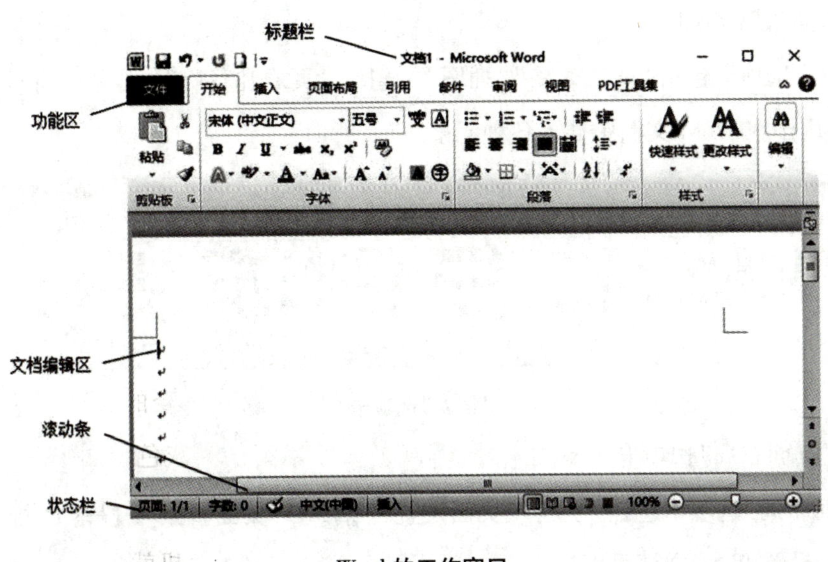

Word 的工作窗口

1. 标题栏

标题栏位于 Word 窗口的最上方,中间显示当前正在编辑的文档名(文档 1);最左边是“快速访问工具栏”,包括控制、保存、撤消、恢复/重复等按钮;最右边是窗口控制按钮,包括最小化、最大化(还原)和关闭按钮。

快速访问工具栏　　窗口控制按钮

2. 功能区

功能区位于标题栏下方,几乎包括了 Word 所有的编辑功能,单击功能区上方的选项卡,下方显示与之对应的编辑工具。

(1)“开始”选项卡

“开始”选项卡中包括“剪贴板”“字体”“段落”“样式”和“编辑”等几个组。该选项卡主要用于对 Word 文档进行文字编辑和格式设置,是最常用的选项卡。

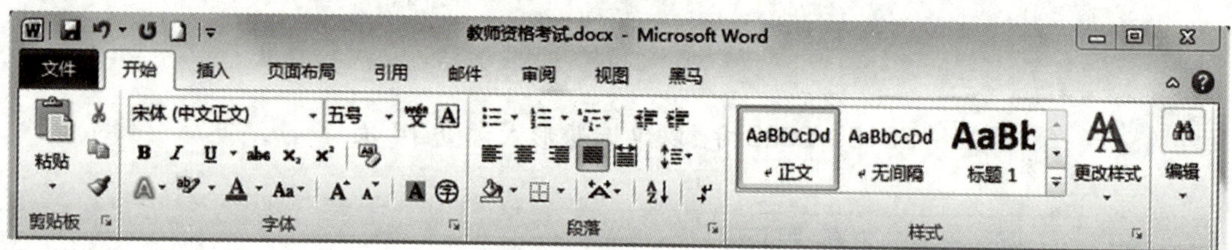

“开始”选项卡

(2)“插入”选项卡

“插入”选项卡包括“页”“表格”“插图”“链接”“页眉和页脚”“文本”“符号”等几个组。主要用于在 Word 文档中插入各种元素。

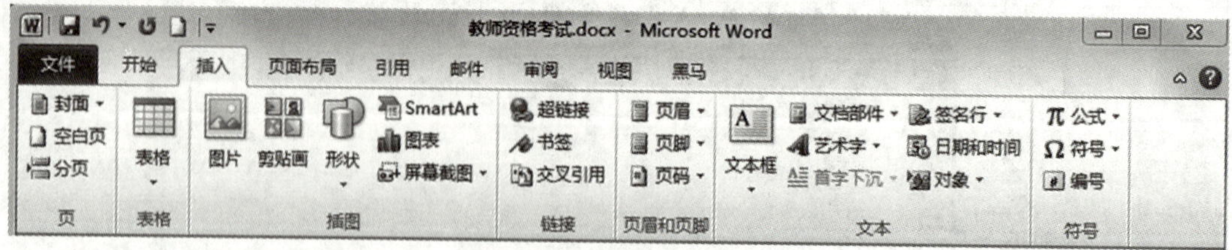

“插入”选项卡

(3)“页面布局”选项卡

“页面布局”选项卡包括“主题”“页面设置”“稿纸”“页面背景”“段落”“排列”等几个组,用于设置 Word 文档页面样式。

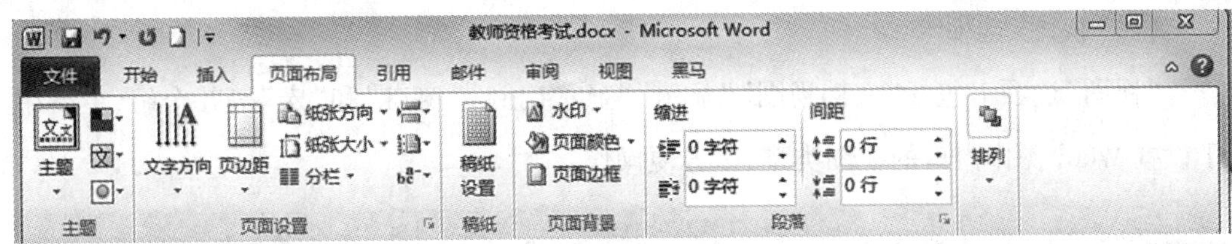

“页面布局”选项卡

(4)“引用”选项卡

“引用”选项卡包括“目录”“脚注”“引文与书目”“题注”“索引”和“引文目录”等几个组，用于实现在 Word 文档中插入目录等比较高级的功能。

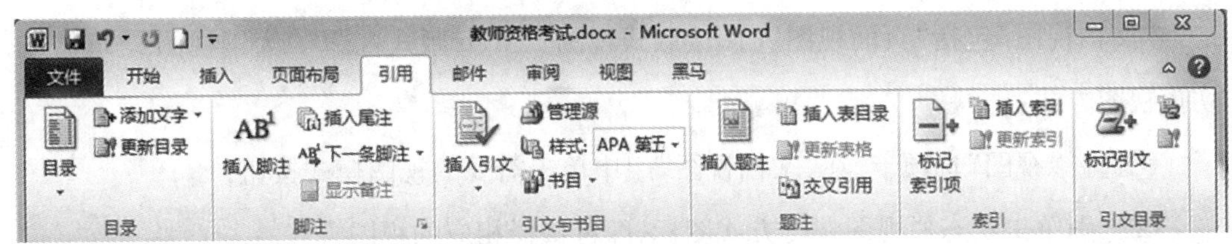

“引用”选项卡

(5)“邮件”选项卡

“邮件”选项卡包括“创建”“开始邮件合并”“编写和插入域”“预览结果”“完成”等几个组，用于在 Word 文档中进行邮件合并方面的操作。

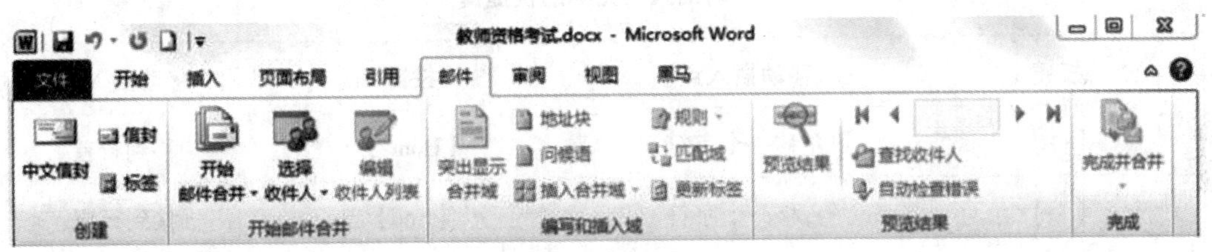

“邮件”选项卡

(6)“审阅”选项卡

“审阅”选项卡包括“校对”“语言”“中文简繁转换”“批注”“修订”“更改”“比较”和“保护”等几个组，主要用于对 Word 文档进行校对和修订等操作，适用于多人协作处理 Word 长文档。

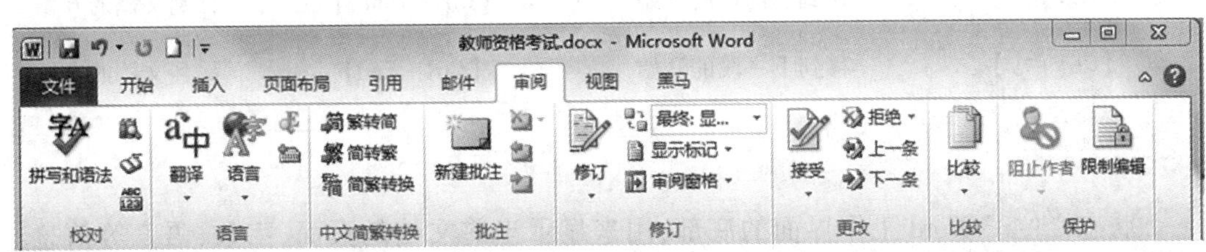

“审阅”选项卡

(7)“视图”选项卡

“视图”选项卡包括“文档视图”“显示”“显示比例”“窗口”和“宏”等几个组,主要用于设置 Word 操作窗口的视图类型,以方便操作。

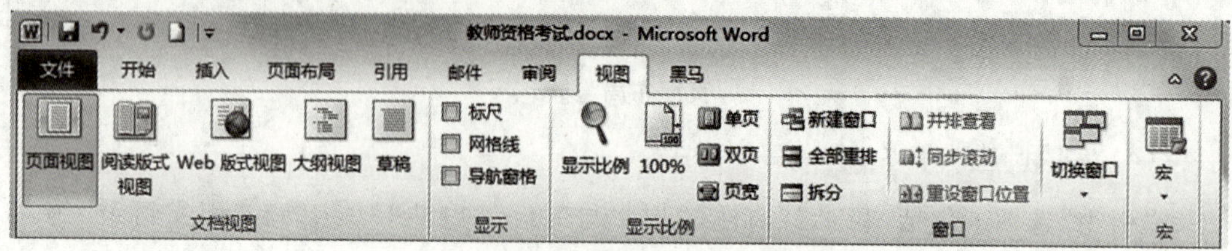

“视图”选项卡

“文档视图”包括“页面视图”“阅读版式视图”“Web 版式视图”“大纲视图”“草稿”。切换视图方式:

①选择“视图”选项卡,在“文档视图”组中单击需要的视图模式按钮;

②分别单击状态栏视图快捷方式图标,即可选择相应的视图模式。

3. 文档编辑区

文档编辑区是用来输入和编辑文字的区域,在 Word 中,不断闪烁的插入点光标“|”表示用户当前的编辑位置。要修改某个文本,就必须先移动插入点光标。

移动插入点光标的快捷键

按键	移动插入点	按键	移动插入点
【←】	左移一个字符	【Home】	移到行首
【→】	右移一个字符	【End】	移到行尾
【↑】	上移一行	【Page UP】	上移一屏
【↓】	下移一行	【Page Down】	下移一屏
【Ctrl+←】	左移一个字或词	【Ctrl+Page UP】	上移一页
【Ctrl+→】	右移一个字或词	【Ctrl+Page Down】	下移一页
【Ctrl+↑】	移到当前段的开始	【Ctrl+Home】	移到文档的开始
【Ctrl+↓】	移到下一段的开始	【Ctrl+End】	移到文档的末尾

4. 状态栏

状态栏位于 Word 工作界面的底部,用来显示当前文档的页面、字数、语言等信息。通过状态栏可以实现插入与改写两种输入方式的切换,以及切换文档视图,调整显示比例等。

考点 2 Word 的基本操作

1. 文档操作

(1)创建文档

有三种新建空白文档的方法:①单击快速访问工具栏中的"新建"按钮;②单击"文件",在弹出的下拉菜单中选择"新建"菜单项,根据提示进行操作;③按【Ctrl + N】组合键新建一个空白文档。

(2)打开文档

打开最近使用过的文档的具体操作是单击"文件",选择"最近所用文件",单击要打开的文档选项,即可将所选文档打开。

打开已有文档的具体操作是单击"文件",选择"打开"按钮,根据提示操作即可。

(3)保存文档

保存新建文档的具体方法如下:①单击"文件",选择"保存"按钮。②单击"文件",选择"另存为"按钮,根据提示操作即可。

用户对已经保存过的文档进行了编辑之后再保存,共有三种方法:①单击"文件",选择"保存"按钮。②单击快速访问工具栏中的"保存"按钮。③按【Ctrl + S】组合键。

(4)打印文档

打印文档有两种方式:快速打印、使用"打印"命令进行打印。

快速打印:点击"快速访问工具栏"上的"快速打印"按钮,可以快速打印整篇文档,这种方式按照当前打印机的属性设置进行打印,只能打印一份文档。

使用"打印"命令进行打印:点击"文件"选项卡中的"打印"命令可以打开"打印"对话框,右侧即打印预览界面,在"打印"对话框中,可以设置打印机属性,设置打印文档的页码范围、副本份数、文档的缩放和打印文档属性等。

2. Word 文本编辑

(1)文本输入与删除

①文本输入

输入文本时,用户只需将光标定位在要输入文本的位置,然后在光标闪烁处输入需要的内容即可。在输入的文本满一行后,插入点会自动转入下一行。在没有输满一行文字的情况下,若需要开始新的段落,可按【Enter】键换行。

若用户要输入的是当前的日期或时间,则可使用 Word 自带的插入日期和时间功能。

具体操作为:定位光标→“插入”选项卡→“文本”组→日期和时间→选择可用格式→“确定”按钮。

若用户要插入一些特殊符号,具体操作为:定位光标→“插入”选项卡→“符号”组的“符号”按钮→其他符号→选择“符号”对话框的相应项→“插入”按钮。

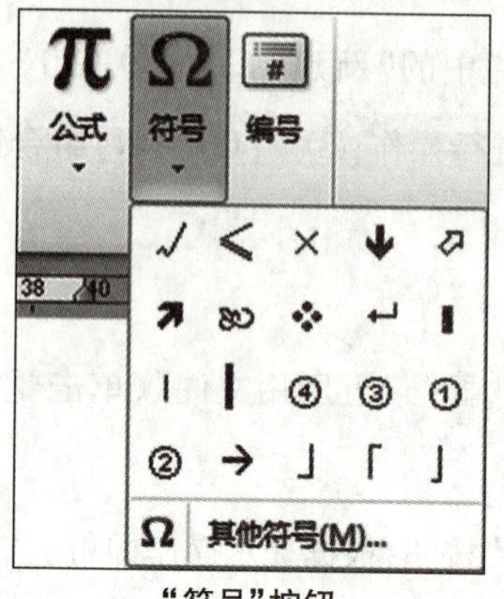

“符号”按钮

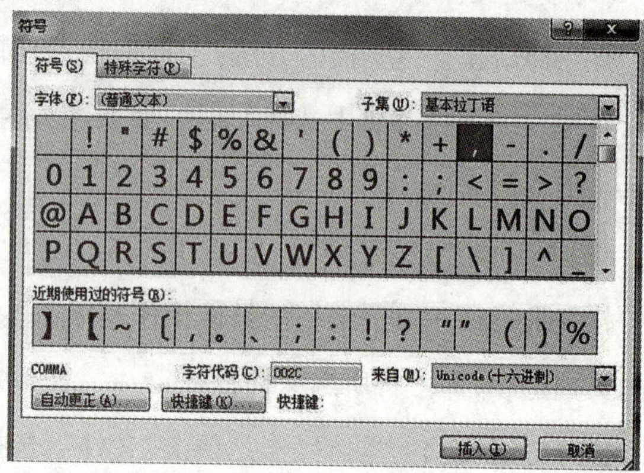

“符号”对话框

②删除文本

删除文本时,选定文本或文本块后,按【Delete】键可删除插入点后面的字符,按【Backspace】键可删除插入点前面的字符。

(2)文本选取

①使用鼠标选取文本

鼠标是选取文本时最常用的工具,用户可以使用它选取单个字词、连续文本、分散文本、矩形文本、段落文本以及整个文档等。

鼠标选取文本的具体操作方案

功能	具体操作
选取任意文本	定位光标,按住鼠标左键拖动鼠标至要选取文本结尾部分
选取单个字词	双击该字词或按住鼠标左键拖动至字词结束位置
选取连续文本	拖动鼠标或先定位光标到文本的开始位置,按住【Shift】键,然后在要选定文本的结束位置单击鼠标左键
选取分散文本	先拖动鼠标选中部分文本,然后按住【Ctrl】键,再继续选择其他文本
选取矩形文本	按住【Alt】键,然后拖动鼠标即可
选取一行文本	将鼠标指针移动到段落左侧选定栏,当指针变为指向右边的空心箭头时单击
选取多行文本	在某一行的左侧选定栏按住鼠标左键,向下或向上拖动即可

续表

功能	具体操作
选取一个句子	按下【Ctrl】键，然后单击该句中任意位置
选取段落文本	拖动鼠标；或将鼠标指针移动到段落左侧选定栏，当指针变为指向右边的空心箭头时双击；或将鼠标定位到段落中任意位置，三击鼠标左键
选取整个文档	将鼠标指针移动到文档中任意正文的左侧，当指针变为指向右边的空心箭头时三击鼠标左键

②使用键盘选取文本

使用键盘选取文本时，将光标定位在适当的位置，再按下相应的组合键即可选取文本。

常用的组合键及其功能

组合键	功能
【Shift + ↑】	选中光标所在处至上一行对应位置处的文本
【Shift + ↓】	选中光标所在处至下一行对应位置处的文本
【Shift + ←】	选中光标左侧的一个字符
【Shift + →】	选中光标右侧的一个字符
【Ctrl + Shift + ←】	选中光标所在处左侧的词语
【Ctrl + Shift + →】	选中光标所在处右侧的词语
【Shift + Home】	选中光标所在处至行首的文本
【Shift + End】	选中光标所在处至行尾的文本
【Ctrl + Shift + Home】	选中光标所在处至文档开头之间的文本
【Ctrl + Shift + End】	选中光标所在处至文档末尾之间的文本
【Ctrl + A】	选中整个文档

(3)复制与移动文本

复制文本的具体操作如下：选中文本，按“剪贴板”中的“复制”按钮或者组合键【Ctrl + C】将文本拷贝到剪贴板中，定位好光标插入点后，再按“剪贴板”中的“粘贴”按钮或者组合键【Ctrl + V】将剪贴板中的内容粘贴到当前光标所在位置。在 Word 中，如果进行了多次剪切或复制，粘贴时所粘贴的是最后一次剪切或复制的内容。

文本移动的方法有两种，分别为：①选中文本，按“剪贴板”中的“剪切”按钮或者组合键【Ctrl + X】将文本剪切到剪贴板中，定位好光标插入点后，再按“剪贴板”中的“粘贴”按钮或者组合键【Ctrl + V】将剪贴板中的内容粘贴到当前光标所在位置。②选中文本，直接利用鼠标将所选中文本拖至相应位置即可。

(4)插入与改写文本

Word 默认的是插入方式,输入的字符插入到插入点所在的位置,原位置的字符向后移动。单击状态栏的“插入”按钮或按【Insert】键可更改状态为改写,当处于改写状态时,新输入的字符会覆盖插入点后边的字符。

(5)查找与替换文本

查找和替换操作可以通过“开始”→“编辑”组中的“查找”“替换”命令实现,也可以通过组合键【Ctrl + F】(查找)和【Ctrl + H】(替换)实现。查找功能可以用来统计一篇文档中某词出现的次数。替换可以高效地对文档进行修改,将文档中的某个字、词语、句子、符号等统一替换为另一个。对话框如下图所示。

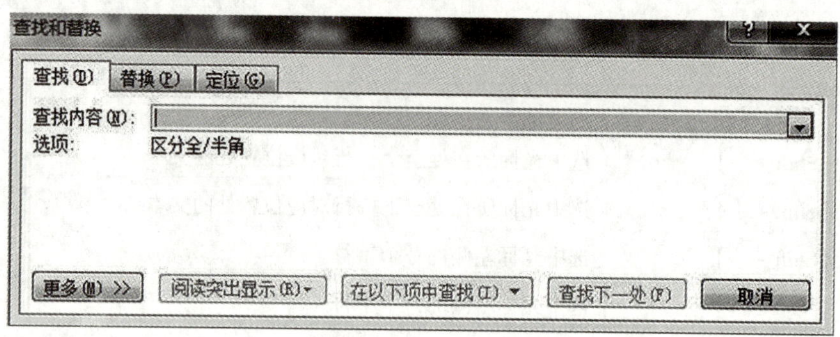

“查找和替换”对话框

(6)“撤消”和“恢复”文本

当用户在编辑文本时,如果对之前所进行的操作不满意,可以单击快速访问工具栏上的“撤消”按钮或者组合键【Ctrl + Z】恢复到操作前的状态。

在经过“撤消”操作后,“撤消”按钮右侧的“恢复”按钮将变亮,表明已经进行过“撤消”操作,如果用户想要恢复只需单击工具栏上的“恢复”按钮即可。

真题面对面

1. [2022 下半年真题]在 Word 编辑状态中,要输入特殊符号(如“℃”或“☆”),下列选项中可实现此功能的是(　　)

A. 编辑　　B. 插入

C. 格式　　D. 视图

答案:B。若用户要插入一些特殊符号,具体操作为:定位光标→“插入”选项卡→“符号”组的“符号”按钮→其他符号→选择“符号”对话框的相应项→“插入”按钮。

2.［2022 上半年真题］在 Word 文档中，出现了多处相同的错误，下列操作中，可一次性更正的是（　　）

A. 使用“修订”命令　　B. 使用“撤消”与“恢复”的命令

C. 使用“定位”命令　　D. 使用“编辑”中的“替换”命令

答案：D。

3. Word 文档排版

（1）字符排版

字符是指字母、空格、标点符号、数字、符号和汉字等。字符排版是对字符的字体、字号、字形、颜色、字间距、效果等进行设置。

可以使用“开始”选项卡中的字体功能区进行设置；也可以在右键快捷菜单中选择“字体”按钮，在弹出的“字体”对话框中设置。若选中的文本块为多种字号和字体，那么字号、字体框显示的内容为空，即不显示任何内容。只有当选定文本块的字号、字体一致时，字号、字体框才会显示当前选定文本块的字体、字号。

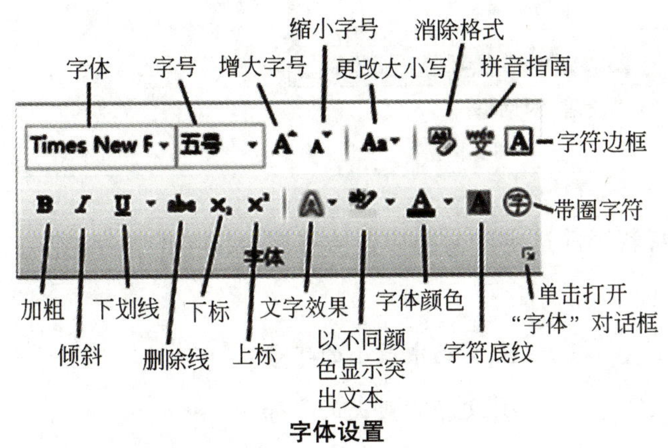

字体设置

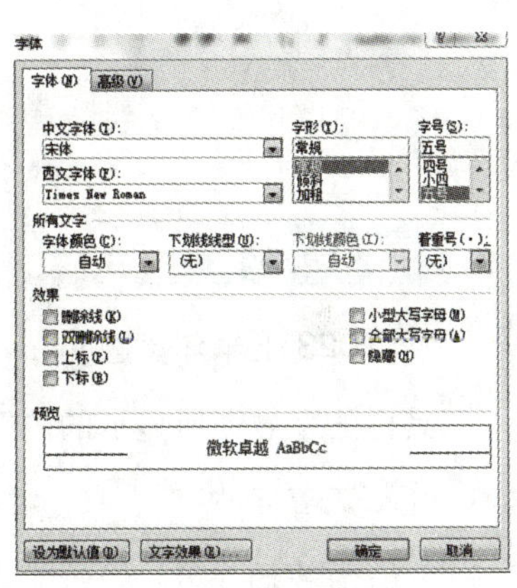
“字体”对话框

（2）段落排版

段落格式是文档段落的属性，如对齐、缩进、间距等。可以使用“开始”选项卡中的段落功能区进行设置；也可以在右键快捷菜单中选择“段落”按钮，在弹出的“段落”对话框中设置。

Word 提供了文本左对齐、居中、文本右对齐、两端对齐、分散对齐 5 种对齐方式。

段落缩进有左缩进、右缩进、悬挂缩进、首行缩进 4 种。①**左缩进**是整段文档相对于文档左边框右移一定的距离。②**右缩进**是整段文档相对于文档右边框左移一定的距离。③**悬挂缩进**是段落的首行文本不加改变，而除首行以外的文本缩进一定的距离。④**首行**

缩进是将段落的第一行从左向右缩进一定的距离，首行外的各行都保持不变，便于阅读和区分文章整体结构。

段落间距包括行距和段间距。**行距**可以更改文本的行间距，“间距”中的“段前”“段后”选项可设置所选段落与前后段落之间的距离，即段间距。常见的行间距有六种：单倍行距、1.5 倍行距、2 倍行距、最小值、固定值、多倍行距。

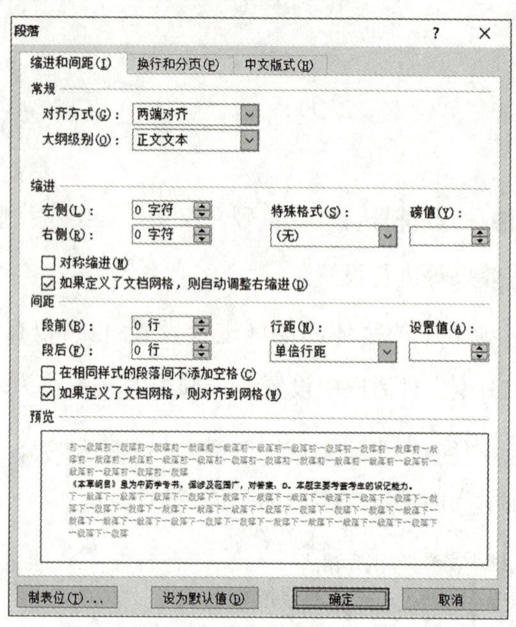

“段落”对话框

真题面对面

[2023 上半年真题] Word 中，若当前选定的文档中包含有多种字号的文字，则工具栏的字号框所显示的内容是(　　)

A. 无显示内容　　　　B. 文档中最小的字号

C. 首字的字号　　　　D. 文档中最大的字号

答案：A。

4. 页面排版

页面排版包括分页与分节、页眉与页脚、页面设置、脚注和尾注等操作。

(1)分页与分节

Word 的“分隔符”包括分页符和分节符。

①分页

一般情况下，当文档内容到页尾时 Word 会自动分页，在下一页继续文档内容的排布。当然，根据文档排版的需要，也可手动插入分页符进行分页，操作步骤如下：单击要开始新页的位置；在“插入”选项卡的“页”组中，单击“分页”。手动插入的分页符也可根据需要删除。

②分节

Word 的节是一个排版单位。文档的每节可以设置不同的格式，如不同的页边距、页面的方向、页眉和页脚、页码等。在建立新文档时，Word 将整篇文档视为一节。为了便于对文档进行不同的格式设置，可以将文档分割成多个节，然后就可以根据需要分别为每节设置不同的格式。插入分节符的步骤如下：将光标定位于需要分节的位置；在“页面布局”选项卡的“页面设置”组中，单击“分隔符”按钮打开分隔符选项列表，按需选择不同的分节方式。

(2)页眉和页脚

页眉和页脚是指在文档每一页的顶部和底部加入信息，奇偶页的页眉或页脚信息可以不同。这些信息可以是文字和图形等，内容可以是文件名、标题名、日期、页码、剪贴画等。

(3)页面设置

页面设置是指对文档进行纸张大小、纸张方向、页边距等设置。单击“页面布局”→“页面设置”组中的按钮，或者打开“页面设置”对话框进行设置。

5. Word 表格处理

(1)创建表格

创建表格的方法有多种，单击“插入”选项卡中的表格按钮，使用鼠标拖动方块格，选择需要插入的表格的行和列；单击“插入表格”命令，输入行和列的数量；使用“绘制表格”命令绘制表格。

(2)表格的编辑

①选定表格

选定连续的多个单元格、多行或多列：在要选定的单元格、行或列上拖动鼠标；或者，先选定某个单元格、某行或某列，然后在按住【Shift】键的同时单击其他单元格、行或列。

选定不连续的多个单元格、多行或多列：先选定某个单元格、某行或某列，然后按住【Ctrl】键，再分别单击选中其他单元格、行或列。

选定下一个单元格中的文本：按【Tab】键。

选定上一个单元格中的文本：按【Shift + Tab】组合键。

选定整张表格：单击该表格，然后按【Alt + 5】组合键(5 位于数字键盘上，Num Lock

必须关闭）；或将鼠标指针移到表格的左上角，出现表格“移动控制点”图标时，单击。

②向表格添加行、列或单元格

将光标移到表格中要插入单元格的位置，右击鼠标，选择“插入”菜单项，根据具体需要可向表格中添加新的行、列或单元格。

在表尾添加新行：单击最后一行的最后一个单元格，即将光标定位到该单元格，按【Tab】键，完成操作。

③删除表格的行、列和单元格

将光标移到表格中要删除的单元格位置，右击鼠标，选择“删除单元格”菜单项，根据具体需要可删除表格中单元格、单元格所在的行或列。

删除整个表格：选中整个表格，按【Backspace】键，完成操作。

④合并和拆分单元格

合并单元格：选定要合并的单元格（两个以上、相邻的单元格，可以是同行或同列），右击鼠标，选择“合并单元格”命令，完成操作。

拆分单元格：此操作可将一个或多个单元格拆分成多个单元格。先选定要拆分的单元格，右击鼠标，选择“拆分单元格”命令，弹出“拆分单元格”对话框，输入要拆分的行数和列数，单击“确定”完成拆分。

⑤拆分表格

拆分表格指对一个表格进行拆分操作。将鼠标定位于要拆分的表格内，切换至“表格工具”的“布局”面板，在“合并”选项卡中单击“拆分表格”命令，即可将表格进行拆分。拆分表格时，可以将一个表格拆分成两个或多个的表格。

⑥设置表格属性

选中表格，右键单击选择“表格属性”命令，弹出“表格属性”对话框，根据具体需要可以设置表格的边框和底纹、行高、列宽、对齐方式、文字环绕方式、单元格垂直对齐方式等。

真题面对面

［2020 下半年真题］在 Word 中，下列关于表格操作的表述不正确的是（　　）

A. 两个连续单元格可合并成一个单元格

B. 两张表格可以合并成一张完整的表格

C. 一张表格可拆分成多张表格

D. 表格的外框可加上实线边框

答案：B。

6. 图文混排

(1)插入插图

在 Word 中可插入的插图主要有剪贴画、图片、形状、图表、屏幕截图等。另外,通过复制(剪切)粘贴的方式也可以直接将已选中的图片粘贴于 Word 文档中。

(2)文字环绕方式

在文字中插入图片,常用的文字环绕方式有嵌入型、四周型、紧密型、衬于文字下方、浮于文字上方。其对应特点如下:

嵌入型:将图片当作文档中的一个普通字符看待,图片跟随文档的变动而变动。

四周型:文字在图片方形边界框四周环绕,图片具有浮动性,可以在文档中自由移动。

紧密型:文字紧密环绕在实际图片的边缘,而不是环绕于图片边界。

衬于文字下方:图片就像文字的背景图案,文字在图片的上方。

浮于文字上方:文字位于图片的下方,图片会挡住下方的文字。

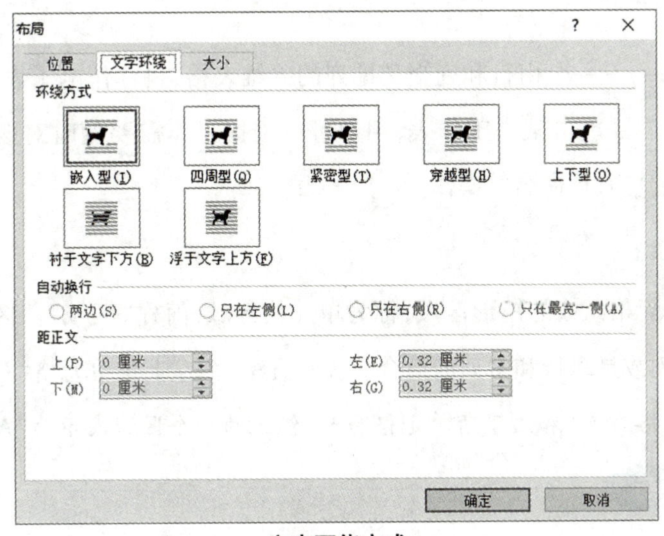

文字环绕方式

三、电子表格软件 Excel 【9 年 15 考】

考频分布 2015—2023 年,以单选题形式考查 15 次

考点 1 Excel 的常用术语

工作表编辑区就是 Excel 窗口中由暗灰线组成的表格区域,主要包括单元格、编辑栏、行号和列标等,是编辑电子表格的主要模块。

1. 行号和列标

在工作表编辑区左侧显示的数字是行号，上方显示的大写英文字母是列标，通过它们可确定单元格的位置。

2. 单元格

单元格就是工作表中行和列交叉的部分，是工作表最基本的数据单元，也是电子表格软件处理数据的最小单位。单元格的名称(也称单元格地址)用列标和行号来标识，列标在前，行号在后。例如，第3行第2列的单元格的名称是B3。

3. 工作簿与工作表

(1)工作簿

工作簿是指在Excel中用来存储并处理数据的文件，其扩展名是.xlsx。工作簿是由工作表组成的，每个工作簿都可以包含一个或多个工作表。通常所说的Excel文件指的就是工作簿文件。

(2)工作表

工作表(Sheet)是一个由行和列交叉排列的二维表格，也称作电子表格，用于组织和分析数据。鼠标右键单击某一工作表，用户可以根据工作需要随时对该工作表进行插入、删除、移动或复制、重命名等操作。

4. 单元格区域

由连续的单元格组成的矩形区域，称为单元格区域，简称“区域”。区域可以是工作表中的一行、一列或是多行和多列的组合。表示方法为“左上角单元格:右下角单元格”。例如左上角单元格为A1和右下角单元格为F6组成的一个区域表示为“A1:F6”。

真题面对面

[2022下半年真题]在Excel中，用鼠标右键单击工作簿中的“Sheet1”标签，不能实现的功能是(　　)

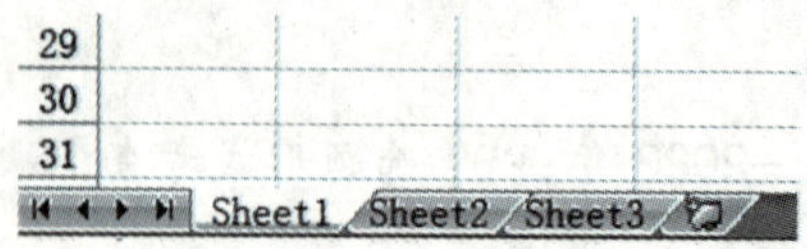

A. 插入一个工作表　　B. 删除一个工作表

C. 重命名一个工作表　　D. 打印一个工作表

答案：D。

考点 2 Excel 的工作界面

Excel 工作界面,包括标题栏、功能区、名称框与编辑栏、工作簿窗口、状态显示栏等部分。其工作界面如下图所示。

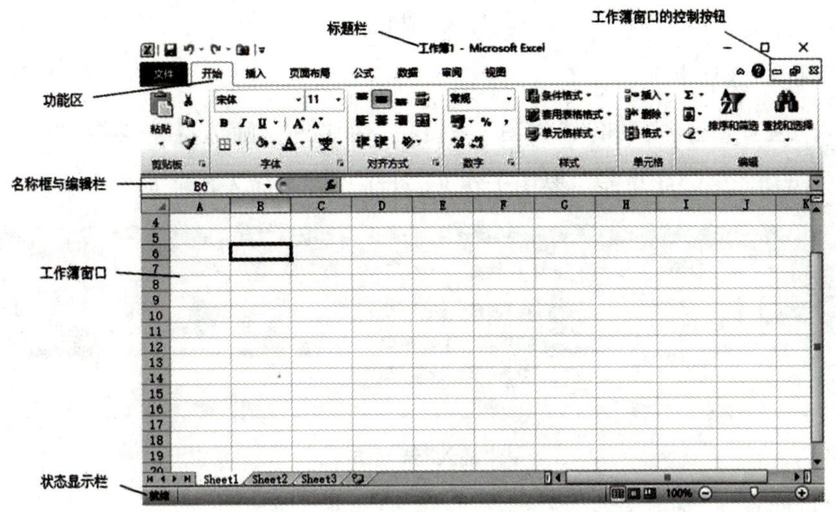

Excel 的工作界面

1. 标题栏

标题栏位于 Excel 窗口的顶端,用来显示正在运行的应用程序"Microsoft Excel"和文件名称(工作簿 1)。标题栏的左边是"快速访问工具栏",包括保存、撤消、恢复等常用操作按钮。"快速访问工具栏"中的操作按钮可以自行设置。标题栏的右边是最小化、最大化(还原)和关闭按钮。

2. 功能区

功能区是 Excel 最重要的组成部分。为了便于浏览,功能区按特定方案或对象进行分组,每一组组成一个选项卡,包括"文件""开始""插入""页面布局""公式""数据""审阅""视图"等。当单击某个选项卡时,功能区的下方就将显示该选项卡中包含的控件。但在对工作表进行编辑的过程中,随着新的操作需要,有时会再增加新的选项卡,操作结束后,该选项卡也会从功能区中消失。

(1)"开始"选项卡

"开始"选项卡包含"剪贴板""字体""对齐方式""数字""样式""单元格"和"编辑"几个分组功能区。该选项卡中的功能主要用于帮助我们对 Excel 工作表进行文字编辑和单元格的格式设置,是我们常用的功能区。

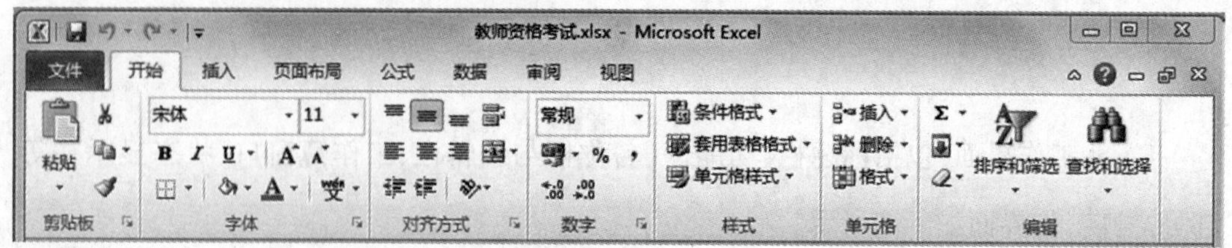

“开始”选项卡

（2）“插入”选项卡

“插入”选项卡包含“表格”“插图”“图表”“迷你图”“筛选器”“链接”“文本”和“符号”几个分组功能区。此功能主要用于在 Excel 工作表中插入各种对象。

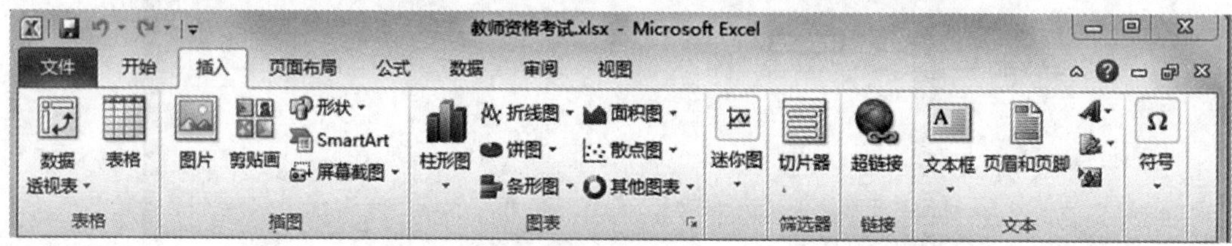

“插入”选项卡

（3）“页面布局”选项卡

“页面布局”选项卡包含“主题”“页面设置”“调整为合适大小”“工作表选项”和“排列”几个分组功能区。此功能主要用于帮助我们设置 Excel 工作表的页面样式。

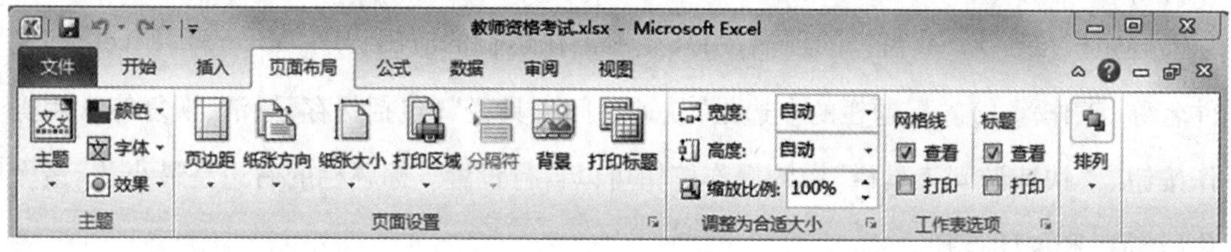

“页面布局”选项卡

（4）“公式”选项卡

“公式”选项卡包含“函数库”“定义的名称”“公式审核”和“计算”几个分组功能区。此功能主要用于在 Excel 工作表中进行各种数据计算。

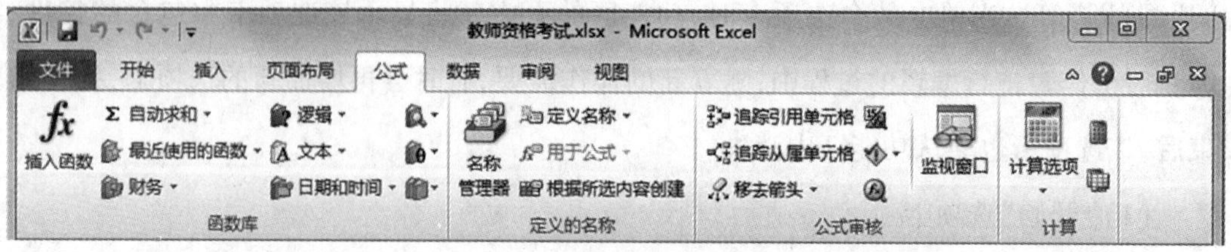

“公式”选项卡

（5）“数据”选项卡

“数据”选项卡包含“获取外部数据”“连接”“排序和筛选”“数据工具”和“分级显

示”几个分组功能区。此功能主要用于在 Excel 工作表中进行数据处理相关方面的操作。

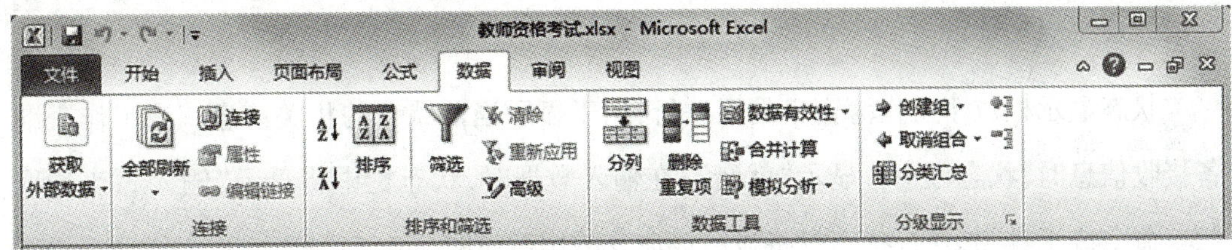

“数据”选项卡

(6)“审阅”选项卡

“审阅”选项卡包含“校对”“中文简繁转换”“语言”“批注”和“更改”几个分组功能区。此功能主要用于对 Excel 工作表进行校对和批注等操作。

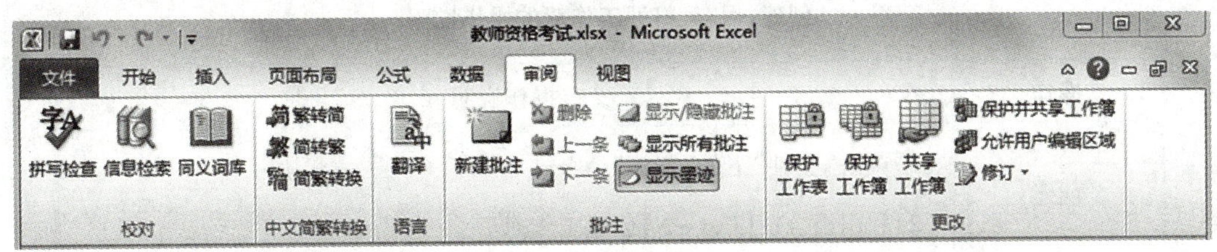

“审阅”选项卡

(7)“视图”选项卡

“视图”选项卡包含“工作簿视图”“显示”“显示比例”“窗口”和“宏”几个分组功能区。此功能主要用于帮助我们设置 Excel 工作表窗口的视图类型。

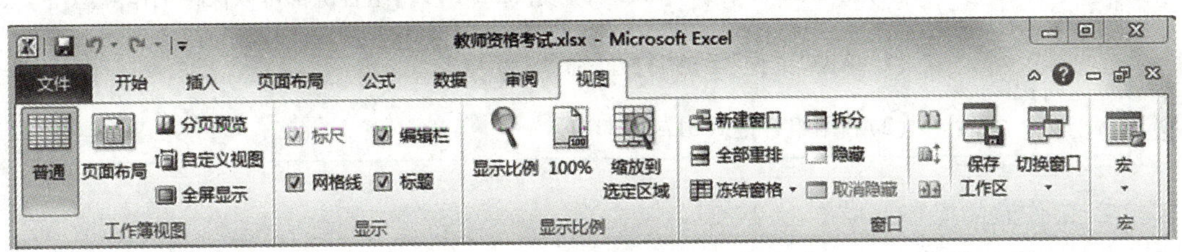

“视图”选项卡

3. 名称框与编辑栏

名称框与编辑栏在同一行上。名称框在左边，其中总是显示当前活动单元格的坐标，所以也称为单元格名字框或地址栏。

编辑栏在右边，其中总是显示当前活动单元格中的内容，它用于对活动单元格输入数据或进行编辑。

名称框与编辑栏之间是公式栏，如果单击编辑栏一次，则在公式栏显示“取消”按钮、“输入”按钮与“插入函数”按钮。

4. 工作簿窗口

工作簿窗口是 Excel 窗口中区域最大的一个子窗口，它有自己的控制菜单框、标题栏、最小化与最大化/还原按钮。

5. 状态显示栏

状态显示栏位于工作簿窗口的下一行，用于显示当前状态的相关信息。当工作表准备接收信息时，状态栏中将显示“就绪”；在输入数据时，状态栏中将显示“输入”；当选取菜单命令或工具图标时，状态栏将显示该命令的用途说明。

考点3　Excel 的基本操作

1. 工作簿的操作

创建、保存、打开工作簿的操作说明

操作	操作说明
创建	(1)单击“文件”下的“新建”命令 (2)利用组合键【Ctrl + N】创建工作簿
保存	(1)单击“文件”下的“保存”命令 (2)单击快速访问工具栏中的“保存”按钮 (3)关闭文件时，系统弹出对话框提示保存 (4)在 Excel 中，按下【Ctrl + S】或【Shift + F12】组合键都可以保存工作簿
打开	(1)单击“文件”下的“打开”命令 (2)利用组合键【Ctrl + O】打开

2. 工作表的操作

(1)插入工作表

插入工作表的方法包括：①单击要插入的工作表的位置，按【Shift + F11】键，则插入的工作表在当前工作表之前。②右击任何一个工作表标签，选择“插入”命令，即可在当前工作表之前插入新的工作表。③单击最后一个工作表右边的“插入工作表”按钮，即可在最后插入一张新的工作表。

(2)删除工作表

删除工作表的方法包括：①选定要删除的工作表，然后执行“开始”选项卡中“单元格”菜单下的“删除工作表”命令。②选定要删除的工作表标签，右击鼠标，选择“删除”命令即可。需要特别说明的是，Excel 工作簿中的工作表不能够全部删除，至少应含有一张可视工作表。

(3)冻结窗格

当工作表中的数据较多时,可以使用冻结窗格的操作,将窗口左侧的若干列或者窗口上端的若干行固定显示在窗口中,也可同时固定若干行和若干列在窗口上方和左侧,方便查看数据。具体操作为:选定单元格,被选定的单元格所在位置将成为冻结的分割点,选择“视图”→“窗口”中的“冻结窗格”命令。同样,单击“取消冻结窗格”可取消冻结。

3. 单元格的操作

(1)单元格与单元格区域的选定

单元格与单元格区域的选定操作说明

选择项目	操作说明
一个单元格	单击要选中的单元格
	在名称框输入单元格地址,按【Enter】键
	在“开始”选项卡的“编辑”组中选择“查找和选择”→“转到”命令,打开“定位”对话框(也可以通过组合键【Ctrl + G】实现),在“引用位置”文本框中输入要选定的单元格
	使用键盘上的光标移动键
矩形区域	对区域角上的起始单元格按下鼠标左键,然后沿对角线方向拖动鼠标
	单击区域角上的单元格,然后按住【Shift】键,再单击对角线方向的末尾单元格
多个不相邻单元格或矩形区域	先选第一个单元格(或矩形区域),再按住【Ctrl】键并单击其他单元格(或选择其他区域)
一行/一列	鼠标单击行号/列标
相邻行/列	在行号/列标上拖动鼠标从第一行/列到最后一行/列
	单击第一个行号/列标,再按住【Shift】键,单击最后一行/列的行号/列标
	单击第一个行号/列标,再按住【Shift】键和光标移动键
不相邻的行/列	用鼠标单击某一行号/列标,按住【Ctrl】键再分别单击其他的行号/列标
全部单元格	【Ctrl + A】快捷键
	单击工作簿左上角的“全选”按钮

(2)插入行、列、单元格

①在要插入单元格的位置选定单元格或单元格区域,然后右击,在快捷菜单中选择“插入”命令,会弹出一个“插入”对话框,在对话框中有活动单元格右移、活动单元格下

移、整行、整列4个选项可供选择，根据需要单击相应选项即可。

②选定插入位置，然后选择“开始”→“单元格”工具组，单击“插入”下拉按钮。在下拉列表中有插入单元格、插入工作表行、插入工作表列和插入工作表4个选项可供选择，根据需要单击相应选项即可。如要插入多行、多列或多个单元格，则需要同时选中多行、多列或多个单元格。

“插入”按钮

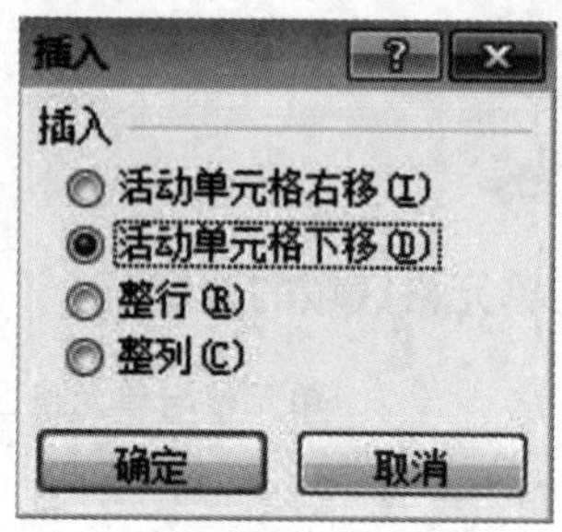

“插入”对话框

(3)删除行、列、单元格

①选择要删除的单元格或区域，然后右击鼠标，在快捷菜单中选择“删除”命令，会弹出一个“删除”对话框，在对话框中有4个选项可供选择，根据需要单击相应选项即可。

②选择要删除的单元格或区域，选择“开始”选项卡→“单元格”工具组→“删除”命令，打开“删除”下拉列表，有4个选项可供选择，根据需要单击相应选项即可。要删除多行、多列或多个单元格，则需要同时选中多行、多列或多个单元格。

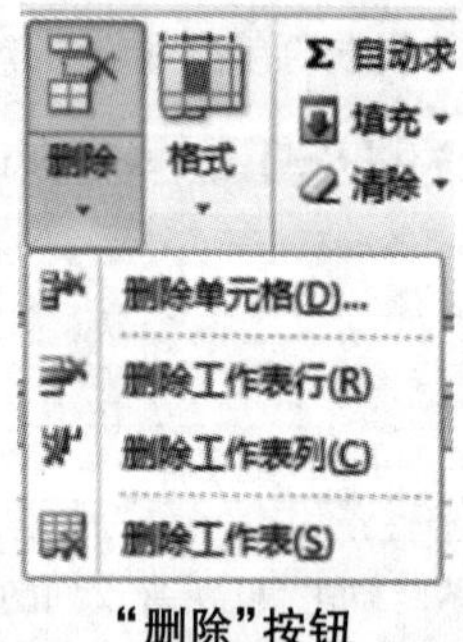

“删除”按钮

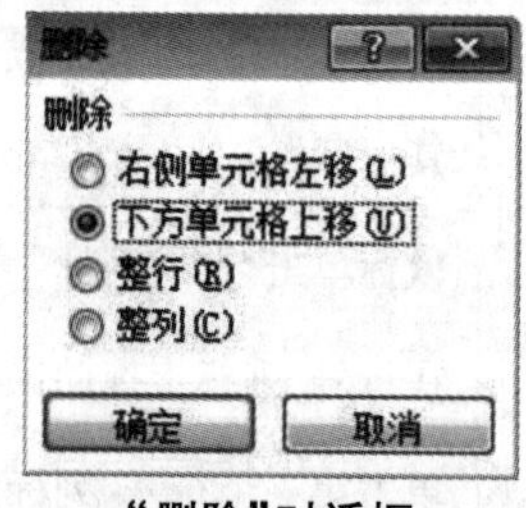

“删除”对话框

(4)合并单元格与取消合并

合并单元格就是将一个连续的单元格区域合并为一个单元格，以满足各种表格制作的需求。合并后的单元格的名称是合并前所选单元格区域中左上角的单元格的名称。如果所选的单元格区域有数据，合并后只能保留参与合并的单元格中最左上角单元格中的数据。

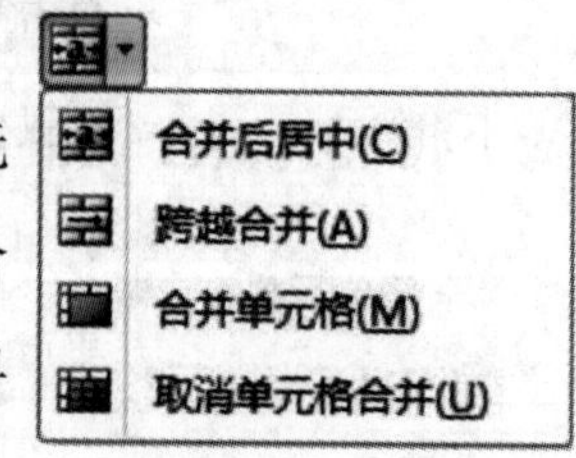

合并及取消合并

①**合并单元格**：使用菜单命令合并。选定要合并的单元格，选择“开始”→“对齐方

式”工具组中的“合并后居中”按钮。

②**取消合并**：使用“开始”→“对齐方式”工具组→“合并后居中”下拉列表→“取消单元格合并”命令。

(5)设置单元格的行高和列宽

①直接使用鼠标操作，设置自己想要的行高和列宽。要设置行高，可以先将鼠标指向某行行号下框线，这时鼠标指针变为双向箭头，拖动双向箭头上下移动，直到合适的高度为止。要调整列宽，可先将鼠标指向某列列标的右框线，这时鼠标指针变为双向箭头，拖动鼠标指针左右移动，直到合适的宽度为止。

②如果需要设置精确的行高和列宽，选定单元格或单元格区域，选择“开始”选项卡→“单元格”工具组→“格式”按钮，在弹出的下拉列表中单击“列宽”或“行高”选项，会弹出“列宽”或“行高”对话框，输入想要设置的值，单击“确定”即可。

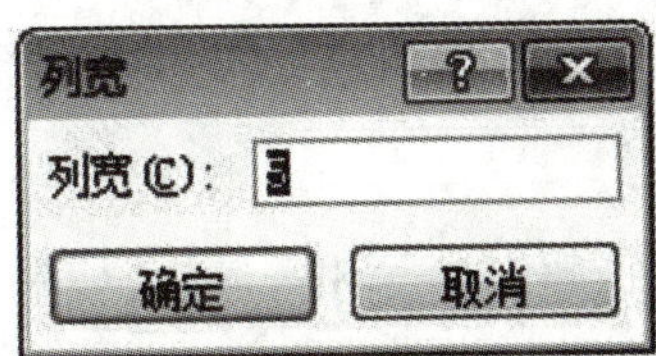

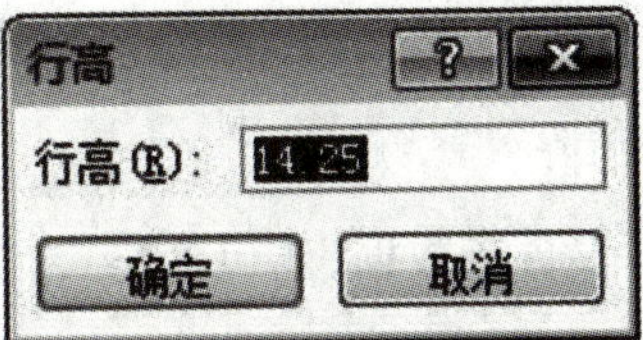

“列宽”及“行高”对话框

4. Excel 数据操作

(1)数据的输入

Excel 能够接收的数据类型可以分为文本(或称字符或文字)、数字(值)、日期和时间等。

数值型数据：由数字 0～9、正号、负号、小数点、顿号、分数号“/”、百分号“%”、指数符号“E”或“e”、货币符号“￥”或“$”、千位分隔号“,”等组成。输入数值型数据时，Excel 自动将其沿单元格右边对齐。需要注意的是，如果输入的是分数(如 1/5)，应先输入“0”和一个空格，然后输入“1/5”。否则 Excel 会把该数据当作日期格式处理，存储为“1 月 5 日”。

文本型数据：由字母、汉字和其他字符开头的数据，如表格中的标题、名称等。默认情况下，文本型数据沿单元格左边对齐。如果数据全部由数字组成，如电话号码、邮编、学号等，输入时应在数据前输入单引号“’”(如“’610032”)，Excel 就会将其看作文本型数据，并沿单元格左边对齐。

日期和时间：在 Excel 中，日期的形式有多种，如 2023 年 11 月 26 日的表现形式有：2023 年 11 月 26 日、2023/11/26 等。默认情况下，日期和时间项在单元格中右对齐。如果输入的是 Excel 不能识别的日期或时间格式,输入的内容将被视为文字,并在单元格中左对齐。

(2)数据的编辑

正在输入的数据完全错误时,可按【Esc】键取消输入,然后重新输入。

若只是部分错误,先选定该单元格,在编辑栏中修改,或双击单元格在单元格内修改。

若要复制或移动数据,可以用复制或剪切工具栏实现,也可以用鼠标拖放操作。

(3)数据填充

填充柄指的是鼠标移动到活动单元格的右下角,鼠标呈现小黑十字形的光标。选定初始值所在的单元格,拖动填充柄时经过的区域就被自动填充了。

如果选定的初始单元格内容是字符或者数字,在填充时相当于复制;若是文字和数据的混合时,文字不变,数字发生变化。此外,填充可以实现等差、等比等多种填充形式。

(4)数据的清除

单元格内不仅含有数据,还包含格式、备注、超链接等相关属性,如果只需要清除其中部分属性,可以使用 Excel 清除功能。具体操作为:选定相应的单元格,在"开始"选项卡的"编辑"组中单击"清除"下拉按钮,在下拉菜单中有以下选项,如右图所示。

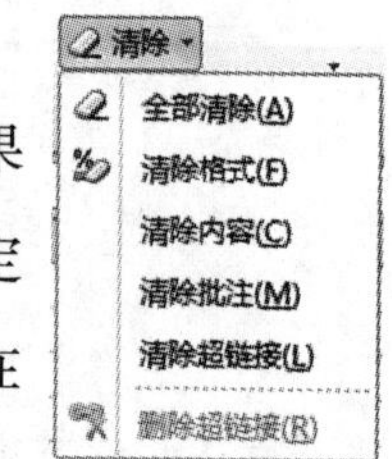

"清除"对话框

(5)数据的格式与样式

在 Excel 中,利用"开始"选项卡中"单元格"工具组中的"格式"命令,可以对工作表中的单元格数据进行格式化操作。在 Excel 内部共设置了 11 种数据格式,分别是常规、数值、货币、会计专用、日期、时间、百分比、分数、科学记数、文本和特殊。用户还可以自己定义数据格式。Excel 的"样式"功能区包括条件格式、套用表格格式和单元格样式,为快速设置表格格式、表格的可视化提供了便利。

(6)数据的查找与替换

利用 Excel 的"查找"和"替换"功能,可快速定位满足查找条件的单元格,并能方便地将单元格中的数据替换为其他需要的数据,从而提高编辑效率。Excel 既可以在一个工作表中进行查找和替换,也可以在多个工作表中进行查找和替换。在"开始"选项卡的"编辑"组中单击"查找和选择"按钮,在弹出的下拉列表中单击"查找"或"替换"选项。Excel 的"查找"和"替换"功能的使用方法同 Word 类似。

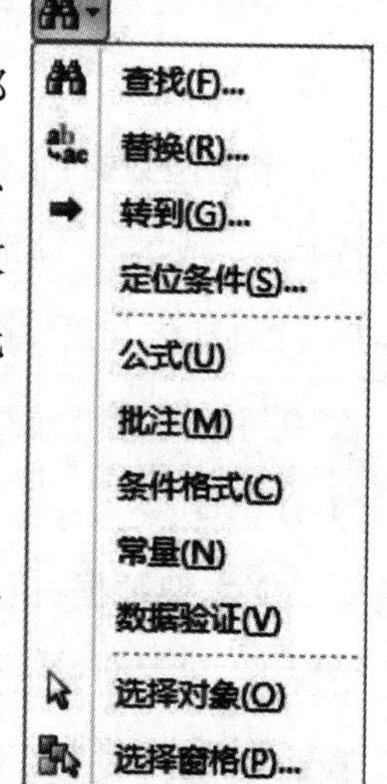

"查找和选择"菜单

5. Excel 数据管理

(1)数据排序

Excel 可以根据需要按行或列、按升序或降序或自定义序列来排序。英文字母可按字母次序(默认不区分大小写)排序,汉字可按笔画或拼音排序。

简单数据排序是指对单一字段按升序或降序排列,一般直接利用“开始”选项卡的“编辑”功能区内的“排序和筛选”按钮,下拉选择排序方式;或单击“数据”菜单,选择“排序”命令,进行排序。

(2)数据筛选

数据筛选只显示工作表中满足条件的数据,不满足条件的数据暂时隐藏起来(没有被删除)。当筛选条件被删除时,隐藏的数据便又恢复显示。

筛选有两种方式:自动筛选和高级筛选。自动筛选适用于简单条件的筛选,而高级筛选适用于复杂条件的筛选。

(3)数据分类汇总

分类汇总就是对数据按某字段进行分类,将字段值相同的记录作为一类,进行求和、平均、计数等汇总运算。针对同一个分类字段,可进行多种汇总。分类汇总前,需要先按分类字段对数据清单进行排序。

(4)数据合并计算

Excel 的“合并计算”功能可以汇总或者合并多个数据源区域中的数据,方法有两种:一是按类别合并计算,二是按位置合并计算。

真题面对面

[2022 上半年真题]如 Excel 数据表所示,下列选项中,可使成绩单中只显示“科目二”成绩高于 85 分的运动员的操作是(　　)

成绩单					
序号	姓名	科目一	科目二	科目三	最终成绩
1	黄东	50	90	76	
2	张凡	53	78	82	
3	李青松	80	67	78	
4	夏小敏	59	81	75	
5	陆晓东	77	89	65	
6	史佳琪	67	93	93	
	单项平均				

A. 排序　　B. 合并计算　　C. 筛选　　D. 分类汇总

答案:C。

6. Excel 公式与函数

(1)公式

Excel 中,公式是以“=”开头,由常量、单元格地址、函数、运算符等组成的表达式。选中单元格,在编辑栏中可以修改公式,或双击单元格在单元格内修改。

Excel 中包含四类运算符:算术运算符(如加减乘除)、比较运算符(如大于、小于)、文本运算符和引用运算符。运算符运算优先级从高到低依次为:引用运算符、负号、百分比、幂、乘除、加减、文本运算符、比较运算符。如果在公式中同时包含了多个相同优先级的运算符,则 Excel 将按照从左到右的顺序进行计算,若要更改运算的次序,就要使用“()”将需要优先运算的部分括起来。

(2)函数

函数一般由函数名和参数组成,函数语法为:函数名(参数1,参数2,参数3,…)。函数名一般代表了函数的用途,如 SUM 代表求和、AVERAGE 代表求平均值、MAX 代表求最大值等。参数根据函数计算功能的不同,可以是数字、文本、逻辑值、数组、错误值或单元格引用。指定的参数都必须为有效参数值。参数也可以是常量、公式或其他函数。

Excel 中常用的函数

函数	函数语法格式	功能	示例
求和函数 SUM	SUM(number1,number2,…)	计算参数表中的参数总和	输入公式“=SUM(D2:D6)”,确认后即可求出 D2～D6 区域内所有数值的总和
求平均值函数 AVERAGE	AVERAGE(number1,number2,…)	计算所有参数的平均值	输入公式“=AVERAGE(B2:D7)”,确认后即可求出 B2～D7 区域的平均值
求最大值函数 MAX	MAX(number1,number2,…)	求出一组数值中的最大值	输入公式“=MAX(B2:D7)”,确认后即可求出 B2～D7区域内的最大值
求最小值函数 MIN	MIN(number1,number2,…)	求出一组数值中的最小值	输入公式“=MIN(B2:D7)”,确认后即可求出 B2～D7区域内的最小值
统计函数 COUNT	COUNT(value1,value2,…)	计算区域中包含数值的单元格个数。参数的类型不限	如果 A1=90、A2=人数、A3=""、A4=45、A5=56,则输入公式“=COUNT(A1:A5)”返回“3”

续表

函数	函数语法格式	功能	示例
求标准差公式 STDEVP	STDEVP(number1,number2,…)	计算给定的样本总体的标准偏差	输入公式"=STDEVP(A2:A11)"确认后即可求出A2~A11的区域标准差
排名函数 RANK	RANK(number,ref,order)	计算某数值在一列数值中相对于其他数值的大小排位	输入公式"=RANK(B2,$B$2:$B$31,0)",确认后即可得出B2在B2~B31区域中的降序排名结果
求众数函数 MODE	MODE(number1,number2,…)	计算一组数据中的众数	输入公式"=MODE(A1:A10)",即可求出A1~A10区域内出现频率最高的数
求中位数函数 MEDIAN	MEDIAN(number1,number2,…)	计算一组数据中的中位数	输入公式"=MEDIAN(A1:A10)",即可求出A1~A10区域内数值的中位数

真题面对面

1.[2023下半年真题]如下图所示,在Excel中单击单元格E2,欲求出甲班20名学生成绩的中位数,应输入的公式是(　　)

	A	B	C	D	E
1	甲班	乙班			中位数
2	78	76		甲班	
3	79	77		乙班	
4	80	80			
5	65	79			
6	82	80			

A. =SUM(A2:A21)

B. =MEDIAN(A2:A21)

C. =MODE(A2:A21)

D. =AVERAGE(A2:A21)

答案:B。

2. [2023 上半年真题] 如下图 Excel 数据表所示,可计算出各项目平均人数的函数是(　　)

	A	B	C	D	E
1	人数统计表				
2	序号	项目一	项目二	项目三	总人数
3	1	50	90	76	
4	2	53	78	82	
5	3	80	67	78	
6	4	59	81	75	
7	5	77	89	65	
8	6	67	93	93	
9	单项平均				

A. MAX　　B. RANK　　C. COUNT　　D. AVERAGE

答案:D。

7. Excel 图表

图表是依据 Excel 工作表中的数据创建的二维或三维图表。Excel 提供了数十种图表类型,用户可以选择恰当的方式表达数据信息,并且可以自定义图表、设置图表各部分的格式。

(1)常用图表类型

Excel 中常用的图表类型有柱形图、条形图、折线图、饼图等,特点如下:

①**柱形图**是一种以长方形的长度为变量的表达图形的统计报告图,用于数据的统计和分析。

②**条形图**可以显示各个项目之间的比较情况。

③**折线图**可以显示随时间变化而变化的连续数据,非常适用于显示在相等时间间隔下数据的趋势。

④**饼图**显示一个数据序列中各项的大小与各项占总和的比例。

(2)图表中数据和文字的编辑

当创建图表后,图表和创建图表的工作表中的数据区域之间建立了联系,当工作表中的数据发生变化时,图表中的对应数据也自动更新。

文字的编辑是指对图表增加、修改或删除说明性文字的编辑,以便用户更好地理解图表内容。若要对文字进行修改,只需在要修改的文字处单击,直接输入修改后的内容即可。

四、演示文稿软件 PowerPoint 【9 年 5 考】

考点 1 PowerPoint 的常用术语

考频分布 2023 下单选,2017 上单选

幻灯片: PowerPoint 的基本构成单位,每张幻灯片除了可以包括文字和图片,还可以有声音、视频、图表等。

演示文稿:由幻灯片组成,扩展名. pptx。演示文稿除了可以包括幻灯片外,还可以包括讲义、备注、大纲、格式信息。

模板:模板是带有风格设计的演示文稿,用户可以使用 PowerPoint 自带的模板,快速制作具有统一风格的演示文稿,也可以根据需要自己设计模板。模板中可以包含幻灯片版式、主题颜色、主题字体、主题效果和背景样式等。

幻灯片版式:一些对象标识符的集合,在不同的标识符中可以插入不同的内容,如文字、剪贴画、图表等。每种版式有不同的对象标识和排列位置。

母版:是模板的一部分,主要用来定义演示文稿中所有幻灯片的格式,其内容主要包括文本与对象在幻灯片中的位置、文本与对象占位符的大小、文本样式、效果、主题颜色、背景等信息。幻灯片母版上的对象将出现在每张幻灯片的相同位置上,使用母版可以方便地统一幻灯片的风格。

真题面对面

[2023 下半年真题]在 PowerPoint 的幻灯片中,通过对其母板的设置,可实现的功能是(　　)

A. 统一整套幻灯片风格　　B. 统一标题内容

C. 统一所有图片的格式　　D. 统一正文内容

答案:A。

考点 2 PowerPoint 的工作界面

考频分布 2017 下单选,2016 上单选,2015 上单选

启动 PowerPoint 后,显示的窗口被称为演示文稿的工作窗口,该窗口主要由快速访问工具栏、标题栏、窗口控制按钮、功能区、幻灯片/大纲窗格、工作区、备注窗格、状态栏等

部分组成。

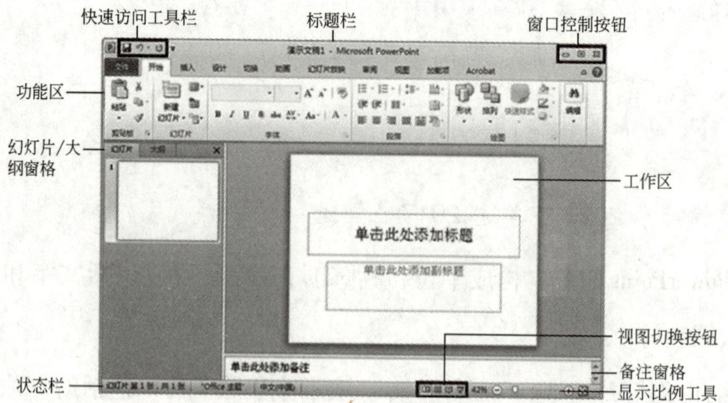

PowerPoint 的窗口界面

1. 标题栏

标题栏的中间显示当前正在编辑的文稿名;最左边是"快速访问工具栏",包括保存、撤消、恢复/重复等按钮;最右边是最小化、最大化(还原)和关闭按钮。

2. 功能区

功能区包括"开始""插入""设计""切换""动画""幻灯片放映""审阅""视图"等选项卡。

(1)"开始"选项卡

"开始"选项卡包含"剪贴板""幻灯片""字体""段落""绘图""编辑"等功能区。通过"开始"选项卡可以进行如下所示操作。

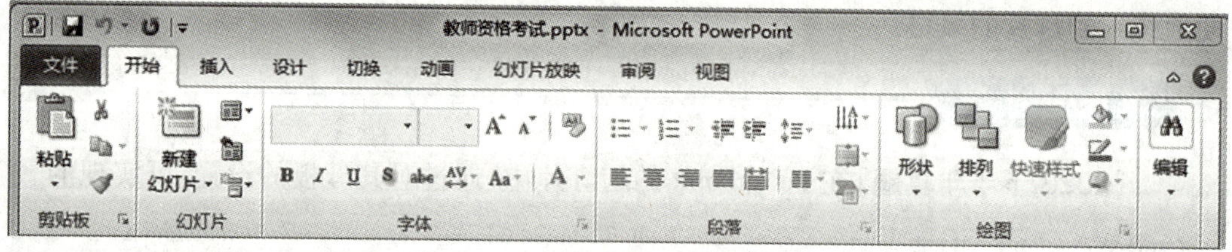

"开始"选项卡

(2)"插入"选项卡

"插入"选项卡包括"表格""图像""插图""链接""文本""符号""媒体"等功能区。通过"插入"选项卡可以进行如下所示操作。

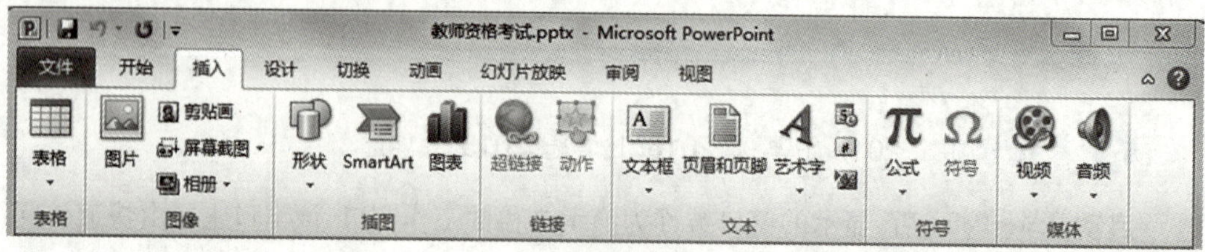

"插入"选项卡

(3)“设计”选项卡

“设计”选项卡包含“页面设置”“主题”和“背景”等功能区。通过“设计”选项卡可以对演示文稿进行页面设置,以及设置演示文稿的主题和背景等。

“设计”选项卡

(4)“切换”选项卡

“切换”选项卡包括“预览”“切换到此幻灯片”和“计时”等功能区,可以为幻灯片的切换设置不同的效果。

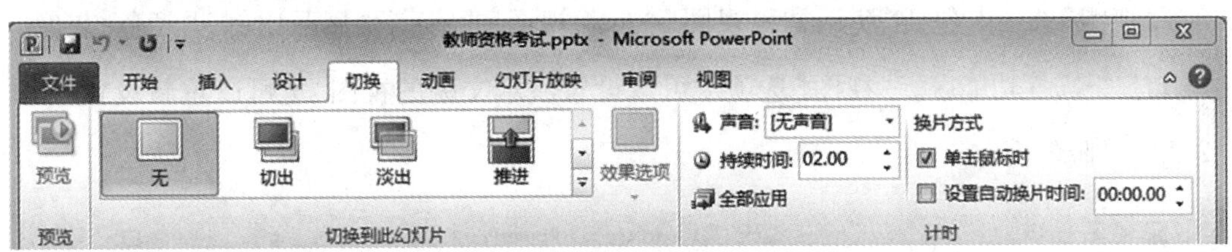

“切换”选项卡

(5)“动画”选项卡

“动画”选项卡包括“预览”“动画”“高级动画”“计时”等功能区,可以为幻灯片中的文字、图片、形状等各种对象设置动画效果。

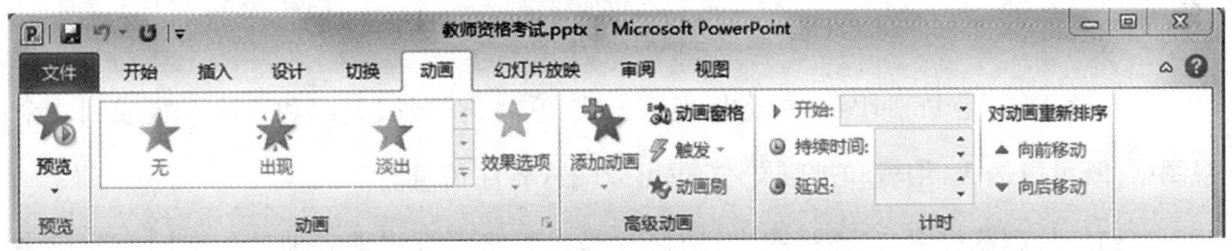

“动画”选项卡

(6)“幻灯片放映”选项卡

“幻灯片放映”选项卡包括“开始放映幻灯片”“设置”和“监视器”等功能区,可以设置幻灯片的放映方式、进行排练计时等。

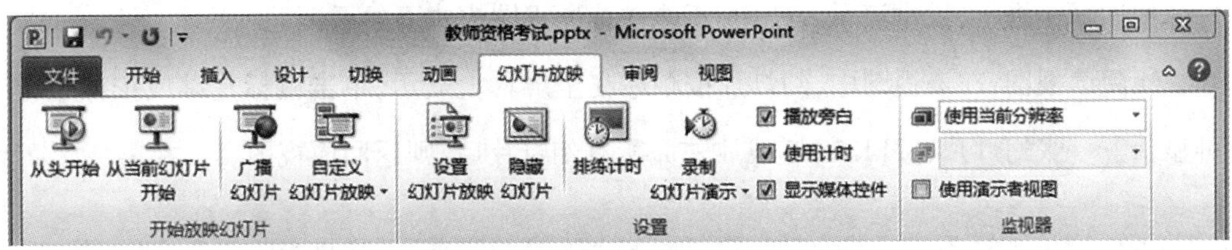

“幻灯片放映”选项卡

(7)“审阅”选项卡

“审阅”选项卡包括“校对”“语言”“中文简繁转换”“批注”和“比较”等功能区。PowerPoint 中的“审阅”选项卡的功能与 Word、Excel 类似。

“审阅”选项卡

(8)“视图”选项卡

“视图”选项卡包括“演示文稿视图”“母版视图”“显示”“显示比例”“颜色/灰度”“窗口”“宏”等功能区。“视图”选项卡可以设置演示文稿的视图,也可以重新设置演示文稿的母版等内容。

“视图”选项卡

①**普通视图**:是 PowerPoint 的常用视图方式,它将幻灯片、大纲和备注页集成到一个视图中,既可以输入、编辑和排版文本,也可以输入备注信息。

②**幻灯片浏览视图**:在该视图中,幻灯片是以缩略图方式整齐地显示在同一窗口中的,可以在屏幕上同时看到演示文稿中的所有幻灯片。在幻灯片浏览视图下不能对幻灯片的内容进行编辑,只能对其进行调整。

③**备注页视图**:备注页视图用于演示者为幻灯片添加备注。备注是演示者对每张幻灯片的注释或提示,仅供演示者使用,不能在普通视图模式下显示。

④**阅读视图**:在该视图中,幻灯片按顺序在全屏幕上显示,单击鼠标左键或按回车键可显示下一张幻灯片,按【Esc】键或放映完所有幻灯片后,则返回原视图。

考点 3　PowerPoint 的基本操作

1. PowerPoint 编辑

(1)幻灯片的操作

演示文稿是由幻灯片组成的,新建的 PowerPoint 演示文稿的第一张幻灯片版式默认为标题幻灯片。

若要插入幻灯片,其操作是:在幻灯片浏览视图或普通视图的幻灯片窗格下,选择"开始"选项卡下的"新建幻灯片"命令,在任务窗格中选择需要的幻灯片版式即可插入。

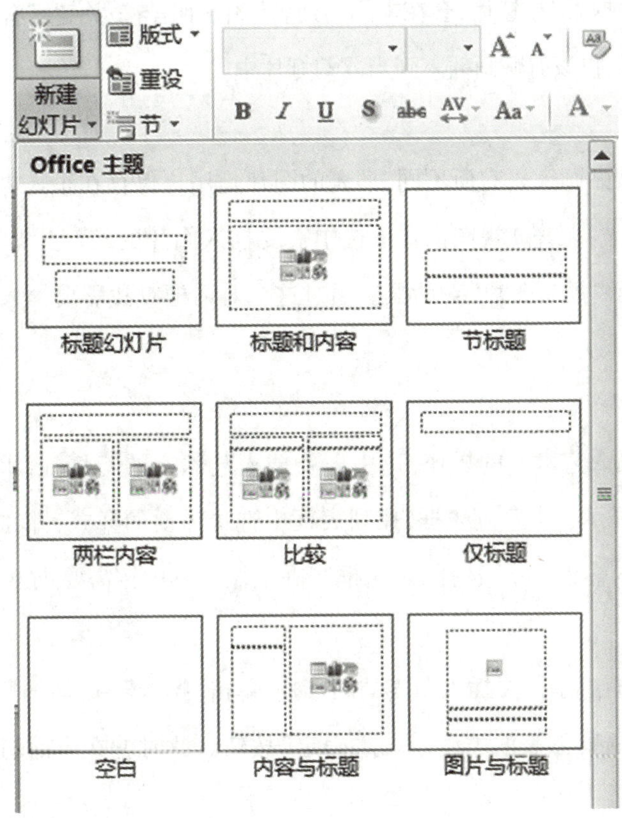

新建幻灯片任务窗格

删除幻灯片的操作是:鼠标右键单击要删除的幻灯片,在右键菜单中选择"删除幻灯片"命令,或者选中幻灯片,点击【Delete】键或【Backspace】键。

(2)幻灯片的编辑

①文本编辑

标题框:一般情况下,每张幻灯片内预设有一个矩形框,主要用于输入幻灯片的标题，编辑后单击矩形外任意位置即表示输入完成。

正文项目框：该区域内一般用于输入幻灯片所要表达的正文信息，在每一条文本信息的前面都有个项目符号。

文本框：文本框通常是在需要输入除标题和正文以外的文本信息或者表格、图表、图片等非文本信息时由用户根据需要自行添加。在“空白”幻灯片中，不可以直接插入文本，必须先插入文本框才能输入文字。

②插入剪贴画

在普通视图模式下，选择需要插入剪贴画的幻灯片，单击“插入”→“图像”→“剪贴画”，窗口弹出“剪贴画”任务窗格，在该任务窗格的“搜索文字”输入框中输入一个剪贴画类别的关键字，单击“搜索”按钮后，会在中间的列表框中列出与该关键字有关的所有剪贴画，选中一个剪贴画后，将该剪贴画插入到当前幻灯片中。

③插入图片

图片插入与剪贴画插入有所不同，插入的图片是用户保存在个人电脑上的自定义图片，图片插入的操作：在普通视图模式下选中需要插入图片的幻灯片，单击“插入”→“图像”→“图片”，显示“插入图片”对话框。通过这个对话框查找需要插入的图片，单击“插入”即可。

④插入艺术字

在幻灯片中插入艺术字的操作：选中需要插入艺术字的幻灯片，单击“插入”→“文本”→“艺术字”，显示艺术字列表框，在列表框中选择需要的样式，并在幻灯片中生成的“艺术字编辑框”内输入文字，选择“编辑框”，在绘图工具中按需要进行设置即可。

⑤插入图表

插入图表操作：选中需要插入图表的幻灯片，单击“插入”→“插图”→“图表”，在“插入图表”对话框中选择图表的类型，单击“确定”按钮。此时就在当前幻灯片中插入了选定类型的图表。

⑥添加超链接

在 PowerPoint 中，可以为幻灯片中的任一对象添加超链接或者动作，超链接的对象有：现有文本或网页、本文档中的位置、新建文档和电子邮件地址。必须要说明的是，对同一个对象只能是一个“超链接”起作用，不可能对一个对象插入两个超链接。

为幻灯片中的对象插入超链接的操作是：选中幻灯片中需要设置超链接的对象。单击“插入”→“链接”→“动作”命令，弹出“动作设置”对话框，单击“单击鼠标”选项卡，设置“单击鼠标时的动作”,选中“超链接”单选按钮,并且在弹出的“插入超链接”对话框中选择链接到的位置,单击“确定”即可。

⑦插入多媒体

插入音频文件的操作:执行“插入”→“媒体”→“音频”→“文件中的音频”命令,弹出“插入音频”对话框。在该对话框中,选择已经录制好的声音文件,然后单击“确定”按钮。常见的音频文件的格式有“.wav”“.mp3”“.wma”等。

插入视频文件的操作:执行“插入”→“媒体”→“视频”→“文件中的视频”命令,弹出“插入视频文件”对话框,选择要添加的视频文件,单击“确定”按钮。然后弹出提示信息框,单击“自动”按钮即可将该影片添加到幻灯片中。常见的视频文件的格式有“.avi”“.mp4”“.wmv”等。

⑧添加表格

插入表格操作:选中需要插入表格的幻灯片,单击“插入”→“表格”,在下拉列表中选择“插入表格”命令,弹出“插入表格”对话框,设置表格的行数与列数,单击“确定”按钮即可。

2. PowerPoint 设计

PowerPoint 能够使演示文稿中所有的幻灯片具有一致的外观,控制外观的方法有母版、应用设计模板等。

(1)母版

幻灯片母版是指具有特殊用途的幻灯片,用来设置演示文稿中所有幻灯片的格式。通过修改幻灯片母版,可以统一修改文稿中幻灯片的文本外观,若要统一修改多张幻灯片的外观,则只需在幻灯片母版上做一次修改即可。在幻灯片母版中修改的字体或添加的图片(如某单位的徽标等)会作用到每一张基于该母版的幻灯片上。

(2)使用应用设计模板

模板是控制演示文稿统一外观最好、最快捷的一种手段,它可以为被编辑的演示文稿中的所有幻灯片制作统一的颜色设置、总体布局等。PowerPoint 提供了多种已有模板,用户也可根据自己的需要创建新模板,模板文件的扩展名为“.pot”。用户若要在新建演示文稿中使用某特定的应用设计模板,须先选中想要使用的模板,之后在该文稿中插入一个新幻灯片时,新幻灯片的模板将采用已选定设计模板。此外,用户也可在编辑过程中或文稿编辑完成后使用模板。

3. PowerPoint 播放和打印

(1)设置幻灯片放映

在幻灯片放映前,可以设置放映方式,以根据具体的情况满足相应的需求。单击“幻灯片放映”选项卡的“设置”组中的“设置幻灯片放映”命令,弹出“设置放映方式”对话框。

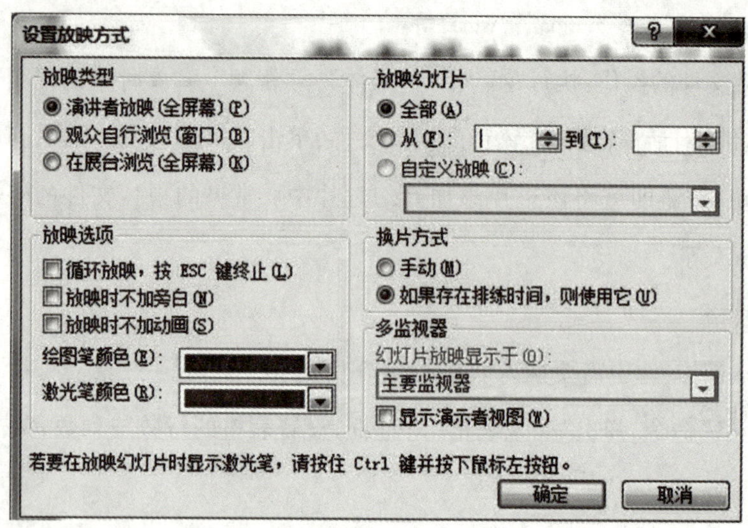

“设置放映方式”对话框

(2)放映演示文稿

①直接放映。在任何一种视图下,单击 PowerPoint 主窗口下的视图切换按钮中的“幻灯片放映”按钮,都可以进入幻灯片放映视图,并根据设置的放映方式从当前幻灯片开始播放演示文稿。

②控制放映过程的快捷菜单。在幻灯片放映视图中单击鼠标右键,可弹出控制放映过程的快捷菜单,有下一张、上一张、定位至幻灯片、指针选项、屏幕、结束放映等命令。

(3)排练计时

操作方法:执行“幻灯片放映”选项卡中“设置”组的“排练计时”命令,在幻灯片放映视图中,系统会弹出“录制”对话框并自动记录幻灯片的切换时间。结束放映时或单击“录制”工具栏中的“关闭”按钮时,系统将弹出提示框,单击“是”按钮即可保存排练计时。

“录制”对话框

提示框

(4)打印演示文稿

打印演示文稿指将制作完成的演示文稿按照要求通过打印设备输出并呈现在纸上。切换到“文件”选项卡,单击“打印”选项卡即可对打印选项进行设置。

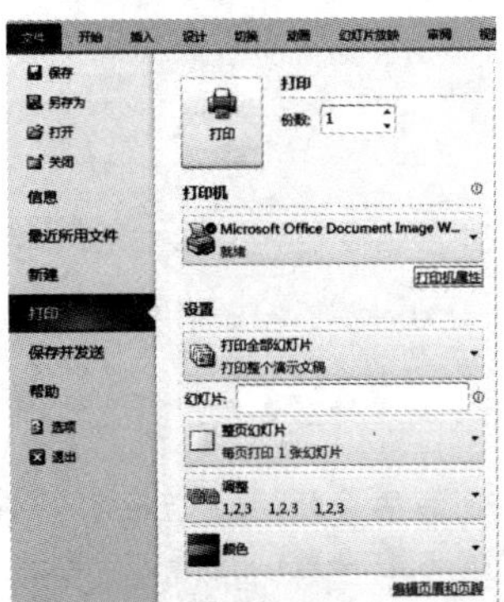

“打印”选项卡

第二节　逻辑思维能力

思维导图

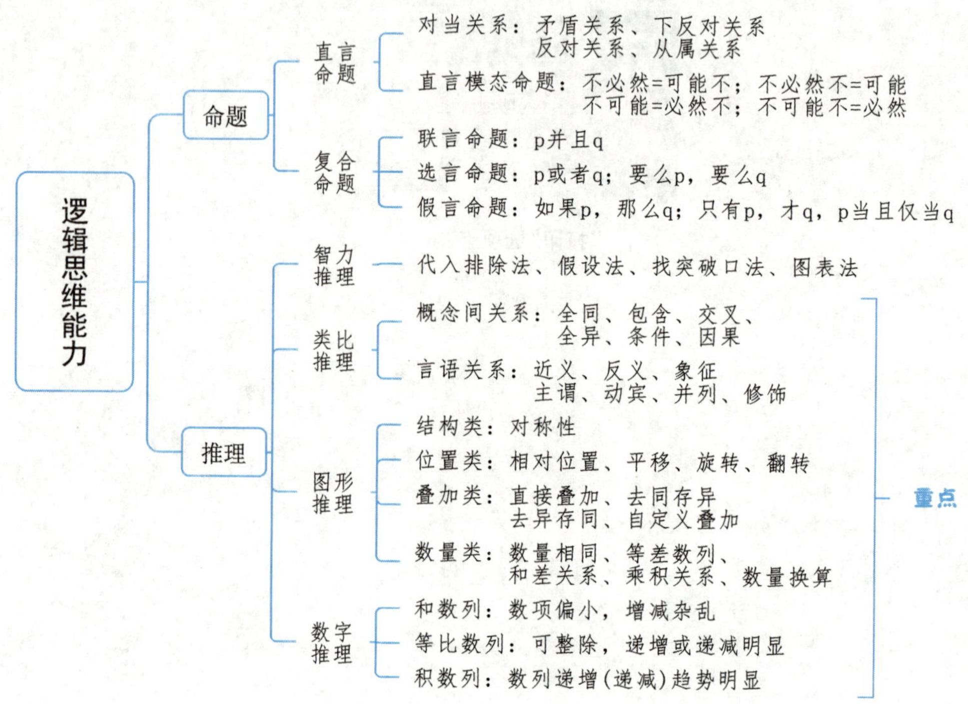

考向分析

本节主要介绍逻辑学的基础知识，有一定难度，重在理解。在考试中会以单选题的形式考查。汇总分析2015年至2023年的真题试卷，本节知识考查情况见下表：

知识	考点	考频	题型
命题	直言命题和复合命题	4	单选
推理	智力推理	2	单选
	类比推理	13	单选
	图形推理	8	单选
	数字推理	7	单选

核心考点

一、命题 【9年4考】

考点1 直言命题

考频分布 2019上单选

1. 直言命题的概念

直言命题又称为性质命题，是判断事物具有或不具有某种属性的简单命题。直言命题是句子结构最为简单的命题，其不可分割。

【示例】"地球是圆的"就是直言命题，但是"你认真学习这本书，你就能通过考试"就不是直言命题，因为这个命题可拆分为"你认真学习这本书"和"你能通过考试"两个命题，这种命题叫作"复合命题"。

常见的直言命题类型

量项	类型	定义	逻辑形式	举例
全称	全称肯定命题	断定所有对象都具有某种性质的句子	所有A都是B	所有人都会哭
	全称否定命题	断定所有对象都不具有某种性质的句子	所有A都不是B	所有人都不会哭
特称	特称肯定命题	断定有的对象具有某种性质的句子	有的A是B	有的人会哭
	特称否定命题	断定有的对象不具有某种性质的句子	有的A不是B	有的人不会哭

2. 直言命题的对当关系

直言命题的对当关系即直言命题之间的真假制约关系，四种常见的直言命题之间的对当关系如下图所示：

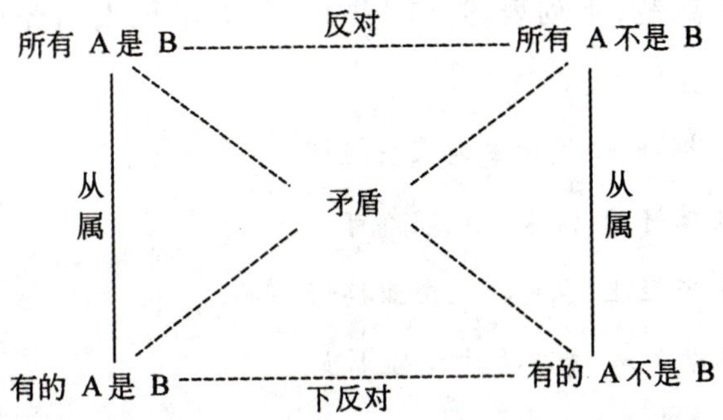

【示例】“所有明星是东北人”和“有的明星不是东北人”是矛盾关系。当“所有明星是东北人”为真时，“有的明星不是东北人”必然为假；当“所有明星是东北人”为假时，“有的明星不是东北人”必然为真。即两者之间必有一真一假。

具有对当关系的直言命题间的真假特点

关系类型	真假特点	相关命题
矛盾关系	必有一真一假	“所有 A 是 B”与“有的 A 不是 B” “所有 A 不是 B”与“有的 A 是 B”
下反对关系	必有一真，可以同真	“有的 A 是 B”与“有的 A 不是 B”
反对关系	必有一假，可以同假	“所有 A 是 B”与“所有 A 不是 B”
从属关系	全称真则特称真， 特称假则全称假	“所有 A 是 B”⇒“有的 A 是 B” “所有 A 不是 B”⇒“有的 A 不是 B”

3. 直言模态命题

直言模态命题即在直言命题上加上“必然”“可能”“未必”等模态词的命题。在考试中主要考查的是模态命题间的相互转化。

与直言命题类似，在模态命题前加上“并非”，即为其负命题，与原命题具有矛盾关系。

(1)并非“必然 B” =“可能非 B”，即：不必然 = 可能不。

(2)并非“必然非 B” =“可能 B”，即：不必然不 = 可能。

(3)并非“可能 B” =“必然非 B”，即：不可能 = 必然不。

(4)并非“可能非 B” =“必然 B”，即：不可能不 = 必然。

这一转化关系可以简单记为：把必然与可能交换，肯定与否定互换。

在考试中，当题干给出几个直言命题并且告知这几个命题中为真或为假的个数，却不知道具体哪个命题为真或为假时，解题关键在于找到具有对当关系的一对命题，然后绕开这对命题的真假，判断其他命题的真假从而得出答案。

真题面对面

[2019 上半年真题]下列表述，与“并非‘只有本地人当经理，才能把企业搞好’”的判断一致的是(　　)

A. 要想把企业搞好，必须由本地人当经理

B. 只要把企业搞好了，谁来当经理都可以

C. 不由本地人当经理，也可以把企业搞好

D. 不由本地人当经理，就不能把企业搞好

答案:C。并非“只有本地人当经理,才能把企业搞好”,即可能不用“本地人当经理”,也可以“把企业搞好”。本题选C。

考点2　复合命题

考频分布　2018下单选,2016上单选,2015上单选

复合命题是由两个或多个单句通过联结词联结而成的命题。

【示例】一滴水只有放进大海里才永远不会干涸。其中“只有……才……”为联结词,“放进大海里”和“永远不会干涸”是构成复合命题的肢命题。

根据逻辑联结词的不同可对复合命题进行划分,主要有联言命题、选言命题和假言命题,其中假言命题是考试的重点。

1. 联言命题

联言命题就是将若干个命题联合起来,表示这些情况同时存在的命题。可表示为:p **并且** q(p、q是联言肢,“并且”是联结词)。联言命题的推理规则有两条:

(1)全部肢命题为真,才能推出联言命题为真;

(2)联言命题为真,可推出其中任一肢命题为真。

【示例】“你很高”和“你很帅”可以推出“你又高又帅”这个联言命题;“你又高又帅”又可以推出“你很高”和“你很帅”。

2. 选言命题

选言命题就是给出若干个命题,可以选择出一种或者多种情况存在的命题。根据所能选择的情况不同,可以分为两种:

(1)相容选言命题:多种情况可以同时存在。可表示为:p或者q(p、q是选言肢,“或者”是联结词)。

(2)不相容选言命题:只允许一种情况存在。可表示为:要么p,要么q(p、q是选言肢,“要么……要么……”是联结词)。

相容和不相容选言命题的推理

	相容选言命题(p或q)	不相容选言命题(要么p,要么q)
推理规则	肯定一部分选言肢,不能否定另一部分选言肢; 否定一部分选言肢,可以肯定另一部分选言肢	肯定一个选言肢,就能否定其余的选言肢; 否定一个选言肢以外的所有选言肢,就能肯定未被否定的那个选言肢

续表

	相容选言命题(p或q)	不相容选言命题(要么p,要么q)	
推理有效式	p或者q 非p ———— 所以,q 否定肯定式	要么p,要么q 非p ———— 所以,q 否定肯定式	要么p,要么q p ———— 所以,非q 肯定否定式
示例	"去德国馆或者去意大利馆" 不去德国馆⇒去意大利馆 去意大利馆⇏不去德国馆	"要么顽强抵抗,要么屈膝投降" 顽强抵抗⇒不屈膝投降 不顽强抵抗⇒屈膝投降	

3. 假言命题

假言命题就是带有假设条件的命题。假言命题通常包含两个肢命题:反映条件的肢命题在前,称为前件;反映结果的肢命题在后,称为后件。根据前后件间条件关系的不同,又可分为三种。

(1)充分条件假言命题:当条件p存在时,结论q一定成立,而无需考虑其他条件,则p是q的充分条件,即"有它就行"。

可表示为:**如果p,那么q或p→q**(p是前件,q是后件,"如果……那么……"是联结词)。

(2)必要条件假言命题:当条件p不存在时,结论q一定不成立,则p是q的必要条件。即"没它不行"。

可表示为:**只有p,才q或p←q**(p是前件,q是后件,"只有……才……"是联结词)。

充分条件假言命题与必要条件假言命题的推理

	充分条件假言命题(如果p,那么q或者p→q)		必要条件假言命题(只有p,才q或p←q)	
推理规则	肯定前件就能肯定后件,否定后件就能否定前件; 否定前件不能否定后件,肯定后件不能肯定前件		否定前件就能否定后件,肯定后件就能肯定前件; 肯定前件不能肯定后件,否定后件不能否定前件	
推理有效式	如果p,那么q p ———— 所以,q 肯定前件式	如果p,那么q 非q ———— 所以,非p 否定后件式	只有p,才q 非p ———— 所以,非q 否定前件式	只有p,才q q ———— 所以,p 肯定后件式

续表

	充分条件假言命题（如果 p，那么 q 或者 $p \to q$）	必要条件假言命题（只有 p，才 q 或 $p \leftarrow q$）
示例	“如果下雨，那么地就湿” 下雨⇒地湿；地没湿⇒没下雨	“不到长城非好汉”=“只有到长城才是好汉” 不到长城⇒不是好汉；是好汉⇒到长城

(3)充分必要条件假言命题：表示 p 是 q 的充分条件和必要条件的命题，即表示 p 与 q 等值的命题。

可表示为：p **当且仅当** q，**或** $p \leftrightarrow q$（p 是前件，q 是后件，“当且仅当”是联结词）。

二、推理 【9 年 30 考】

考点 1 智力推理

考频分布 2015 下单选，2015 上单选

智力推理，是根据题干所给条件进行灵活推理的一类题目。近几年，智力推理不再以简单推理的形式出现，它逐渐与直言命题或复合命题等考点相结合，考生需要具备一定的逻辑知识，掌握相应的推理规则，才能准确解题。

解答智力推理题不需要专业逻辑知识，只需要根据题目所给的条件进行适当的推理即可。因此，智力推理类题目其实并不难，关键是要掌握解答这类题目的常用方法和一些固定题型的快速解题思路。

1. 代入排除法

代入排除法是指结合题干条件，将选项代入进行验证，如果不产生矛盾或者符合题干要求，即为正确答案；反之，则该选项错误。

适用情况：当题干给出的确定条件较多且能够快速排除选项或者利用题干条件易于验证选项时，可优先采用代入排除法进行解题。注意：当选项中存在“不能确定”的选项时，该方法慎用。

2. 假设法

假设法即假设某一条件正确，根据假设来进行推导的方法。如果假设没有推导出矛盾，则假设正确；反之，则假设错误。

适用情况：多用于当题干条件存在多种不确定情况，不能直接推理的题目。

3. 找突破口法

找突破口法就是快速找到解题切入点的方法。

找突破口的方法:通常当题干存在某个比较特殊的条件或者某个对象(条件)被反复提及的时候,这个(些)条件往往就是解题的突破口。

4. 图表法

图表法就是通过表格或图将元素之间的关系表示出来的方法。

适用情况:排序匹配类题目即要求对题干元素进行排序或匹配,找出其对应关系的一类题目。当主要元素只有两类时,通常可以用表格表示;当主要元素超过两类或者需要表现出位置关系时,通常可以画图表示。

考点 2　类比推理

考频分布　2015—2023 年,以单选题形式考查 13 次

解答类比推理题,找准词项之间的相似性是关键。快速准确地找到关系的切入点对于正确高效地解答类比推理题目有着重要的意义。

1. 概念间关系

类比推理涉及的逻辑关系有两类:第一类词项代表概念间的集合关系,这是考试的重点;第二类词项代表事件间的逻辑联系。

(1)集合关系

概念间关系即集合关系,主要有全同关系、包含关系、交叉关系和全异关系四种。

集合关系

类型	特征	举例
全同关系	同一事物的全称、简称、别称、美称等	美国—USA;麦克风—话筒
包含关系	①种与属 ②整体与部分	人—哺乳动物 书包—背带
交叉关系	有些 A 是 B 且有些 A 不是 B	体育明星—江苏人
全异关系	所有 A 都不是 B	实数—木耳

(2)逻辑关系

逻辑关系主要包括条件关系和因果关系。

逻辑关系

类型	特征	举例
条件关系	A 是 B 的充分或必要条件	摩擦—生热
因果关系	A 的发生导致或引起 B 的发生	酒驾—车祸;地震—海啸

2. 言语关系

对言语关系的考查也分两类:第一类是词义关系,主要从词语的含义入手;第二类是语法关系,主要从词语的语法结构入手。

(1)词义关系

词义关系主要有近义关系、反义关系和象征关系三种。

词义关系

类型	特征	举例
近义关系	所给词语含义相近,词语表达意思相近即可	美好—美妙;照料—照顾
反义关系	所给词语含义相反,词性相同	危险—安全
象征关系	A 是 B 的象征意义;动物所具有的独特象征意义	鸽子—和平;鸳鸯—爱情

(2)语法关系

主要有主谓结构、动宾结构、并列结构、修饰关系四种。

语法关系

类型	特征	举例
主谓结构	两个词语可以构成主谓结构;词语本身的构成是主谓结构	宇航员—探月
动宾结构	两个词语可以构成动宾结构;词语本身的构成是动宾结构	解决—问题
并列结构	两个词语可以构成并列结构;词语本身的构成是并列结构	三心—二意;惊世—骇俗
修饰关系	一个词语对另一个词语起修饰作用	苹果—红色

真题面对面

1. [2023 下半年真题]下列选项中,与“出席—缺席”的逻辑关系一致的是(　　)

A.“邮件”和“电邮”　　B.“灌篮”和“投篮”

C.“取件”和“派件”　　D.“网签”和“签到”

答案:C。"出席"指参与、到场,"缺席"指未出席,该到未到,"出席"与"缺席"是反义关系。选项中,"取件"是收货人将物品拿走,收到货物,"派件"是派送人员将物品送到某一地点等收货人拿取,"取件"和"派件"是反义关系,故本题选 C。

2. [2023 上半年真题] 下列选项中,与"制服—服装"的逻辑关系相同的是(　　)

A. "语文"和"文学"　　　　B. "汽水"和"饮料"

C. "领带"和"围巾"　　　　D. "皮鞋"和"皮包"

答案:B。制服是服装的一种类型,制服属于服装,故制服与服装是包含关系。B 项,汽水属于饮料的一种,汽水和饮料是包含关系,B 项与题干逻辑关系一致。

考点 3　图形推理

考频分布　2015—2023 年,以单选题形式考查 8 次

1. 结构类

结构类考点是从"图形整体特征"来考查的,包括图形的对称性、直曲性和封闭性。当题干图形间差异很大,无明显共同特征时,可考虑图形整体特征。结构类考点中最重要的是对称性。

2. 位置类

位置变化的类型分为相对位置、平移、旋转、翻转。考查相对位置时给出的图形一般含有多个构成部分,且构成部分之间具有一定的相似性;考查图形的移动、旋转和翻转时给出的图形的显著特点是所有图形的构成元素完全相同,只是所处的位置不同。

3. 叠加类

图形叠加是将两个图形的中心重合,叠放在一起,它是将两个图形转化为第三个图形的重要方式。给出的图形的显著特点是图形之间的结构部分相同,但不完全相同,根据这个特点,很容易确定考查的是叠加规律。

(1)直接叠加

将已知的两个图形叠放在一起,形成一个新的图形,新图形中保留已知两个图形的所有构成元素。

(2)去同存异

将两个图形叠加后去掉相同的部分,保留不同的部分,形成第三个图形。

(3)去异存同

将两个图形叠加后去掉不同的部分,保留相同的部分,得到第三个图形。

(4) 自定义叠加

图形叠加后，按照一定的规律发生变化，常出现的是叠加后阴影的变化。

4. 数量类

当题干图形之间差异较大时，可考虑数量类考点。数量类考点包括点、线、角、面、素五类，每一类中又有众多细分考点。其中，线条数、封闭区域数、图形种类数、笔画数是常考点。

图形推理中的数量类考点

	定义及说明	常见题型
数量相同	图形中的某种构成元素的数量相同，如一组图形中，各个图形含有的直线数均为3	类比型、顺推型、九宫格
构成等差数列	图形中的某种构成元素的数量构成等差数列，如一组图形中，各个图形含有的直线数分别为1、2、3、4、5、6	类比型、顺推型、九宫格
存在和差关系	有两种考查方式：(1)两个图形的某种构成元素的数量之和等于另一个图形的这种构成元素的数量；(2)三个图形的某种构成元素的数量之和相等	类比型、九宫格
存在乘积关系	两个图形的某种构成元素的数量之积等于另一个图形的这种构成元素的数量	类比型、九宫格
数量换算	图形的构成元素在数量上进行一定的换算后，可转化为“数量相同”或“构成等差数列”的形式	顺推型

真题面对面

[**2023 上半年真题**]根据所给图形的逻辑特点，下列选项中，填入空白处最恰当的是(　　)

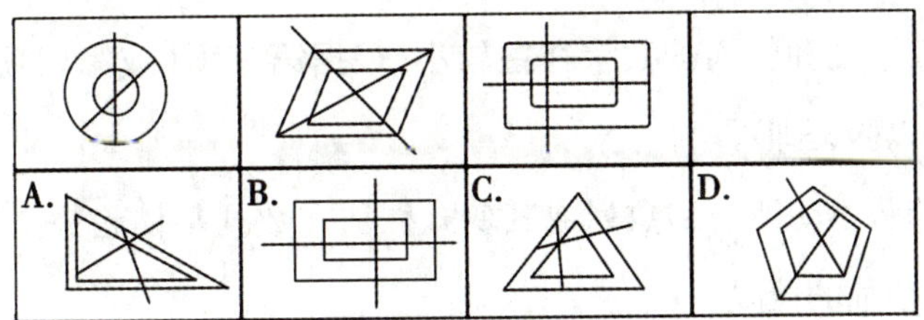

答案:B。分析题干所给图形，每组图形的内、外图形形状相同，各有两条线交叉于内、外两个图形并延伸至图形外，第一组中在图形外的线条数量为1，第二组图形外的线条数量为2，第三组图形外的线条数量是3，依次递增1条。分析选项图片，A项所给图形有2条在图形外，C、D项所给图形均只有1条在图形外，B项所给图形在图形外的线条数量是4，故选B。

考点4 数字推理

考频分布 2015—2023年,以单选题形式考查7次

1. 和数列及其变式

和数列及其变式常通过作和寻求规律。

(1)和数列基本形式

基本和数列:以递推规律为主的数列。

两项和数列:从第三项开始,每一项等于它前两项之和的数列。

三项和数列:从第四项开始,每一项等于它前三项之和的数列。

(2)和数列变式

和数列变式主要有两种基本形式:

①作和后得到基本数列,这类题在考试中经常出现。

相邻两项之和是等比数列。

相邻两项之和是等差数列。

相邻两项之和是平方数列、立方数列。

和数列通常涉及递推数列,解题时需要跳出思维定势,大胆考虑作和得到基本数列。

②存在加法运算的递推规律数列,算是比较常见的数列变式,如:

(第一项+第二项)×常数(基本数列)=第三项

第一项+第二项+常数(基本数列)=第三项

第一项×常数+第二项×常数=第三项

(3)和数列及其变式特征归纳

①数项偏小。涉及和数列的数字往往较小,根据第三项(或第四项)很容易辨别出来,之后再对其加以验证即可。

②数列整体趋势不明朗。和数列或其变式往往在数列整体趋势上并非单调递增或递减,会出现增减杂乱的情况。

③递推规律宜从大数入手构造。小数字之间的运算关系多,通过发散思维,易得到很多种,逐个验证规律的效率不高。大数字之间存在的运算关系少,验证规律次数少效率高。因此递推规律宜从大数字入手构造。

2. 等比数列及其变式

等比数列及其变式常通过相邻两项作商寻求解题规律。

(1)等比数列基本形式

基本等比数列:从第二项起,每一项与前一项的比值等于同一个非零常数的数列。

二级等比数列:后项减前项组成的差为等比数列,原数列叫二级等比数列。

三级等比数列:一个数列相邻的项两两做差,得到的新数列相邻的项再两两做差,然后得到一个等比数列,则称其为三级等比数列。

(2)等比数列变式

等比数列变式的核心是相邻项之间的变化存在一个有规律的比例关系。等比数列变式有两种形式:

①通过一次作商得到其他基本数列;

②前一项的倍数+常数(基本数列)=后一项。

(3)等比数列及其变式特征归纳

①数列具有良好的整除性。

②递增(递减)趋势明显,会出现先增后减的情况。

③具有递推规律的等比数列可通过估算相邻项间的大致倍数反推规律。

3. 积数列及其变式

积数列及其变式常通过项与项之间作积寻找解题规律。

(1)积数列基本形式

基本积数列:通过对数列数字作积得到后项的数列。

二项积数列:从第三项起,每一项等于它前两项乘积的数列。

三项积数列:从第四项起,每一项等于它前三项乘积的数列。

(2)积数列变式

积数列变式是原数列相邻项作积之后经过简单变化得到后一项的数列。积数列变式的形式主要包括:①两项积+常数(基本数列)=第三项;②两项积构成基本数列。

(3)积数列及其变式特征归纳

①两项积数列通常表现为1,A,A……

②数列递增(递减)趋势明显。

真题面对面

[2020 下半年真题]找规律填数字是一项很有趣的活动,特别锻炼观察和思考能力。将选项中的数填入“8、10、20、32、(　　)、88”空缺处,符合该组数字排列规律的是(　　)

A. 50　　B. 52　　C. 54　　D. 56

答案:C。分析题干可得出规律:从第三项开始,每前两项之和再加上 2 即为后一项的数值。即 8 + 10 + 2 = 20;10 + 20 + 2 = 32;20 + 32 + 2 = (54);32 + (54) + 2 = 88。故本题选 C。

在历年考试中,主要通过命题推理、类比推理、图形推理和数字推理等形式考查考生的逻辑思维能力。

关于命题推理的试题,直言命题考查次数较少,考生记住直言模态命题的四点转换关系即可。复合命题考查频率相对较高,考生注意了解假言命题的推理规则。

考查类比推理的试题一般是给出两个具有某种逻辑关系的词语,考生做题时可从全同关系、全异关系、交叉关系和包含关系等方面考虑。

考查图形推理的试题较为简单,考生可从不同图形之间的叠加,图形之间的形状差异,图形的位置、边数或公共边、旋转角度、数量等角度考虑。

关于数字推理的试题难度较高,找到前后数字间的运算规律是答题的要点。考试中,和数列和积数列是常考点,后一项通常是前两项之和加上常数或者是前两项之积加上常数。

第三节 阅读理解能力

思维导图

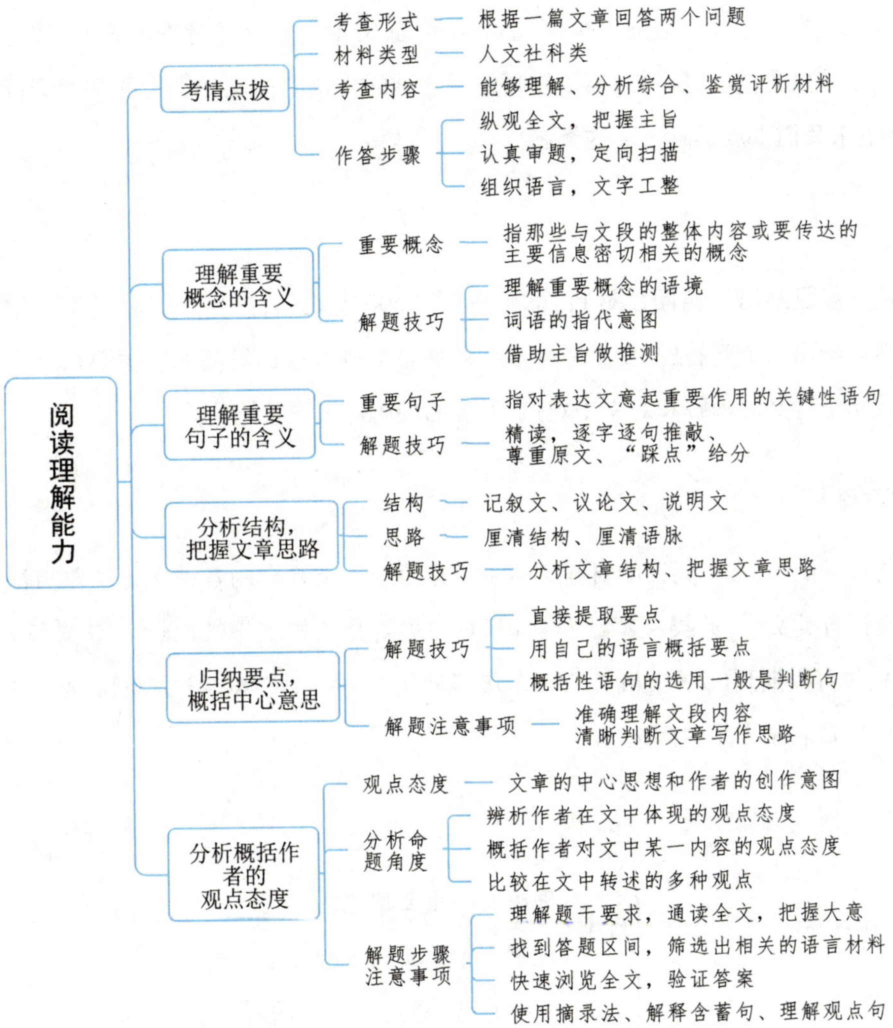

- 阅读理解能力
  - 考情点拨
    - 考查形式 —— 根据一篇文章回答两个问题
    - 材料类型 —— 人文社科类
    - 考查内容 —— 能够理解、分析综合、鉴赏评析材料
    - 作答步骤
      - 纵观全文，把握主旨
      - 认真审题，定向扫描
      - 组织语言，文字工整
  - 理解重要概念的含义
    - 重要概念 —— 指那些与文段的整体内容或要传达的主要信息密切相关的概念
    - 解题技巧
      - 理解重要概念的语境
      - 词语的指代意图
      - 借助主旨做推测
  - 理解重要句子的含义
    - 重要句子 —— 指对表达文意起重要作用的关键性语句
    - 解题技巧 —— 精读，逐字逐句推敲、尊重原文、“踩点”给分
  - 分析结构，把握文章思路
    - 结构 —— 记叙文、议论文、说明文
    - 思路 —— 厘清结构、厘清语脉
    - 解题技巧 —— 分析文章结构、把握文章思路
  - 归纳要点，概括中心意思
    - 解题技巧
      - 直接提取要点
      - 用自己的语言概括要点
      - 概括性语句的选用一般是判断句
    - 解题注意事项 —— 准确理解文段内容、清晰判断文章写作思路
  - 分析概括作者的观点态度
    - 观点态度 —— 文章的中心思想和作者的创作意图
    - 分析命题角度
      - 辨析作者在文中体现的观点态度
      - 概括作者对文中某一内容的观点态度
      - 比较在文中转述的多种观点
    - 解题步骤注意事项
      - 理解题干要求，通读全文，把握大意
      - 找到答题区间，筛选出相关的语言材料
      - 快速浏览全文，验证答案
      - 使用摘录法、解释含蓄句、理解观点句

考向分析

本节内容在综合素质科目考试中主要以材料分析题的形式考查，2015—2023 年共考查 17 次，试题主要考查考生对材料的分析、综合、概括能力，每题所占分值为 14 分。

阅读材料一般是从报刊、名人名家的作品中选取并略作删改。每道阅读理解题设置两个问题，第一问4分，通常考查对文中重要概念或句子的理解，难度较小；第二问10分，主要考查考生对文中观点的概括和分析，难度较大。

核心考点

一、考情点拨

对阅读理解能力的考查一般通过文章阅读来实现，文章阅读这种考查形式，大家并不陌生。在高中阶段我们已经熟知，但是教师资格考试的文章阅读又和高考的文章阅读有所不同，接下来我们重点了解一下这类题目。

要点1　考查形式

文章阅读一般是给出一篇阅读材料，篇幅600～2500字之间，近年来材料篇幅有增长的趋势。然后给出两个问答题，要求考生根据对文章的理解来回答问题。主要从对文中重要概念或句子含义的理解和对文中观点、态度的理解等来设置题目。

要点2　材料类型

在教师资格考试中，文章阅读的材料类型主要是研究人类社会的各种文化现象与社会科学的人文社科类文章，此类文章涉及知识面广，主要是从权威报纸（如《人民日报》《光明日报》）、教育类期刊（如《中国校外教育》《课外阅读》等）、文学批评类期刊（如《当代作家评论》）以及名家作品中摘选。

要点3　考查内容

能阅读一般社会科学类、自然科学类文章和文学作品

- 理解
  - 理解文中重要概念的含义
  - 理解文中重要句子的含义
- 综合分析
  - 筛选并整合文中的信息
  - 分析文章结构，把握文章思路
  - 归纳内容要点，概括中心意思
  - 分析概括作者在文中的观点态度
- 鉴赏评析
  - 鉴赏文学作品的形象、语言和表达技巧
  - 评价文章的思想内容和作者的观点态度

要点4　作答步骤

1. 纵观全文，把握主旨

在拿到题目时，先不要盲目做题，应先对文章进行速读，快速浏览，对文章整体有一个基本的了解，对文章的主旨观点有一定把握。

2. 认真审题，定向扫描

在对文章进行速览后，要从问题着手分析解题。题干是答题的重点，它提示了答题范围，规定了答题角度，提供了作答思路，隐含了答题信息，因此答题时要认真审题，仔细分析题干，把握题目要求，然后根据题干中提示的答题内容在文中的位置，找出每道题目的出题点，锁定答题区域，找准原文中的相关表述，认真揣摩上下文的文义，准确抓住关键词句，把握答案的相关信息，从而确定正确答案。若是主旨类的题目，考生需要对文章进行整体分析把握才可得出正确答案，而其他类型的题目，可借鉴对应题型的解题方法来解答。

3. 组织语言，文字工整

在初步确定答案后，需要组织语言并将答案工整规范地书写在答题卡上。

二、理解阅读材料中重要概念的含义

要点1　重要概念的含义

所谓“重要概念”，是指那些与文段的整体内容或要传达的主要信息密切相关的概念。文中的重要概念包括：

(1)体现作者立场、观点的词语；

(2)表现文章主题思想及深层含义的词语；

(3)对文章结构起照应连接作用的词语；

(4)比喻、借代、反语等特殊的词语；

(5)根据语境隐含其他意义的词语。

【示例】李陵在匈奴生活了约二十年，最后死在那里。他的躯体上一直覆盖着厚厚的冰雪，一个蒙羞的灵魂，一个堆积着厚厚冰雪的灵魂，一个插着无数把刀的灵魂，在两千多年前安息了。隔着两千多年的岁月，李陵在冰雪中远去，远去。人们一直遥望着的，是那一个背影。人们感受到李陵灵魂里的冰雪。

“冰雪”一词在文中的含义是什么？

【点评】分析文段可知,“冰雪”一词与文段的主旨密切相关,且临时被赋予了更深层的含义。“冰雪”在文段中有两种含义:一是“冰雪”暗示了李陵远离故乡,最后客死北方;二是李陵一直生活在叛国的阴影中,这是“一个蒙羞的灵魂”,“冰雪”象征着他所受的冷眼、指责和他所背负的叛变罪名。

要点2　理解重要概念含义的考查方式及解题技巧

在阅读理解型题目中,重要概念的考查方式灵活多样,相对应的解题方法也有所区别。

1. 考查方式之一:理解重要概念的语境

解题技巧:

(1)直接提炼要点。有些题目以解释概念的形式出现,即以诠释的形式出现。在文段中,一般概念的基本含义交代得非常清楚,通过详细阅读材料即可找到答案。因此,在做题时,需要仔细阅读材料,提炼相关要点。

(2)确定阅读区间,联系文段背景。在一般情况下,要理解的概念在材料中会用一定的篇幅来进行说明或者阐释,有的概念在文中比较集中,词语或概念的含义在文中非常明显,可以在上下文中找到具体的文字表述;而有的则分散在文章的段落中,词语或概念相对隐晦,没有具体的文字与之相对应,需要考生结合文段背景,调动自己的知识经验进行分析归纳,找出概念含义。

(3)树立语境意识,结合上下文语境。一般情况下,作为概念的词语在文章中不是孤立存在的,总是与其他词语组成句子,表达某种意思,上下文中总是或多或少、或隐或现地包含这个概念的意思,或制约这个概念的含义;而在词句理解型题目中,所考查词语的含义常常是对其本身的含义进行引申,或是临时被赋予更为深刻的含义。这时必须通过将词语放至整个文段中,联系上下文语境,推敲词语的含义或指代内容。所以,阅读时要有整体观念,认真理解语境,把握上下文的意思,切不可断章取义,或以偏概全。

【示例1】动物福利指的是尊重动物的权利,保护生态环境,促进人与动物协调发展。动物福利主要包括:生理福利,即无饥渴之忧虑;环境福利,即让动物有适当的居所;卫生福利,即尽量减少动物的伤病;行为福利,即保证动物表达天性的自由;心理福利,即减少动物恐惧和焦虑的心情。

“动物福利”的概念是什么?

【点评】对于“动物福利”的概念,文段中明确清晰地给出了说明和解释,即尊重动物的权利,保护生态环境,促进人与动物协调发展。

【示例2】一个作家如果在语言的运用上从来没有苦闷，从来不曾对语言进行过斗争，我敢断言：他不会是一个好作家。

“斗争”在此处的含义是什么？

【点评】“斗争”的本义是指矛盾双方互相冲突，一方力求战胜另一方。但结合语境可知，“斗争”在此处引申为摒弃苍白贫乏的语言而为追求鲜明生动的语言做出努力。

2. 考查方式之二：词语的指代意图

解题技巧：

(1)遵循“就近原则”，分析指代意图。对文段中代词的理解，要依据上文，由近及远来进行分析。代词一般出现在指代的对象或内容的前面或后面，所以考生在做题时，可以采用顺推法或逆推法，由近及远地查找代词指代的内容。

(2)结合文体特点、修辞手法来理解词语。在词句理解型题目中，有些词语或句子会运用修辞手法。这时可结合修辞手法的特点来分析理解词句含义，注意对概念进行修饰、判断的词语。对重要概念的理解要以准确判断其本质属性为基础，筛选与文章有关的信息，并对其进行简单概括，然后把握概念的本质属性。

【示例】当下有些报刊文化品格极低。其一是过于看重时尚，娱乐要摩登，明星要刺激，迎合大众的猎奇心来找话题。其二炒作公众人物，让平凡的公众人物神秘化和庸俗化。细看近几年一些媒体(包括文学批评界)的热门话题，有许多走时尚的路子，唯独与民众的生活远了。我在《媒体炒作下的文艺批评》一文中谈到这一点。有时想想，作为报人，我们多少有些责任。

文段中的“这一点”是指哪一点？

【点评】“这”属于代词，分析文段可知，“这一点”所指代的内容在前句中，即“细看近几年一些媒体(包括文学批评界)的热门话题，有许多走时尚的路子，唯独与民众的生活远了”。

三、理解阅读材料中重要句子的含义

要点1　重要句子的含义

所谓“重要句子”，是指对文意表达起重要作用的关键性语句。阅读材料中的重要句子是指：

从内容上看，能点明主旨、直接表达作者观点或写作意图的关键性语句。

从结构上看，在各层次的中心句、总领句、总结句、过渡句或对文脉的推进与转接有关键作用的语句。

具有特殊表达方式的句子：

(1)内涵较为丰富而且具有提示性或引导性的语句；

(2)比较含蓄的有深层含义的语句；

(3)结构比较复杂，对理解文意有直接影响的语句。

理解文中重要句子含义的实质：一是将使用修辞手法形象化了的语句转化为概括性的直白语言，二是将抽象含蓄的句子转化为具体化的阐释。

【示例】理想是由真实的素材构成的。缺乏这种认识，人类就不能切合实际地运用它的理想能力。真正的友谊，这一美好的理想，会激励我们竞争；但认识到它只是一个理想，实际上常含有一点虚幻的成分，这种认识乃是一种不可忽视的对幻想的解毒剂。友谊是如此，一切真理也都如此。

如何理解画横线部分的句子？

【点评】“真正的友谊，这一美好的理想，……”说明友谊是理想，它能激励人们努力拼搏。

要点2　理解重要句子含义的考查方式及解题技巧

1. 考查方式之一：考查语句所蕴含的深层意义

解题技巧：

阅读大段材料主要用精读的方法，需逐字逐句推敲揣摩。可以先看问题涉及文中哪些段落或区域，和哪些语句有关。确定某一答题区域后，再仔细阅读每一句的意思，进而厘清段落之间的关系，了解行文思路。阅读时反复琢磨、圈画与之相关的内容。这样，答题时就不需要再从头至尾搜寻，可节省时间。

【示例】中国学术历来轻“术”。经济学、金融学都是太低级的“术”，所以，他们往往被忽略。遗憾的是，时下的儒学研究学者还是不能走出用文化来谈文化的圈圈，特别是以儒家文化来评价儒家文化，其结论当然不会是别的，用“四书五经”来看“四书五经”，只能越看越美。如果脱离传统儒家社会的实践现实，不去研究特定文化背景后面的成因(特别是经济成因)，那么得出“以中华文化整合世界”这样的认识就不奇怪了。

如何理解画线部分的句子？

【点评】题目出现在最后一句，这就需要从前文找信息，联系上下语境。之所以得出“以中华文化整合世界”这样的认识，是因为中国历来轻视“术”，脱离了社会的实践现实，没有研究文化背后的成因,特别是经济成因。

2. 考查方式之二:表达文章主旨或作者观点的关键性语句

解题技巧:

(1)尊重原文,不可过度夸大或缩小。句子理解型问题的答案通常就在原文中,不需要凭空想象。离开了原材料,会出现答案不准、答案不全的情况。在原文中找答案是准确解答问题最重要、最有效的方法,大多数问题的答案是可以从文中概括提炼的。同时,找出的语句不一定能够直接使用,必须根据问题要求进行加工,或摘取语句或压缩主干或抽取要点或重新组织。

(2)"踩点"给分,条理清晰,不可堆砌答案。作答句子理解型问题有两个基本要求:一是"踩点"给分,二是文通字顺。根据阅卷规则,多写一般不扣分,在限定字数的情况下可在答题时尽可能地陈述自己的见解。同时要保证字迹清晰、条理清楚。阅读理解题与作文一样,十分注重语言表达的基本功,为确保答题质量、提高得分率,作答时应该先拟草稿再反复修改。

【示例】无论什么文章,一旦选入语文教材,就不再是原来意义上的、独立存在的作品,而是整个教材系统中的一个有机组成部分,是"基本功训练的凭借"。

"基本功训练的凭借"指什么?

【点评】题干是一个复句,抓住句子的谓语,句子的层次为"……不再是……而是……是……"。三个谓语动词为并列关系。也就是说,作为最后一个"是"的宾语,"基本功训练的凭借"与"不再是""而是"的宾语是并列关系。由此可以很快得知"基本功训练的凭借"指的是选入语文教材中的文章。

记忆有妙招

对理解重要句子含义的解题技巧,考生可根据以下顺口溜进行记忆:**巧用信息,整体把握。确定区域,圈定勾画。尊重原文,摘取信息。先打草稿,写全写顺。**

四、分析文章结构,把握文章思路

文章结构是指作者对材料组织和安排的方法,包括叙述顺序、层次梳理、过渡照应、开头结尾、文章线索等因素。文章思路就是按照一定的条理,由此及彼表达思想的路径、脉络。

文章的结构和作者的思路关系密切:结构是外显的思路,思路是内化的结构。思路是谋篇，结构是布局；思路是内隐的，结构是外显的。因此，考生在阅读时要厘清思路脉络，辨明行文结构。

要点1 文章结构

对文章结构与思路的把握有赖于对文章的细致阅读，尤其是解题前的通读全文。不同文体的文章结构特点如下：

1. 记叙文的结构特点

(1)抓住时空变化划分。时间、地点是记叙文的主要因素，许多记叙文都是按时空的变化组织材料的。

(2)抓住作者思想情感的变化划分。

(3)按照记叙文内容的变化来划分。

(4)按逻辑关系划分。

(5)还可按描述角度的变化、事情发展的阶段方式来划分。

2. 议论文的结构特点

(1)按逻辑思维划分，包括提出问题、分析问题、解决问题，或引论、本论、结论三部分。

(2)按篇章结构划分，常见的结构有并列式、对照式、层进式和总分式。

3. 说明文的结构特点

说明文要按一定的顺序对事物、事理进行说明，故说明文的结构受说明的内容、顺序的限定。

(1)以时空变化为顺序的说明文，一般按层进式的结构来行文。

(2)说明事理和事物结构的说明文，一般按人们的认识规律和观察顺序安排结构。

(3)揭示事物发展过程的说明文，一般按照事物发展的进程来安排结构。

(4)有的说明文采用分类说明的方式，故其结构层次往往是并列式的。

【示例1】高等教育无论从政府、个人还是各种资源的综合配置来说，都是一项非常昂贵的投资。因此在美国和其他地方，目前有一种日渐增加的压力，即要求大学的教育和研究必须证明直接的、实质的经济效益。

【点评】因果关系。“因此”后点明重点，即由于高等教育是一项非常昂贵的投资，所以大学教育和研究需具备经济效益。

【示例2】这已是二十多年前的事了。我最近还见到这位朋友，那一盏灯光居然鼓舞一个出门求死的人多活了这许多年,而且使他到现在还活得很健壮,我没有跟他重谈起灯光的话。

【点评】递进关系。“多活了这许多年”与“使他到现在还活得很健壮”之间用关联词“而且”,构成了递进关系,进一步说明了“那一盏灯光”对“他”的鼓舞作用之大。

要点2　文章思路

思路是作者为了实现表达目的而确定的文章内容和先后顺序。把握文章思路,就是把握文章各部分的内容,发现各层意思之间的内在联系,揣摩作者的构思过程。

厘清文章思路大致包括两个方面:

(1)**厘清结构**。阅读文章,应当把握住它的框架,看出作者“编织”文章的基本路数,弄清文章的来龙去脉。厘清结构,可以着眼于局部,也可以着眼于全篇。着眼于局部时,对某一段落或段中的某一部分,要厘清层次,分析层次间的关系。着眼于全篇,即要弄清文章的开头、结尾以及文章是怎样渐次展开和步步推进,以实现对文章主旨的表达的。

(2)**厘清语脉**。语脉,即行文的脉络。厘清语脉,即分析语句间的意义关系,梳理行文的语意走向,把握语句顺序的安排及其根据。厘清语脉,可以借助对线索、过渡、照应等的分析,借助对关联词语所表达的语意关系的辨识,借助对指示代词和其他指代、借代、喻代类词语的说明内容的确认,也可以借助对表示肯定、否定、强调、揣测和有所保留、有所暗示等词语含义的理解。

【示例】去年夏天,我在杭州一所疗养院里休养。那儿的景色真美!六和塔静静地矗立在钱塘江边,江面上帆影点点,碧波粼粼,江岸后面是起伏的山峦和绵延不断的树林。

【点评】从句子结构上讲,文段是并列关系。前两句指出,“那儿的景色真美”。后面一句“六和塔静静地矗立在钱塘江边,江面上帆影点点,碧波粼粼,江岸后面是起伏的山峦和绵延不断的树林”具体描写优美景色,三个分句之间是并列关系。从思路上看是空间型:先写远处的六和塔,由远及近到江面上的景色,接着转到江岸后面的景色。

要点3　解题技巧及解题步骤

1. 分析文章结构

(1)抓住文体特征进行分析。分析记叙文的结构层次有以下方法:①按时间先后顺序划分;②按地点的转换划分;③按事情发生发展的过程或思想感情的变化划分;④按描述内容的不同角度划分;⑤按“总—分—总”的结构特点划分。

议论文的特点是“以理服人”,不仅要求语言严密、逻辑性强,而且文章的结构也是灵活多样的。它最基本的形式是:提出问题(引论)—分析问题(本论)—解决问题(结论)。它的结构方式大致有两种:逐层深入的纵式结构和并列展开的横式结构。

说明文有以下结构方式:①并列式;②连贯式(按时间、空间顺序组合);③递进式(按逻辑顺序组合);④总分式。

(2)抓住文中的关键句子和关键词语分析。关键性句子有:承上启下的过渡句,前后照应的语句,文段的首句尾句。关键性词语有:①指代性的词语,如“这样、这些、这种、这个问题、这种情况”;②关联性词语,如表语意转折的“相反”“否则”“与此不同”,表递进的“更加”“而且”,表承接的“首先”“其次”,表因果的“因此”“那么”“由此看来”,表并列的“同时”“一方面……另一方面……”;③衔接性词语,如“也”“于是”等。

(3)通过语句间的组合关系分析文章,其内容是根据各语段的大意来综合的,各个语段、各个层次之间,不论怎样排列,它们所要表达的内容都是要围绕中心的,各个语句之间都有一定的语脉。阅读时,把握住这种关系,才能更好地理解文章的内容。

2. 把握文章思路

(1)**抓题目**。好的题目是文章的“题眼”。题目或是写作对象,或揭示了文章线索,或隐含了写作顺序。通过仔细推敲题目蕴含的信息,可以揣摩出文章的中心。题目揭示写作对象的,看哪些地方是直接写该对象的,哪些地方是从侧面写的,这样就能大致厘清思路;题目揭示文章线索和写作顺序的,则直接以此探寻文章的思路。如毛泽东写的《纪念白求恩》,题目揭示了写作对象。我们可以从“纪念白求恩”这个题目,联想到为何要纪念、白求恩做了什么样的事情值得大家尊敬和学习等内容。

(2)**抓中心句**。中心句是表明作者思路与写作目的的关键句,揭示了文章的中心思想,是文章思想感情高度浓缩的结晶,含义丰富深刻。这类句子往往出现在段首、段中或段尾部分,抓住中心句就抓住了段落核心和文章主旨,对理解文章整体思路意义重大。

(3)**抓中心话题**。如果中心句不明显,则直接去抓中心话题,哪些段落讲述的是同一话题就划分为一个层次,这样也能很快厘清思路。有时文章的意思是多层次的,分析完每一个层次之后还要有主次之分,提取主要的省去次要的。如果是递进关系,那就要提取主要强调的意思;如果是并列关系,那就把它们的意思联合起来,进行简要概括。

3. 解题步骤

分析文章结构和把握文章思路一般可以分为三步:

第一步,粗读全文,知道这篇文章主要谈的是什么问题,或者说了件什么事情,这一步的作用是把握文章全貌。

第二步，以段为单位仔细读，然后用简明的一两句话把段意标示出来，这一步的作用是把几百上千字的文章浓缩成几句话，显露出文章的脉络。

第三步，分析段落之间的内在联系，划分文章层次，这一步的作用是厘清脉络，把握全文的结构。

(1)逐段细读，标示段意。常见的方法有三种：①寻找中心句；②根据关键词语归纳；③如果既没有中心句，也没有关键词语，就需要调用已学过的知识自己概括。

(2)分析文章结构和把握文章思路时，要善于借助文中的线索：①借助过渡段；②借助承递性词语；③借助重复出现的关键词语；④借助文章标题。

五、归纳内容要点，概括中心意思

“内容要点”中的“内容”既可以是几句话、一段话、一个层次或几个层次的内容，也可以是整篇文章的内容。归纳文章的内容要点是对文章在分析理解基础上的综合，要求提纲挈领、以点带面，它离不开对文章中的语句，特别是重点语句的理解。“中心意思”是针对文章的整体而言的，它直接以文章层意、内容要点为基础，又涉及作者主观创作意图和文章客观表达效果，涉及文内使用材料和文外相关材料，要求具有较高的分析概括能力和较准确的语言表达能力。

从逻辑上来说，“归纳内容要点”是“概括中心意思”的基础，只有归纳出了内容要点，才能在要点中提炼出作者要表达的中心意思，而在考查中则没有明显的分界，“归纳内容要点”也就是提炼总结某段或全篇文章的中心意思。

要点1　解题技巧

归纳内容要点时要纵览全文，把握整个文意，而不可拘泥于某些词句，要善于找到全文、全段的中心句、指示句、过渡句、总结句，把握全文脉络，厘清各段之间的联系，找准内容要点，不遗漏，也不把无关紧要的内容牵扯进去。具体有以下方法：

(1)直接提取要点。可从原文中直接摘录关键词语或中心句、重点句，提取出这样的词语和句子，经过删改，可转化为自己的答案。

(2)用自己的语言概括要点。有些文章，中心句、重点句并不明显，就需自己对内容进行条分缕析，用自己的语言进行概括。如怕遗漏，可先分部分、分层次，把握其脉络，再概括层意。

(3)概括性语句的选用一般是判断句。分析近几年的考题我们知道，考生在判断时切记要结合原文内容整体感知，不可臆断，也不可只抓只言片语，要结合作者写作意图，避免以偏概全和随意拔高。

【示例】幸福即“一种令人满意的生活”,社会成员有时对生活不满意,可能与生活琐事或基本民生问题直接相关。当然,一个人衣食无忧,也可能感到不快乐,没有幸福感。有无幸福感是一个较为复杂的问题,它涉及很多因素,且带有较强的主观性。解决了基本民生问题之后,未必让人获得幸福感。但是,社会成员若缺乏基本的民生保障,则一定不会有幸福感。民生好坏是社会成员幸福与否的一个基本判断标准。

问题:概括本段的主要观点。

【点评】本段首句“幸福即‘一种令人满意的生活’,社会成员有时对生活不满意,可能与生活琐事或基本民生问题直接相关”,指出幸福与生活琐事和民生问题休戚相关。段尾句再次强调民生问题和幸福之间的关系。中间表述是对生活琐事和民生问题的解释说明。因此本文的观点是尾句,即“民生好坏是社会成员幸福与否的一个基本判断标准”。

要点2 解题注意事项

归纳内容要点的前提是对文段内容有准确的理解,对文章的写作思路有清晰的判断。在此基础上还应注意:

(1)尽可能用原文中的词语归纳,防止要点遗漏。防止要点遗漏的方法,就是对相关文字作层次分析,无字数限定下尽量多写要点,保证答案完整。

(2)注意抓住各个文段中的中心句,这些句子一般在首句和尾句的位置上。

(3)对于没有中心句的段落,要分析语句之间的关系,把握其内容的重点。

(4)注意承上启下的过渡句,有些过渡句不仅概括了前文要点,也指出了下文的要点。

(5)归纳概括时要把握整体,从全文出发。

概括性语句明显的,直接找出即可;不明显的需要独立归纳,归纳时要注意把握相关文字之间的层次。答题步骤分三步走,第一步划分本段(或全文)的层次,第二步提取要点词语(或句子),第三步整合答案。

六、分析概括作者在文中的观点态度

要点 1　观点态度的含义

所谓“观点态度”,是指作者通过一定的材料所表达出来的对客观事物的认识和思想倾向,表现为文章的中心思想和作者的创作意图,即褒扬还是贬低,肯定还是否定,赞扬还是反对等。具体体现为在句、段、文章中,作者对具体的事、物、景、现象的看法和态度等。分析概括作者在文中的观点和态度,就是要求用自己的语言,将语言、语段或全文进行具体的理解和总结、筛选和提炼、加工和转化,从而分辨作者对所说事物的歌颂或批评的态度。

从某种意义上讲,分析概括作者在文中的观点和态度,应该是一切阅读活动的出发点和归宿。而把文中的观点和态度用准确、简明的文字表达出来,则是考查中的热点和难点。

要点 2　分析概括作者在文中的观点态度的命题角度

(1)辨析作者在文中体现的观点和态度。

(2)概括作者对文中某一内容的观点和态度。

(3)比较在文中转述的多种观点。

一篇文章列举了多种观点,如介绍一种新的发明或一个新事物时,可能有很多人持有不同的意见,作者把不同的观点都罗列出来后,一定有自己的看法。设题时就可以从别人的观点和作者的观点方面辨析。

要点 3　解题步骤及注意事项

分析归纳文章的内容要点和中心意思的步骤:

(1)理解题干要求,通读全文,把握大意。

(2)对照考题要求,找到答题区间,筛选出相关的语言材料,选好答题的角度,组织好答题的语言。

(3)快速浏览全文,验证答案。

除此以外,还要注意:①注意厘清段与段之间的逻辑关系,抓准核心句子——起始句、重点句、归纳句,概述中心要点时,要保持概念的一致性;②要注意文段中多次出现的词语、意义相近的词语;③概括时,要注意保持角度一致性,概括的层次要恰当,内容要全面，概念要准确，表述要精炼确切；④注意弄清作品的社会背景，揣摩作者的写作意图，知人论世；⑤充分利用题干所提供的信息；⑥掌握常用方法：标题法、开篇法、结尾法、摘录关键句法、自拟法。

分析概括时要归纳全面，抓住主要观点，并注意以下几点：

（1）**使用摘录法**。直接表达作者观点态度的语句，一般可以把关键的词语、句子从文中摘录下来；过于分散的内容可以通过筛选整合成一个句子；过长的句子可以采用压缩的手法摘录。

（2）**解释含蓄句**。对文中含蓄的语言，可以联系上下文，通过对具体语句的理解，把握隐含的信息，解释出语句的含义。

（3）**理解观点句**。作者总是在文中表现自己的感情倾向，可以通过对体现作者持否定、批判态度的语句的分析，把握作者持保留态度的语句，体会作者的观点和态度。

第四节 写作能力

思维导图

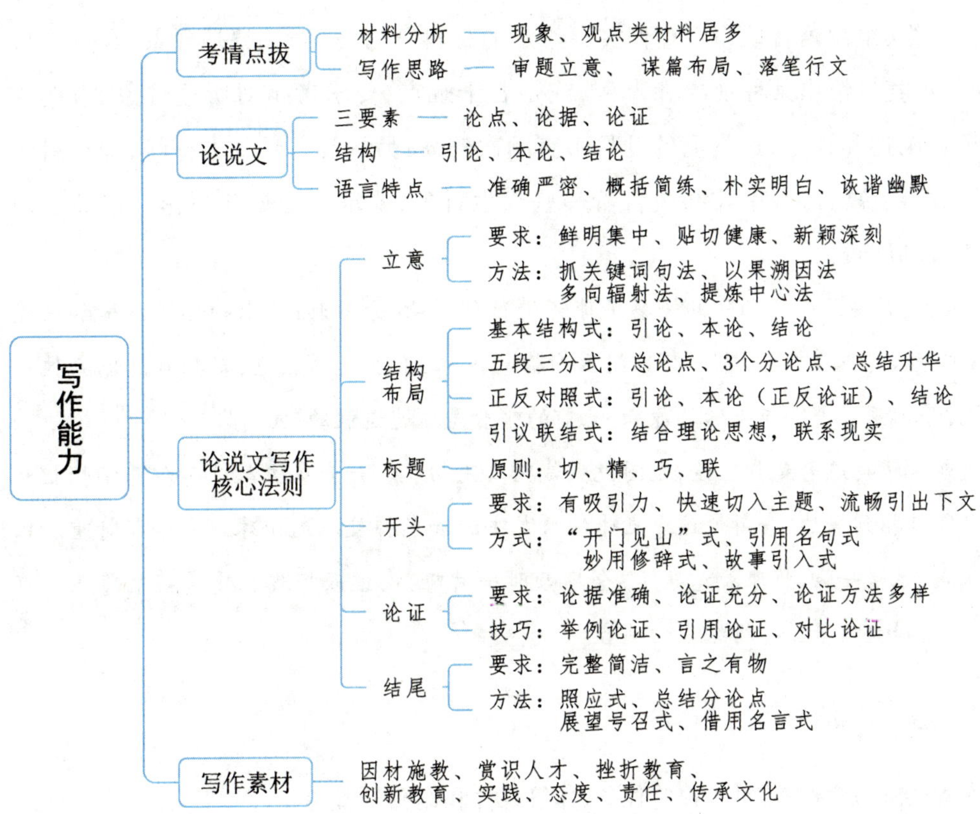

考向分析

本节内容在综合素质科目考试中主要以写作题的形式考查，2015—2023 年共考查 17 次。写作题所占分值最大，为 50 分，主要考查考生对材料的理解阅读能力、思考认识的深度及文字表达能力。

在考试中，本题一般要求阅读一段材料，根据材料引发的思考和感悟，写一篇不少于 1000 字的论说文。在备考时，考生需要了解论说文这一文体的相关内容以及写作上的一些技巧，注重素材的积累和练习。

一、考情点拨

要点1　材料分析

在综合素质考试中，写作题一般为材料作文，即给出一段材料，考生根据这段材料发散思维，组织语言撰写一篇作文。给定的材料分为两类：一类是现象、观点类材料，即材料直接给出某种现象和事例，或是若干观点，要求考生对所述现象、事例或观点进行阐述和评论，这类型的题目考查频次较高；另一类是哲理类材料，即材料给出一段故事或寓言，其中往往蕴含着一些人生哲理，要求考生据此写作。这类型的题目考查难度较大。

【示例】丹麦队与伊朗队的一场足球赛进行到第45分钟时，场上响起了清晰和响亮的结束哨声。伊朗队后卫队员在球门区内捧起足球，准备交给裁判，裁判却立刻判他手球犯规，并示意丹麦队罚点球。原来，此前的哨音是球迷造假的“杰作”。

伊朗队队员追着裁判理论，企图说服裁判改变初衷。丹麦队主教练奥尔森悄悄把队长韦格斯特招到场边，告诉他这个点球的来龙去脉和怎样处理这个球。韦格斯特重新回到罚球点，飞起一脚，将球故意踢飞，全场顿时一片哑然，继而爆发出雷鸣般的掌声。在掌声中，裁判吹响了上半场结束的哨音。

要点2　作答要求

作答要求包含作答范围、作答任务、作答条件和作答分值。

【示例】综合上述材料所引发的联想和感悟，写一篇论说文。

要求：用规范的现代汉语写作；角度自选，立意自定，标题自拟；不少于1000字。

1. 作答范围

写作题的作答范围为给定材料。

2. 作答任务与作答条件

写作题的作答任务是：综合材料所引发的联想和感悟，写一篇不少于1000字的论说文。

写作题的作答条件为：用规范的现代汉语写作，角度自选，立意自定，标题自拟。

3. 字数与语言

(1)字数

在综合素质写作题中,字数一般要求不少于1000字,即大于或等于1000字。

(2)语言

在综合素质写作题中,要求用规范的现代汉语写作,因此考生要避免在试卷上出现晦涩难懂的网络语言、词汇。例如把“有没有”写成“有木有”等,会按照错别字处理,扣1~3分。

4. 文面

清楚整洁、易于辨识是书写的最低要求。是否把字写好,是否保持卷面书写清楚整洁、易于辨认、有美感,对考生的成绩有很大的影响。实际上,作文卷面干净,书写工整,阅卷老师会寻找加分点;卷面脏乱差,阅卷老师会寻找扣分点,卷面过于潦草,语言再优美,主题再深刻,也是枉然。面目全非的作文,让阅卷老师如何评判?

提倡的文面	不提倡的文面

考生在书写时需要着重注意以下三点:

(1)书写工整

考生需按照要求使用指定的笔作答,避免笔迹过淡或过浓导致扫描不清楚。在书写时,应注意:

①保证字居于格子的中心,避免出现字过大或过小的情况。

②保证字迹清楚,避免出现连笔、缺笔画、简写等问题。

③保证字体结构匀称,避免出现字过扁或过长、歪歪斜斜等情况。

(2)谨慎涂改

写作题的卷面是很关键的,一旦出现写错字的情况,千万不要直接涂成一团黑色,再写上正确的字。正确的解决办法是将错字用一条斜线划掉,在原错字后面写上正确的字。

(3)书写速度适中

参加过教师资格考试的考生感叹写作作答时间不足,没有时间体会给定资料的内涵并组织材料,没有时间写作文或者没有写完等情况非常普遍。如何把答案写得又好又快是考生必须要重视的一个问题,这就需要我们平时不断地练习,加快写字速度。

要点3 评分参考标准

在综合素质考试中,写作题一般以议论文、论说文为主,其评分标准集中于对内容、语言、结构及卷面的考核,根据达标情况将之分为四个档次,如下表所示:

写作题评分标准(满分50分为例)

一等(41~50分)	二等(31~40分)	三等(21~30分)	四等(21分以下)
切合题意	符合题意	基本符合题意	偏离题意
中心突出	中心明确	中心基本明确	中心不明确
内容充实	内容比较充实	内容单薄	没什么内容
感情真切	感情真实	内容不够真实	感情虚假
结构严谨	结构完整	结构不够完整	结构混乱
语言流畅	语言通顺	语言不够通顺	语病偏多
字体工整	字迹清楚	字迹潦草	字迹难辨

要点4 写作思路

写作部分要求考生能充分利用给定材料,围绕中心观点展开阐述,应在深入思考、"运筹帷幄"的基础上进行,具体可按照以下思路进行。

1. 审题立意

在审题的基础上立意,需充分理解材料内涵,从材料中确定文章观点,同时需明确文章作答要求。

2. 谋篇布局

根据立意及写作要求进行谋篇布局。谋篇布局要围绕中心观点进行,建议考生在撰写前先拟制写作提纲(大概3~5分钟):可先明确作文的结构,如议论文,"五段三分式""层层递进式"或是"一个论点多个论据式"等,再确定每一段落的大致内容及可采用的素材,接着确定写作的重点。行文前有了框架,落笔自然会思路清晰。

3. 落笔行文

(1)开头写作。一篇文章的开头是很重要的,文章有了好的开头,不仅能带动全篇,使文章顺利展开,而且能抓住读者,引人入胜。

(2)正文写作。围绕中心观点展开阐述或进行论证,是一篇文章的主体部分。

(3)结尾写作。富有吸引力的结尾,同样也能为文章增色不少。或总结全文,使文章结构清晰;或直抒胸臆,以增强文章感染力;或语言含蓄,使读者回味无穷等等。

二、论说文

教师资格考试中,写作题的文体一般为论说文。论说文是直接说明事理、阐发见解、宣示主张的文章,一般要求考生在准确、全面地理解题意的基础上,对命题或材料所给观点进行分析,表明自己的观点并加以论证。一篇优秀的论说文要求思想健康,观点正确,论据充分,论证严密,结构合理,言语流畅。

要点1　论说文的三要素

1. 论点

论点是整篇论说文的核心和灵魂,是作者在文章中提出的对某一个问题或某一类事件的看法、观点和主张。它要求正确性、鲜明性、新颖性、深刻性、时代性。论点的位置比较灵活,一般以标题体现或在开头写明。

2. 论据

论据是证明论点正确的证据。要想证明论点的正确,首先,论据必须真实、可信,能够充分证明论点。其次,论据要具有典型性,能收到“以一当十”的效果。最后,论据要新颖,要尽可能寻找一些能给人以新的感受和启示的论据。

3. 论证

论证就是用论据来证明论点的过程,论证的目的在于揭示论点和论据之间的内在逻辑关系。论证方法有举例论证、引用论证、对比论证等。

要点2　论说文的结构

1. 引论

引论就是提出文章的论题、论点。考试时间紧张,文章不宜过长,因此最好开门见山,尽快鲜明地亮出观点。一般来说,开头最好控制在100~200字以内。

2. 本论

本论,即运用论据证明自己的观点。这一部分最好能够联系实际,对自己的观点作进一步阐释。论说文本论部分的结构布局应该充分显示各分论点之间的逻辑关系。

3. 结论

结论作为全文的收束部分，在一定意义上注定了文章的成败。精彩的结尾要扣题，要与首段相呼应，结论要精练有力、富有深意又发人深省。

要点3　论说文的语言特点

论说文是对某个问题或某件事进行分析、评论，表明自己的观点、立场、态度、看法和主张的一种文体。论说文的语言特色主要体现在准确、鲜明、富有概括力上。具体而言，论说文要求语言具有以下特点：

(1)准确、严密。遣词造句要能够恰如其分、实事求是地反映客观事实，表达自己的观点，做到不夸张、不缩小、不引起歧义。

(2)概括、简练。叙述事实论据，要简明扼要，善于归纳事物的共同特点，用简练的话进行表达。

(3)朴实、明白。用自己的语言来表达自己的观点，力求朴实、通顺、明白。议论文要求语言鲜明、生动，有助于加强论证的力量。

(4)诙谐、幽默。诙谐幽默的语言，不但可使本来很枯燥的结论变得生动有趣，还会产生强大的逻辑力量。

三、论说文写作核心法则

要点1　立意

立意就是确立文章总论点及其分论点的思维过程。它起着明确主旨、统领全文、指明写作方向的作用，在文章写作中处于核心地位。

1. 立意的基本要求

(1)立意要鲜明、集中。一篇文章赞扬什么(或歌颂什么)，批评什么(或揭露什么)，或说明一个什么道理，要观点明确，不能模棱两可。一篇文章必须围绕一个中心来写，不能分散，不能有两个(或多个)中心。

(2)立意要贴切、健康。立意要符合题目要求和命题意图，如《难题》，写工作、生活中遇到的困难和难题最适宜。此外，开放式材料作文的立意需符合材料内容；观点要符合社会主流意识，正面积极。

(3)立意要新颖、深刻。要善于从多层次、多角度、多方面来分析材料,做到以小见大、由表及里,从中挖掘出他人未曾发现的新的思想内容。

2. 立意的基本方法

通过审清题目要求,明确立意,即中心思想。找立意的方法主要有三种:抓关键词句法、以果溯因法和多向辐射法。

(1)抓关键词句法

对于材料作文而言,考生在审题立意时除了要整体把握材料内容,提炼中心思想外,还要能抓住材料的关键语句和词语,领悟材料的内涵和主旨,再对内涵和主旨进行拓展和挖掘。材料中的关键词句往往是"文眼",材料的主旨蕴含其中,所以可以将关键词句作为把握材料进行审题立意的突破口。值得注意的是,材料中的关键句往往是人物的评论性语句、命题者的提示性语言等。

【示例】三个学生进商店,分别买饮料。一个人说,我喜欢喝果汁,味道是甜的;另一个人说,我喜欢喝咖啡,苦中带甜;还有一个人说,我喜欢喝矿泉水,味道是淡的。一个老师听见了,若有所思。

找关键词:三个学生、果汁、咖啡、矿泉水、老师。

逻辑关系:三个学生同样要买饮料,由于喜好、兴趣、需求不同,三个人的选择也都不同,同与不同给我们教学上带来了启示。

解析关键词的含义:结合"老师若有所思"提炼出引申义、比喻义。

三个学生买饮料是指学生的意图、目的、想法是相同的;

果汁、咖啡、矿泉水可以引申为学生的喜好、性格、学习成绩是不同的;

老师若有所思:在班级中,学生的情况不尽相同。在教学中,教师既应该注意班级整体,又要关注学生个体;既要注意普通共性,又要关注学生个性。

可选用的立意有:①教育应有教无类;②教育需要尊重学生;③教育需要因材施教;等等。

(2)以果溯因法

事物都是互相联系的。比如,有很多事物就是以因果关系的联系形式存在的。写材料作文,审题时如果能由材料中列举的现象或结果推究出造成所列现象或结果的本质原因,往往能找到最佳的立意。

【示例】一个中国学生在日本的一个果园参观,看到每棵收获结束的果树上都留着几个果实,学生很纳闷。农场主人回答了学生的疑问,原来这些果实是给鸟儿留下的。

找结果:果树上留下了果实;

推原因:果实是给鸟儿留下的;

引申义:从教育观角度分析,为了让学生健康成长,教师要留下爱心、善良……

可选用的立意有:①留下爱心,关爱学生;②留下了知识,更留下了奉献精神;③付出过辛勤的汗水,也许收获的就是桃李满天下等。

(3)多向辐射法

有些材料作文的材料比较散,常常会出现许多人和事,好像根本就没有一个明确的中心。对于这样的材料,审题时考生可以采用多向辐射的思维方法围绕材料展开多角度立意。比如,既可以着眼于甲事物立意,又可以着眼于乙事物立意,还可以着眼于甲乙两事物的关系立意;既可以联系事物(对象)的正面立意,还可以联系其侧面和反面立意。

【示例】一头驴子和一匹马到某磨坊去应聘拉磨工作。结果,驴被选中,马遭淘汰。

一年以后,这匹马被伯乐相中,成了远近闻名的千里马。

磨坊的主人闻讯以后,后悔不迭地跑去对千里马说:“你如此能干,当初我居然没有聘用你,我真是有眼无珠呀!”

“幸亏当初没被你聘用,”千里马说,“不然,我现在就不会成为千里马,而是变成一头拉磨驴了!”

可选的立意有:①是金子总会发光;②错过也许意味着新生;③要正确地面对挫折;④认清自己,找准位置;⑤适合自己的,才是最好的;⑥莫让人才空埋没;⑦塞翁失马,焉知非福。

要点2 结构布局

结构布局即文章结构。论说文的逻辑思路的外在表现为一篇文章的结构布局。整体上有“总—分—总”“总—分”“分—总”结构,但应试最常写的是“总—分—总”式,按照“引论—本论—结论”(即“提出问题—分析问题—解决问题”)三个部分来写。引论部分提出中心论点,本论部分具体论证论点,结论部分总结全文。

1. 基本结构式

根据议论问题的一般思维模式,论说文的一般结构模式应当是按“提出问题—分析问题—解决问题”三大块构成。

“提出问题”即在论说文开头一般要鲜明地提出中心论点,“分析问题”即在文章的中间要围绕中心论点展开分析论证,“解决问题”即在文章的后半部分,或者提出问题的解决方案,或者得出综合性结论,或者提出前瞻性希望等。

因此,当我们看到作文的话题时,首先要确定作文的中心论点,然后对着确定的中心论点连问三个问题:是什么(提出问题)—为什么(分析问题)—怎么办(解决问题)。

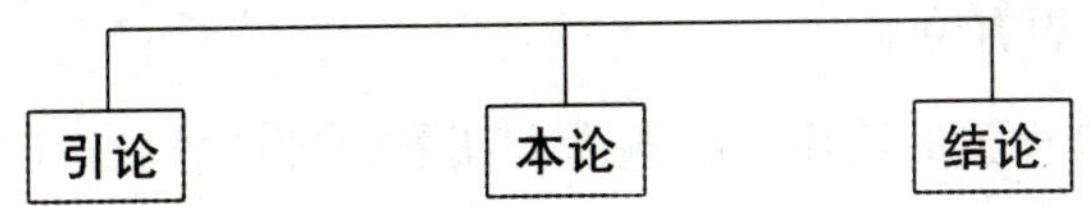

2. 五段三分式

五段三分式是最基本的一种结构,它围绕中心论点展开三个分论点,三个分论点之间可以是并列或递进关系,分论点可从“是什么”“为什么”“怎么办”着手。考场上,五段三分式特别常见,建议考生可以在结构上有所变化。如可在提出中心论点后,结合现实或名人言论、事例等进一步阐述,再展开分论点,最后结尾。也可在分论点结束之后联系现实阐述必要性等,再结尾。

在论说文写作中,让考生们犯难的是在确定了中心论点之后,应该如何展开论证的问题。在一篇论说文的中心论点明确之后,采用分论点的方式进行展开论证,是写好考场论说文的一个非常重要的环节。

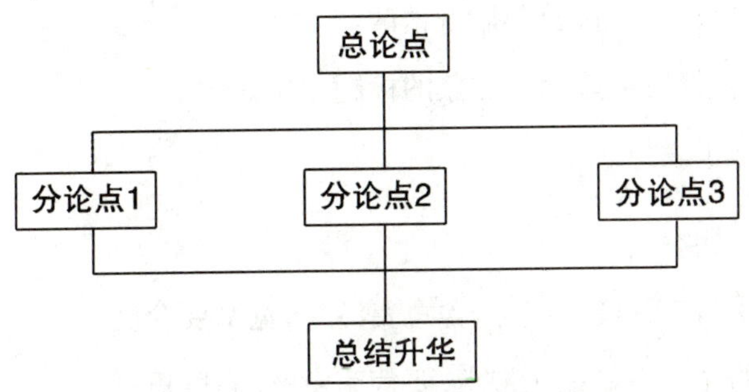

3. 正反对照式

正反对照式是在中心论点提出之后,从正反两方面提出分论点或摆出正反两方面的论据,加以论证,最后进行结论的方式。它的特点是两种看法或论据之间为一正一反的关系,或通过正反对比明辨是非,或通过正反对比突出其中一个方面的正确性。这种结构方式能起到对比鲜明、突出深化观点的作用。

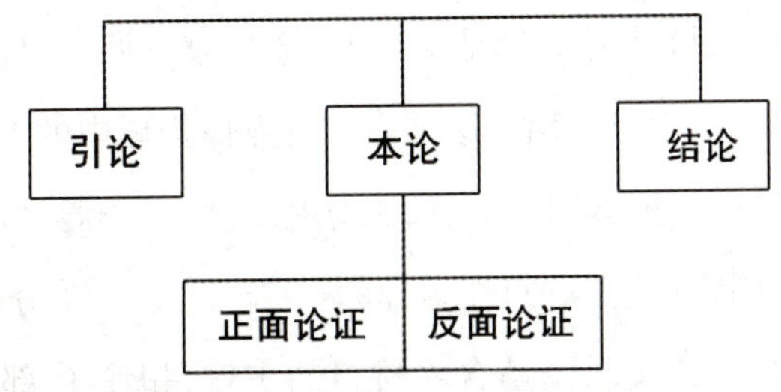

4. 引议联结式

“引议联结式”在“议”的部分更强调对材料和观点进行理性的分析和思辨,给观点提供理论背景或增加深度。因此,在这一部分,要注意加入一些有一定深度的理论,或生活哲学,或教育思想等,使文章更有说服力。

从阅卷来看,思辨性强的论说文普遍受到阅卷老师的青睐。因此,考生在写作时要紧密联系现实,以活生生的现实矛盾为切入口,议评时政,抓住关键,简明扼要,生动形象,论述深刻透彻。

要点3　标题

"题好文一半",好的标题往往是传达文章主旨、内容和意蕴之神的"眼睛",它可以为文章画龙点睛,增添色彩,从而诱人阅读。拟写标题时,首先需审清题干对"标题"的要求:以"××"为题(题目);以"××"为话题,自拟标题。

1. 标题的基本要求

(1)标题范围尽量要小,要合理出新,不要落俗套。

(2)标题不能过长,标题过长会显得松散。

(3)标题要含蓄,把思维蕴涵于形象的标题之中。

(4)拟题时要善于联想。

2. 拟写标题的原则

(1)切。标题要与文章内容相符,含意要清楚,宽窄要合度。

(2)精。标题的文字不能拖泥带水,要言简意赅,高度概括。

(3)巧。作文的题目要与文章的立意、构思的角度密切相关、相辅相成。

(4)联。无论你的题目有多新,都要让阅卷老师看了能与材料相联系。

3. 拟题的基本方法

(1)直接用材料的观点作为标题

任何类型的作文材料,都会有自己的中心意思。考生在写作文时,可以直接将材料中的观点提炼浓缩形成题目(直接入题法),让阅卷老师一见题目就知道文章的中心论点,从而使得文章观点鲜明、中心明确。这种方法有点像排球中的"短、平、快",在直截了当中既彰显了个性,又给人一种鲜明爽快、痛快淋漓之感,还不容易偏题。

(2)用材料中的关键词句或关联点作为标题

关键词句往往是材料的"文眼",蕴含着材料的主旨,扣住了关键词句或关联点也就抓住了作文的写作重点。若用材料中的关键词句或关联点做文章的标题,则会使文章标题醒目有力,既体现材料的内涵,防止偏题,又可使阅卷老师明晰作文的观点。如2022

下半年的作文标题拟为“从脚下出发”，选用了材料中的关键词句“从低处起步”，亮明了文章的观点，醒目有力。

(3)巧引诗词名句或成语作为标题

标题化用俗语、流行用语、歌曲名、影视剧名、广告语等，会显得通俗易懂，自然亲切，极易引发读者的想象；化用人们熟知的名言警句、诗词歌赋中的名句、成语等，既典雅工丽，辞约义丰，又使得文章显示出文化底蕴。如“送人玫瑰，手有余香”（化用民间谚语）、“‘爱’在心头口难开”（化用流行歌曲名）、“不要让精神‘断层’”（嫁接地理术语）、“别人的风景你的梦”（化用诗句）、“言必信，行必果”（化用古典诗词）等。

(4)巧用修辞，生动形象

有的标题运用修辞手法，显得既简明生动，又新颖别致，对读者极富吸引力，如“用宽容打开学生的另一扇窗”（比喻）、“树的叹息”（拟人）、“营造温情氛围，呵护学生自尊”（对偶）、“我是谁？我是我”（设问）、“填鸭添压”（双关）等。

要点4　开头

文章的开头既要能将后文内容稍加遮掩，避免一目了然丧失阅读兴趣，又要展现考生对文章主题掌握的“丘壑”，还要微微显露“羊肠小道”引出下文，这样才能赢得阅卷者的赞赏。

1. 开头的基本要求

(1)有吸引力

教育写作，要起笔不凡，让阅卷者刚刚接触到文章即被吸引住，有一睹全文的欲望。可以使用“设悬念”“用典故”“引名言”“摆问题”等技巧、形式，设置出吸引人的开头，第一时间博得阅卷者青睐。

(2)快速切入主题

文章的开头是文章的总体方向，为文章总论点服务，因此，开头应快速切入文章主题，让阅卷者开篇便知晓你在谈什么问题，文章的核心观点是什么。开头不要繁杂冗长，要简明扼要，无论是引出总论点，还是直接提出总论点，都要有实际内容，忌假大空，不要因大量列举事例而忽略、埋没了文章中心论点。

(3)流畅引出下文

布局谋篇要考虑段与段、层与层之间的组合关系，开头除了要完成好自身的任务外，还有一个重要功能是引出下文，所以开头的最后一句通常是承上启下的，既要前接上文，又要后启下文，或者宏观概括问题，或者简要论述问题的总体解决思路，为下一段乃至下几段的延伸阐述留出充足的空间。

2. 开头的方式

文章的开头是展现给读者的“第一缕阳光”，不仅奠定了行文的基调，而且能为读者带来阅读的兴趣。常见的开头写法有“开门见山”式、引用名句式、妙用修辞式、故事引入式等。

（1）“开门见山”式

开篇直截了当地摆出观点，简洁平实、开宗明义、一语中的。将自己的观点在文首亮出，引领全文，既能渲染出一种气势，也有利于畅通文思，围绕论点展开议论。例如，吴晗的《谈骨气》首段就提出中心论点“我们中国人是很有骨气的”来引领全篇，让读者产生强烈的民族自豪感。

（2）引用名句式

引用诗句、名言、格言、谚语作为文章的开头，并顺其自然地引到自己的论点上来。这样不仅使文章立意深邃隽永，而且能显示出作者丰厚的文学素养和深厚的文学底蕴，有先声夺人之势。例如，林家箴在《说“勤”》中开篇谈到：“中国有句俗话，叫作‘一勤天下无难事’。唐代大文学家韩愈也曾经说过：‘业精于勤’。这就是说，学业方面的精深造诣来源于勤奋好学。”

（3）妙用修辞式

文章开头运用比喻、排比等巧妙而贴切的修辞方法，形成一种形式美，让人印象深刻。例如，写作题“语文，想说爱你不容易”就可以采用排比开篇：“语文，读你是水波不兴的平静，要有明亮的眼睛，所以我轻吟爱你不容易；语文，听你是娓娓动听的欢快，要有倾听的耳朵，所以我低唱爱你不容易；语文，赏你是鱼游浅底的自然，要有智慧的心灵，所以我高歌爱你不容易。”开篇三句话巧妙构成排比，交代“语文，想说爱你不容易”的原因，文采飞扬，且提纲挈领。

（4）故事引入式

采用形象化议论，引入故事，即事明理，提升立意。当然，故事应言简意赅，重点不在于故事本身，而在于为后文提供广阔的议论空间。

要点5 论证

一篇文章要想算得上精彩，仅仅通过立意提出论点是不够的，还需要通过论证来证明自己的观点以使人信服。

1. 论证的基本要求

（1）论据选取准确

首先，论据要和论点保持一致。论据是论证论点的材料，是支撑论点的工具。如果不一致，或者偏离论点，不但没有说服力，反而会成为文章的累赘，甚至会扰乱和阻塞文章的思路。

其次，论据要确凿。所用的论据要正确、真实，没有虚构成分，没有错误内容，要经得起推敲。如果论据是想象、捏造出来的或者错误的，不但毫无论证的力度，甚至会让人怀疑所论证观点的可信度。

(2)论证说服充分

文章的论证，不但要选取准确的论据，还要对论据进行分析论述，这样才能更有效地证明论点。这就好比做菜，若将食材直接装盘上桌肯定是不行的，必须施展厨艺对食材进行加工。

(3)论证方法多样

“文似看山不喜平”，单调、贫乏从来都是写作的禁忌，在教育写作中考生如能恰当地运用多种论证方法，就能使文章显得丰富而又富于变化，拉开与其他考生的距离。

2. 论证的技巧

(1)举例论证

举例论证是指运用典型事例来证明论点的方法。任何论点都不能独立存在，事实胜于雄辩，列举确凿、充分、有代表性的事实，能够增强论证的说服力。

(2)引用论证

引用论证也叫“引证”，即引用名言警句、经典著作、历史文献、谚语、成语、俗语等作为论据，用以分析问题、说明道理的论证方法。引用论证的方法有两种：一种是明引，交代所引的话的出处；一种是暗引，即不交代所引的话是谁说的或出处。

(3)对比论证

对比论证是一种常用的、有说服力的论证方法。事物的特征和本质在对比中最容易显露出来，特别是正反相互对立的事物的比较，具有极大的鲜明性，能给人留下深刻的印象，通过对比，论点的正确性会更加稳固。

要点6　结尾

1. 结尾的基本要求

(1)完整简洁

古人作文，有凤头、猪肚、豹尾一说。即文章开头要精彩，引人入胜；主体要内容饱满，分析深入；结尾则要力求简洁，点题有力。一篇好的文章应该是首尾俱全的，如果考生因为时间不足而作答不全,势必不符合文章写作的基本要求。

结尾的重要作用之一是收束全文。古人说,文章结尾应当"如截奔马",就是要把洋洋洒洒的文章在适当的地方收住。要掌握好分寸,做到既言简意赅,又完整地表达意思,不拖泥带水。一般文章的结尾尽量不要超过200字。

(2)言之有物

我们写作时,对文章的结尾进行适当升华,并对未来做出展望是可以的,但切忌空喊口号,无实质内容,如"让我们为……努力吧!""让我们为……而拼搏吧!""我们要为……而奋斗!"这样的结尾不仅毫无新意,还给人单调、底气不足的感觉。

2. 结尾的方法

文章结尾是留给读者的最后一道风景线,其意义不可小觑。常见方式有照应式结尾、总结全文式结尾、展望号召式结尾、借用名言式结尾等。

(1)照应式结尾

照应式结尾是指结尾扣题,呼应上文,强调开篇与正文主体所提出的问题,概括问题的意义和能够产生的影响、效果,紧扣政策背景、联系实际生活,目光深远,视野开阔,可以深化对全文主题的阐释与论述。照应结尾包括照应标题和照应开头。

【示例】标题:教育是发展的基石

结尾:百年大计,教育为本。教育是社会和谐发展的基础工程,教育公平是建设和谐社会的重要基石。李克强总理强调的"让每个孩子都能接受义务教育,一个都不能少",向我们传递了要实现教育公平的明确信号。只有将教育基石打牢,才能使社会和谐发展,才能为国家的强大、民族的复兴提供源源不断的人才支撑。

(2)总结全文式结尾

总结全文式结尾是指对全文的内容进行总结、归纳,通常是对论点,尤其是对分论点的总结。需要注意的是,对分论点的总结不是胡乱堆砌,而应对分论点进行适当加工。通常,这种结尾方式是分论点与意义的综合表述。

【示例】标题:师爱

结尾:冰心说道:"爱在左,同情在右,走在生命路的两旁,随时撒种,随时开花,将这一径长途,点缀得花香弥漫,使穿枝拂叶的行人,踏着荆棘,不觉得痛苦,有泪可落,也不是悲凉。"教师要以爱去播种,以心去耕耘,以智去劳作,在学生美好的心里种下智慧的种子,收获爱的结晶。

(3)展望号召式结尾

展望号召式结尾是在文章结尾时发出真挚的呼唤,鼓舞人心,给读者强烈的心灵震撼。展望号召要求我们以坚定有力的语气指明事物未来的发展方向、政策走向，以及问题必然解决、情况必然改善的趋势和前景。一般以感叹句、陈述句等抒发感情，发出倡议。

【示例】标题：教书育人

结尾：没有蓝天的深邃，就没有白云的飘逸；没有大海的壮阔，就没有鱼儿的自由；没有花朵的明丽，就没有小草的翠绿。作为一名人民教师，应找到自己教书育人的位置，找到自己的光源，发出自己的声音。唯有如此，学生的未来才有希望之光相随，教育事业的明天才会迸发出瑰丽的色彩！

(4)借用名言式结尾

借用名言式结尾是指引用教育学家、哲人或经典名著中的权威论述，联系主题进行阐释论述，借题发挥，有引有阐，开掘文章的内涵思想，提升全文的理论层次，展现教育、道义高度与人文情怀，烘托文章的立意。

【示例】标题：责任

结尾：微软总裁比尔·盖茨曾对他的员工说："人可以不伟大，但不可以没有责任心。"责任就是一份承诺、一种约束、一股动力，拥有它，我们将铭记自己的目标，控制自己的行为，挖掘自己的潜能，为教育事业奉献力量。

四、写作素材

素材1　因材施教

1. 名人名言

人像树木一样，要使他们尽量长上去，不能勉强都长得一样高，应当是：立脚点上求平等，于出头处谋自由。——陶行知

教师之为教，不在全盘授予，而在相机诱导。——叶圣陶

中人以上，可以语上也；中人以下，不可以语上也。——孔子

应当考虑到儿童天性的差异，并且促进独特的发展。不能也不应使一切人都成为一模一样的人，并教以一模一样的东西。——第斯多惠

世界上没有才能的人是没有的。问题在于教育者要去发现每一位学生的禀赋、兴趣、爱好和特长，为他们的表现和发展提供充分的条件和正确引导。——苏霍姆林斯基

2. 素材集锦

(1)西晋著名文学家左思年幼时，父亲一心培养他成为书法家，由于他对书法毫无兴

趣而使父亲失望。父亲又让其改学鼓琴，结果学了很长时间也弹不出一首像样的曲子，最终让父亲的美好愿望成为泡影。后来，父亲发现了他的特点：虽不善交际，但记忆力好，爱好读背诗词，有的甚至过目不忘。据此，父亲认真对待他的这种兴趣和爱好，让他改学诗词歌赋。结果，一举成名，将当时的文学创作推向一个新的高峰。

（2）子路和冉有问了孔子同样的问题："听到一件事，是否可以立即去做？"孔子给两人的答案截然不同。对于子路，孔子回答："你有父亲和兄长在，为何不先问问他们再去做呢？"而对于冉有，他的回答是："可以立即去做。"孔子之所以这样做，是因为冉有做事总是瞻前顾后，所以要鼓励他去做；而子路胆子大，有时很鲁莽，所以要压压他的性子。

素材2　赏识人才

1. 名人名言

赞扬差生极其微小的进步，要比嘲笑其显著的劣迹更文明。——苏霍姆林斯基

要使山谷肥沃，就得时常栽树。我们应该注意培养人才。——约里奥·居里

每个人在出色完成一件事后都渴望得到别人对他（她）的肯定和表扬，这种表扬就是激励人的上进心，唤起人的高涨情绪的根本原因。——马斯洛

称赞不但对人的感情，而且对人的理智也起着很大的作用。——列夫·托尔斯泰

你的教鞭下有瓦特，你的冷眼里有牛顿，你的讥笑中有爱迪生。你别忙着把他们赶跑。你可不要等到坐火轮、点电灯、学微积分，才认识他们是你当年的小学生。——陶行知

人才那得如金铜，长在泥沙不速朽。愿公爱士如爱尊，毋使埋渣嗟不偶。——袁枚

2. 素材集锦

（1）鲁迅无疑是现代文学史上的"超级人才"，可他在被发掘前，其实一直很郁闷，虽然满腹才学，但始终没有展现的机会，整天靠抄古碑打发日子。1918 年春天，机会来了。正在编辑《新青年》杂志的钱玄同与鲁迅交谈时，发现他谈吐不凡，思想激进，很有批判意识，就主动约他写一篇批判旧礼制的文章。一开始，鲁迅并不太积极，写写停停，在钱玄同一再鼓励催促下，文章才得以完成。5 月 15 日就以最快的速度发表在了《新青年》杂志上，中国现代文学史上第一篇真正的现代白话小说，第一篇彻底反封建的新文学作品《狂人日记》就这样问世了。最重要的是，伟大的思想家、文学家鲁迅，从此正式登上文坛，一发而不可收。

（2）1852 年秋天，屠格涅夫被《现代人》杂志中一篇名为《童年》的小说所吸引。作者

是一个初出茅庐的无名小辈，但屠格涅夫却十分欣赏，钟爱有加。屠格涅夫四处打听作者的住处，最后得知作者是由姑母一手抚养照顾长大的。屠格涅夫找到了作者的姑母，表达他对作者的欣赏与肯定。姑母很快就写信告诉自己的侄儿："你的第一篇小说在瓦列里扬引起了很大的轰动，大名鼎鼎的作家屠格涅夫逢人便称赞你。他说：'这位青年人如果能继续写下去，他的前途一定不可限量！'"作者收到姑母的信后惊喜若狂，他写这篇小说本是因为生活的苦闷而信笔涂鸦打发心中寂寥的，由于名家屠格涅夫的欣赏，竟一下子点燃了心中的火焰，找回了自信和人生的价值，于是一发而不可收地写了下去，最终成为具有世界声誉的文学家。他就是列夫·托尔斯泰。

素材3　挫折教育

1. 名人名言

通向人类真正伟大境界的道路只有一条——苦难的道路。——爱因斯坦

斗争是掌握本领的学校，挫折是通向真理的桥梁。——歌德

以勇敢的胸膛面对逆境。——贺拉斯

给孩子多多提供尝试机会也是实施挫折教育的有机组成部分。孩子一旦被剥夺了尝试的机会，也就等于被剥夺了犯错误和改正错误的机会，因此也就不可能迈向成功之路。——舒马赫

我以为挫折、磨难是锻炼意志、增强能力的好机会。——邹韬奋

艺术的大道上荆棘丛生，这也是件好事，常人都望而却步，只有意志坚强的人例外。——雨果

不因幸运而故步自封，不因厄运而一蹶不振。真正的强者，善于从顺境中找到阴影，从逆境中找到光亮，时时校准自己前进的目标。——易卜生

即使跌倒一百次，也要一百零一次地站起来。——张海迪

2. 素材集锦

(1)贝多芬是音乐界的奇才，二十几岁就写出了多首交响乐。可是挫折也随之而来，他失聪了，这无疑是对一个音乐家的巨大打击。可他没有向挫折低头，他用一根筷子一头抵住钢琴，一头抵住牙齿，用来"听音乐"。经过一个个春秋，一首首乐章震撼世界，他成功了。挫折教会他自强不息、坚持；挫折使他永不懈怠，勇往直前，使他学会粉碎一切困难，通往成功之路。

(2)美国盲聋女作家、教育家海伦·凯勒一岁半时因病丧失了视觉和听力，这对于一

般人来说是不可想象、不可忍受的痛苦。然而海伦并没有向命运屈服。在老师的教育、帮助下,她凭坚强的毅力战胜了病残,学会了讲话,用手指“听话”并掌握了5种文字。24岁时,她以优异的成绩毕业于著名的哈佛大学拉德克利夫女子学院。此后她把毕生的精力投入到为世界盲人、聋人谋利益的事业中,曾受到许多国家政府、人民的赞誉和嘉奖。1959年,联合国曾发起“海伦·凯勒”运动。她写的自传作品《我生活的故事》,成为英语文学的经典作品,被翻译成多种文字广泛发行。

素材4　创新教育

1. 名人名言

如果学习只在模仿,那么我们就不会有科学,也不会有技术。——高尔基

提出新的问题、新的可能性,从新的角度去看旧的问题,需要有创造性的想象力,而且标志着科学的真正进步。——爱因斯坦

大胆的见解好比下棋时移动的一颗棋子,它可能被吃掉,但它却是胜局的起点。——歌德

创新有两点:一是不要囿于前人的成见,二是不要怕犯错误,这两点都需要胆量。——杨振宁

如果学生在学校里学习的结果,是使自己什么也不会创造,那他的一生将永远在模仿和抄袭。——列夫·托尔斯泰

踩着前人的脚印前进,最佳结果也只能是“亚军”。——李可染

同是不满于现状,但打破现状的手段却大不同:一是革新,一是复古。——鲁迅

2. 素材集锦

(1)中国高铁是一张亮丽的中国名片。在“复兴号”动车组的200多项技术标准中,中国标准占到84%,整体设计和关键技术全部自主研发,实现了由“中国制造”到“中国创造”的跨越。截至2022年,中国高铁的运营里程突破4万公里,稳居世界第一。同时,中国高铁已经走出国门,走向世界。飞驰的高铁见证了中国人自主创新的信心和力量。

(2)在二十世纪五六十年代,“水稻没有杂种优势”是国际公认的权威结论,无人敢质疑。而袁隆平却在试验田中灵感突发,反其道而行之,开始了他的杂交水稻研究。半个多世纪以来,他的研究成果不断推陈出新,杂交水稻的亩产量一次次刷新世界纪录,中国人将饭碗牢牢地端在了自己手中。袁隆平曾经有言:“要是说杂交水稻的成功有什么秘

诀的话,那就是不囿于现存结论的创新思维。”试想,如果袁隆平当年迷信权威,没有勇于创新的科学精神,哪会有今天的“杂交水稻之父”?

素材5 实践

1. 名人名言

一切真知都是从直接经验发源的。——毛泽东

理论脱离实践是最大的不幸。——达·芬奇

任何理论都不如现实具体。——沈从文

纸上得来终觉浅,绝知此事要躬行。——陆游

道虽迩,不行不至;事虽小,不为不成。——《荀子》

知者非真知也,力行而后知之真也。——王夫之

行动是通往知识的唯一道路。——萧伯纳

2. 素材集锦

(1)访采四方,终成巨著。为了完成《本草纲目》的著述,李时珍远出旅行考察,上山采药和拜访有实际经验的人。他历尽千难万险,中草药药材丰富的崇山峻岭,都留下了他的脚印。白天深山采药,晚上对每一株药草,从产地、栽培到苗、茎、叶、根、花、果以及形态气味、功能等研究得非常深入、细致。李时珍辛勤奔波了十几年,记下了数百万字的笔记,经过几十遍的反复修改,终于在61岁时完成了他的巨著《本草纲目》。

(2)赵括年幼时便学习兵法,满腹经纶,谈起兵法就连其父赵奢都难不倒他。按常理来说,此人必成大器。赵国大将廉颇年纪虽高但却是久经沙场的老将,打仗很有办法。赵王听信谗言用赵括换下了廉颇,赵括照搬书上的条文,结果四十万赵军尽数被歼灭,自己也中箭身亡。赵括虽有才华,却华而不实,纵然学富五车,却少实践,最终依旧是个“失败者”。

素材6 态度

1. 名人名言

快乐不在于事情,而在于我们自己。——理查德·瓦格纳

真正的笑,就是对生活乐观,对工作快乐,对事业兴奋。——爱因斯坦

乐人之乐,人亦乐其乐;忧人之忧,人亦忧其忧。——白居易

塞翁失马,焉知非福。——《淮南子·人间训》

永远以积极乐观的心态去拓展自己和身外的世界。——曾宪梓

理解生活而且还要热爱生活。——罗曼·罗兰

悲观的人虽生犹死,乐观的人永生不老。——拜伦

对于大多数人来说,他们认定自己有多幸福,就有多幸福。——林肯

2. 素材集锦

(1)在巴黎举办的一场大型音乐会上,人们正如痴如醉地聆听著名的小提琴家欧尔·布里美妙绝伦的演奏。突然,正全神贯注的布里心一颤——他发现小提琴的一根弦断了。但迟疑没有超过两秒,他便像什么事情都没有发生似的,继续面带微笑地演奏。观众们和布里一起沉浸在优美的旋律当中,整场音乐会非常成功。终场时,欧尔·布里兴奋地高高举起小提琴谢幕,那根断掉的琴弦在半空中醒目地飘荡着。全场观众惊讶而钦佩地报以更为热烈的掌声,向这位处变不惊、技艺高超的音乐家致以深深的敬意。面对记者的“何以能够保持如此镇定”的提问,欧尔·布里一脸轻松道:“其实那也没什么,只不过是断了一根琴弦,我还可以用剩下的琴弦继续演奏啊。这就是我们熟悉的许多遭受不幸的人生,依然可以是美丽无憾的。”布里睿智的回答与他卓然的表演一样精彩——“只不过是断了一根琴弦”,向世人传递的是从容,是乐观,是洒脱,是心头不肯失落的信念,是命运在握的强者充满自信的宣言,是坦然前行的智者面对岁月中那些风雷电雨自豪的回应。

(2)高士其是我国科普作家。在外国留学时,有一次做实验,一个装有脑炎病毒的玻璃瓶子破碎了,病毒侵入了他的小脑,造成身体残疾。他忍受着病毒的折磨,学完了芝加哥大学细菌学的全部博士课程。回国以后,他拖着半瘫的身子,到达延安工作。之后病情恶化,说话和行动都十分困难,连睁、合眼都需要别人帮助。但他仍以惊人的吃苦精神进行创作,先后写成100多万字的作品。有人问他苦不苦,他笑着说:“不苦! 因为我天天都在斗争,斗争是有无穷乐趣的。”

素材7 责任

1. 名人名言

巨大的用户群体绝不仅意味着金山银山,还意味着责任如山。——《人民日报》

责任感与机遇成正比。——威尔逊

先生的责任是教人做人。——陶行知

生命和崇高的责任联系在一起。——车尔尼雪夫斯基

天下兴亡,匹夫有责。——顾炎武

教师的威信首先建立在责任心上。——马卡连柯

人生须知负责任的苦处,才能知道尽责任的乐趣。——梁启超

高尚、伟大的代价就是责任。——丘吉尔

责任就是对自己要求去做的事情有一种爱。——歌德

一个人若是没有热情,他将一事无成,而热情的基点正是责任心。——列夫·托尔斯泰

2. 素材集锦

(1)一名公交车司机行车途中突发心脏病,在生命的最后一分钟里,做了三件事:把车缓缓地停在马路边,并用最后的力气拉下了手动刹车闸;把车门打开,让乘客安全地下了车;将发动机熄火,确保了车和乘客、行人的安全。他做完了这三件事,才趴在方向盘上停止了呼吸。这名司机叫黄志全,所有的大连人都记住了他的名字。

(2)20世纪初有一位意大利裔美国人弗兰克,经过艰苦打拼开办了一家小银行。但一次银行抢劫导致他破了产,储户失去了存款。当他带着妻子和四个儿女从头开始的时候,他决定偿还那笔天文数字般的存款。所有的人都劝他:你为什么要这样做呢?这件事你是没有责任的。但他回答:“是的,在法律上也许我没有责任,但在道义上,我有责任,我就应该还钱。”还钱的代价是三十年的艰苦生活。寄出最后一笔债务时,他轻叹:“此刻我终于无债一身轻了。”弗兰克用一生的辛酸和汗水写出两个工整的字——责任,他寄出的不是债务,而是闪光的心。勇于承担自我的责任,即便是还债,也无悔无憾,他带给了社会巨大的财富,因为他教会了人们如何做一个对社会负责的人。

素材8　传承文化

1. 名人名言

没有文明的继承和发展,没有文化的弘扬和繁荣,就没有中国梦的实现。——习近平

文化开启了对美的感知。——爱默生

我们必须继承一切优秀的文学艺术遗产。——毛泽东

拆掉一座城楼,像挖去我一块肉。——梁思成

人的一生有两样东西不会忘记,那就是母亲的面孔和城市的面孔。——希克梅特

任何一个文化的轮廓,在不同的人的眼里看来都可能是一幅不同的图景。——雅各布·布克哈特

不伴随力量的文化，到明天将成为灭绝的文化。——丘吉尔

2. 素材集锦

（1）欢快的音乐声中，10多名身着盛唐服饰的少女乐师嬉戏打闹，为夜宴准备着节目……一个名为《唐宫夜宴》的舞蹈视频传播到网络上，让河南卫视春晚吸引了众多网民的视线。这支5分多钟的舞蹈展示了唐朝少女们从准备、整理妆容到夜宴演奏的过程，节目中还穿插了水墨画，展示了妇好鸮尊、莲鹤方壶、贾湖骨笛、簪花仕女图等国宝，像是唐朝少女的博物馆奇妙夜之旅。河南卫视春晚总导演在接受采访时坦言，导演组希望立足中原文化，然后用时尚的、年轻人喜闻乐见的形式去包装，希望能够吸引年轻观众，"我们希望通过春晚这种形式，让年轻人重新认识自己的民族文化，热爱自己的民族文化，甚至将民族文化融入生活、情感和行为里去"。

（2）著《中国建筑史》，创中国大学第一个建筑系，到野外实地考察古建筑，请求保护北京古城……梁思成的一生中，除了在建筑教育、城市规划等方面做出的开拓性不朽贡献之外，最为突出的是古建筑文物的保护与调查研究工作。他在营造学社的十多年间，在极端艰苦的条件下，运用近代科学技术对我国众多具有历史价值的古建筑进行了勘察、测绘、制图并结合历史文献资料和对老匠师们的采访，写出了《清式营造则例》《中国建筑史》《中国雕塑史》等专著以及《蓟县独乐寺观音阁及山门考》《正定古建筑调查纪略》《记五台山佛光寺建筑》等众多调查报告与学术论文，为我国建筑的研究与保护这门学科奠定了深厚的基础。

达标测评

建议用时	实际用时	测评总分	实际得分
80分钟	____分钟	88分	____分

一、单项选择题（每小题2分，共24分）

1. 计算机病毒能利用系统信息资源进行繁殖并生存，影响计算机系统正常运行。下列关于计算机病毒的表述，正确的是（　　）

A. 编制未完成的计算机程序

B. 文件内容已经被破坏了的计算机程序

C. 编译不正确的计算机程序

D. 破坏计算机功能的程序

2. 当“剪贴板”功能中的“剪切”和“复制”命令呈浅灰色而不能被选择时,表示(　　)

A. 选定的文档内容太长,剪贴板放不下

B. 剪贴板里已经有信息了

C. 在文档中没有选定信息

D. 正在编辑的内容是页眉或页脚

3. Word 编辑状态下,单击“粘贴”按钮,产生的操作结果是(　　)

A. 将文档中被选内容移动到当前插入点

B. 将文档中被选择的内容复制到剪贴板

C. 将剪贴板的内容移动到当前的插入点

D. 将剪贴板的内容复制到当前的插入点

4. 在 Excel 默认状态下,要在单元格中完整输入数字字符串 070615,下列输入序列正确的是(　　)

A. '070615

B. “070615”

C. 070615

D. [070615]

5. 在记录工资的 Excel 表格中,C 列是每名员工的工资,第 2 ~ 9 行分别代表 8 名员工的记录。下列公式能正确计算出这 8 名员工工资总额的是(　　)

A. AVERAGE(C2:C9)

B. COUNT(C2:C9)

C. MAX(C2:C9)

D. SUM(C2:C9)

6. PowerPoint 操作中,若要使某个内容在每张幻灯片上都呈现,应该是在(　　)中设置。

A. 大纲视图

B. 浏览视图

C. 页面设置

D. 幻灯片母版

7. 在 PowerPoint 编辑状态下,下列功能不能实现的是(　　)

A. 插入图片

B. 插入版式

C. 插入表格

D. 插入图表

8. 下列选项所表述的内容,包含在“只有历经磨难,才会更深刻地明白人生真谛”的是(　　)

A. 如果历经磨难,一定能更深刻地明白人生真谛

B. 只要历经磨难,就能够更深刻地明白人生真谛

C. 想要更深刻地明白人生真谛，就必须历经磨难

D. 不想更深刻地明白人生真谛，就不必历经磨难

9. 下列选项中，与“科学家—画家”的逻辑关系相同的是(　　)

A. “蜜蜂”和“昆虫”

B. “戏迷”和“美食家”

C. “面粉”和“大米”

D. “汽车”和“润滑油”

10. 下面图形组合的变化呈现出一定的规律性。下列选项中，最适合填在？处的是(　　)

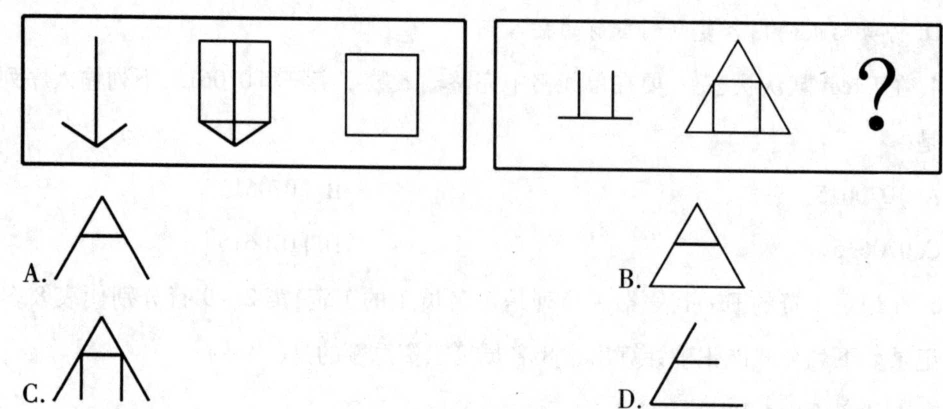

11. 找规律填数字是一项很有趣的活动，特别锻炼观察和思考能力，下列各组数字，填入数列“12、23、34、45、56、________”空缺处，正确的是(　　)

A. 66　　　　B. 67

C. 68　　　　D. 69

12. 找规律填数字是一项很有趣的活动，特别锻炼观察和思考能力。下列选项中，填入数列“6、9、20、34、________、98”空缺处的数字，正确的是(　　)

A. 59　　　　B. 69

C. 79　　　　D. 89

二、材料分析题(共 14 分)

材料：

哲学的根本特征在于它是思想的一种“元”思想。“元”的意思是在人类各种思想观念后面所进行的“更进一步”的反思性思想或者奠基性的思想。

哲学到底有什么用处？别的思想方法有什么用，我们都很清楚：科学方法能够发现自然规律，逻辑方法能保证正确的分析和推理，艺术方法可用于创造作品，可是哲学的方

法能用来做什么呢？如果说，哲学只是让人见见思想的世面，让人的思想变得大气而不小气，这当然很好，但恐怕不够。哲学还必须证明它的必要性。既然有了其他思想方法，我们为什么还一定需要哲学方法？如果我们真的需要哲学，它就必须有某种不可代替的用处。说得再明确一些，哲学所要做的那种“更进一步”的研究真的很有必要吗？这种疑惑并不是一点道理都没有，因为即使没有哲学，人们也照样生活和思考，照样劳动生产，照样生儿育女，照样发动战争，照样追求利益和荣誉，江山照样如此多娇，浪花照样淘尽英雄。但奇怪的是，不管人们是否愿意思考哲学问题，人类思想总是自然而然地产生出哲学问题。看来，当思想深入到一定的层次，哲学就成为必需的。没有哲学的思想是不健全的思想。

然而，我们又怎么能够知道哪些指导性的思想是可靠可信的呢？那些指导性的思想会不会实际上把事情搞错了？无论如何，任何一种指导性的思想，它本身都有可能是错误的，所以，我们不能盲目地相信某一种思想观念，不能因为许多人相信某种看法就随波逐流，也不能因为某种观点好像振振有词就相信它，更不能因为某种说法看上去很美就相信它。

随便哪一种看法，不管它把世界和生活看成什么样，这种看法并不能证明它自身是真的。要把一种规定硬说成是合理的，我们只能根据“更进一步”的规定来充当道理。同样，一种看法，或者一种思想，也不能证明它本身是正确的，这相当于，我说“我是正确的”并不算已经证明自己是正确的。因此，我们必须对思想观念进行“更进一步”的研究，通过这些研究来判断这些思想观念有什么意义和价值，好知道该不该相信这些思想观念。

好哲学虽然怀着“平常心”，却有着“异常思”。哲学所思考的虽然是一些很平常很普通的问题，但是，思考角度和方式超凡脱俗、异乎寻常，这正是哲学思想方法的价值所在。哲学的方法使我们能够获得超出知识范围的智慧，而正是那些充满智慧的理解方式始终在不知不觉地改变着、塑造着人类的整个思想风格和结构。可以做一个比较：科学不断增加人类的知识、扩大人类的视野，哲学则不断增强人类的思想能力、更新着人类的眼光。那么，哲学的“异常思”到底异常在哪里？这很难概括，不过哲学往往从某种与普通思想方式不同的思想方式去重新思考问题，它能够开拓更多的思想可能性。

（摘编自赵汀阳《思想的功夫》，有删改）

问题：

(1)文章认为哲学的特征是什么？请简要概括。(4 分)

(2)哲学有哪些用处？请结合文本，简要分析。(10 分)

三、写作题(共50分)

阅读下面的材料,根据要求写作文。

一位城里人带着孩子在乡下一户人家度过了一天一夜,城里人让孩子描述一下城里和乡下的区别,孩子想了想说:“我们家只有一条狗,可是他们家却有四条狗;咱家仅有一个水池,可他们竟有一条望不到边的小河;夜里,我们的花园里只能看见几盏灯,可他们的花园上面却有千万颗星星;还有,我们的院子里只能停几辆小汽车,可他们的院子里却能容得下几百头奶牛。”城里人愕然。接着,孩子又说:“等我长大了,要过上和他们一样的生活。”

综合上述材料所引发的联想和感悟,写一篇论说文。

要求:用规范的现代汉语写作;角度自选,立意自定,标题自拟;不少于1000字。

参考答案及解析

一、单项选择题

1. D [解析]计算机病毒是指编制或者在计算机程序中插入的破坏计算机功能或者毁坏数据,影响计算机使用,并能自我复制的一组计算机指令或者程序代码。

2. C [解析]当“剪贴板”功能中的“剪切”和“复制”命令呈浅灰色而不能被选择时,表示在文档中没有选定任何信息。

3. D [解析]Word文档中的“粘贴”按钮,一般是配合“复制”按钮和“剪切”按钮使用,是将复制或剪切到剪贴板中的内容复制到文档中的当前插入点,也就是光标所在处。

4. A [解析]在Excel默认状态下,单元格是常规输入格式,输入以零开头的数字时,第一个数值“0”不显示。若要完整输入以零开头的数字字符串,有两种方法:(1)在输入数值前,先输入一个英文状态下的单引号“'”,再输入数字字符串。(2)将单元格格式设置为文本格式,再输入数字字符串。所以,要在默认状态下完整输入数字字符串070615,正确的输入序列是'070615。

5. D [解析]用于求和的函数为SUM,C列表示员工的工资,8名员工的工资在2~9行,则求和函数及参数为SUM(C2:C9)。

6. D [解析]母版是模板的一部分,主要用来定义演示文稿中所有幻灯片的格式。按照用户特定的需求对幻灯片母版进行统一外观的设置,设置完毕后返回到普通编辑状态下,该设置会应用于演示文稿中所有的幻灯片。

7. B [解析]在幻灯片编辑状态下,可以插入图片、图表、表格、文本框等,但不能插入版式。在幻灯片母版的编辑状态下,可以实现插入幻灯片母版、插入版式等功能。综上,本题选 B。

8. C [解析]从题干关联词“只有……才……”,可判断本题是必要条件假言命题:当条件 p 不存在时,结论 q 一定不成立,则 p 是 q 的必要条件。本题中 p 是“历经磨难”,q 是“深刻地明白人生真谛”,依据推理规则“肯定后件就能肯定前件”可推出“想要更深刻地明白人生真谛,就必须历经磨难”,故选 C。

9. B [解析]题干中科学家和画家属于交叉关系。B 项,戏迷和美食家属于交叉关系,与题干相符。故本题答案选 B。A 项,蜜蜂是昆虫的一种,蜜蜂和昆虫属于包含关系;C 项,面粉和大米都是食材,面粉和大米属于并列关系;D 项,汽车需要润滑油,汽车和润滑油不属于交叉关系。

10. A [解析]根据第一组图形可得,第三个图形是由第二个图形减去与第一个图形相同的部分得出的,由此可推出,第二组图形的“?”处的图形为 A 选项。故本题选择 A。

11. B [解析]该数列的数项特征极为明显,每一项的个位与十位都比前一项大 1,所以此题为典型的等差数列,公差为 11,故空缺处的数字为 56 + 11 = 67。

12. A [解析]观察数列可知,第一项 + 第二项 +5 = 第三项(即 6 +9 +5 =20),第二项 + 第三项 +5 = 第四项(即 9 +20 +5 =34)。那么第五项为 20 +34 +5 =59,即空缺处数字是 59。代入验证第六项为 34 +59 +5 =98,与题干一致。故正确答案为 A。

二、材料分析题(答案要点)

(1)①哲学的根本特征在于它是思想的一种“元”思想,“元”的意思是思想观念后面所进行的“更进一步”的反思性思想或者奠基性思想。②哲学怀着“平常心”,有着“异常思”。思考的虽然是一些很平常很普通的问题,但是思考角度和方式超凡脱俗、异乎寻常。

(2)哲学的用处如下:①哲学让人见到思想的世面,让人的思想变得大气而不小气;②人类思想总是自然而然地产生出哲学问题,当思想深入到一定的层次,哲学就成为必需的,它使人们的思想更健全;③哲学使我们对思想观念进行“更进一步的研究”,通过这些研究可判断思想观念的意义和价值,好知道该不该相信这些思想观念;④哲学的方法使人们获得超出知识范围的智慧,这些智慧改变着、塑造着人类的整个思想风格和结构;⑤哲学往往以某种与普通思想不同的方式重新思考问题,能开拓更多的思想可能性。

三、写作题(参考范文)

换位思考,走进学生的心灵

作为教师,想要了解学生、走进他们的心灵,就需要进行换位思考,站在学生的立场上思考、说话、做事。这不仅体现了新课程所强调的以人为本的核心,也体现了教师对学生的关爱和理解。

在教学活动中,教师应该时刻变换自己的角色,真正站在学生的角度思考问题。只有通过换位思考,教师才能真正把握学生思想跳动的脉搏,打开他们的心扉,了解他们的所想、所爱、所难,从而引导他们亲其师、信其道。

苏霍姆林斯基曾讲述过一个故事:他小时候住在一间杂货铺附近,每天都能看到大人把某些东西交给杂货铺老板,然后换回自己需要的物品。有一天,他想出一个主意,将一把石子递给老板“换”糖,杂货铺老板迟疑片刻后收下了石子,然后把糖换给了他。回忆起这件事,苏霍姆林斯基感慨地说:“那个老板的善良和对儿童的理解影响了我的一生。”这个故事告诉我们,教育者需要拥有智慧和宽容,能够理解儿童的内心世界,维护他们的尊严。在教育教学中,教师需要站在学生的位置思考问题,了解他们的感受,这就是“换位”。这样做可以帮助教师找到教育教学的障碍,对症下药,解决问题。

换位思考要体验学生的感受。有一位教育界前辈曾说:“学生时代曾经有过差生经历的老师,更容易体会学困生的难处;学生时代曾有过调皮经历的老师,更容易了解调皮生的心理。这些老师容易成为好老师。”正是由于这些老师经历过不同的学生角色,有着亲身的体验,才清楚学生真正的需要,知道教育学生的方法。才能使他们更容易走近学生,更容易成为好老师。

换位思考要学会倾听、理解学生。倾听是沟通的桥梁,倾听是最美的语言,倾听是一种尊重,倾听更是学生的需要。教学是师生的双边活动,学生亦有自己的认知和思维,在教学过程中学生在想什么,这是教师应该及时了解的。只有这样才能在教学过程中随时把握住学生思想的脉搏,更好地与他们沟通。所以在教学过程中,教师不妨做一个倾听者,在遇到事情的时候,多听听学生的心声,试着去理解一下学生的想法。不要总是“两耳不闻窗外事,一心只‘讲’圣贤书”。

换位思考要以人为本,关爱学生。以人为本,要求教师在教学过程中要学会尊重学生的个性,试着从学生的角度去发现他们个性中的闪光点,从而学会发展他们的优点,让学生的独特个性发展成为学生的特殊才能,使学生成长、成才。发展学生的个性强调的是接纳、宽容、和谐、快乐,就是让他们将自己的个性和潜能发挥到极致,获得生命的乐趣。作为教师要有一颗海纳百川的心,要适时调整自己的位置,去包容学生的个性。

总之,换位思考是沟通师生内心世界的一座桥梁,它需要教师对学生付出满腔的热爱和理解。通过换位思考，教师能够更好地把握学生的需求和感受，更好地引导他们成长、成才。让我们从心里记住：假如我是学生，我希望老师……

即时反思与复盘总结

我于________年____月____日完成了对本章的学习。

复盘一下，我对自己较肯定的地方是____________________

（足够努力/心态积极/方法得当……）

我觉得自己需要改进的地方是____________________

（懒惰懈怠/心情浮躁/方法不当……）

恭喜完成对本书的学习，小香祝您金榜提名！

图书反馈

重磅！考题有奖征集！

「凡提供当年度考题者，根据考题完整度，可获得500元以内奖励。」

具体请联系QQ:1831595423

（温馨提示：所提供考题须是当年度考题，且真实有效。）

亲爱的考生：

感谢您对山香教育的信任和支持，您的建议是我们前进的动力！为进一步提高图书质量，我们特向全国各地的考生开展图书反馈活动。

凡通过图书反馈链接提供山香图书意见反馈者，均可获得**相关网课1套。**

联系方式：400-600-3363　　研发部QQ：1831595423

招教网
招考资讯平台

山香官网
考编服务平台

山香网校
线上学习平台

图书订正链接
勘误更新平台